Social Quality:

A Vision for Europe

社会质量研究丛书

丛书主编：张海东

社会质量：
欧洲愿景

〔荷〕沃尔夫冈·贝克（Wolfgang Beck）

〔荷〕劳伦·范德蒙森（Laurent J.G. van der Maesen）

〔荷〕弗勒·托梅斯（Fleur Thomése） /主编

〔英〕艾伦·沃克（Alan Walker）

王晓楠 等/译

社会科学文献出版社

SOCIAL SCIENCES ACADEMIC PRESS (CHINA)

本中文版根据Kluwer Law International 2001年版本译出。

致　谢

本书感谢那些按照《欧洲社会质量阿姆斯特丹宣言》精神，从不同视角致力于欧洲社会质量研究的学者

目　录

第一部分　欧洲社会质量：概念的评估

第二部分 欧洲趋势：概念的发展

第三部分 开创新的视角

中文版序

非常荣幸能够作为 2001 年出版的社会质量专著英文版的主编来介绍其中译本。我们将简要地介绍这本书的历史脉络，在欧洲、亚洲和澳大利亚的应用，以及其在构建社会质量全球思维中的作用。

作为在荷兰举行的三次欧洲专家会议的成果，关于社会质量的第一本书于 1997 年出版。这些学术讨论的成果是产生了关于社会质量的第一个纲要，即用以定位当时欧盟面临的最重要的社会挑战的新的理论、方法和途径。许多作者针对这些问题的不同方面做出了贡献。1997 年 6 月，这本书在阿姆斯特丹举行的欧洲会议上推广并被讨论，其讨论的内容由 1000 名欧洲科学家签署，即《欧洲社会质量阿姆斯特丹宣言》（以下简称《宣言》），《宣言》在本书中作为附录出现。在欧洲，最初思考社会质量是出于强调欧洲公民在构建体面生活中的作用和满足每个人生活的需要，它直接强调为了在社会中扮演积极的发展性角色而加强对公民的"社会赋权"。

在此次欧洲会议的大部分专题讲座中提到了社会质量的最初理念，该理念也在本书中按章呈现。它解决了欧盟目前面临的一些核心问题。主编与每位作者探讨如何以一种更便于读者理解其中的关联性的方式去阐述他们的观点。一些新作者也被邀请参与构建能更为全面地理解这些核心问题的框架的努力中来。对得到诸多科学家支持的主编来说，这些章节构成社会质量理论发展最初的起点，第十七章、十八章可被视为详细阐述这一理论的决定性章节。

本书至少为主要的四个方面的内容奠定了基础。第一方面的内容涉及社会质量初始的发展，即本书不同章节的方法论的写作得到了欧洲委员会的资助。这有助于理解欧盟所有成员国日常生活构成的四个条件性因素的变化以及"社会质量指标"的发展、深化和适用性。这些条件性因素是：社会经济保障、社会凝聚、社会包容和社会赋权。它们对社会质量的实现和决定其程度来说是必要的。最终的 95 项指标被 14 个成员国采用，成果发表在《欧洲社会质量》和 14 国的《国家报告》上（http://www.socialquality.org）。

第二方面的内容涉及在评价福祉方面开始将社会质量方法和其他方法做比较的探索，例如"生活质量"（欧洲）、"社会资本"（美国和加拿大）、"社会发展"和"人的发展"（欠发达国家）、"人类安全"和能力提升路径（全球大部分国家）以及"社会和谐"和"生活质量"方法（中国大陆）。社会质量思想的拥护者非常支持这种比较研究，以便探索这种方法的全球性意义。因此，我们需要了解其他方法与社会质量的相似性和差异性。在许多调查研究和出版物中，将这些方法合为一种折中的方法，由此导致许多误解。

第三方面的内容讲的是与日本、中国大陆、泰国、韩国、中国台湾地区、澳大利亚、中国香港、印度尼西亚、印度以及马来西亚的大学的合作。这使"社会质量亚洲共同体"很快建立起来。大部分合作伙伴开始分析欧洲发展所取得的成果和社会质量指标的应用，并做了一些改变，以便能够更好地理解这些条件性因素在亚太地区所发挥的作用。随后，亚洲地区进行了两个系列的大范围调查。换句话说，亚洲和澳大利亚对社会质量方法论的最为重要的贡献在于使其受到相关理论和全球性方法的影响。

　　第四方面的内容尤其与中国读者密切相关。这得益于 2001 ~ 2010 年所做的基础性工作，在浙江大学和欧洲社会质量基金会（更名为社会质量国际协会）的支持下，决定发行《国际社会质量》作为《欧洲社会质量》的延续。截至目前已经出版了四卷，讨论了前面提到的许多方面的工作。从中国的视角来看，已做出的重要贡献在于发展了社会质量理论、方法论，扩大了应用范围。

　　对这项工作的成果，我们在 2011 年出版的有关社会质量的第三本书（《社会质量：从理论到指标》）中进行了分析。但是，为了了解近期的工作，第二本书是必不可少的。它作为新理论和新方法论为当前的社会质量方法提供了建构模块，就像欧洲有关社会质量的工作是为了有助于改善生活条件和公民福祉的政治与政策设计，我们希望在中国它也能有同样的作用。

沃尔夫冈·贝克

劳伦·范德蒙森

弗勒·托梅斯

艾伦·沃克

2014 年 1 月

（谭奕飞译，王晓楠、毕婧千校）

序（一）

　　21 世纪的欧洲面临经济、社会与地理政治方面的极大挑战：吸收新会员国，发展欧洲新治理模式，转变经济发展方式，增强社会凝聚力，使社会保护适应现代需要，维持和提升社会凝聚水平，改善生活质量并使其更加安全。这些是欧洲将面临的任务。

　　为做好充分准备，不仅需要政治机构共同努力，还需要欧洲公民给予最广泛的支持。毫无疑问，生活质量不仅是工人、消费者或投资者非常关注的事情，也是每一位公民非常关注的事情。只有公民共同参与，才能构建对欧洲社会责任的集体认同感。他们的创造性与创造力能够为实现更强、政治更民主的欧洲添砖加瓦。

　　总之，质量的概念是建立在欧洲政治机构、成员国、地区及地方权力机关与公民社会之间合作关系基础上的民主概念。质量传递的是卓越感，具有欧洲社会模式的特点。《社会质量：欧洲愿景》这本书的最大优点是将社会问题置于质量概念的核心位置，提倡一种超越生产、经济增长、就业及社会保护的方式，可以让每个公民在集体认同的形成过程中发挥主要的作用。这使本书对新欧洲的形成做出了非常重要以及最初的贡献。在我们迎接21世纪的挑战时，这本书将会是一个非常宝贵的资源。

Romano Prodi

欧洲委员会主席

（陶诚译，王晓楠、芦恒校）

序（二）

    在将经济增长、竞争力提升与社会公正成功地结合在一起这方面，欧洲在全球处于非常重要的地位。其独特的社会模式在过去的三四十年中，在对欧洲经济及社会的快速变化做出回应方面，已被证明是非常灵活并具有驱动性的。为了促进里斯本欧洲理事会完成其经济与社会复兴计划，社会政策议程成为整合新方法的核心部分。尤其是它努力维持经济、就业和社会政策之间积极与动态的互动，以创制一份政治协议，动员所有关键的国家一起努力达成新的战略性目标。

    欧洲基金会关于社会质量的第一本书《欧洲社会质量》在整个欧洲不仅受到政策制定者的广泛欢迎，还受到科学家的欢迎，在推进新的社会政策议程（强调提高社会政策、工作及劳资关系方面的质量）方面起到了非常重要的作用。其中一个非常重要的信息是经济发展不是其本身的结束，而是使大家的生活达到更高的生活标准的一种方式。我笃信将质量的概念推广到整个经济及社会领域，将会促进改善经济与社会政策之间的内在关系，这一关系对欧洲在未来获得成功而言是至关重要的。

　　社会质量的概念完美地体现了欧洲已经取得的成绩，以及它所继续想要取得的成绩。它还可以让公民日常事务得以反映在最高的政策循环层面。这本书扩展并加深了我们对社会质量的理解，因此，对实施新的社会政策议程以及欧洲社会模式的现代化来说，是非常宝贵的资源。

Anna Diamantopoulou

欧洲委员会成员，负责社会事务和就业

（陶诚译，王晓楠、芦恒校）

前　言

　　本书是欧洲基金会关于社会质量方面所计划出版的系列书籍中的第二本。不同于其他书，这本书是长期酝酿——始于 1997 年 6 月关于社会质量方面的第一本书出版之后——的成果。正如第一章所阐述的，本书是为了发起一场辩论，并认为目标已经实现是粗略又保守的说法：在欧洲，我们从被邀请参加社会质量辩论的科学家那里得到了积极的响应，这使我们倍受鼓舞。在本书中提到了很多科学家的观点，但是很多仍未提及。在此，首先要感谢科学家同人们，感谢他们对社会质量概念的积极响应，并认识到其内在的潜力，同时帮助我们在本书中加以发展并将其进行提炼与升华。他们的热心与集体努力远远超出我们的预期，在过去的 30 年中，他们的努力是无数讨论与辩论至关重要的能量来源。

　　我们还要特别感谢荷兰卫生、福利与体育部，研究与文化部，以及校际社会科学研究院，非常感谢他们的资金支持与鼓励。同时，我们还要感谢《欧洲社会质量》杂志，发表了由 Ota de Leonardis 教授所撰写的本书中的部分章节。Joyce Hamilton 作为欧洲基金会的编辑助理也对本书的出版起到了非常重要的作用。Carol Walker 还非常

热心地校对了全书，对本书的出版做出了很大的贡献。Marg Walker
以其熟练的技术，在监督本书的出版以及出版前的准备过程中承担
了大量的工作。我们由衷地感谢她的努力，同时我们也非常感谢那
些为本项目做出贡献的其他人。

沃尔夫冈·贝克，阿姆斯特丹欧洲社会质量基金会
劳伦·范德蒙森，欧洲社会质量基金会/
阿姆斯特丹校际社会科学研究院
弗勒·托梅斯，阿姆斯特丹自由大学
艾伦·沃克，欧洲社会质量基金会/谢菲尔德大学
（陶诚译，王晓楠、芦恒校）

作者简介

Svein Andersen，挪威商学院，奥斯陆，挪威。

沃尔夫冈·贝克（Wolfgang Beck），欧洲社会质量基金会，阿姆斯特丹，荷兰。

Yitzhak Berman，外部研究联盟，欧洲社会福利政策与研究中心，维也纳，奥地利。

Jan Berting，茹克，法国。

Denis Bouget，里昂人文科学研究院，南特，法国。

Marina Calloni，伦敦经济学院，伦敦，英国。

Kjell Eliassen，挪威管理学院，奥斯陆，挪威。

Adalbert Evers，贾斯特斯李比希大学工商管理学院，吉森，德国。

Christiane Villain-Gandossi，普罗旺斯大学，普罗旺斯地区艾克斯，法国。

Kees van Kersbergen，奈梅亨大学社会与政治学系，荷兰。

Gyorgy Konrád，作家，布达佩斯，匈牙利。

Ota de Leonardis，米兰大学社会学系，米兰，意大利。

劳伦·范德蒙森（Laurent J. G. van der Maesen），欧洲社会质量基金会/阿姆斯特丹校际社会科学研究院，阿姆斯特丹，荷兰。

Antonio Ojeda-Avilés，塞维利亚大学法学院，塞维利亚，西班牙。

David Phillips，谢菲尔德大学社会研究系，英国。

Guy Standing，国际劳动组织社会经济保障项目，日内瓦，瑞士。

Göran Therborn，瑞典发展研究管理委员会，乌普萨拉，瑞典。

弗勒·托梅斯（Fleur Thomése），自由大学，阿姆斯特丹，荷兰。

Georg Vobruba，社会学研究所，莱比锡，德国。

艾伦·沃克（Alan Walker），谢菲尔德大学社会研究系，英国。

第一章　导言：欧盟为了谁以及为了什么

沃尔夫冈·贝克　劳伦·范德蒙森

弗勒·托梅斯　艾伦·沃克

 全球化挑战

欧盟将向何处去？原因是什么？这些根本性问题是在欧洲及其他全球化地区发生空前变革和转型的背景下提出的。尤其是技术和信息方面的变革深刻改变了日常生活的政治、经济和社会结构，一个例证是，经济利益的去区域化逐渐削弱了政治结构的地方性基础。[①] 由于成员国间关系的不断演变使发生在欧盟的转型及其影响变得更加复杂。对欧盟发展前景的认识需要（以及来自公民的要求）空前高涨，但是现在的欧洲缺少能联合所有公民共同面对全球化挑战的愿景。

联合国开发计划署最新的报告证实，20 世纪 60 年代，最富国家 20% 的人口的收入和最穷国家 20% 的人口的收入相比较，前者是后者的 30 倍。而到 1997 年，这一差距已扩大到 74 倍。[②] 世界各地的不平等正在以令人感到恐惧的方式扩大，而其相关进程也在影响尚未可知的情况下发展得非常迅速，比如网络的应

---

① Z. Bauman, *In Search of Polities* (Cambridge, Policy Press, 1999).

② UNDP, *Human Development Report 1999* (New York, United Nations, 1999). 第一章（"全球化时代人类的发展"）："近两百年来世界范围的不平等在不断扩大，一项关于世界范围内（国家间）收入分配的长期趋势分析显示，最富国家和最穷国家之比从 1820 年的 3∶1，提高到 1913 年的 11∶1，1950 年为 35∶1，1973 年为 44∶1，1992 年为 72∶1。更令人感到惊讶的是，英国人 1820 年的收入大概是埃塞俄比亚人 1992 年收入的 6 倍"。注意，社会凝聚概念是因自身特质而提出来的，犯罪数量的大量增长尚未被考虑进来。

用。1988 年互联网主机的数量还不到 10 万台，到 1998 年已超过 3600 万台。估计 1998 年有超过 1.43 亿人是互联网的使用者，这一数量到 2001 年有望超过 7 亿。联合国开发计划署的报告认为，互联网是发展最快的通信工具。[①] 新的人际交往方式会彻底改变生产关系、社会凝聚的性质和社会关系，进而改变人们对现实生活的主观解释以及文化符号和仪式。Castells 认为信息革命的影响导致不断加剧的分裂：

> 工具性交换的全球网络，按照能否满足网络所处理的目标的要求，在策略性决策的无情流动中，选择性地链接或切断个体、群体、区域甚至国家之间的联系。这是抽象的工具主义，以及有历史根源的排他性认同和两种观点根本分裂的结果。[②]

虽然全球化进程中某些关键性要素是不可否认的，但严格地说，在处理这些关键性要素和削弱其最坏的影响方面，对民族国家和诸如欧盟这种超国家体的能力是存在争议的。一方面，如世界银行的经济学家主张，自由市场和经济增长将会帮助最穷的人；[③] 另一方面，如华盛顿战略和国际研究中心（Washington Center for Strategic and International Studies）认为，全球层面的自由市场理论与实践将摧毁具有历史根源的共同体认同（Identity）。《国家劳动保护条例》的废止刺激了生产和分配，进而也有助于新经济巨头利益的实现。这种"涡轮资本主义"（Turbo Capitalism）迫使人们变成牟利的主体，并导致自然与文化的全面商品化。[④]

对于全球化问题，这两个源自华盛顿的立场是相矛盾的，它们也是欧盟成员国内部和成员国之间关系的一种反映。尽管如此，还是存在一个强烈且普遍的共识——大西洋共识，这一共识认为，不断扩大的不平等是技术变革、国际贸易自由化、愈发激烈的竞争或以上因素相结合的必然结果。从这个角度看，民族国家

---

① UNDP，见 1 页注释②，第 58 页。

② M. Castells, *The Information Age：Economy，Society and Culture，Volume1：The Rise of the Network Society*（Oxford，Blackwell Publishers，1996），p. 3.

③ D. Dollar, A. Kraay, *Growth is Good for the Poor*（Washington，World Bank，2000）.

④ D. H. Lamparter, F. Vorholz, "Das WTO-Fiasko：Der Kapitalismus macht ungleich. Der US-Ökonom Edward Luttwak über den globalen Vormarsch des Turbokapitalismus und über Gerhard Schröder und Tony Blair", *Die Zeit*, 1999, 9 December, 50, 25.

无力应对不断扩大的市场不平等，只能干预抵税后收入方面不断扩大的不平等，但诸如此类的再分配调控不能"过度"，否则就会破坏竞争。正如此前许多经济学的"老生常谈"，尤其是关于发展的涓滴理论（Trickle-Down Theory），[1] 几乎没有证据支持大西洋共识。首先，经济合作与发展组织（OECD）的成员国在再分配政策和应对家庭收入不平等方面拥有丰富的经验。[2] 其次，如 Atkinson 的研究认为，社会规范（关于工资和再分配）比决定工资不平等的外部约束更重要。[3] 换言之，国家的和超国家的公共政策应该会产生重要影响：政治依然重要。

欧盟应该如何应对全球化挑战？虽然支持大西洋共识的呼声很高，尤其是在英国，但欧盟的反应却很平淡。到目前为止，欧盟代表的是成员国和委员会中不同观点的妥协，这必将加速新政策的制定。根据 2000 年里斯本欧洲理事会（Lisbon European Council）的决议，欧盟必须基于新技术的可能性促进创新并增进知识，以此作为创造财富的决定性来源。在欧洲，人们普遍认为必须将宏观经济政策、经济改革、结构性政策以及积极就业政策和社会保护的现代化结合起来。[4] 根据欧洲委员会的意见，这意味着现存体制对新形势的适应，而不是标准的降低。对这个问题，欧洲委员会是这样解释的：由于"欧洲社会模式"所具有的特质，高水平的社会保护作为社会凝聚和经济发展的重要因素发挥着作用。[5]

在欧洲委员会内部有一个广泛共识，即赞成并鼓励用多维度的方法促进政策协调，以应对新的挑战。根据 Boyer 的观点，欧洲在大多数政策领域遭受着缺乏协调机制之苦："当然，所有参与者都开始为这种缺失付出代价，他们应该很快

---

[1] I. Taylor (ed.), *The Social Effects of Free Market Policies* (Brighton, Harvester/Wheatsheaf, 1990).

[2] A. B. Atkinson, L. Rainwater, T. Smeeding, *Income Distribution in OECD Countries* (Paris, OECD, 1995).

[3] A. B. Atkinson, "Is Rising Inequality Inevitable?", WIDER Annual Lectures3, UNU World Institute for Development Economics Research, 1999.

[4] Council of the European Union, *Document from the Presidency*: *Employment, Economic Reforms and Social Cohesion-towards a Europe based on Innovation and Knowledge* (Brussels/Lisbon, CHEA/AM/EMB 5256/00, 12 January 2000), p. 5.

[5] European Commission, *Communication from the Commission*: *Modernising and Improving Social Protection in the European Union* (Brussels, DGV, COM (97) 102, 1997).

就会吸取教训。"① 毫无疑问，欧盟正试图更好地进行战略协调。例如，《里斯本理事会主席团决议》（The Presidency Conclusion of The Lisbon Council State）声称，其目的是：

> 要维持经济的可持续增长、提供更多更好的工作和形成更大的社会凝聚力，成为世界上最有竞争力和活力的知识经济体。要实现这一目标，要求所有战略都要目标明确：准备向知识经济和知识社会转型。这一转型的实现要通过出台更好的满足信息社会和研发要求的政策、提高竞争力和创造力的结构性改革、完善内部市场、促进欧洲社会模型现代化、进行人力资本投资和减少社会排斥来完成。②

为实现这一目标，欧洲委员会正在采取一系列令人印象深刻的举措，以促进协调机制的建立和基于经验知识的政策的制定。比如，《结构基金指南》（The Guidelines for the Structural Funds）（包含提升融合水平的共同体倡议）中说，"政治承诺将使内部包容水平的提升成为欧盟及其成员国优先考虑的因素，相应地，将会在一个全面而综合的战略层面评估并调动所有相关政策"③。排斥功能的概念则相反。包容和排斥被看作多维的结构性现象，与全球化、技术创新、家庭结构改变和性别角色转变等密切相关。

这些欧洲新战略的另外一个明证是第五框架研究计划（The Fifth Framework Research Programme）。它与之前计划的区别在于"致力于帮助解决问题，并应对欧盟面临的主要社会经济挑战。它将注意力集中在技术、工业、经济、社会和文化方面有限的目标和领域上"④。换言之，目的在于鼓励发展基础研究的政策已

---

① R. Boyer, *Institutional Reforms for Growth*, *Employment and Social Cohesion. Elements of a European and National Agenda. A Background paper for the Portuguese Presidency of the European Union* (Paris, CEPREMAP, CNRS, EHESS, 1999). 在这篇文章中他提到了缺乏协调与合作的例子：（1）企业、工会与工人之间；（2）财政当局和财政部长之间实际（高额利率加剧了财政赤字）；（3）有关创新和科技的国家战略之间缺乏协作。

② European Council, *Presidency Conclusions* (Lisbon, Press Release SN 100/00 EN, 20 March 2000), p. 2.

③ European Commission, *Communication from the Commission*：*Building an Inclusive Europe* (Brussels, COM (2000) 79 final, 2000).

④ European Commission, *Guide for Proposals* (Part Ⅰ)：*Improving the Human Research Potential and the Socio-economic Knowledge Base* (1998–2002) (Brussels, DG-Ⅻ, December 1998), p. 5.

经转变为鼓励发展支持公共政策的知识，以应对持续的转型进程。它的重点在于鼓励成员国之间进行比较，在理论和研究上形成更多的连贯性和一致性，并且为多种不同的政策提供合法性支持。因此，欧洲委员会需要在研究者与决策者之间建立长期对话机制。

近来，在为以知识为基础的政策和协调策略创造条件方面，欧盟已经取得了长足的进步，尤其是在涉及就业（年度就业计划的《卢森堡进程》）和研究方面。在这一过程中，成员国已经开始明确地表达它们具有共同的目标。但到目前为止，这些目标还不能作为欧盟未来的一个图景，也肯定不是一个能激励和团结所有人的方案。这就是社会质量倡议（Social Quality Initiative）的第一个关键目标：为欧盟提供一个愿景。虽然在欧盟内部这一为了能更好地协调政策的转变非常受欢迎，但还没有一个能将完全不同的政策脉络结合起来并反映公民需求和偏好的全面的包含性概念（像社会质量那样）。第二，通过提供一个愿景和一个统一的概念，创建一个供欧盟应对全球化挑战的框架。第三，它直指民主的不足，并提供了一条公民直接参与的路径。通过实现这三项功能，社会质量回答了本章开篇提出的问题（欧盟为了谁以及为了什么？）这些问题迫切需要有明确的答案。智囊团（Comité des Sages）不乐观地认为：

> 欧洲将会是一个为了每一个人、为了它所有公民的欧洲，否则它将什么都不是。如果不能强调它的社会维度并展示它可确保基础性社会权利得到尊重和实施的能力，它将不能应对当前所面临的挑战——竞争力、人口形势、扩张和全球化。[1]

公民的持续性排斥

如果欧盟反映了其公民的需求和偏好，那么欧盟将会成为一个有包容性和有远见的组织，这是社会质量倡议的一个基本假设。但是近年来，欧洲的发展却强化了欧洲上层公民的排斥行为。比如，欧盟的扩张进程作为一个关键动力，无疑将对社会质量产生重要的影响。为了加入欧盟，13 个申请国将不得不签字接受

---

[1] Comité des Sages, *For a Europe of Civic and Social Rights* (Brussels, European Commission, Directorate V, 1996), p. 23.

40000 项欧盟的设定规则，这不仅令人费解，而且有效地将公民排除在外。2000 年下半年，法国担任欧盟轮值主席国期间，政府间会议将做出结论。通过调整，新提出的主要原则会发生变化。这意味着欧洲在向民主欧洲转型的过程中新视角的缺乏和某种程度的战略缺位。葡萄牙担任欧盟轮值主席国期间，政府首脑会晤（the Heads of Government）决定欧洲的主要目标是获得更强的竞争力。这又一次没有关涉公民的需要、需求和偏好。虽然《阿姆斯特丹条约》加强了欧洲议会的作用，但欧洲层面上取得的那些关键性进展仍然没有考虑公民。除了对民主缺陷进行纯粹的修辞学承认外，公民的角色是跟从，而不是去创造或有助于决策。

社会质量倡议

1997 年 6 月，在荷兰担任欧盟轮值主席国期间的一次会议上，社会质量倡议被正式提出。这一事件也以《欧洲社会质量》（*The Social Quality of Europe*）的出版为标志。[1] 该书的筹备工作是在 1996 年 11 月举行的一次由荷兰卫生、福利、体育部门资助的专家会议上进行的。此次会议之后，在 1991~1996 年的一系列会议上又做了一些协商性讨论。让我们走到一起的科学的和政治的信念是决策的传统取向，这种取向既不能为建立一个社会公正的欧洲提供稳定的基础，也不能为建立一个反映公民需求与偏好的欧洲提供稳定的基础，只是使社会政策从属于经济政策并体现为一种自上而下的治理方式。我们寻求用社会政策自身的理论基础取代当下占主导地位的"婢女范式"（Handmaiden Paradigm）。[2] 这个独立的理论基础就是社会质量。

社会质量是试图对经济和社会进步都做出评估的一种新标准，它可被用于在欧盟各层次上测量公民的日常生活已达到何种可接受的欧洲水平。它既要致力于成为公民评估国家和欧洲政策有效性的标准，也要成为制定政策的科学依据。我们将社会质量定义为：人们在提升他们的福祉和个人潜能的条件下，能够参与社区的社会与经济生活的程度。公民[3]所处的社会质量水平取决于社会、组织、地

---

① W. Beck, L. van der Maesen, A. Walker (eds.), *The Social Quality of Europe* (The Hague, Kluwer Law International, 1997 and Bristol, Policy Press, 1998).

② R. M. Titmuss, *Social Policy* (London, Allen and Unwin, 1974).

③ 虽然"公民"这个词可能意指一个法律上专有的群体，但是我们用它指代所有的人。我们的目标是追求整体的、兼容的尊重国家、民族和文化多样性的欧盟公民权（见附录）。

区和群体的社会、经济、文化特征，要在个体层次上对其进行体验和测量：社会经济保障的程度、社会包容水平、社会凝聚程度、自治或赋权水平。

社会质量这四个构成要素的每一个都有与其自身相对应的连续统：社会经济保障/不保障、社会包容/排斥、社会凝聚/失范，以及赋权/从属或自治。在第一本书中它们被形象地描绘为一个二维的象限，如图 1-1 所示。

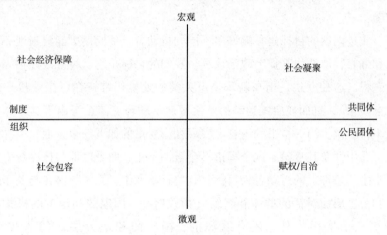

图 1-1　社会质量象限

这个象限为本书中的大量分析提供了基点。然而它仅是我们的一个基点，并且已经有相当大的修改，这已经在本书中做了部分解释。尤其是在第十七章，我们界定了社会质量概念和社会质量倡议中的核心概念——"社会性"；详尽地说明了坐标轴和环绕其周围的张力；在顶端，将纵轴的内容改为代表社会发展，在底端，纵轴的内容代表个人生命历程的延伸；基于始终如一的理论分析，提供了关于象限构成要素的详细阐述。

基金会的第一本书《欧洲社会质量》的主要目的是激发关于欧盟未来发展方向的辩论，尤其是经济和社会优先权之间如何平衡。它是关于这个主题的第一个公开声明，并且引起了科学家、决策者和公众的很大兴趣。此外，还创办了一个新的杂志《欧洲社会质量》，并对成员国和欧洲委员会的决策产生了影响。[①]《欧洲社会质量阿姆斯特丹宣言》已经有超过 800 名科学家（见附录）签名。欧

---

① 参见欧洲委员会交流中的例子，*Social Policy Agenda*（Brussels, European Commission, 2000），p. 13。

洲议会也就这个议题召开了一次专门会议。尽管第一本书将大量的偏离主题的内容引入了社会质量，但在 1997 年它还是被确认为是对社会质量的第一次尝试性表述。我们特别意识到社会质量概念理论基础的缺失，以及其潜在的操作化问题还没有完全被挖掘出来。因此，我们邀请欧洲的科学家对那本书中的观点和概念框架做出回应，并帮助我们提炼和改进它。他们的贡献和我们对他们的回应是本书的主题。

社会质量倡议的目标是影响许多不同的行动者，他们期望能清晰地表达公民的需求和偏好，以便将其提上政治议程。我们的目标是用这种方式评估当代欧洲变革的进程。这种方式是指在新环境下人类的处境仍维持在可接受状态（比如维持社会质量），进而使启蒙运动的价值服从于新环境。正是出于这个原因，这一倡议不得不跳出第一本书的内容，发展社会质量的如下三个方面：概念的理论有效性、适用性及其身份。这个理论不会被抽象化，而是以那些把注意力集中在人类日常生活条件上的行动者为目标。这些行动者中，除了那些参与关于欧洲未来社会和公民层面对话的群体和组织（如政府——国家的和地方的机构、雇主、商业组织三个层面）外，还有欧洲的、国家的和地方层面的非政府组织（NGOs）。因此，这个倡议并不是中立的。它支持的是新愿景，这个新愿景关涉地方和区域层面的民主欧洲，以及设计一种用民主的方式应对当下变革与转型进程的透明的政治制度。这个倡议支持参与的和以共识为基础的社会。

我们参考了社会质量倡议的"基因密码"，通过使社会质量理论化，发展其适用性和同一性（为了谁的以及为了什么?），倡议涉及：（1）成员国公民的需求和偏好，（2）清晰表达这些需求和偏好的行动者，及（3）对经济、社会、文化政策负责的体制，三者之间是辩证关系。它将促进和支持这样一些政策，也就是从公民和行动者能够明确表达其需求和偏好视角出发的政策。这个倡议正好回应了协调政策的需要，尝试将推动社会信任作为创建更加包容和团结的欧洲的方式。因此有必要定义清楚什么是可接受的和什么是不可接受的。换言之，"欧洲为了谁以及为了什么?"

对这一问题的进步意义不能太乐观。它要面对政策制定的传统方法与社会政策、经济政策根深蒂固的模式，特别是人们习以为常的二者之间的关系。公共政策领域的一个假定认为社会政策从属于经济政策，进一步说就是社会政策缺少自己独立的基本原理。一些决策者拥护社会政策是因为社会政策对经济是"有效的"，当前的这种趋势只不过是有关经济优先于社会的一脉相承的最新案例。① 就社会目标而言，传统经济学家的观点相当简单：增长就是一切，增长必然是对你有利的。而且这种"对增长的狂热"已有很长的历史。② 尽管我们并不想低估经济发展在提升福利和我们所寻求的社会质量水平方面的作用，但是把它提升到作为社会或欧洲发展目标的位置，则混淆了手段和目的。经济增长能够作为增进福利的机制（虽然不是必然如此）——但它自身不是目的，就如社会质量一样。这里存在一个现代政治的关键问题：缺乏一个鼓舞人心的愿景。

2000 年 6 月里斯本首脑会议的结论已涉及上述议题，并在欧洲层面对这个问题做出了很好的解释。如前所述，尽管社会凝聚和减少社会排斥的重要性已经被认可，但其主要目标是"成为世界上最有竞争力和活力的知识经济体……"③ 如果先读一份关于欧盟目标（比如一个为了所有公民的社会质量的欧洲）的声明，然后再将竞争性经济视为实现这个目标的必要机制之一，那将更加鼓舞人心。欧洲委员会的结论必然是政治争论、讨价还价的结果，因此一定会被解读为不同立场之间的妥协。在极端情况下还有两种情形：一种是将欧盟只视为一个商业机构；另一种是将其视为一个建立在诸如社会正义和民主原则基础上的经济、政治与社会的综合性组织。欧洲委员会采用社会质量是一个充满希望的迹象，是认识到了改变经济和社会政策之间关系的需要。《欧洲委员会社会政策日程》中的下述声明，可能是摘自社会质量的第一本书："一个关键信息是，增长不是目标；本质上，它是一种使所有人达到更好生活水平的方法。"④

社会质量是欧洲的一个潜在的新愿景。首先，更务实地讲，作为联结政策关键领域的一条主线，社会质量能够对决策者产生影响。比如，在欧盟层面它将经济政策、就业政策和社会政策联结起来。其次，社会质量提供了一种连贯地运用某些重要概念（比如社会凝聚、社会排斥和社会保护）的方式，这种方式的欠缺已经阻碍了成员国政策之间的协调。最后，如本书第二部分章节中所做的探讨，社会质量提供了一些非常实用的指标，可以运用这些指标去评估社会经济变革的影响和应对这些变革的政策。

---

① A. Walker, *Social Planning* (Oxford, Blackwell, 1984).

② 见 6 页，注释②。

③ 见 4 页，注释④。

④ 见 7 页，注释①。

三 本书的主题和结构

社会质量的第一本书既是一个开场白，也是一种探索性的运用。正如我们在那本书中所阐述的：

> 我们并没有提出一个在理论上经过充分论证的社会质量概念，它还不可能立即被操作化并为新的社会政策提供基础。我们的意图是从必要的分析运用和政策争论开始，希望以此为社会质量概念的理论基础的建构铺路。[①]

作为社会质量的第二本书，本书的主要意图是报告那些为社会质量概念提供理论基础的分析和争论，以及为操作化所做的努力。从社会质量的第一本书到第二本书，是一个非常复杂和激动人心的过程，充满了关于理论、经验和政策的争论。社会质量概念被提出后，我们还是受到随之而来的一系列事件的影响，这些事件使社会质量概念被从科学家到欧洲委员会的决策者等许多不同的人接受。然而，正如开篇已经阐明的，我们一直都意识到这个概念缺少一个明确的理论基础。为了能做出一些必要的评论和批评，以帮助我们形成关于社会质量的理论，我们邀请来自不同学科的专家撰稿。所以，这本书可被视为以社会质量为主题的专题论文集。我们已把他们建设性的批评意见纳入构建社会质量理论的努力，以及一些关于社会质量实践应用和政策应用的理念中。本书由三个部分组成，在第一和第二部分的结尾，我们对专家的意见做了阶段性的回应。之后，在第三部分的结论处，我们总结了前面章节的诸多观点，并得出理论的、经验的和政治的结论。第三部分的两章共同提出了关于社会质量的一个新观点。

具体而言，第一部分包括一系列对基金会第一本书的评论。第二章和第三章是基于对发起社会质量倡议的会议上所提交的两篇文章的修改而成，该会议于1997年6月由欧盟轮值主席国荷兰主持。此外，其他撰稿人也应邀对《欧洲社会质量》和1997年会议做出回应。在第二章中，Therborn强调社会质量在欧洲达成共识和参与民主的进程中是至关重要的。他提醒我们民主政治必须始于人民：始于人民的福祉，而非始于经济政策或社会政策。在第三章中，Aviles通过

[①] 见6页注释①，第286页。

对欧盟法律文件进行详细研究，拓展了 Schulte 和 Pieter 在第一本书中的分析。他强调社会对话（在工会、雇主和政府之间）在提升公民生活质量上的重要性，认为欧洲委员会在社会性领域应发挥主要的协调作用。这要求从决策执行（即交给成员国执行）到使用规则都要转变（很少有回旋余地，因而降低了不履行职责的风险）。

在第四章中，Bouget 对社会质量进行了深入批判，尤其是对新概念和不确定性概念的发展提出了质疑，并阐述了社会质量各要素的不确定的含义，比如两极分化、参与和一体化。他也对社会质量象限内容的选择提出了质疑，并对其对团结和生态视角的忽视感到遗憾。Bouget 验证了社会质量概念的意识形态维度和伦理维度，对其意识形态内容近乎完全开放的事实持批评态度。他注意到关于社会质量倡议的两种不同的可能性：一方面，它被视作欧洲社会公民权基础的基本元素；但另一方面，它可能仅是一个最小的政治计划。他认为社会质量的概念太过宽泛，应制定现实的目标。这是彻底的批判，他向概念的提出者提出了挑战，我们将在第九章中做出回应。尽管如此，他的批评仍然是建设性的，而且他的批评是以积极的暗示结束的：社会质量"不是一个没有质量的概念"。

在第五章中，Calloni 指向私人领域，尤其是关于日常生活和两性关系的内容。她也从文化方面对社会质量概念提出了批评，她认为以北欧福利国家为导向的视角是存在风险的，这反映了欧洲那部分地区存在的社会文化传统和两性关系的类型。她认为，考虑到欧洲存在不同的文化、两性关系和个人生活方式，必须将社会质量概念区分开。因此，社会质量必须考虑到性别视角和所有不同生活方式的多元文化维度。

在第六章中，van Kersbergen 关注一个涉及（隐含的）功能性推理风险的具体问题。他认为，在有关欧洲社会政策和经济政策的话语中充满了功能主义词语，这种情况在有关经济和货币联盟的内容中尤甚。他建议，在欧洲一体化的背景下，与其简单地抛弃功能主义，不如把开放功能主义当作民族福利国家的调适逻辑来帮助我们理解功能性必要条件是怎样生成变迁模式的。这种开放的功能主义认为，功能性需求可能出现也可能不会出现，可能引起也可能不会引起现有制度的变化，可能导致也可能不会导致以社会质量为特征的欧洲社会维度的发展。

第七章和第八章关注社会质量的经验问题。在第七章中，Bouget 考察了以前使用的两种质量评价取向——生活质量和产品质量。之后他评估了选择社会质量指标的基础，以及与构建指标体系相关的技术问题和方法论问题。最后，针对把一切事物都简化为可测量和可量化的社会指标取向，他提出了纯经验主义批评。在第八章中，Phillips 和 Berman 基于这些分析，揭示了社会质量概念是如何操作化的——他们通过确定四个社会质量象限构成要素各自的指标体系来完成这项工作。他们的贡献是在很大程度上提升了社会质量的操作化潜力。这一章在区分有关输入、过程、结果和影响的不同类别的指标以及为这些指标提供说明上也是有帮助的。

在第一部分的结尾处，主编对第二章到第八章中的评论做了回应，力图厘清社会质量概念的性质。这一章有两个重要的主题：第一，说明社会质量的社会哲学基础，这就要求分析社会质量中的"社会性"的含义；第二，详尽说明这个概念的理论基础，包括重新解释社会质量象限，如在第一本书和上面的概述中提到的，在轴线所区分的领域起作用的是社会力量而不是不同的维度。这一章也回应了有关社会质量的政治、方法论和实践方面的批评。在结论部分概述了将社会质量方法论操作化的三个基本标准：第一，概念的复杂性要求多维度的方法论取向；第二，社会质量概念必须被视为一个界定相互关系、相互作用和因果机制的动态过程；第三，社会质量的核心要素是由能力与条件构成的社会的质量。

第二部分建立在第一部分的评论的基础上，旨在探索和发展社会质量在各个不同领域的潜力。我们邀请了一些撰稿人来回答三个具体问题。第一，对正在影响公民日常生活的主要过程和变迁，他们的观点和愿景是什么？第二，为评估上述过程，应开发哪种社会资源？第三，针对这些问题，社会质量概念的角色或功能是什么？

由 Berting 和 Villain-Gandossi 撰写的第十章关注法国城市地区社会和经济转型的影响。他们特别强调城市的贫困和这些地区的政策集中度。他们追踪了政策焦点从贫困到社会排斥的转换过程，并指出在这种发展背后市场意识形态的影响，以及由决策者的分类（这种分类是针对那些不合乎"主流"社会的标准的人而设的）而造成的排斥危险，他们主张详尽解释社会质量概念的工作中必须包括公民。

在第十一章中，De Leonardis 将福利机构的质量看作社会质量背后的一种推动力。她指出了一种风险，即社会政策不仅一直受到增长必要性的限制，而且由于公共产品的私有化，社会政策作为民主繁殖者的政治功能也会受到损害。她介绍了第三部门，并指出它已经成为社会政策中不可忽视的重要部分。虽然第三部门的发展对社会质量而言并不一定都是积极的和支持性的，但它确实有潜力成为提高质量标准的社会学习储集器（Reservoir）。这意味着，如果他们有兴趣发展社会质量，那么科学知识和政策应聚焦在制度性质量上以及那些促使这些结果产生的因素上。在第十二章中，Evers 通过检验第三部门在欧洲社会福利领域中不断增强的作用来继续关于第三部门的讨论。他和 De Leonardis 一样指出了这种风险，即决策者不会培育第三部门组织的独特特征，而只是简单地将其视为更廉价替代品的供应者。他的替代性视角强调那些组织超出服务供应领域的角色特征，比如作为社会资本的存储器（Repositories），以及它们在提升社会质量方面的特殊潜质。这把我们带到福利社会中民主参与的核心，它的一个重要元素应是在第三部门组织中市民之间的自愿协作。

Standing 的贡献（第十三章）是提出了一个关于社会质量的经济学视角。他认为，从 Polanyian 的立场来看，经济已经从社会中脱嵌出来，因此将侵蚀再分配机制和社会保护机制。他认为，必须在寻求将经济重新嵌入社会中的新路径背景下考虑社会质量理念。他强调职业保障是一个美好社会正常运转的至关重要的因素，这需要将工作从劳动力重压下解救出来，将职业从工作中解救出来，这里的关键信息是：使就业最大化的不是社会质量的基础，而经济保障才是至关重要的。他也质疑了为缩小收入分配中不断拉大的差距而将社会质量概念提升为一种连贯性战略的观点。最后，由于社会质量不能不管区域性国家集团中的其他地方发生了什么而在一个单独的国家实现，因此他呼吁在国际层面制定协调一致的战略。

在第十四章中，Vobruba 有说服力地比较了欧盟和美国的"社会模式"在面对诸如全球化这样的社会巨变时的应对方式。他指出，欧盟的福利国家允许那些国家灵活地开展创新来应对社会变革，然而以牺牲人们的生活条件来提高经济绩效的美国短期效益主义（short-termism）强迫工人变得更加灵活（他称之为灵活适应）。这一章的关键主题是经济成功是社会质量的必要条件而非充分条件。

在第十五章，Andersen 和 Eliassen 看到了民主对欧洲计划的重要性。他们研究了"民主赤字"，并指出欧盟层面不稳定的政党制度和无力的议会。他们认为，增加游说和试图增强议会的作用之间存在张力，因为它们源于两种不同的政治代表形式。他们指出，精英决策者、专家和特殊利益者主导了欧洲联合进程，这应能被体现基础和共享的欧洲价值观的更广泛的社会动员平衡。

第二部分以回顾撰稿者运用社会质量概念理解欧洲社会经济变革进程的有效性结束。虽然这些章节并没有提出一个通用的视角，但至少受到社会质量倡议的启发。他们能接纳这个概念，并将其运用到不同的社会经济变迁形式中。这确实为解决当前主要的政策问题提供了一个新的视角。对第二部分中评论和批评的提炼弥补了社会质量谜题中缺失的部分，并为本书的最后部分提供了纲领。

第三部分的主要目标是发展社会质量概念在理论方面、经验方面和政治方面的术语。在把这些成果应用到本书、1997年会议、2000年2月欧洲议会组织的社会质量专题会议以及其他评论的过程中，我们提供了一个框架，使这个概念可以成为政策研究和政策制定的起点。

第十七章侧重理论方面，初步综合了第九章和第十六章的内容，四个主题构成了这一章的核心内容。第一，讨论社会质量社会哲学方面的三个特征——本体论、认识论和意识形态。这使我们能够仔细推敲社会质量中的社会性含义。第二，检验和修改社会质量象限中的横轴和纵轴的内容。第三，更新了社会质量象限中四个部分的内容。第四，针对社会性质量的状况得出了一些初步结论。本章最重要的工作是建构了一个科学框架，这个框架将社会性在其自身正当的范围内定位为一个真实的实体，进而使我们得出关于它自身质量的结论。我们确信，在形成集体认同的背景下，社会性的核心是作为社会存在的公民的自我实现。本章结论部分批判了当前欧洲社会政策的导向，尤其关注作为生产性要素的社会保护。这反映的是自上而下的生产导向，而非像社会质量那样能够反映制度和机构之间以及个体与共同体之间的相互作用。社会质量视角中质量的逻辑有一个完全不同的参照点。它强调的是相互作用，不是以竞争和经济增长作为政策和行动的指导方针；它受合作和社会进步原则的支配而不是市场机制。

最后，在第十八章中，我们尝试建立联结社会质量指标的基础——这些指标由专家以公民的视角建构而成。之后，我们提出了应该由谁来决定什么是质量这个问题。我们认为，在对个体公民进行访谈的基础上描绘质量的轮廓将有利于对现有社会指标进行深化和改进。为了将欧洲政策操作化，在本章我们用一种理论工具的形式呈现社会质量的"基因密码"。它将人的需要、欲望和偏好与关键行动者和政策联结起来。在本章和本书的最后讨论了社会质量概念中科学方面和政治方面的关系。我们坚信社会质量的应用价值不仅取决于科学和政治的因素，而且依赖它们之间的联系，因为这个概念有能力协调科学和政治的关系。

附录中收录了《欧洲社会质量阿姆斯特丹宣言》（Amsterdam Declaration on Social Quality）的文本，1997年这份宣言被提交给欧洲议会主席，随后有超过800名欧洲科学家签名。Gyorgy Konrád的结语强调了欧洲的文化维度。

综上所述，本书呈现了社会质量概念从初创阶段如雏鸟般带着巨大的不确定性，到三年后变成因知其理论归宿而充满自信飞翔的概念之鸟的过程。读者朋友，如果你有耐力读完这本书，真诚地希望你能发现我们的努力是值得的，并愿意为提升欧洲社会质量尽自己的一份力。

（蔡伏虹译，王晓楠、李康、徐京波校）

第一部分
欧洲社会质量：概念的评估

第二章　社会质量的
政治和政策

Göran Therborn

▰ 政策和四种政治

荷兰语和英语是我最喜欢的两种语言，也是在西欧唯一能够辨识出政治科学中诸如 Politiek 和 Beleid、政治和政策等词之间本质性差异的习语。我们必须从这里讲起。

概括地说，政治决定要玩的游戏，并设定其目标和规则；而政策是在一个给定的游戏中，根据既定的规则判断得分情况。因此，政治先于并包含政策。如果暂且不考虑政治的内容，那么我们可以辨别出它的两个方面：一方面涉及政治如何运行；另一方面则关系到政治由谁来操控。关于前者，至少从文艺复兴时期开始，政治分析家和观察家就已区分了欧洲政治运行的两种方式：一种是冲突政治；另一种是共识政治。在现代欧洲早期，哈普斯堡皇室第一次做出这种区分。当别人在打仗时，幸运的奥地利人却在联姻（在这种背景下谈论联姻是缺乏历史感的）。在晚期现代政治科学中，王朝联盟的古典哈普斯堡模式被荷兰和阿尔卑斯共和国的国内民主政治作为共识政治的模式继承，并被概念化为"结盟民主"（Consociational Democracy，由 Arend Lijphart 提出）或"协作民主"（Concordance Democracy，由 Gerhard Lehmbruch 提出）。

政治的另一方面的历史更为悠久，它由希腊人提出，并由前现代欧洲的伟大导师亚里士多德进行了详细阐述。这种古典的区分体现在君主政体、贵族统治和民主政治的区分中。在当今欧洲，我们只关心民主政治（它现在也可能同时是君主政体）。与我们有关的是精英民主和参与性民主之间的区分。在自由和公开表达意见的建制背景下，二者在基于竞争性选举的意义上都是民主制度。但是在前者中，被选精英就政策进行协商，做出政治决定，然后由官僚和专业精英去实施；而参与性民主则意味着大多数公民和利益集团除了参与公共政策的执行和监督外，还参与协商环节。

我相信很多人都同意欧盟的民主并不多，存在的是一种"民主赤字"，即一种强硬的精英主义。就我所能理解的，这是社会质量倡议正在解决的基本议题之一。欧盟的可持续发展需要一种参与式的欧洲民主。

共识政治的特征是避免零和游戏，或者也可以说是避免（产生）胜利者的游戏。共识政治不是一项竞争性的运动，如在爬山或潜水运动中，你挑战的是山的高度或海洋的深度。成为世界上第一个突破这个标准的人是一份殊荣，但这并不意味着明年再一次攀登勃朗峰或珠穆朗玛峰就没有意义。

像大部分运动一样，很多政治是竞争性的和零和性的，并且也可能是公平的。获胜的可能是最好的（最强、最快、最优雅的），最终男人或女人胜利或者团队胜出。然而，欧洲一体化的政治应该是（也必须是）一种与之不同的政治，即共识政治。无论在荷兰还是在作为整体的欧洲，共识都并不是一个完全恰当的概念。即便如此，我们仍然需要致力于构建共识政治，这是一个动态的过程，包含新理念的提出、为其辩论、说服持其他理念的人及与之谈判和妥协。

欧洲社会质量的政治方面将是构建共识政治。这意味着社会质量必须成为一个目标或一个移动的目标，为欧洲所有主要的势力提供一些积极的东西，这些东西同社会政治与政策的主要民族传统、当代欧洲的主要意识形态流派以及欧洲公民的主要分类相关。共识政治没有必要与波兰立陶宛联邦（Polish-Lithuanian Commonwealth）的政治及其自由否决权（liberum veto）一样。当共识政治与大量社会经济的和法律政治的公民权利一致的时候，除非将一些意识形态流派排除，否则往往导致组织变革和领导能力有机结合起来。

我们最好从一开始就意识到一个问题，即历史上一直存在精英共识与民众参与之间的权衡。经典荷兰的柱状化（verzuiling）体系是基于一项绅士协议，每个柱状体（zuil or pillar）的精英们保证他们集团中的大多数人遵守纪律并受到控制。在精英寻求共识与民众尚无参与的过程之间的类似协议，以奥地利和斯堪的纳维亚的后大萧条或者"二战"后的劳动力市场为特征。

社会质量倡议的新的挑战是尝试为欧洲的重大共识与参与性民主铺平道路。这在历史上并不是独一无二的。尽管瑞士把劳动人口中的很大一部分人排除在政治参与之外，但它还是以这种方式管理了相当长的一段时间。

二　社会质量和欧洲认同

在政治上，社会质量的欧洲共识政治并非不切实际，它可以被简单地视为源自民族传统，以及即使不是西欧全部的，也是其主要的政治意识形态流派。在欧盟的中心地带国家有一个首要的共识，即关心该范围内居民的共同生活，这超越了摇摆不定的政党政治。这份关心可以被表述为不同的重点，如社会凝聚、团结、平等、共同体或其他一些术语，但在国家之间也是存在共性的。在意识形态层面，这至少是社会民主党（Social Democrats）、基督教民主党（Christian Democrats）、一国保守党（one-nation Conservatives）、社会自由党（Social Liberals）、绿党（Greens）和社会党（Socialists）共同的愿望。

"福利国家"是一种英语表述，并在国际学术圈子里流行，但是它却变得过于英式化（anglophone）。例如在荷兰、德国、法国和意大利，对应的词在政治上更具有争议性。在这种有部分外交的整个欧洲背景中，为了陈述一个社会科学的命题，让我们暂时谈一下"广泛的社会政策国家"。

在当今世界，除了欧洲一体化的超国家机构以外，广泛的社会政策国家是最具特色和最特别的欧洲机构之一。在公共支出、提供公共服务、拓展社会公民身份甚至外籍居民（denizens）（本地居民）的权利方面，欧洲社会国家在世界上都是独一无二的。基督教堂及其主教教区在欧洲以外的地区越来越多，并且事实上欧洲也逐渐变成世俗化大陆。欧洲不再是明确的基督教社会，但仍然保持着特定的社会性："社会问题"的遗产仍然处于欧洲通向并进入现代化社会的核心位置。

社会欧洲是现代欧洲认同的一个必要的部分

在很长的一段时间里，欧洲开放的经济体已经展示了其在如下两个方面没有任何必要的权衡：一方面是公共的社会承诺与社会权利；另一方面是世界市场竞争力。20世纪90年代早期的估算显示，在经济合作与发展组织（OECD）的21个国家（除了卢森堡）中，世界市场依赖（国内生产总值的出口份额）和公共社会支出之间存在显著的正相关，$r = 0.34$（从第十四章中也可以看出）。

三 界定社会质量：社会性的质量，个体的福祉

从政治层面来说，"社会质量"应该被看作一个开放式的愿景。它作为一个没有终点的社会转向的指向，就像欧洲一体化本身，是"欧洲民族间的联合"。

这里面临的困境是：一方面，社会质量不得不被界定为一个非常笼统的概念，通过多种手段都能获得；但另一方面，它必须具有可辨识的内容，这一内容要足够具体以使公民及公民组织觉得值得去为之效力。社会质量也需要足够精确，以便有可能去判定欧盟或某个成员国是否正在提供更高或者更低的社会质量，特别是同去年相比。第一，有必要对现存政治的和政策的多样化传统与流派进行一致性调解；第二，有必要让欧洲外籍居民参与进来；第三，必须实施有意义的政策并关注大众长远的需求。社会质量是一种应对这种两难困境的政治艺术。社会科学的贡献应该在概念上和分析上得到清晰阐述。

贝克、范德蒙森和沃克在将社会质量引入欧洲的政治学术日程方面做了大量的工作。他们也用一种非常吸引人的、虚心的和开放思维的方式来开启讨论，而不是直接宣布结论。我被邀请从社会政策的视角为他们这个倡议做出评论。我的建设性批评要点在于他们过分关注传统社会政策的地域性。他们也需要关注Ludmig Erhard 的格言"最好的社会政策是一项好的经济政策"，作为补充也可以说"最好的经济政策肯定也是一项好的社会政策"。

在"提供一个可以在欧盟各个层面同时评估经济和社会政策的新标准"① 方面，这些倡议者还没能够以他们自己的方式得出一个创新的和大胆的恰当结论。然而，民主政治既不应该从经济政策开始，也不应该从社会政策开始，而是必须始于民众，即民众福祉和个体福祉。在转向政策目标之前，我们需要找到一些实用的和能够达成共识的方式来实现受公共政策影响的人类福祉，同时我们也需要阐释社会质量和人类福祉的关系。

要阐释社会质量和人类福祉的关系最简单、最恰当的方法似乎是用以下方式来看待它们之间的关系。社会质量是社会或社会制度的属性，而非人的属性，我们通过它们为其常住居民（inhabitants）提供福祉的能力来界定。那么，拥有良

---

① W. Beck, L. van der Maesen, A. Walk, "Introduction", in W. Beck, L. van der Maesan, A. Walker (eds.), *The Social Quality of Europe* (The Hague, Kluwer Law International, 1997), p. 2.

好社会质量的欧洲就是一个向其居民（residents）提供福祉的欧洲。

　　为获得福祉，我们需要做什么？在分析性的阐释和精心设计方面，在经验性的操作化、社会指标运动、北欧的生活水平调查、东西方尝试汇聚生活质量研究内容以及更多学者的个人学术贡献方面，如 Sen 关于能力的研究和 Doyal 与 Gough 关于人类需求的研究，国际社会已经做了相当多的工作。[①] 所有这些贡献使我们比以前更有智慧，但是，即使在复杂性（sophistication）更高的水平上，我认为也仍会存在困惑。当然，如果给这个议题提供一种分析性的解决办法或者超越此议题，可能会有些自以为是，因为已经有太多来自社会科学与社会哲学不同学科领域的杰出同行专注于此。但是，如果社会质量要在欧洲议程中成为一个有意义的议题，那么我们必须尝试给出更多实用的解决方案。

四　如何获取欧洲的社会质量

　　在提出一种具体的获得福祉的方法之前，我将提出四个标准，在我看来它们是任何一个好的实用性解决方案都应该满足的标准。其中两个标准很可能是没有争议的，甚至可能是不重要的。第三个标准在 1997 年发表社会质量倡议的会议上没有得到清晰的解答，并且可能是有争议的；最后一个标准在那次会议上得到了解答，但该答案可能无法自证。

　　这里有两个基本的政治标准，它们暗含在社会质量倡议中，但我们最好清晰地辨识并且非常严肃地对待它们。一个基本的政治标准是具有共识性（Konsensfähig），有能够达成广泛的政治共识的能力。社会政策的背景关系到我们中的大多数人，这意味着必须使无论是个人主义还是集体主义倾向者、无论是关心经济还是更关心

---

① L. Doyal, I. Gough, *A Theory of Human Need*（London, Macmillan, 1991）; R. Eriksson *et al.*, *The Scandinavian Welfare Model*（New York, M. E. Sharpe, 1987）; H.-H. Noll, "Wohlstand, Lebensqualität und Wohlbefinden in den Ländern der Europäischen Union", in S. Hradil, S. Immerfall（eds.）, *Die westeuropäischen Gesellschaften imVergleich*（Leverkusen, Leske and Budrich, 1997）; S. Paugam（ed.）, *L'exclusion. L'État de saviors*（Paris, La Découverte, 1996）; S. Ringen, "Well-Being, Measurement, and Preferences", *Acta Sociologica* 1995, 38, 1; A. Sen, *Inequality reexamined*（Cambridge Mass., Harvard University Press, 1992）; A. Szalai, F. M. Andrew（eds.）, *Quality of Life: Comparative Studies*（London, Sage, 1980）; UNDP, *Human Development Report* 1996（Oxford, Oxford University Press, 1996）; The World Bank, *Social Indicators of Development*（Baltimore, The Johns Hopkins University Press, 1995）.

其他问题的人都能够理解这个目标。另一个基本的政治标准是这个目标必须具有可参与性和实用性。它必须同时回应欧洲的政策承受者（或者接受者）与决策者对当前和未来的关注点，它必须受到公民倡议（civic initiatives）与公共政策的影响，并且对欧洲外籍民众来说它应当是可测量的和可监控的。这两个决定性的标准都暗含在社会质量倡议里，但是它们没有被直接说明。奇怪的是，作者并没有涉及运用欧盟监测（EU monitoring）的评估经历，也没有简略地提及社会排斥和老龄化与老年人的视角。

关于参与的可操作性，我认为社会质量倡议除了与国家及整个联盟的政治和政策相关之外，也与当地的政治和政策有关，这一点是重要的。《21 世界议程》（Agenda 21）在动员市民参与环境主义者倡议的这一积极的实践过程方面为欧洲每个市民提供了有价值的指导，比如针对欧洲每个市民的社会质量所提出的倡议。更进一步来说，其应该致函那些关心社会生活质量的各类市民组织和 NGO，邀请他们关注此倡议并提出专业性意见。这种类型的实践具有积极意义，例如对《联合国儿童权利公约》（the UN Conventions of the Rights of the Child）的阐释及国家对它的执行及监督情况。

在《欧洲社会质量》（*The Social Quality of Europe*）中比较明确的是第三个标准。社会质量并不是与社会政策相关的一个部门的目标，而是作为一个一般性的政策标准，通过它可以对经济与社会政策结合的走向做出评估。我完全同意这一点，它是从公民欧洲（citizens' Europe）的概念中发展出来的。社会质量指的是政策产出，并且它们也不会以决策部门所采用的那种可能的（分割）方式被分割。

问题在于为了实用的目的，我们是否应该根据最低限度、底层或者像欧盟的主角（stars）那样开阔的视野去定义这个目标？这是个重要的问题，需要加以明确。但倡议者们在这个问题上似乎还没理清思路。关于"保障"、"反对贫困、失业、疾病和其他剥夺"以及"包容的基本层次"的指标指向了社会最低标准（social floor），而他们的"社会凝聚"和"赋权"指标则趋向于开放性视野（open horizon）。

在我看来，我推崇"开放性视野"而不是"社会最低标准"的构想，诸如社会质量作为"欧洲社会中一个比以往水平更高（ever higher）的福祉"，可同时作为一整套经验性指标和庄严的宣言及他们欢庆时刻的目标。这个建议主要是出于政治原因，是为了建设一个属于全体欧洲人民的欧洲。一个理想的欧洲社会应该是一个能够吸引所有人的目标，而不仅仅是那些直接受到社会排斥、贫困和社会问题影响的人。而且我认为，有记录显示在某种程度上社会目标对中产阶级及有技能和稳定工作的阶级是有意义的和积极的，并能够降低边缘化人群陷入贫困和被排斥的风险。

所以我再一次重申，适合于欧盟的目标应该是"比以往水平更高的欧洲社会的社会质量，比以往水平更高的欧洲所有居民的福祉"。社会质量这个有摘星之志的概念，尤其会对《欧洲社会权利宪章》（European Charter of Social Rights）近期的提案产生重要的影响，Schulte 和 Pieters 在《欧洲社会质量》中对这种特殊能力和敏锐性进行了评论。我同意他们的观点，同意智者委员会（the Comité des Sages）的观点，也赞成那些提议这样一个权利法案的人。但是，我也同意Pieters 的经验性概括，即"只有在绝大多数人已经通过正常立法享有最低保障这一正常情况下，宪制化的基本社会权利才能产生法律效应"①。简要地说，一个社会权利法案不能为被绝大多数人设想为目标的社会质量贡献太多。

五　福祉的维度

个体福祉作为最高的目标，而社会质量是社会的一种属性，它是通过个体的能力来为之提供福祉。这种分析是基于所有关于公共政策的人道主义视角做出的，并不考虑他们是修道士还是俗人、自由主义者还是社会主义者、物质主义者还是后物质主义者（post-materialist）。

在我看来，可以将福祉概括为两个维度———一个归因于个体，另一个归因于他们生活的世界，分别是资源和环境。两者的差异主要在于前者是以个体的方式获得，而后者则是集体的利益或公害。两者都可能有不同的具体表现，并且又经常是相互联系的。以收入为例，它是一种资源，但是收入分配却有助于改善社会环境，影响每个个体收入者的福祉，如一个既定社会的安全和便利性。

我们应当同时关注自然环境和社会环境，后者是关于社会包容或排斥，以及生命周期不同阶段的有效选择范围的。理论上，文化环境也应该被考虑进来，考虑其授权的数量及其多样性和丰富性的水平。但这可能难以用大家认可的一些方

---

① D. Pieters, "Qualitative European Social Security Legislation（Commentary on Chapter 4）", in W. Beck, L. van der Maesen, A. Walker（eds.），见 22 页注释①，第 75 页。

式来测量。我们应该没有必要去扰乱政治环境，因为规范已经被建立起来了，只有民主政治和尊重基本人权的国家才能成为欧盟的成员。

这里所谓的"资源"同时涵盖了倡议者们以一种开放的方式所呼吁的"保障"和"赋权"。当在"环境"中增加了生态和人身安全时，它与"凝聚"、"包容"相对应。

理解政策目标和政策措施

社会质量倡议的有效推行需要一系列可测量的政策目标，这就是社会质量的具体经验指标。在论文的初稿中，我专注于提出一小部分指标和测量方法。然而三思之后，我得出结论，即那些指标和测量方法在这个阶段还不成熟；或者，与之略有不同的是现阶段首要的政策任务是提出明确的方向，而具体的指标与之相比是次要的。

从一种社会政策的观点来看，如今推行社会质量倡议首先需要的是公众参与度的指标。即便作为一个政策科学家，我认为现今首要的任务是建议决策者们应该留意民众所关心的事、民众的知识及其参与情况。我们需要以询问民众为起点，询问他们在欧洲以及在他们生活的那片欧洲区域，什么资源和怎样的环境对人类福祉是最重要的。我们已经知道了一些答案——健康、教育、收入、就业，这些是人们很可能会提及的资源。

而我们预先无法确定的是，民众如何确定及描述他们所关心的问题。当人们想到他们的健康是一种基础资源时，他们会向其自身及社会提出什么样的诉求？在何种程度上污染会被体验为一种健康问题？当说到教育时，他们记住的是什么类型的知识？收入的整体性分配重要吗？或者收入的公平性重要吗？又或者只有脱贫是重要的吗？非精英们怎样看待在低薪就业与领取补助的失业之间可能的权衡？

社会环境的什么方面对人们的福祉是最重要的？我们知道具有进步意义的个人关系网络、家庭、朋友、邻居、同事是非常重要的，但是公民倡议和公共政策影响的范围又有多大呢？住房政策、城市建设、劳动力市场的状况、运输和通信政策之间是相关的吗？决策可能会影响人们意识到的生活中的意义和价值的过程吗？通过性别、种族划分或者其他标准所产生的更广泛的社会排斥的这种或那种基础是如何问题化的？女性和种族上的或文化上的少数人认为什么形式的歧视会最不利于他们的福祉？

一种安全和保障的感觉也很可能是重要的。但什么因素在影响这种感觉以及这种感觉的减少中是最重要的？是犯罪预防、社会包容政策还是其他因素？同时又是什么因素在影响自然环境的美感？是否有任何可以评估闲暇选择项的供给与范围的标准？有什么方法能够使重要社会群体（significant social groups）为了其自身而准确描述文化环境资源的丰富和匮乏？然而，生命周期也会产生另外一组问题。社会环境中的什么因素对人们拥有一个好的童年期、青春期、成年以及老年阶段是至关重要的？

上述大部分问题包括一系列子问题，基于它们对公共政策导向有重要影响，这些子问题应受到重视。它们与社会服务和社会制度的有效性及质量相关。给孩子们提供什么样的日托才是最好的？我们如何确保学校的教学质量？为了评价健康护理这类复杂的服务，它们的哪些方面是最重要的？我们应该如何评估老年护理的供给？

经验性的政策科学家有大量能够供我们使用的（up our sleeves）合理指标和测量方法，但那不是我们追求的目标；相反，欧盟应该组织一次以荷兰为范例的宣传（a Dutch precedence）活动，包括举办会议和论坛、邀请公民组织参与、针对民意调查进行广泛的社会讨论，其目标在于刺激最广泛的潜在社会参与。由此，在政治评估基础上才能过渡到发展社会质量和福祉的指标及测量方法的阶段。

政治家与公务员常常不喜欢学者提问，学者通常被认为要他们解决提出的问题。我知道我在这里已经打破了这些规则。但是我的问题可能用一句话就能回答。如果你希望在欧洲社会质量方面提出严肃的倡议，那么你应该从询问尽可能多的社会大众与组织开始，以了解他们的利益诉求、他们最关心的事、他们的知识水平以及他们的需求。

六 作为福祉和社会质量政策的社会政策

社会质量倡议很好地对应着社会政策的一个更综合的概念，我们中的一些人还曾为此争辩过一段时间。除了社会政策的德国传统和社会行政的英国传统，一个新颖和更广泛的概念也遵循近来关注社会排斥的法国风格（French-inspired）。在分析上雄心勃勃的、跨国性的比较社会政策研究仍然在很大程度上忽视了质量的议题，这意味着社会质量倡议可能会对社会政策的学术研究产生重要的和积极的影响。

社会政策除了具有学科的意义外，它的政府性导向决定它应当从属于民众的福祉和社会的社会质量。除了上面提及的寻找指标并测量它们这一直接任务外，这个社会政策的新视角需要关注形塑社会中资源和环境的水平与分配的社会过程的模式，例如关注历史制度之间的相互作用、关注公共政策与私人追求，无论是在为全体民众的福祉方面还是在排斥某些人方面，它们都有意或无意地形塑了社会生活。

就社会关系中的人类福祉而言，社会政策的学问（social policy scholarship）应该关注影响社会关系的整体性方面。然后，从人类福祉的视角提升社会关系的质量，社会决策成为形塑社会关系的过程。在德国，社会政策就是设计社会（Sozialpolitik wird soziale Gestaltung）。这需要将社会政策的学问从一个残余的行政学科扩展到广泛社会科学中的一个政策导向部分，特别是社会学，包括经济社会学、人类学和文化研究。

我希望社会质量倡议不仅有助于提高欧洲的社会生活质量，也有助于提升欧洲社会科学的质量。

七 附录：社会质量潜在指标的例子

收入

资源和选择机会的公平是政治争议中经典的、永恒的议题之一。然而，如果每个人在道德上都接受拥有平等的价值理念并将之作为判断的前提，那么广泛的共识是可能达成的。也就是说，在其他条件不变的情况下，一个社会的社会质量越差及其民众的福祉越少，那么这个社会在分配资源和环境时就越不公平。

例如，就收入而言，这可能被表述为人均 GDP／（1＋收入分配的基尼系数，或者后者的一些倍数）。

我们以两个国家为例。一个国家人均 GDP 为 105 美元（按购买力折算），另一个国家人均 GDP 为 100 美元。前者的基尼系数为 0.32，后者为 0.22。使用我们修订后的收入资源测量方法将会得到经济福祉的指数，前者是 80，后者是 82，这假定每个个体的福祉是等价的。

这样一个公式假定，所有在福祉权利的意义上接受人类基本平等的人拥有一个的共同基础，这将会同时给经济不平等主义者和平等主义者一个机会。如果前者是正确的，那么在一个特定的时期内，由大量的不平等所产生的后果将会通过增加分子而提供更高水平的福祉和社会质量。如果平等主义者是正确的，那么通过减少分母就会得到更大的福祉。

就业

如果就业是一种有益于人类福祉的社会利益，那么传统的失业率将不是一种好的测量方法，因为有许多类型的非就业（non-employment）。一种更好的替代方法是就业率，即用有薪聘用（gainfully employed）的人在某个年龄段（18～65岁）的人口总数中所占的比例，减去失业率（unemployment）（可能也要将失业时间的长短和低薪就业考虑在内），或许也要加上那些有带薪育婴假期和假期再培训的人。

排斥

就关注性别和种族而言，我们应该采用由联合国开发计划署（United Nations Development Program）所开发的"性别赋权测量指标"，这包括不同性别和种族在劳动收入中所占的比例、在行政与管理岗位及专业和技能职位上所占的比例，以及他们在议会代表中所占的比重。[1]

在为实现人类福祉的目标有效地提供可评估的及与政策切题的指标方面，上面所述只是一条线索。

（许慧晶译，王晓楠、李康校）

---

[1] UNDP，见23页注释[1]，第108页。

第三章　社会质量欧洲模式的
一条法律路径

Antonio Ojeda-Avilés

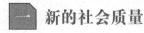 新的社会质量

在寻求一个"彻底的、新的、综合性的"社会质量概念[1]时，法律的视角始于欧盟（European Union）现有的法律文书，尤其源于《罗马条约》（Treaty of Rome）及其生效的 40 多年间所经历的那些重要改革。Schulte[2] 和 Pieters[3] 论述了欧盟社会事务（social matters）的局限性，尽管两人的观点存在差异，但还是达成了一系列重要共识。可将他们的观点归纳为以下几点。

第一，欧盟在社会领域缺少法治能力。尽管一些陈词滥调的说法声称，欧洲经济共同体（European Economic Community）在 1957 年诞生时再次转向社会（领域）方面，但 Schulte 明确指出，实际上，如果仅仅以一种间接的和补充的方式来看待成员国的积极性，那么社会进步也只能是预期的目标之一。正如欧盟法

---

[1] J. Baars, K. Knipscheer, F. Thomése, A. Walker, "Towards Social Quality in Europe", in W. Beck, L. van der Maesen, A. Walker（eds.）, *The Social Quality of Europe*（The Hague, Kluwer Law International, 1997）, p. 304.

[2] B. Schulte, "Juridical Instruments of the European Union and the European Communities", in Beck et al., 参见本页注释①，第 45～67 页。

[3] D. Pieters, "Qualitative European Social Security Legislation", in Beck et al., 参见本页注释①，第 69～78 页。

院在多年前观察到的，①《罗马条约》在这个领域允许成员国在共同体层面采取适度的行动。针对《罗马条约》的改革适度拓展了立法资格（legislative qualifications），但是与此相反，1992年，欧盟（法）引入了权力下放原则（principle of subsidiarity）。据上述两位作者所述，权力下放原则可能会强烈地限制共同体对社会问题的干预，笔者相信这个观点和那些专家的论点相吻合，他们当前正试图通过权力下放原则和团结原则②来克服这个潜在的障碍。

特别是在20世纪90年代，关于欧盟的著作、文件和推荐信的数量激增，并且不存在任何约束，Pieters对这种现象进行了严厉的批判。所有（欧盟）成员国马上就团结问题郑重承诺，不要让要任何一个成员国落后于他国，与此同时，这也意味着（任何欧盟成员国）不再向前迈出一步。

第二，缺乏关于共同体的法治能力的内容。关于社会事务的共同体的规范是缺乏的，也是不系统的，③这是因为《罗马条约》缺乏对法律权力的建构。Schulte和Pieters指出，主要的缺陷在于《罗马条约》规定的一系列基本权利中缺少《欧洲社会宪章》所承认的权利以及《欧盟条约》（European Union Treaty）的第6条中没有充分引用《欧洲人权协议》（European Agreement on Human Rights）中所承认的权利。正如《罗马条约》中一些现有的内容已经阻碍了对社会质量的延伸。这些内容不仅包括权力下放原则，还包括薪酬的平等待遇（equal treatment）（第141条）原则，欧洲法院对上述原则的解释妨碍了对积极行动④的认可。如Schulte所述，一部超越欧洲现行宪法（living constitution）的法律，被其他作者称为欧洲模式。⑤欧洲模式被理解为规则，身在其中的每个人

① Court of Justice, Judgement of 29 September 1987, case 126/86（Giménez Zahera）.

② B. Bercusson et al., *A Manifesto for Social Europe*（Brussels, European Trade Union Institute, 1996）p. 69, based on article A（now art. 1）, third paragraph, Treaty on European Union.

③ 笔者认为，唯一的例外是健康和安全条款，在这个主题里，指令显得充满了"动力"，这都归功于《罗马条约》第118a条所要求的有效多数（原则）。

④ 见30页注释①，第77页。参考1990年5月17日判决中围绕男性歧视的"传说"，案例C－262/88（Barber）以及所有随后的法律体系。相同的说法也可参照指令76/207/CEE以及1995年10月17日的判决——案例C－450/93（Kalanke）。

⑤ I. Gouhg, "Social Aspects of the European Model and its Economic Consequences", in Beck et al., 见30页注释①，第79~96页；A. Bruto Da Costa, "Social Policy and Competitiveness", in Beck et al., 见30页注释①，第103~104页；G. Vobruba, "Social Policy for European", in Beck et al., 见30页注释①，第119~120页。

可以通过工作来谋生或养家糊口，而国家则会负责其他的事务：在社会福利①的欧洲模式中，社会保护（social protection）和社会整合（social integration）至关重要。欧洲现行的宪法应该包含在《罗马条约》中，但是由于欧盟成员国之间存在差异，从而产生了一个摆在我们面前的问题，即如何确定欧盟需要的社会协调的底线。

Pieters 认为，针对缺乏关于共同体法治能力的内容的问题，存在两种可能的解释：由于《罗马条约》所承认的权利有限，一些针对社会问题所做的指令（directives）必须寻找一种可论证的动机，如同第 308 条那样，这导致这些指令无法充分拓展其自身（的含义）；同样，在《罗马条约》中，共同体与其成员国之间并不存在明确的责任界限，所以没有任何成员国能确定采取主动的行动。

第三，社会保护的欧洲模式存在停滞现象。当社会变迁速度日益缓慢至少是规模上消减、当社会经济中失业人口的比例不断增加时，欧洲系统中的自由运动和社会保障就要以劳工（养家糊口的人）为中心。Schulte 和 Pieters 均认同改革欧洲模式的必要性，尽管两者的观点存在很多共同点，但我们也看到两者之间最明显的差异。

Schulte 认为，为了确定应对欧洲模式改革的最好的方法，不得不延续企业主和工会（trade unions）之间的社会对话，以及（企业主）与非政府组织之间的公民对话。这（些对话）必须建立在欧洲公民权的基础上，在《罗马条约》中一系列社会权利被直接分配在公民权中。这一过程的危险在于：社会对话强化了欧洲法团主义（Eurocorporatism）的事实；自私自利的生产部门与社会其他部门相对立，这是正在实施的欧洲模式的一个负面特征。②

Pieters 赞同上述判断，与此同时还强调了上述判断的困境。尽管 Pieters 同意对社会对话进行拓展，但他对欧洲法团主义感到担心，他更多地强调上述问题的根源，即欧洲联合会缺乏对工会以及依附于它们国家的商业协会的管控。如果将社会权利同欧洲公民权联系起来，则可能会产生经济问题，因为加强对欧洲市民的保护将导致一些国家出现预算赤字，而目前这些国家提供的仅仅是更低层次的保护。为了弥补这个缺陷，成员国间需要什么程度的团结才能够发挥作用还有待进一步检验。

---

① 参见 30 页注释②，第 61 页。
② G. Vobruba in Beck er al.，参见 30 页注释①，第 119～137 页。

我们很难反对一些作者的观点，以及他们提及的所谓精通的话题，甚至关系到公民权的新社会模式的风险以及非工作状态也都十分明确。综观整个欧洲，工作首次成为一件稀缺的商品，因此劳工们的贡献逐渐减少，对企业主们的社会保护程度逐渐削弱，但以社会权利为基础的公民权，或诸如对所有市民征税这样的其他本质相同的事物同样受到限制。然而，笔者与上述两位作者分析的不同之处在于：他们警告说社会对话不能开启欧洲法团主义构想之门。工会的确对失业和社会流浪者的问题缺乏理解，也很少为之辩护。但是，从历史的视角来看，劳工在争取他们结社、集会、表达、社会保障等方面的自由时，已经成为获得市民自由的先锋队，这也是被广泛承认的。同时，在国家共同体（community）的社会立法中，劳工的先锋性而非敌对的本性清晰可见，例如，将自由运动拓展至其他社会群体，就是从承认劳工的权利开始的。正如从 1985 年①以来定期举办的欧洲社会伙伴（European social partners）和委员会之间的阶段性会议所表明的，本章认为，社会对话已经在诸如教育、培训、平等的待遇以及事故预防等方面对所有欧洲市民产生了积极影响。

在 Schulte 所述的章节中，存在一些重要的、系统化的工作，这些工作涉及可能的社会权利列表，并且应该被纳入《罗马条约》之中。（寻找可能成为社会权利的列表）要么得借助于新的条款，要么得通过修正那些已经存在的且不包含规范价值的条款，如现行的第 136 条。② 这涉及蕴含于诸多条约中的最重要的标准，比如国际劳工组织（International Labour Organization）（硬法律）或者像解决方案、行为准则及类似文书（软法律）等不具有约束性的国际公告，其中 Comité des Sages 发布的《为了公民和社会权利的欧洲》（For a Europe of Civic and Social Rights）特别值得关注。自然，对 Schulte 来说，并不是所有这些文书中列出来的权利都同等重要，所以当他在建构详细的可能的权利列表时，正如前文所述的那样，强调权利列表以整个欧盟为导向，对此，他特别强调非歧视性（non-discrimination）的权利。在这种意义上，Schulte 似乎赞同 Comité des Sages 的理念。Comité des Sages 主张在各个阶段将基本权利纳入《罗马条约》，并且将

---

① 包括就业（1986 年）、培训（1987 年）、迁移和就业（1990 年）、专业介入（1990 年）、技术职称（1992 年）、女性教育（1993 年）、教育和专业培训（1994 年）、专业培训与失业（1995 年）、就业带动经济增长（1995 年）等方面的联合意见。

② 最后一条遵循 R. Blanpain, B. Hepple, S. Sciarra, M. Weiss 等的提案，*Fundamental Social Rights*：*Proposals for the European Union. A Memorandum*（Leuven, Kluwer, 1996）。

已经被成员国广泛赞同的八项权利直接合并，与此同时，在经过一段时间的辩论和审议之后，将剩余部分逐渐纳入《罗马条约》。① 相比之下，Pieters 的方法更具野心：欧盟不能将其自身局限在将那些已经被（所有）成员国承认的权利宣布为欧洲权利上，而必须超越这些权利。例如，欧盟必须取消对非歧视性原则的限制，必须批准对举证责任的逆转。

上述专家所提及的内容非常丰富，同时，识别社会权利并将其纳入《罗马条约》的现行标准同样也很丰富。然而，本章认为，从一个可供调查研究的法律视角出发，将有助于理解崭新的社会质量概念，下面我们将着力于此。本章尝试提出如下观点：尽管各种社会权利存在异质性问题，而且这些社会权利已经被针对社会事务的《罗马条约》、法规（regulation）以及指令所认可，但是一定存在明确、进步的目标，并且可以决定未来发展的内容。

二 三个基本支柱的二元发展

究竟何种推动力促使共同体的社会法律（Community Social Law）呈现渐进式扩张的（趋势）？共同体的社会法律在原初的《罗马条约》中已经涉及一些狭隘的限制，毫无疑问，能使社会权利从这些限制中脱离出来并非一个简单的因素所能实现的，所要提及的因素包括：欧洲委员会社会行动项目中富有进取心的劳工、欧洲议会（Parliament）和社会经济委员会（Social and Economic Committee）的报告、诸如 Delors 或者 Papandreu 这样的名人的努力推动。然而，从法律的观点出发，在运行这个框架的过程中存在一种永恒的推动力，而这个框架被认为是使上述推动力发挥作用的源泉。这种推动力采取一种低调（a minor key）的方式，持续地干预（共同体的社会法律），就像对一些规范进行润饰一样，但是借助对轮廓（共同体的社会法律）的润饰，整个进程的图景以一种有利于社会正义的方式发生改变：本章所指的（永恒的推动力）实际上是指欧洲法院——一个像共同体内部所有组织一样的组织，但是不具备成员国层面类似机构的功能。D'Anotona 认为，欧洲法院以一种假设的和抽象的方式来表达其自身，它在审判上的约束力甚至超越了有争议的案例，并且在那些提出了相同问题的所有案例中

---

① Comité des Sages, *For A Europe of Civic and Social Rights*（Brussels, European Commission, 1996）Part Ⅲ.¹²

都是有效的。① 意大利宪法法院（Italian Corte Constituzionale）在理解欧洲法院的判例上追随上述观点，因为在 1985 年 4 月 13 日的第 113 号判决中，意大利宪法法院宣称欧洲法院的判决和共同体的规则具有同等效力。

（法院）被理解为（推动）变革的一种"工具性"支柱，与此同时，法院找到了一些可以驱使其运动的"燃料"，这些"燃料"也是另外两个支柱的"本质性"属性。（法院）寻找《罗马条约》中关于评判社会事务的观点使我们意识到，在《罗马条约》的实质性部分——第三部分——可以找到两条无所不在的经济原则，关于《罗马条约》的实质性部分涉及共同体的政策，而这些政策又被视为基本权利，与此同时，（法院）还试图在关于评判社会事务的争论中汲取大量精华。尤其是在社会保障方面，（对社会事务的）评判对法律文本做了大量的解释，有时是（为了）删除一条来自法规（Regulation）1408/71② 的条款，或者宣称（法规）在固定的假设中的不适用性，③ 所以欧洲理事会（the Council）不得不再三宣称对这条法规进行修改。法院已经从灵活的宣言中概括性地提炼出劳工和市民参与的权利，并且延伸出一项针对不受欢迎群体的非歧视性的广泛权利，该权利针对的首要对象是移民劳工和妇女。（这些权利）源自《罗马条约》的规范，是对社会倾销的种种实践的反对。

或许，欧洲法院法律体系中的第 141 条（《古典法典》，119）是法院平等主义行动的最明显的例子。该条款显示，从 1957 年开始，男女劳工要实现平等的报酬（上述条款源于法国人的理解，法国的法律承认妇女享有平等薪酬；而像德国及其他国家那样的竞争国却不承认男女同酬的权利）。法院在 1976 年 4 月 8

① "Il rinvio pregiudiziale alla Corte di Giustizia", in A. Baylos, B. Caruso, M. D'Antona, S. Sciarra (eds.), *Dizionario di Diritto del Lavoro Comunitario* (Bologna, Monduzzi, 1996), p. 41. 至少，对其他人来说，欧洲法院的决定在概念的盎格鲁 - 撒克逊意义上具有引导案例的价值：M. Rocella, T. Treu, *Diritto del Lavoro della Communità European* (Padova, Cedam. 1995), p. 57；关于法院的重要性：M. Rocella, *La Corte di giustizia e il diritto del lavoro* (Torino, Giapichelli, 1997)；J. Weiler, N. Lockhart, "Taking Rights Seriously: The European Court and its Fundamental Rights Jurisprudence", *Common Market Law Review*, 1995, 51 - 94, 579 - 627；J. Weiler, "Journey to an Unknown Destination: A Retrospective and Prospective of the European Court of Justice in the Arena of Political Integration", *Journal of Common Market Studies*, 1993, 439ff. 。

② 比如 1986 年 1 月 15 日的判决，第 41/84（Pinna）号案例，关于法规 1408 的第 2 条。Outside Social Security, among others, Judgement of 12 November 1996, case C - 89/94（UK vs. Council), about article 5. 2, Directive 93/104/EC, on working time。

③ 1995 年 11 月 22 日的判决，C - 443/93（Vougioukas）中的案例也是如此。

日德弗雷纳案的判决中宣称第 141 条款直接生效，开始承认妇女享有平等薪酬，并将此条款应用在 1981 年 3 月 31 日对间接歧视的判决之中（Jenkins），并且在 1981 年 3 月 11 日的判决中将上述男女同酬的原则拓展至私人志愿者系统的退休金方面（Worringham and Humphreys），随后，又在 1996 年 10 月 24 日的判决中将其拓展至义务性的私人志愿者系统之中（Dietz）；在 1989 年 10 月 17 日的判决中实现有利于女性劳工的举证责任的逆转（Danfoss）。

但是这两个实质性的支柱（substantive pillars）不仅因法院（的努力）推动了社会法律的发展，而且促进了源自不同资源的其他方面的发展，这些资源包括法规、指令和联盟协议。因此，例如，对共同体之外（extra community）劳工的最重要的保护包含在与诸如突尼斯、阿尔及利亚或者摩洛哥这样的国家签订的欧洲共同体联盟协议（Community Association Agreements）中，该协议承认社会保障主题中的平等待遇原则，并且法院已经考虑将其直接应用到大量的判决之中。[①]

（欧洲）共同体对社会层面进行了深思，正因如此，对共同体规则的异质性现象存在一种二元的解释，即参与权和平等权。因此，面对（欧洲共同体）的明确目标，不存在一种无序的、彼此缺乏联系的促进因素，存在是一个双重指导方针。共同体的社会法律（Community of Social Law）的简史中所记录的几个里程碑如下。

首先，在参与权方面，始于个体层面，即仅承认欧洲移民劳工及其家庭拥有工作、获得社会利益（social advantage）、教育课程以及专业培训、公益住房等方面的权利。但是，在第 312/76 条之前，参与权具有一种强烈的集体色彩，其中，在第 312/76 条之前，欧洲移民劳工在其接纳国中有被选举为工会领导者的可能性。[②] 在现行的《罗马条约》（1986）第 139 条[③]中，针对指令转换的国家

---

① 例如 1991 年 1 月 31 日（Kziber）、1994 年 4 月 20 日（Yousfi）、1995 年 4 月 5 日（Zoulika Krid）的判决。然而，当欧洲法院宣称不能直接应用决议 3/80 的第 12、13 条时，它似乎又背弃了它的注意事项。关于联合土耳其方面，它宣称将法规 1408/71 应用于土耳其劳工。1996 年 9 月 10 日的判决 10（Taflan Met 等）。

② 在 1991 年 7 月 4 日（ASTI）及 1994 年 5 月 18 日委员会诉卢森堡的判决中，法院承认这些相同的组织是和选举出来的工会类似的组织。

③ 在这三大欧洲共同体刚成立的时候，多种控制和参与委员会仔细考虑了国家联盟的出现，如经济和社会委员会、劳工自由流动的咨询委员会、移民劳工的社会保障、欧洲社会基金，以及欧洲煤钢共同体等。发生于 1985 年的重要转变是移民劳工组织和委员会与欧洲社会伙伴、欧洲工会联合会、欧洲工业联盟、CEEP 进行了社会对话。

集体协议（1989）① 的权利、借助集体性欧洲协议（所产生的）替代性指令的权利（1992）② 及欧洲劳工委员会的构成（1994）③，这些都是突出体现社会对话和集体性欧洲谈判的案例。

其次，在平等权方面，更为有趣的是关于平等权的演进走向更加均等化，我们可以将此过程分成三个阶段。事实上，与参与权相比，对非歧视性权利的法律方面的构想（legal formulation）更为丰富，因此，其在规则和法律体系层面的治理（力度）要比后者大。

第一阶段，起草了欧洲移民劳工在工作环境、社会利益以及社会保障方面的平等待遇内容。尽管关于自由运动的法规被延迟到 19 世纪 60 年代，④但针对社会保障的法规 3 和法规 4 与《罗马条约》几乎是同期出现的。欧洲法院支持对《罗马条约》第 48 条的直接应用，其中也包括移民的平等待遇原则。欧洲法院具有现实意义，至少追寻《罗马条约》的最初目标，《罗马条约》认可这些相关权利，而且从一开始，欧洲法院最大限度地运用权力并把它赋予基本法律意义上的价值。欧洲法院认为，移民劳工及其家人的平等待遇具有双重作用：不仅有利于移民劳工自身，而且使移民接收国获利。与那些国家法律的强行规定相比，平等待遇保证移民劳工及其家人在不利的条件下，不会得到不良的结果。所以，关于歧视的禁令具有绝对性的本质而且被应用，甚至要反对因劳工短缺而产生的不同待遇问题，为了在获得工作和完成工作的条件上实现平等的目标。⑤

该权利在接下来的几十年的演进中，致力于最初被视为缺乏平等的状况，即使当劳工能力有所减弱时，也仍然被接收国接纳；诸如像公共行政这样的工作岗位近期被委员会控告，欧洲法院谴责那些仍然拒绝将其公共岗位提供给其

---

① 在《欧洲基本社会权利宪章》之后，1985 年 1 月 30 日的判决确定欧洲法院相当有限制性的法律体系（委员会和丹麦之间）和委员会与意大利之间的对立。参见 B. Bercusson, European Labour Law（London, Butterworths, 1996），pp. 535 - 538；M. Rocella and T. Treu, *Diritto del Lavoro della Comunita Europea*（Padova, Cedam, 1995），p. 369 *et seq*。

② 《社会政策协议》，现在并入了《欧洲联盟条约》之中，第 138 ~ 139 条。参见 A. Ojeda-Aviles, "European Collective Bargaining: A Triumph of the Will?", *The International Journal of Comparative Labour Law and Industrial Relations*, 1993, IX - 4, 279 *et seq*。

③ Directive 94/45/EC of the Council, OJ. L 254/64, of 30 September 1994.

④ "Partial" Regulations 15/61 and 38/64, and "full" Regulation 1612/68.

⑤ Court of Justice, Judgement 4 April 1974, case 167/73（Commission vs. France）.

他欧洲国家的人；①对之前受到这项基本原则排斥的诸如国家共同体外的人们来说，这些国家通过与其国家毗邻的国家签订联盟协议的方式，以一种局部的方式来应对（上述问题），而近期，对有地位的劳工，则适用 96/71/EC 号决议。②

很明显，不能忽视共同体外的劳工的平等待遇问题。共同体外的劳工在欧洲国家的数量巨大。但恰恰由于这一人群的数量巨大，对其采取的任何措施都会对经济产生影响，进而阻碍成员国采取重要的行动，例如在 1996 年，针对平等的卫生保健的待遇问题就没有覆盖这一群体。③

第二阶段，使妇女获得同男性一样的权利。④ 在此方面，欧洲法院的指令和

---

① Court of Justice, Judgements of 17 December 1980, case 149/79 (Commission vs. UK); 16 June 1987, case 225/85 (Commission vs. Italy); 30 may 1989, case 33/88 (Allúe and Coonan); 2 July 1996, case C – 473/1993 (Commission vs. Luxembourg); 2 July 1996, case C – 173/94 (Commission vs. Belgium); 2 July 1996, case C – 290/94 (Commission vs. Greece).

② 参见 Departamento de RelaçõesInternacionais e Convenções de Segurança Social (ed.), *La Sécurité Sociale en Europe. égalité entre nationaux et non nationaux*, Actes du Colloque Européen organisé à Porto, Departamento de Relaçoes Internacionais e Convençoes de Segurança Social (Lisbon, Ministry of Labour and Social Security, 1995); O'Leary, "The Relationship between Community Citizenship and the Protection of Fundamental Rights in Community Law", *Common Market Law Review*, 1995, 519f.; Peers, "Towards Equality: Actual and Potential Rights of Third Country Nationals in the European Union", *Common Market Law Review*, 1996, 7f.; J. Weiler, "Thou Shall not Oppress a Stranger: On the Judicial Protection of Human Rights of Non-EC Nationals. A Critique", *European Journal of International Law*, 1992, 65f.; 关于邮递工人，IKA (Social Security Institute of Greece) (ed.), *The Free Movement of Workers within the European Union: Posting and the Perspectives of Community Coordination in the Context of the Regulation 1408/71*, Second European Conference Proceedings (IKA-Social Security Institute of Greece, Athens, 1996).

③ 对规则中 22 项条款 1408/71 的修正，"在辩论中，如下观念已经被从多个方面表达出来：给劳工投保以及劳工在法律上属于成员国已经没有太多争议，同时劳工应该被国家社会保护制度覆盖，但他们应该完全拒绝接受只是由协作系统提供的保护，因为他或她并不是欧盟国家的成员。在 1997 年的第二份草稿中，委员会向理事会提交了一个议案，试图整体或者部分地将协作性条款覆盖成员国内非欧盟国家层面的受雇者或自雇者：Communication from the Commission, *Modernising and Improving Social Protection in the European Union*, Brussels 12. 03. 1997 COM (97) 102 final; H. Verschueren, "EC Social Security Coordination Excluding Third Country Nationals: Still in Line with Fundamental Rights after the *Gaygusuz* judgement?", paper for the European Institute of Social Security Conference of 31. 01. 97 in Leuven (Belgium) on *Social Security, Non-Discriminatory and Property*, referred to in the decision of 16 September 1996, case 39/1995/545/ 631 (Gaygusuz v. Austria).

④ 应该被记住的是，通过已经观察到的法庭上的平等待遇，法院已经同意直接应用《罗马条约》第 119 条，并且法院认可这些早期被关注的平等条款。我们正在讨论的是对此权利的法律承认。

法律体系所取得的进步较为突出。1975 年，针对薪酬问题的第一个规范简单地发展了非歧视性原则，后来的规则使男女在就业、维持工作条件、自我管理和社会保障方面待遇均等。现在，上述规则并不仅仅针对女性移民劳工，同时还针对所有欧洲女性劳工，甚至覆盖那些从来没有离开过自己国家的女性劳工。这是因为（上述规则）与国家立法相协调，因此（这些国家）对类似的待遇问题持相同的观点。在共同体内，普遍性视野（universal scope）与第一阶段强调只是针对移民劳工及其家人的视野相反。不过如 Pieters 所言，仍然存在某些排斥问题。法院为通过 97/80 号指令在案件中做出逆转的举证而付出的努力，① 而且正如我们所看到的，法院已经承认了这项指令。

第三阶段，强调的是普遍性的野心（universal ambition）：协调国家的立法，旨在让男性劳工和女性劳工能够在所有的成员国实现就业。对此，既没有关于移民劳工或女性群体的例子，甚至也没有关于整个欧洲劳工群体的例子。尽管指令没有提及这一议题，但却含蓄地指出每个成员国怎样在实践中认定劳工的范围。② 指令结果就是对其认同，因为国家立法宣布所有劳工适用平等待遇原则，包括那些共同体之外的劳工，或者那些至少拥有一份有效工作合同的劳工都应适用此平等原则。③

目前，我们所做的比较是双重性的：一方面，通过协调来比较某些国家劳工的情况同其他国家劳工的情况；另一方面，则是比较相同国家④中不同群体的劳工的情况，后者在欧洲共同体法律颁布之前就存在一种平等。它们是那些难以对应《罗马条约》特定条款的指令，但是却深深地扎根于《罗马条约》精神之中。如果我们牢记一些国家对其他国家进行"社会倾销"的指控，那么这就是一种预先考虑关于劳动力短缺的后果，被 Streek 称为"社会政策体制的竞

---

① 参见 1997 年 2 月 26 日经济和社会委员会草案指令中的 97/C133/12 条款。

② 然而，这项法规确认了对劳工的欧洲定义，自从 1964 年 3 月 19 日的判决——案例 75/63（Unger）之后，这个概念在欧洲法院的法律体系中就是最常见的。

③ H. Zeijen, "The Regulation of Working Conditions in the Member States of the European Community", *Europe Social* 1992, 1, 4, 12; M. Rodriguez-Piñero Royo, *La regulación legal del contrato de trabajo en los países de la Comunidad Económica Europea* (Madrid, Tecnos, 1989).

④ 一方面，比如 1991 年 10 月 10 日的判决——案例 6/90 和 9/90（Francovich 等），意大利立法中对公司破产案件中保证金的应用；另一方面，相同指令的局部转换，1993 年 12 月 16 日的判决——案例 C - 334/92（Wagner Miret），承认对首席执行官的保护，而这一条款在西班牙立法中被废除了。

争"①。自 1975 年开始，这些指令被公布于众。《罗马条约》第 94 条（《古典法典》第 100 条）开始认同劳工在面临企业危机（集体解聘、接管和破产）时的权利。后来这些指令又被纳入其他那些并不那么特别的案例之中，1986 年以后，在健康和保障等问题上，由多数人投票通过指令的可能性增加了。法院从广义上来解释这一理念。当英国为了规制那些与事故的风险并不直接相关②的事务而挑战欧洲法院时，可以在其几乎完全承认关于劳动时间的规定中看出，从 1992 年起，《马斯特里赫特社会政策协议》（Social Policy Agreementat Maastricht）留有这样的余地，即成员国的否决能够使先前的协作性法规（coordinating regulation）处于瘫痪状态。③

三 附加的提议

总之，针对 Schulte 和 Pieters 关于完善社会质量的法律框架的提议，笔者再提出三点附加提议。第一，从财政的视角来看，欧洲共同体的社会目标越来越难以实现。以改善平等待遇为名，某些被采纳的措施可能产生巨大的预算花费。

- 虽然在诸如举证责任逆转等问题上所提出的指令已经被拖延了好多年，但是在基于性别的平等待遇中，似乎通过诸如此类的法规并不是一件非常难的事情。

- 在承认所有国家的公民拥有基于平等基础权利的欧洲公民权的过程中，由雇主支付资金是一个重要的方面；换言之，就承认所有欧洲市民拥有最低收入保障而言，并不是所有国家都已经保证了这项权利。

- 欧洲国家相同层次上的其他措施将不会产生附加花费。因此，利用

---

① "La dimensione sociale del mercato unico europeo：verso un'economia non regolata?"，*Stato e Mercato* 1990，28，29 - 48。"劳动法和社会保护的国家系统间接地对企业的劳动力成本施加压力，诸如遵从劳动力标准的成本以及有利于社会保护方案的成本……比起成员国中具有较高的劳动力和社会标准的企业来说，如此结果便是给予那些具有较低间接劳动力成本的企业一种有竞争力的优势。这种优势可以用其他因素来抵消……然而，直接与间接劳动力成本之间的区别构成了一种明显的竞争优势。" B. Bercusson，*European Labour Law*，见 37 页注释①。

② Judgement of 12 November 1996，case C - 89/94（UK v. Council），Directive 93/104/EC，见 35 页注释②。

③ Directive 96/34/EC of Council，OJ No. L 145/4，of 19 June 1996。

欧洲成员国的普遍性规范建立的一般性社会系统，在覆盖社会风险方面并不意味着会产生任何消费，但是却意味着要在理性化和简单化过程中节约开销。①

● 协调社会保障范畴内的补充性私人养老保险金以及《罗马条约》中第119条都不会产生附加的费用，而是对这些养老保险金在经营哲学上的一种再调整：越来越趋于主流，其补充性越来越差。

● 在国家共同体之外的居民的层次上，一些平等主义的措施并不意味着会产生附加的财政花费，比如在获得教育或住房的社会收益时，所有拥有大量的共同体之外人口的国家为了避免公共秩序的混乱，不得不创建一些相对平等的社会援助规则。

● 尽管在欧洲团结的模式中，高消费是绝对必要的，但是其他一些措施确实假定了高支出。在欧洲，一些成员国拒绝为共同体之外的劳工支付社会保障救济金，这种做法不会维持太长时间，同时也不是法院所依据的信条。②

● 改善必要的健康治疗协作，并延伸到共同体之外的劳工领域，将会增加公共消费。

第二，必须强调协调合作。直到现在，协调社会立法主要依靠指令来完成，因为《罗马条约》不足以指导共同体针对这些事务进行立法。但指令是规则，对其的应用是由成员国决定的，成员国将指令同其内部规则进行转化，而这种转化又允许存在大量不落实指令的案例。③ 1992年，由欧洲法院制定了可能对违约国强行施以罚款的规定，并且在1997年由委员会对此进行了调整，不过从政治角度看，这些规定很难得到执行。关于直接应用这些规则的可能

---

① A. Ojeda Aviles, *El Sistema Común de Seguridad Social Europea* (Valencia, Tirant lo Blanch, 1997).

② 1996 年 9 月 10 日的判决——案例 C - 277/94 (Taflan Met 等)，土耳其寡妇领取养老保险金遭拒，说明联盟协议并没有得到直接应用。

③ European Commission, *European Social Policy (White Book)*, COM (94) 333 final, Brussels 27 September 1994, p. 58 of the Spanish version; Resolution of the Council of 27 March 1995 regarding the transposition and the application of the Community social legislation, OJ n°. C 168/1, of 4 July 1995.

性①、对那些受到影响的违约国进行补偿②的可能性，或者是理解与指令一致的内部法律的可能性③，都揭示出某些尚未得到解决的问题，而（所谓的）改革是为了在 1997 年创建一个跨政府会议（Intergovernmental Conference），该跨政府会议是执行规则的科层体系。在接下来的几年里，如果为实现目标遭遇到巨大的财政困难，同时成员国之间的"社会倾销"变得越来越明显，那么为了避免Pieters 所暗指的"捉迷藏"游戏，创建等级更为明确的规范就成为一个不可回避的必要条件。上述规范与其说是规范，还不如说是规则，可以将这些规则直接应用于欧洲市民，以达到通过社会立法来规避"扭曲的竞争"的目标。一项规则在特定的法庭上可能被某些利益集团打破，也可能被应用于一些案例做出判决。没有必要等待规则的内部转化，因为规则的内部转化可能会延误、改变和产生难以捉摸的解释。

就目前而言，如果共同体的社会政策制定以指令为基础，那么对法规的依赖就不会那么强烈了。《罗马条约》中包含一个相当严重的阻碍，即对所使用规则的频繁的需求都是以间接的方式（产生的）。因此，第 94、138、141 条以及其他一些条款都需要应用指令。但是显然共同体关于男性与女性平等的规则是基于第308 条《古典法典》④，而这一条款又没有详细说明规范的类型时，就会感受到克服上述障碍可能并不那么费劲。到目前为止，基于上述条款而发布的派生法（Derived Law）如果采用了指令的形式，那么就没有什么能够阻止派生法假定法规的效力及其更加直接的后果。

第 308 条是以一种古老的方式来运作的，因为它要求欧洲理事会的成员一致采纳规范，并且在立法的程序中只考虑对欧洲议会提供咨询。还有一个更为现代性的条款，这一条款可能会促使产生一项法规，即第 95 条法规。因为第 95 条法规允许采纳那些致力于直接促进共同市场运作的措施，所以这项法规看起来是为了附带的措施而有意制定的，而所谓附带的措施就是我们称为"社会倾销"或关于平等的第三个层次上的规范。尽管第 95 条法规存在某些限制，比如，它不能被应用于人们的自由流动，也不能被应用于保护雇佣劳工的权利和利益方面，

---

① Court of Justice, Judgement of 4 December 1974, case 41/74 (van Duyn).

② Court of Justice, Judgement of 10 November 1991, case 6/90 and 9/90 (Francovich et al.).

③ Court of Justice, Judgement of 13 November 1990, case 106/89 (Marleasing).

④ 这一条款与专门基于《古典法典》中的第 94 条、1975 年 2 月 10 日颁布的关于平等待遇的第一条指令相违背。

但是它能够通过欧洲理事会的大多数人以及欧洲议会的决定性参与来批准其他法规。

以第308条或第95条法规为基础，笔者针对成员国十分重要的、强大的经济方面的主题的提议，是由众多规则问题组成的，而非指令。例如，许多强大的经济方面的主题都与社会保障和社会援助相关。另一方面，以第308条的指令为基础，能够改编出一条单一的法规，一条能够使混乱的立法层面的社会全景得以简化（Bereinigungsgesetz）的法规，为了使某些条款具有更大的威力，尤其是在指令79/7中，这样的法规十分必要。这些法规都论及对女性或者外国劳工的平等待遇，并且不再从属于成员国多样化的法规。由此可见，指令执行中不履行和抵制的程度，被法院所做出的大量判决证实。从指令79/7开始，法院都在谴责违约国的违法行为。

最后，针对Schulte和Pieters的观点，本文重申，不仅在宽泛的欧洲公民权的范畴，而且在诸如健康、教育、住房等基础权利方面，对未来社会法律的规划必须超越劳工或者"养家糊口者"。其中，关于欧洲公民权的范畴采用的是所有欧洲人的最小的权利的规则，欧盟成员国将促进提升欧洲人的公民权。

在此方面，本文认为，比起直接借助同公民权或者永久居住权相联系的权利，通过以劳工为目标的规则来影响这些群体也许更为容易。简言之，正如历史所展示的那样，劳工及其组织是从属于阶级的先锋。借助"溢出"效应，从这些领域（法律领域）来了解其他社会领域的路径已经统一，就像在劳工的自由流动或劳动妇女的平等待遇等方面这一路径拥有战术优势一样。另一方面，不可能在一夜之间构建一个涵盖共同体中所有居民的社会包容系统。本文认为，未来一段时间，完整的社会质量说法仍然依赖劳动法和劳工。如果我们想要更加合理，那么就要意识到劳动力这个"平台"的合法性日子屈指可数，而且这一平台就像Géricault所画的*Jellyfish Raft*一样，半沉于水中，很难保护数量众多的居住者。我们急需建立一个市民可以生活得更安全的、更广泛的和更加有质量的场所。

（冯希莹、瞿小敏译，王晓楠、李康校）

第四章 对"问题意识"的认同问题

Denis Bouget

一 引言

在整个 20 世纪七八十年代，在一些国家的政府（里根执政时期的美国政府和撒切尔夫人执政时期的英国政府）推动下形成了个人责任的自由主义学说，用以反对集体主义价值观。这些政府推行市场化、企业私有化以及最小国家的行动。在上述价值体系中，社会福利制度更多地被理解为经济负担，会削弱国家的竞争力。社会福利制度还被理解为低效的官僚组织，同样，也可被视为个体消极地依赖社会救助的根源。在欧洲，这种意识形态产生了一定的影响，促进单一的市场的形成、《马斯特里赫特条约》的签署及欧元的诞生。欧盟成员国国内的实际困难增强了上述趋势。这样的发展所引起的主要问题和威胁，是增加了诸如不平等、两极分化、贫穷等社会问题，并破坏了欧洲计划的最初目标，打击了民众对其的热情。

在此经济背景下，一些学者提出了一个新的概念，即"社会质量"，旨在分析欧洲社会的走向。1997 年，伴随着阿姆斯特丹会议的召开，第一本关于社会质量的书出版。广义地说：

> 社会质量包含公民在提升他们福祉和个人潜能的条件下，参与他们所在

社区社会经济生活的程度。①

社会质量被看作欧洲社会进步相关维度的集合和集体主义价值的重建。

社会质量在官方层面被提出三年后，有学者对这一概念缺乏经验调查进行了批判。实际上，我们发现了方法论方面的常见问题：一方面，缺乏经验证实的理论探讨被认为是单薄的，并且颇具形而上学式的结构；② 另一方面，许多批评者反对对社会现象的经验研究，特别是运用统计方法的研究，并且指出它们缺乏使社会指标体系结构和指标选择合理化的确切理论依据。

针对上述两个极端观点，我们认为概念基础表达得越清晰、准确、充分，经验研究就越富有成效。根据上述观点，本章分析了社会质量概念的理论相关性和重要性。我们试图使用三种批判的方式来分析社会质量概念，而非以建构的方式分析"社会质量"是不是一个科学的概念，它能否解释欧洲社会的近期发展趋势，或者社会质量是不是由新中产阶级或全球化背景下的国际意识形态所提倡的新意识形态或伦理概念。最后，它是一个特别与社会政策有关的新的欧洲政治目标吗？

二 社会质量概念的弱科学性解释

贝克、范德蒙森和沃克③提出社会质量由四个社会要素组成：社会经济保障、社会凝聚、社会包容和社会赋权（pp. 286 – 290）。

- 社会经济保障代表一种宏观层面上的生活方式，这一方式是与居民日常生活相关的基本需求。
- 社会凝聚代表宏观过程，这一过程会创造、保护或摧毁社会网络。它意指认同。

---

① W. Beck, L. van der Maesen, A. Walker, "Social Quality: From Issue to Concept", in W. Beck, L. van der Maesen, A. Walker, *The Socail Quality of Europe* (The Hague, Kluwer Law International, 1997), p. 291.

② C. H. Weiss, "How Can Theory-based Evaluation Make Greater Headway?", *Evaluation Review*, 1997, 21, 4, 502 – 524.

③ 见本页注释①，第 286 页。

- 社会包容意指公平、平等，从宏观意义上讲，它也意指社会整合（劳动力市场、政治领域等）。
- 社会赋权很明显地与完全的公民权相关，目的是提升民众的自主权、促进更强烈的全民参与。

我们可能认为，试图对社会质量概念进行界定，源自对以往概念（例如，社会排斥概念）的不充分的论证：就当前的社会问题而言，它们不能提供全球化的答案，它们的科学基础薄弱，等等。因此，从科学的视角看，我们能认为社会质量概念比以往的许多概念更好吗？

概念的全球化过程及其与其他概念间的竞争

在欧洲，研究人员已经开始尝试定义新的、使用范围日益广泛的概念，用来解释社会发展；同样，社会质量概念试图将现有的概念进行汇总，并将其表述为一个崭新的概念。因此，我们见证了概念不断扩张的过程。如同第一本书对社会质量的界定那样，它由四个社会维度构成。① 社会质量概念比其构成要素具有更广泛的意义，而构成要素的范畴比以往概念界定的范围更大。例如，社会质量作为四个维度的清晰体系，其定义的范围比贫穷大。概念的全球化过程可能导致概念空洞，使其不能完全解释我们所生活的社会。我们能认为思想的全球化能够提供一个更有用的概念，并解释和理解新的欧洲形势吗？

概念的不精确性容易导致词语的重叠交叉——直接缘于描述类似现象的许多词语。它们中的大部分（例如，社会凝聚）是多义性的。广义上讲，这些词语是同义的。比如，社会凝聚、社会整合、社会排斥减少和社会团结之间的根本区别是什么？我们不得不考虑反对社会排斥是否包括在社会凝聚范畴内？它们真的被用在不同的领域吗？或者它们拥有不同的维度吗？我们必须在不同层面（微观、中观、宏观）上考虑它们吗？眼下，我们可以认为这些概念界定得不够充分，具有强烈的意识形态色彩。由于我们不能充分了解这些词语所表达的清晰内涵，因此，重叠交叉现象被加强。最后，词语的重叠交叉导致概念的模糊。

另一种解释：可能通过一种有竞争力的理论追求，我们能够提高社会质量，

---

① J. Baars, K. Knipscheer, F. Thomése, A. Walker, "Conclusion: Towards Social Quality in Europe", 见 45 页注释①，第 302 页。

因为所有以往的其他概念在解释社会发展方面都是不充分的。概念间的竞争可能导致放弃一些现有的概念，因为这些概念被认为是不充分的或过时的（现代主义者的观念是旧的东西应该被放弃，就因为它们不再现代）。

很明显，第一本书中的思考方式更多地提及第一种解释而非第二种。通过这种解释，即使我们认为社会质量构成要素为社会进化提供了一种很弱的解释，但我们也接受社会质量要素的部分一致性：重叠交叉并不总是存在，带有其他意思的一般意义（部分重叠）和原始解释（部分详述）是每个概念的特征。

社会质量维度的不确定意义

我们认为社会质量构成要素为社会提供了一种正确但片面的解释。这些要素无论积极或消极都包含在社会质量中，用以描述社会。

社会排斥

在许多欧洲国家，社会排斥几乎取代贫穷成为一个新的概念。上述表述起源于法国，1990～1994 年间在 Delors 和欧洲委员会就业与社会事务理事会（DGV）相关行动的激励下，由国家政策观察机构对社会排斥进行了讨论，并将上述表述推广至欧洲其他地区。[①]

在理论文献中，社会排斥通常与对传统贫穷概念的改进联系在一起。这样一来，它似乎是贫穷概念向非货币维度的扩展。这一趋势通过它的多维度特征得以体现。

在许多政治和社会政策机构中，社会排斥同样被视为社会权力的缺失。考虑社会排斥的方式被清楚地应用于就业与社会事务理事会（DGV）观察机构。Jordan 用俱乐部经济理论定义社会排斥。[②] 越多的个体被排斥在集体（家庭、邻居、职业团体）行动之外，社会排斥的范围就越广，强度也越大。Paugam[③] 和 Castel[④] 使用的其他概念意味着社会中的相互联系缺乏，而且主要是在劳动力市

---

① D. Robbins, *Third Annual Report*, *Obervatory on National Policies to Combat Social Exclusion* (Brussels, EC DGV, 1994); G. Room, *First Annual Report*, *Observatory on National Policies to Combat Social Exclusion* (Brussels, EC DGV, 1991).

② B. Jordan, *A Theory of Poverty and Social Exclusion* (Cambridge, Polity Press, 1996).

③ S. Paugam (ed.), *L'exclusion: l'État des Saviors* (Paris, La Découverte, 1998); S. Paugam, *La Disqualification Sociale*, *Essai sur la Nouvelle Pauvreté* (Paris, Presses Universitaires de France, 1991).

④ R. Castel, *Les Métamorphoses de la Question Sociale*, *Chronique du salariat* (Paris, Fayard, 1995).

场和家庭结构中。

在法国，通过对与社会排斥直接相关的词语进行编辑，形成了一个由 22 个单词构成的清单。[1] Abrahamson[2] 认为，所有现代社会试图归纳出描述相同事实和弱势社会群体相同发展趋势的词，大体上都是"相关概念"。[3]

在社会排斥的文献中，逐渐认同了由 Room 概括出的社会排斥的具体特征：[4]社会排斥是多维的；它是动态的过程；它打破了社会网络，削弱了社会联系；它是一个灾难性的事件。然而，Room 批评了这些观点，因为与像"劣势"这样的传统表达相比没有任何新的理解。

"社会排斥"是产生于政治领域（法国和欧盟）的一种表述，学者们也在使用。此外，还存在三种方法论的解释：社会排斥既被用于一种概念的全球化过程，也被用于竞争中，[5] 还被作为社会形式不同时期的等效或适应情境。[6]

两极分化

在第一本关于社会质量的书中，一些作者使用了具有不同意义的两极分化概念。从限制性和传统意义层面看，两极分化意味着分裂社会的空间过程，特别是对贫民窟和富人区的分化或者区隔的阐述。广义上讲，两极分化描述了社会分裂过程：[7] 局内人/局外人、劳动力市场的分割、富人/穷人[8]、边缘群体或受排斥群体、在业者/失业者、本地人/外国人、双职工家庭/单职工家庭/单亲家庭等。

所有这些现象揭示了一个新的过程，这一过程不仅是贫困化的过程，而且是社会分裂为许多敌对团体的过程。社会分裂过程作为一个人们恐惧的新问题，由此在人们之间产生了越来越多的潜在敌人。这一过程的结果是中上层产生了自我

---

① D. Bouget, H. Noguès, "Évaluation des Politiques de Lutte Contre les Exclusions Sociales", *Revue Française des Affaire Sociales*, 1994, 48, 69 – 88.

② P. Abrahamson, "Social Exclusion in Europe: Old Wine in New Bottles?", *Druzboslovne Razprave*, 1995, 11, 19 – 20, 119 – 136.

③ P. Abrahamson, "Cornbating Poverty and Social Exclusion in Europe", in W. Beck, L. van der Maesen, A. Wallker, 见 45 页注释①, 第 127 页。

④ G. Room, "Social Exclusion, Solidarity and the Challenge of Globalization", *International Journal of Social Welfare*, 1999, 8, 3, 166 – 174.

⑤ 见本页注释④。

⑥ 见本页注释②。

⑦ E. Mingione, *The Fragmented Societies*, *a Sociology of Economic life Beyond the Market Paradigm* (Oxford, Blackwell, 1991).

⑧ S. Mørch, "The View from the Roof Terrace", in Copenhagen, Ministry of Social Affairs, *The Good Society* (Copenhagen, Ministry of Social Affair, 1995), p. 29.

保护的需求。所有这些要素创造了一种新的暴力氛围，特别是在城市地区。这一分裂过程将会给维持穷人和富人之间的社会契约带来越来越多的麻烦。富人逐渐喜欢保护自己，避免来自穷人的潜在暴力（巴西模式）。①

许多社会研究坚持认为欧洲社会存在分裂的危险。面对如此发展，我们能够注意到对两极分化的不同态度：

- 两极分化证明了社会福利制度的失败，它被用来证明通过家庭保护和地方社会保护回归原始团结的保守观点。
- 这一趋势证明了社会保护中的优先选择处理主要是识别社会中新的风险（老龄化、贫穷、失业）和关注暴露的社会群体的利益。
- 这一过程需要普遍主义原则下的社会保护重建，用基本收入举例说明，例如，斯堪的纳维亚模式。
- 它证明了新的社会保护改革中的矛盾：我们以社会政策效率②的名义索取的利益越多，就越会刺激社会分裂过程，也越会激化新社会阶层之间的敌对矛盾。

问题是社会质量概念没有提及两极分化，没有详细阐述社会排斥中的哪一类概念有助于对社会质量的解释。社会排斥存在一些不足，这些不足在社会质量概念中将被转移，甚至明显被扩大。此外，社会质量概念明显忽视了社会暴力问题。

参与

协商社会的负担首先由来自社会共同体和谈判协商的排斥构成，这一负担不能通过利益最大化得以减轻，而只能通过逐渐增加的社区参与得以减轻。③

---

① A. Lipietz, *La Société en Sablier*; *le Partage du Travail contre la Déchirure Sociale* (Paris, La découverte, 1996).

② A. B. Atkinson, "On Targeting Social Security: Theory and Western Experience with Family Benefits", in D. van de Walle, K. Nead, *Public Spending and the Poor*, *Theory and Evidence* (Word Bank, The Johns Hopkins University Prerss, 1995), pp. 11 - 24; A. Sen, "The Political Economy of Targeting", in D. van de Walle, K. Nead, *Public Spending and the Poor*, *Theory and Evidence* (World Bank, The Johns Hopkins University Press, 1995).

③ 见48页注释⑧，第35页。

这意味着，在民主社会的今天，社会排斥不能仅仅靠经济资源、再分配和新的社会权利来减弱，而要通过真正的集体参与——越来越成为公民权的基础——来减弱。然而，正如我们所看到的那样，社会排斥存在于社会生活的不同领域：国家层面、地方民主、经济领域、家庭环境和社会政策。

在国家层面，存在移民的社会整合问题。整合在一定程度上是基于对政治生活的参与，而参与政治生活通常需要移民取得该国国籍。在欧洲，国籍问题成为政治公民权的基础，并导致一种来自国家政治生活的排斥，换言之，一部分集中在种族区域的人，并不被视为公民。此外，他们在以前的国家有时不利用先前的公民权来投票。如今，通过控制偷渡移民，这一问题似乎已经淡出人们的视线。

参与也是地方民主的一个维度。在法国，居民参与是整个 20 世纪 80 年代城市政策的一个目标。在这种理念下，政府创造条件鼓励城市中贫困居民的参与行为——主要是参与与居民直接相关的集体决策。

在经济领域，社会排斥涉及劳动力市场的统计应用和劳动力市场参与率评估。劳动力市场被作为一个分割体，因为现实中的市场不同于劳动力市场的新古典模型中的乌托邦式的市场。其真正的作用是促使产生了一些团体、局内人和局外人，以及局外人进入局内人团体。两本有"参与"字样的经济期刊：创办于22 年前的《质量与参与杂志》（*Journal for Quality and Participation*）是一本商业评论期刊；1998 年，一本科学评论期刊《经济分析：企业和参与的杂志》（*Economic Analysis：A Journal of Enterprise and Participation*）认为，参与并没有被排斥在经济生活之外，它不仅可以通过雇佣关系被整合进劳动力市场，还创建了类似于基于互惠原则的生产控制的企业联盟。

试图促进参与观念的社会政策受到对立观点——一种先进、开放的观点——的启发。根据自由主义学说的观点，参与是以个体责任和自我利益为基础的，意味着能够自由地同其他任何人签订契约。该学说促进了具有共同集体利益的社会团体的产生；促进了权力分化，以提升在集体决策中的参与质量；促进了作为公共利益补偿提供者——志愿者组织——的发展、家庭和代际团结、公民社会中组织的发展；促进了许多情况下的社会伙伴关系（城市地区），聚合公共权力的网络、志愿者组织、贸易组织、雇主联盟的发展，等等。

最后，公共决策中的参与变得越来越困难，因为公共资金的相关约束导致集体共识被破坏，政治代议制结构危机削弱了参与公共决策的合法性，逐渐增强无组织的反对者抵制的权力基础。

整合

整合在许多意义层面上被使用。在社会领域,整合意味着对生活方式的相互认可。当然,有时整合也指生活中类似的社会经济方式,以及相似的文化。在欧洲层面,整合被认为是国家之间更为亲密的相互关系。

下面我们继续讨论社会质量其他要素的含义,以显示它们所具有的更广泛的意义。无论社会质量的构成要素有哪些,我们需要注意的是,不同内涵的构成要素会减弱社会质量概念的解释力。

国际层面上的含义不匹配

在国际层面社会政策的比较分析中,每个研究者都遇到了对制度的理解存在困难的问题,因为这些制度在其所属国内均有其自身特殊的称谓,而其他国家的研究者却不清楚,即存在翻译上的困难和理解上的困难。① 在《欧洲社会质量》一书中,建议在标题和内容上使用通用语言以及大家都能够理解的话语。尽管如此,这并不意味着不存在关于定义的学说和讨论,而是仅仅表明,我们试图在大家共同理解的话语领域交流。

当然,我们不得不注意到,在欧洲制度话语的使用与在成员国内制度话语的使用之间存在不匹配的问题。例如,一些学者②指出欧洲大陆的社会排斥的意思与盎格鲁-撒克逊的贫穷的意思相同,因为欧洲大陆更多地意识到远离社会群体的隔离,而盎格鲁-撒克逊更关注分配方面。但是,能够表达该相似性的等效尺度是什么?如果这是一个真命题,那么怎样在国际层面上对社会形势进行比较?产生误解的另一个例子是"社会保险"一词的使用。在俾斯麦时代,社会保险意味着在一个整合系统内来自雇主和雇员的社会捐助。在美国出版物中,它经常被理解为一种新的税收(例如,克林顿政府征税改革健康服务)。

直到现在,我们还不确定"社会质量"被翻译为其他欧洲语言是否有别的含义,因此,我们需要对在不同国家和地区的"社会质量"的含义和维度进行研究。

"被遗忘"的社会质量要素

我们同样可以对"社会质量"要素的选择进行质疑。为什么是这些因素而

---

① L. Hantrais, S. Mangen, *Cross-National Research Methods in the Social Sciences* (London, Printer, 1996), p. 5.

② 见47页注释②。

不是其他因素？我们能够证明对一些概念或现象存在部分排斥的问题，例如团结和生态。

在一些领域内，"团结"一词被提出和使用。例如，"团结"成为 19 世纪一些欧洲劳工运动的特征。① "团结"也是一些社会主义学说的特征。在法国，20 世纪初的资产阶级运动②被称为社会连带主义（solidarisme）。如今，在法国，存在一种试图促进团结经济（économie solidaire）的理念，这一理念是对传统合作经济与互惠关系的更新。在斯堪的纳维亚，根据 Mørch③ 的研究，团结是国家公共领域与地方公共领域之间的桥梁。

家庭进入福利领域这一新的发展是一种原始团结得以增强的新理念，④ 这种团结随着福利国家数量的增加而减弱。在法国，从 1998 年秋天到 1999 年春天，议会讨论通过了《民事团结契约法案》（Pacte Civil de Solidarité）。这一法案超越了传统的民法，权利与义务扩展了对家庭的规范，例如，包括同性恋夫妻。

最近，团结涉及对生态和健康的关注。⑤ 在此，我们发现这些关注在社会、政治和健康领域产生了影响。无论与团结相关的模式有哪些，问题是：我们为什么偏爱用"社会凝聚"或"社会整合"来代替团结？我们为什么只认为"团结"是社会凝聚的一个要素呢？

另一个受到排斥或被遗忘的要素是社会的生态方面。欧洲社会质量也许不同于我们对社会保护的传统关注。一种新的欧洲公民权的发展能够促进产生一个新的欧洲维度。在关于经济增长、就业和竞争的白皮书中，在欧洲范围内征收环保税的建议与这些基本原则在不同国家的实施难度密切相关。此外，关于生活质量的指标与生态密切相关。

文献资料中与社会质量相关的大量内容显示，至少在 1978 年，⑥ 许多经验研究已经使用社会质量这一表述。我们也注意到对社会质量的使用并不广泛，仅

---

① J. Hegland, "The Human Order：The Welfare State, Civil and Solidarity"，见 48 页注释⑧，第 13 页。

② L. Bourgeois, *Idée de Solidarité et ses Conséquences Sociales*（Paris, Alcan, 1902）.

③ 见 48 页注释⑧，第 31 页。

④ OECD, *New Orientations for Social Policy*（Paris, OECD, 1994）.

⑤ G. G. Bengtsson, "Rights, Solidarity and Cost-Effectiveness：Ethical Guidelines for Sustaining Global Health"，*The Geneva Papers on Risk and Insurance*，1996，21，20，310.

⑥ B. C. Liu, "Variations in Social Qulaity of Life Indicators in Medium Metropolitan Areas"，*American Journal of Economics and Sociology*，1978，37，3，241 – 260.

仅体现在一些比较明确的领域，比如健康、环境和空间生活（特别是城市生活）等。

不同要素之间的弱关系

使用不准确的概念的另一后果是在其间产生了弱关联现象。究竟是以功能主义方法论来使用这些概念，还是以结构主义方法论来使用这些概念呢？

不同概念相近的意思有可能成为界定它们之间关系的一个体系。我们不知道它们是否必须以一种因果关系被解释，因为它们形成了一个变量循环链：社会整合对刺激人们积极参与发挥着重要作用，这一参与可以提升社会凝聚和社会包容的水平。我们不清楚不同要素之间的相互关系是否具有互惠性。

如果从结构主义视角解释这些概念将产生负面结果。概念之间过度相近的意思不能真正作为它们之间的嵌入性或包含性加以解释。社会质量在此背景下并没有提供对机制的认同，它忽略了机制和语境问题。

正交曲线①被用来总结和描述二维现象，但其含义并不十分清楚。有时它们被用于对人群进行简单的分类，这是一种粗糙的方法论；有时它们被用于对因果关系的陈述。我们能把如此广义和复杂的概念简化为一个简单的计划吗？②

总体上讲，我们需要根据动态的过程提供一种更为详细的解释，但是困难在于概念和子概念较为宽泛的意义使我们不能对过程做详细的阐述。经常出现的问题是：重要变量可能被忽略了，模型是不完整的，结果可能是误导性的。③ 概念的解释力由于难以阐述复杂的因果关系和行为的不确定后果而被削弱。

没有被提及的全球社会模式

含蓄地讲，关于我们目前生活于其中的社会模式的许多概念是保守的，这一模式是资本主义市场主导的经济社会，是一种集体选择的民主制度。更为准确地说，它暗含一种没有矛盾、没有冲突的社会，在对这一社会类型的分析中没有考虑暴力，没有将在收入、工作等方面的量化差异解释为社会群体间敌对的社会维度。

---

① 见 45 页注释①、47 页注释①和 48 页注释⑥。

② I. Svetlik, "Some Conceptual and Operational Considerations on the Social Quality of Europe", *European Journal of Social Quality*, 2000, 1, 1&2, 74–89.

③ 见 45 页注释②，第 512 页。

最后，概念的模糊性实际上支持了所有可能的评估活动，对实践而言，没有提供具体的对策。① 此外，对宏观概念的分析可能简化为对立者之间的讨论。即使社会质量概念隐含许多问题和缺点，我们也不能通过否定理论、支持经验主义的方式来改进现有的知识，这就是现存的悖论。

三 意识形态和道德内容

我们质疑的第二点是社会质量概念的意识形态内容。何种社会质量能成为社会的典范或代表？它是整个社会的一般价值吗？它是怎样产生的？对社会质量的道德基础进行分析是对社会质量进行经验分析的前提。每一个国家都存在大量的关于许多日常生活领域的统计数据，但仅仅由于这些统计数据积极或消极地代表了社会的价值观，就成为相关的社会指标。进一步讲，数据的含义迟早会发生变化。

作为现代性价值的社会质量

由于社会质量本身就是一个崭新的概念，这意味着社会质量代表着像现代价值或现代性价值的内容。当然，对它的使用暗含着积极的内容。正因为社会质量是现代的，它才具有积极的价值。同样，社会质量之所以是积极的，是因为它蕴含了现代的信念。然而，现代性在本质上却是空中楼阁，并没有任何内容，而政治和意识形态工具却可以作为衡量现代性的强有力的工具。

美好社会的价值观

另一个意识形态和道德内容更值得注意：美好社会——代表我们社会的终极目标（也见第十三章）。Clausen② 在《美好社会》（*The Good Society*）一书的前言中提到了丹麦社会，他写道：

> 丹麦福利制度是丹麦自我意识的皇冠……我们以和平社会为豪……作为

---

① G. Julnes, M. M. Mark, G. T. Henry, "Promoting Realism in Evaluation, Realistic Evaluation and the Broader Context", *Evaluation*, 1998, 4, 4, 485.

② E. Clausen, "Foreword", 见 48 页注释⑧，第 5 页。

安全的根基之一，所有这些幸福的基础是，丹麦人已经成功地为他们自己创造了一个如果病了不用担心倾家荡产、失业了不用担心温饱的社会。我们都把丹麦无阶级差异的平等社会视为理所当然。

我们在《欧洲社会质量阿姆斯特丹宣言》中发现了相同的关注：

- 和平社会意味着对社会暴力和动荡的拒绝；
- 对基本需求的覆盖；
- 对社会风险的覆盖，保证生活中一定的安全；
- 不平等程度的减弱（见附录）。

在意识形态意义上使用社会质量，包含诸如社会风险、不平等和基本需求这样的社会问题。由于传统的社会保护机制的存在，社会风险的范畴在传统的社会保护机制的意义上迅速扩大，加上个体对社会保护的需求在经济发达国家持续增长，因此，对社会风险的感知已经成为我们生活的必要部分。可见，我们要在预防政策的集体主义原则下，渐渐包含社会风险的个人主义范畴（由私人公司或公共部门提供私人利益），① 特别是生态和健康部门所关注的问题。

美好社会同样意味着我们要把资源分配给有最大需求的人，以提高他们的健康水平和生活质量。人类尊严是一种集体价值和道德价值，它在广泛意义上和经济决定中影响着关于社会福利的集体决定：② 和平、社会保护、生态，总之，这涉及最小标准准则（基本需要，免费获得社会服务或健康服务）。

社会质量以及与之相关的美好社会的道德价值的产生，使用了没有矛盾的社会乌托邦假设。这一观点使社会的基本阶层冲突模糊。从道德层面看，该观点涉及的是一个更好的社会。但这是对谁而言的呢？这是面对集体物品和服务质量可能下降而保护中产阶层的一个意识形态概念吗？

社会质量与美好社会之间的联系并不是一个新鲜的话题。几十年前，伴随着生活质量评估，GDP 遭到批评，产生了像《国民幸福指数》（*Gross National Hppiness*）这样的宏观社会经济报告。许多尝试都试图克服 GDP 的缺陷、融入非市场行动（例如家庭活动），生态维度、健康维度和社会维度成为对一个国家的

---

① J. Viaene, "The 'Securisation' of Social Security", in J. Van Longendonck (ed.), *The New Social Risks* (The Hague, Kluwer Law International, 1997), p. 66.

② 见 52 页注释⑤。

经济社会价值进行评估的新的方式。其中，联合国的"人类发展指数"是最著名的指标体系之一。

自由主义学说与集体主义学说

社会质量概念使其意识形态内容始终保持公开，既可指自由主义意识形态，也可指一种先进的更具有集体主义特征的意识形态。社会质量的个人主义内涵源于对生活质量的使用，而生活质量概念是根据人们对越来越多物品和服务的需要而产生的，它是对大多数人有益的社会改进（功利主义观点："使大多数人获得最大幸福"）。

从集体主义角度讲，社会质量在欧洲被称为对过度自由主义过程的新的辩护。集体主义被作为对自由主义过程的防御，而不是提倡新集体主义价值和行为的新观念。社会质量在某些领域显示了欧洲社会中一种现存的矛盾：一方面，自由主义学说增强了个体力量；而另一方面，个体要求的集体决定的逐渐增加又是为了使许多日常生活中的事件变得可控，并保护每个人避免遭遇灾难性事件。

普遍主义与选择主义

关于社会保护的主要讨论内容之一是普遍主义与选择主义。在欧洲，大多数社会保护制度是在扩大保护对象（社会保险对象、市民、居民）、风险范围和对水平与垂直收入进行再分配的基础上制定的。所有制度的共同目标已经被归纳为两种矛盾的说法，与此同时，此矛盾还在不断扩展、增加。尽管这一原则有许多缺点，[1] 但是选择主义能够增进利益供给的效率。[2] 该趋势是社会规范专一的表现，特别是：

- 把社会保护作为特定群体的目标（保护大多数人的需要）；
- 把工作规范的责任作为利益增值的对立物（已经实施的社会政策）；
- 个体参与集体行为中权利和义务道德价值的重建（社会保护制度的补充）。

与压缩社会保护开支的紧缩经济政策相关的选择主义趋势帮助促进了优先考虑大多数穷人的集体行动。随着大量描述人们较差的生活条件（贫穷）或具体

---

① 见49页注释②。

② 见52页注释④。

政策（最低收入）的学术热潮的兴起，学术研究重新进入该领域。

与之相反，我们也注意到普遍主义的发展和复兴。欧洲基本收益网络（BIEN）促进了基本收入的社会、经济和政治相关性，反对贫穷并且用来对抗社会排斥（见第十三章）。欧盟委员会试图提出在欧洲施行"普遍服务"的观点。在法国，在结束了四年的政治讨论之后，议会将不得不投票表决普遍获得健康和其他服务的创意。

因此，欧洲的选择主义趋势并不是没有任何矛盾的、一帆风顺的，因为对普遍主义的要求仍然存在。社会质量与普遍主义和选择主义之间的选择关系是什么？它们之间是相关关系吗？社会质量能否把两个维度合并为一个折中维度？很明显，该概念并没有包含一个本质上清晰的道德价值观念，意识形态内容的模糊性导致其较容易被操纵，因为它同时包含价值认同、价值评价和这些价值之外的社会公共政策的成就。

社会进步

许多著作涉及日常生活中关于改革的问题，或是以一种积极的方式对其进行描述，或反之，对进步的假象进行批判。实际上，这一时期已经具备一些特征：

- 美好社会的根源在于经济生活；
- 最好的未来是与稳定的经济增长相关的持续的社会进步；
- 个体化的过程是个体的幸福感得到持续提升；
- 用积极、乐观的意识形态的强大力量勾勒出发展的蓝图；
- 每个人都深信贫穷将消失。

社会质量与社会进步的含义是否相同，也许是在经济缓慢增长、不平等逐渐增加为主导现象的新社会中的一种代表社会进步的新的表达方式。此时，我们必须强调以动态的方式详细阐述某一理论的必要性。

最后，社会质量中道德价值的模糊性与矛盾和复杂的内容能够证明从理论研究向对社会指标进行测量的经验研究的知识转型。而对意识形态方法的否定产生了禁止社会间做任何比较的相对主义。

政治内容

社会质量并没有涉及任何具体制度，但欧洲社会质量涉及集体主义制度的政治存在。从广义上讲，这是集体和政治决定的终点。

这一领域存在许多问题。第一，社会质量是欧洲社会契约的一个新的基础吗？第二，它是一个政治计划吗？在哪一领域（社会政策、生态）呢？欧洲社会质量的政治支持是什么？第三，对这一计划的大众支持是什么？一种欧洲价值需要成员国间的国家支持，职业团体间、社会阶层间和居民间的社会支持。而欧洲所有研究显示公民集体组织在减少，选举投票中的弃权现象在增加。这些新模式导致团结缺失、行为个体化和欧洲层面上政治参与度的下降。第四，社会质量意味着对民主社会更加强烈的投入吗？例如，欧洲的发展朝向国家或跨国协会、志愿者组织、雇主与雇员的参与加强或创新雇主与雇员之间的合作模式。第五，我们能够在任何公共决策中界定社会质量吗？在国家层面，社会质量的含义是什么？国家机构或公共机构的权力是什么？在个体层面、乡镇或乡村等地方区域，欧洲层面的社会质量的连贯性是什么？在任何层面我们是否涉及社会质量的相同内容？

这一系列问题的答案包括提升欧洲社会质量政治提议的规范化水平。实际上，欧洲社会质量作为一个政治计划，起源于一些威胁或恐惧，作为一种反应行为具体体现在以下几个方面：废除欧洲福利制度带来的威胁、公共物品市场化或私有化带来的威胁和对欧洲政治计划持续失败的担忧。

废除国家社会福利制度带来的威胁

20世纪80年代早期，许多批判主义者反对国家行动，反对国家垄断一些物资和服务，反对国家垄断导致的无效率和社会保护机制，批判主义者有时在减少国家行动和缩小影响范围方面取得了一些成功。在这一背景下，国家社会福利制度在容忍经济增长速度减慢的同时，对社会利益的需求却在递增，并且存在长期赤字。关于社会质量第一本书的一些章节描述和分析了这些现象。在对国家福利制度的消极评论分析和对废除它们的预测持续一段时间之后，我们现在来关注一个更加平衡的观点。第一，最近欧洲对雇佣关系的决定（1997年11月20日，欧盟委员会，卢森堡）拓展了对共同工作目标的欧洲解释；第二，社会保护不仅被构想为抵制竞争的无偿消费，而且成为一个生产要素。① 对社会保护制度从属于经济的讨论一定包括互惠的经济效果。

市场化和全球化带来的威胁

经济全球化并不是一个新的事件，在历史上的其他时期，由真正的国外贸易

---

① J. Berghman, D. Fouarge, K. Govaerts, *Social Protection as a Productive Factor*（Leuven, European Institute of Social Security, report to DGV, 1998）.

和交换主导。在这一领域,有两种对立的解释。一方面,社会质量被认为是对全球化的补充,例如,跨国贸易协议的社会条款。这意味着从传统社会模式向一个有更宽泛维度的社会领域的扩展——物品和服务本身。每一个物品或产品的新的社会质量意味着对传统社会权利的扩展,这些权利被具体化为物品和服务本身。因此,我们能够评估在很大的劳动强度下所生产的产品的社会质量,我们能够在国内经济中看到跨国贸易协议。例如,在法国,对公共建筑场地的投标有时经常以社会质量的名义被评估:美好社会,即最友好的社会发展趋势。

另一方面,社会质量被作为一个政治计划,以用来应对国际化贸易活动和经济全球化导致的一些不良后果。这一趋势以公众反对欧洲自由主义时期的反应行为为特征——这一反应强烈影响着新的欧洲制度,即单一市场和欧洲货币联盟。在这一背景下,欧洲社会质量代表了一种集体维度,可以保护人们避免在跨国贸易和生产变革过程中产生经济混乱。

对政治层面上欧洲失败的担忧

社会质量概念产生于一个具体的政治时期,以一个具体事件为标志:1997年的《阿姆斯特丹条约》。无论批判主义如何批判公共制度,每个人都意识到多层公共行动的必要性。一个趋势是公共行动更加分散化,这些行动以公共决策的较高的效率为特征;另一个趋势是欧洲层面的跨国进程缺少统一步伐。这一趋势是国家政策部分失败的结果吗?社会政策的欧洲定位阻止了国家对福利制度的破坏吗?从属原则的作用是什么?没有从属原则会发生什么?最后一种发展趋势是对共产主义行动的促进,例如 NGO 行动(见第十二章)。

欧洲政治的发展基于两个不同的学说:一方面,社会契约创造了我们的民主国家,该契约是超越特殊领域的一套普遍的公共规则;另一方面,政治发展是基于许多国家构成的跨国俱乐部(以 NATO 为模式)。例如,我们有欧洲货币联盟(EMU)俱乐部和申根俱乐部。根据俱乐部的目标和作为每一个国家建立基础的共享普遍规则,国家的数量和规则是不同的。今天,欧盟看起来像一个由农业价格或移民规定的企业联盟、一个在欧盟范围内鼓励自由贸易的关税联盟、一个代表国家政府权力的民族国家联盟。欧盟制度不是建立在完全成熟的民众民主参与的基础上。此外,经济全球化显示的在没有联邦制框架下的高成本交易,隐含着对国家制度(福利的缺失)和政府间双方或多方协商成本的忽视。

所产生的结果是未来欧盟政治协议将不能以联邦政体的传统模式为基础。这解释了如下事实，即欧盟民众在欧盟政治制度创新中的作用是间接的和有活力的。面对联邦政治计划的失败、现在的联邦①和前联邦制度的存在，②公民做出了支持社会问题的行为，这些间接行为意味着政治失败如此巨大，以至于相邻社会领域必须寻找一种新的集体主义介入其中。

这一形势导致人们开始尝试在欧洲层面界定新的社会权利。因此，欧洲社会质量能够以如下方式被解释：

- 所有欧洲集体主义决策的一个基本参考标准。
- 一幅欧洲机构交流的积极画面、一种意识形态附加值。
- 在欧洲层面对社会维度的一种新的补充，包含了国家社会保护制度的所有目标。
- 欧洲公民权的一个新维度，建立欧洲政治维度的一个新的基础——不仅通过某一国家制度的政治合约，而且通过基于经济基础的社会最佳效果的可能性。因此，社会质量和经济质量之间的联系是明显的，其反馈是社会计划能够合并先前的欧洲经济决策。
- 所提及的人权或人的尊严包含了（所有人类的平等权、生存权、自由、被尊重和拥有个人安全保障）隐含或明确的意义。

因此，社会质量被作为欧洲社会公民权基础中的一个基本要素，并作为一个最小政治计划，是联邦制政治项目的替补选择，即最好的选择。此外，在使用社会质量要素时存在一些明显的误解。所有要素在欧洲制度、条约或官方文件中都曾被认知，但有时却有不同的含义。例如，"凝聚"在《马斯特里赫特条约》中被称为"经济社会凝聚"；该条约创立了一项特殊基金，就是为了解决欧洲环境和交通的社会经济凝聚问题。而凝聚中的经济内容又不同于它在社会科学和社会政策中的含义。

"整合"在欧盟制度中还有一个特殊含义。整合能通过单一市场（经济领域）和欧洲货币联盟（金融领域）被经济思维支配。这意味着在欧洲，公共经

---

① D. Mueller, "Federalism and the European Union: A Constitutional Perspective", *Public Choice*, 1997, 90 259, 276.

② B. Théret, "Régionalisme, Fédéralisme et Protection Sociale; l'Expérience Canadiénne, une Pédagogie pour l'Europe? Considérations Méthodologiques Préliminaires", Association d'Économie Sociale, Conference Politiques Sociales et Territoiries en Europe, Rennes, 12 – 13 September 1996, pp. 938 – 973.

济和金融领域的创新，可以消除经济贸易的国家障碍以及阻碍国家货币流通。通过这种方式，整合意味着在共同俱乐部中民族国家的融合，不同于从一个部门到另一个部门。整合的社会维度过去大多体现在国家层面的社会政策中，被更广泛地运用在教育和文化领域，但在欧洲层面却减弱了。

如果将社会质量作为一个欧洲政治计划，首先，我们会被迫注意到此概念是不清楚的和不稳定的（悲观观点）或开放的（乐观观点）。社会质量太宽泛，需要有更现实的目标。其次，作为社会欧洲建设的主要目标，对政策制定者是有用的，我们需要清楚计划活动与结果之间的关系，明确公共行为目标之间的优先选择顺序，使社会变迁理论具体化。

四 结论

对社会质量理论方面的分析显示了它科学的、意识形态的和政治方面的弱点，以及作为一个"不劳而获"或"没有质量"的概念：

- 过度概括的危险意味着对它的经验验证非常困难；
- 混淆的风险来自在含义上有较大重叠，以及较为隐性的意识形态内容；
- 缺失的风险意味着概念排除了一些基本维度；
- 误解的风险来自表达的过度多义。

概念的含糊对经验方法造成了直接后果。它为经验态度辩护——这一态度拒绝任何理论（因为理论是无益的），促进了严格的社会质量经验统计测量技术的发展。理论和经验一分为二的最终后果导致产生了双层风险：缺乏相关理论过度概括的风险；严格统计技术介入导致的缺乏概括或个人主义的风险。[①]

即使社会质量有很多缺点，它也不是一个没有质量的概念。首先，在对社会变迁理论的讨论、辩论和改进的过程中，社会质量的作用显而易见。在选择概念操作化的具体特征时，社会质量是有用的，对各种解释谨慎地进行辨析。例如，如果我们接受贝克等关于社会质量要素的观点，经验研究将不得不给这些要素提供信息，社会指标类型学将不得不跟随这些要素作为与理论内容相一致的结构。

其次，某些例子在其他科学领域显示了理论和经验方法之间联系的必要性与可能性。例如，经济计量方法是统计方法，它被用来确定或反对理论经济假设。

---

① M. Scriven, "The Theory Behind Practical Evaluation", *Evaluation*, 1996, 2, 4, 395.

另一个例子：在收入不平等测量领域，统计方法与它们的道德价值阐述的关系越来越密切。①

我们总是不得不提醒自己所有赋值都基于最小隐含理论。即使一些结果有时是不确定的，我们也需要一种解释。社会质量的理论方法对于避免严谨的经验研究中的特殊主义和地方主义是必要的。例如，理论对经验研究促进国际比较是必要的。关于社会质量的知识的完善将产生经验研究与理论研究持续对峙的结果。

最后，社会质量具有双重含义：一方面，在广泛的意识形态意义上，它意味着社会政策和欧洲社会组织的最终目标；另一方面，频繁的经验研究涉及具体社会改革的特殊项目的有效性问题。

（徐京波译，王晓楠、冯希莹校）

---

① A. Atkinson, "On the Measurement of Inequality", *Journal of Economic Theory*, 1970, 2, 244 – 263; S. A. Chakravarty, *Ethical Index Numbers* (Berlin, Spinger-Verlag, 1990); A. Sen, *Inequality Reexamined* (Oxford, Russell Sage Foundation, Clarendon Press, 1992).

第五章　性别关系和日常生活：
采取一种跨文化的路径

Marina Calloni

 质量：一种动态的含义

"平等"、"质量"和"不平等"这三个概念在民主理论的范畴里似乎是相互联系的。它们涉及人类生而平等和自由的道德前提，也涉及正义应当支持在公民中公平分配资源的规范信条。因此，政治平等意味着承认相关市民的公民的、社会政治的和文化的权利，这些市民必须被"包含"在民族国家的边界内。就人类中社会性地建构的不平等而论，平等的实现蕴含两个方面的含义，即平等尊重的道德维度以及公平分配物品的经济问题。① 因此，和国际组织一样，国家必须致力于避免全体居民中的社会冲突，消除经济差距，提高个体和公众的福祉标准，而这也正是在提升社会正义。民主建立在"存在的政治"（Politics of Presence）之上。②

将上述提到的框架作为背景以及通过参照《欧洲社会质量》（*The Social Quality of Europe*）③ 中的计划，本章旨在思考以下问题：就"社会质量"在日常

① N. Bobbio, *Left and Right*: *The Significance of a Political Distinction* (Cambridge, Polity Press, 1996).

② A. Phillips, *The Politics of Presence* (Oxford, Clarendon Press, 1996).

③ W. Beck, L. van der Maesen, A. Walker (eds.), *The Social Quality of Europe* (Bristol, The Policy Press, 1998).

生活中私领域和公共背景中的应用而言，"社会质量"这个概念是否能增进正义、政治和经济之间的相互关系？尤其是根据"每个人享有能够充分满足他自身及其家庭的健康与福祉的生活标准的权利"及"生活的（社会）质量"这个概念，能够切实有效地提高人类权利吗？此外，这个"生活质量"的概念能够作为一个"测量"不平等、提高机会以及支持社会政治变化的标准吗？最后，整体来看，尤其是在欧洲，"社会质量"意味着什么？

只有在思考以下两个方面的时候，我想我们才能就前面的问题给出适当的答案。其一，把社会质量的概念同日常生活和性别关系的背景联系起来；其二，以新的视角来看待欧盟。

我的论文首先要检验社会质量理念在分析性、经验性和规范性三个方面上的连贯性，看这种可能性能否通过考虑日常生活再生产的具体情境而在原则上实现，从家庭开始，将这种分析扩展到工作场所和其他环境。在应用这种交互式的方法时，我们注意到社会质量的缺乏以及社会改革的必要性。其次，我认为欧盟不应该被设想为一个"更大的"民族国家，在民族国家中，"公民身份"的概念被建立在"血统主义"（ius sanguinis）的排他性原则之上，而公共保护只是针对一个限定的群体。欧洲公民身份不得不被看作是灵活的政治框架和文化建构，对新工人和新公民开放。①

基于这些论证，我认为"欧洲生活的社会质量"的观点应该主要被设想为一种动态的和跨文化的建构，其中不仅涉及欧洲公民，也可以被拓展至其他人。这个概念一定能够使人们以一种更加适合的方式来思考公民社会的多方面构成及其对欧洲社会转型的要求。

从这些前提出发，我赞同《欧洲社会质量》② 所支持的一些观点，也赞同《欧洲社会质量阿姆斯特丹宣言》中的规范性假设。然而我认为，社会质量第一本书提出的一些议题同时受到来自社会政治和性别视角的"有限文化观点"的影响。"质量"的含义似乎主要涉及 21 世纪北欧国家建立的福利国家模式。因此，它反映了欧洲这个地区存在的社会文化传统和性别关系的类型，但是并没有涉及欧洲经验同其他国家的差别、类比或者比较分析。

---

① M. Calloni, H. Lutz, "Gender, Migration and Social Inequality: The Dilemmas of European Citizenship", in S. Duncan, B. Pfau-Effinger (eds.), *Gender, Work and Cultures: Mapping Gender Inequalities in Europe* (London, UCL University Press, 2000).

② 见 63 页注释③。

对从自下而上的角度来考虑日常生活中的现实差异来说，优先关注自上而下的宏观社会学方法是一个重要观点，它否认了对"文化多样性"的理解。这些差异主要涉及性别关系和欧洲人口的新种族构成。上面提到的社会质量研究并没有涉及"多元认同"的问题——在该问题中"文化"归属不是单维度的，而是不同传统、生活经历和个人选择相互交织的结果。这意味着"社会质量"不能被应用于拥有相同实践、需求和文化背景的公民（男性和女性）的"同质性群体"，这是民族国家所要涉及的。如今，我们必须承认文化、性别关系以及个体生活方式的多样化形式。因此，社会质量的概念不能以一种相同的方式被应用于不同的生活背景中，也不能被应用于不同的社会群体和个体。它必须"有所区分"，这涉及"选择式的普遍主义"（Selected Universalism）和"包容式的选择性"（Inclusive Selectivity），例如，从一种"超反"（ex-negativo）的观点开始。这意味着民主制度必须将规范性原则应用于经验性的案例中，它们应该被"选择性"地对待，因为它们随着时间和空间而变化。制度必须考虑弱势群体和关键问题，这否定了生活质量能够提升个人能力、促进环境保护的可能性。这种"评估"的持续性强化了政治和社会之间的合法性联系。

因此，社会质量必须同时避免边缘化和生态恶化的新旧形式。它应该承认在新的"欧洲生活质量"中"外国文化"的丰富性及其潜能，而这并不应引发强迫"新公民"同化的后果。社会质量还应该与"机会"的观念以及"占有、实践和认识"的基本能力联系起来。这是一个"复数"公民身份的视角，包含了人类地域迁移增加所要求的"差异"。① 因此，"必须依据社会融合的新策略来重新思考公民身份的定义，尤其在涉及年轻人、妇女、老人和外国人的时候"②。然而，不应该以一种强制的方式（诸如"文化同化"）来理解"新公民"的融合和社会凝聚。

从《欧洲社会质量》中缺乏跨文化视角和性别路径的方法论与理论缺陷开始，这一章旨在强调社会正义、性别关系以及人权和环境之间具体的相互作用。我想特别加以考虑的是：①在后工业社会里，"社会质量"是什么意思，也即探

---

① S. Benhabib（ed.），*Democracy and Difference. Contesting the Boundaries of the Political*（Princeton，Princeton University Press，1996）.

② L. Pennacchi，"Principles for Reform of the Welfare State"。该文章在主题为"变化中的福利国家：公民权、性别、家庭——北欧和南欧的经验"的国际会议上发表（London，LSE Gender Institute，1997）.

讨其语义的历时变化；②性别关系的历时转变同时影响了日常生活和工作场所，以至于应该重新组织生活质量的概念；③把生活质量和人类能力的概念与"复杂的普遍主义"的理念联系起来的可能性，其中"复杂的普遍主义"允许构建一个社会的欧洲（Social Europe），对其他文化保持开放。

我的结论是：如果没有自下而上地考虑不同日常生活方式的性别视角和多文化维度，"社会质量"将不能够得到完善。从这个视角出发，我旨在修订欧洲社会质量的四个关键方面，它们是政治包容、经济公平、社会凝聚和个人赋权。

质量：语义的历时变化

在开始论证前，我需要解释"生活的社会质量"是什么意思。让我们一起来分析"质量"、"社会质量"和"生活的社会质量"的不同意义。

在哲学和逻辑学的历史中，"质量"的概念是一种关键的分类。质量指的是事物的特殊属性，好像它们是被感知到的一样。但是，质量看起来属于独立于观察者的客体（如速度），在这种情况下，质量是"原发的"（primary）；而当它们涉及旁观者的感知（诸如颜色）的时候，质量又是"继发的"（secondary）（如洛克争辩的）。在逻辑和语言的研究里，质量被认为与概念和命题的形成有关。

但是质量并不仅仅适用于物体，同时还适用于人类，即质量源自拉丁单词"qualitas"，它源于quails，意思是"什么种类"。质量因此是一种可识别的属性和一种"本质性"的特点，决定了同时属于客体和主体的特定"属性"。因此它也涉及人类的"本质"（nature），比如他们的"本体"（ontology）。在这种情况下，美德和不同种类的行为与感觉也被确定为人类的质量。因为在主体和客体"好的属性"的理想的表现形式中，质量关系到它们的表征，它暗含着"优秀的程度"。这意味着事物和人类应该具备尽力表达他们能力和潜力的必要条件，如质量。

当质量假定了一种"社会的"解释时，质量概念的物质意义和人类意义就会在语义上有所变化，将自然/工作环境两个维度和日常生活的人际维度合并起来。

看看一些当代的社会学读者，我们能证实"质量"的概念主要是指工作场所和健康。事实上，"更好的生活质量"的理念得到了20世纪70年代的工人和社会运动的支持，他们想从质上提升传统的社会－经济权利。这些文化－政治因素也诱发质量从哲学概念向社会意义概念的转变。事实上，它适用于将人类的生活和工作场所的生产联系起来的"工作生活"（working life）。"工作生活的质量是组织化的和工作设计的方法，这种设计倡导以下价值：考虑员工福利、员工参与和与工作相关的决策和组织化的绩效（effectiveness）。"①

在这段引文中，我们可以认识到民主概念的发展是从工业社会的变迁和工人的角色开始的。事实上，我们看到的是一种区别，但同时也是一种在产品质量、产品生产过程控制以及工作场所中工人的福祉之间的相互关系。从 20 世纪 80 年代开始，这一改变暗示质量是循环周期的产物。这里，工业化生产不再基于泰勒模式所辩称的连续性，而是基于一系列相互关联的控制，其中工人在具有内聚力并分担责任的团队内进行合作。这也提升了工人间互动的"质量"，工人没有必要永远分开做相同的工作，应该使他们的工作相互关联且多样化。的确，由于生产更加精密的产品，很有必要进行更加适当的控制。

但上述引文也提及工作场所的另一个重要变化：对雇员环境和健康的兴趣。这种指涉也有一个来自性别视角的推论：对女工和母亲身份的保护（例如女工产假和不让孕妇从事危险职业）。因此，将这些新的社会需求种类同工人和雇员先前的政治主张相比，我们可以从中觉察到一种新的"质性"内容。也就是说，他们关心的是权利的"质量"而不是"数量"——那是工作和生产的一般性条件。一方面是工人与管理者之间互动质量的提高，另一方面则是工人之间互动质量的提高。我们不能根据物质产品的相同标准来思考权利，因为权利与人类的能动性和人际尊重的提升有关。

的确，"社会质量"理念的"考古学"内容可以在启蒙运动和 20 世纪西方福利国家的历史中找到。现代性的隐喻可以用两个著名的电影——卓别林的《摩登时代》和 Fritz Lang 的《大都会》——来举例说明。工业和城市的联系强调阶级统治（class domination）和社会不平等的存在。泰勒主义和资本主义黄金时代所指涉的是工人被强迫在生产线上工作的形象。同样，工人和上层之间的空间分隔表明的是世界的秩序和日常生活的结构。这些景象不仅涉及"失乐园"的《圣经》隐喻，也涉及先前的生活方式和共同体感的破坏，而这些都是前工业时代的典型特征。"生活质量"的缺失同时涉及日常生活和工作场所。但是 20世纪 70 年代和 80 年代的工业对更好的环境状况的要求是与工业系统的转型、信息技术的出现和新的生产形式的推广一致的。工人们不再必然地被视为"艰

---

① D. Jary, J. Jary（eds.），*Dictionary of Sociology*（London, Collins, 1995），p. 537.

苦的和体力的劳动力"。然而，"异化"的另一种形式出现了：雇员再也看不到他们工作中的材料和有形产品。

因此，20世纪70年代所使用的"工作和生活的社会质量"的概念在20世纪80年代和90年代经历了另外一种语义上的转变，这不仅是信息社会的断言，也是"风险社会"中的"全球化"现象。切尔诺贝利核电站的核爆炸以一种戏剧化的方式在社会主义体制消亡之前削弱了政治边界和意识形态边界之间的差异。核灾难和它的致命后果不仅与民族国家有关，也与全世界有关。的确，在一个世界性的、由共同利益连接的公民社会和国际组织中，作为一个地方性和全球性框架的生态问题已经彻底改变了社会空间、领土及其附属物。① 因此，在对"生活"的更广泛的兴趣中，质量的概念有了一种新动力，这种生活不仅涉及人类（道德和伦理），也涉及从关心城市问题到关心动植物的生长环境的议题。因此，质量理念的历史性重构呈现从哲学假定到社会政治原因的概念转变。

考虑到质量和社会质量的不同意义，我现在想强调以一种跨文化或多元文化的方式来考虑"日常生活"的观念，并强调增强此观念的重要性。除了依据生态学和都市利益来思考质量的社会经济意义转型外，在过去十年，"质量"实际上假定了一种"文化的"意义。不同的生活方式和越来越多的外国人的存在已经引发了一些针对"质量"概念的批判的质疑，这个概念涉及一种特定的西方福祉的分层模式。其中最为重要的批判是由争取"生物多样性"② 的女权主义者V. Shiva 提出的。她竭力反对将西方专家提出来的发展形式强加到所谓第三世界国家人口的生活和生产方式上。她认为，女性有将"生态学、健康和发展"重新联系起来的自主能力。

从所有个体的日常生活开始，"质量"因此变成了一个有本土和全球意义的社会、政治、经济和文化议题。但是考虑到 Shiva 对欧洲中心的批判，我们必须考虑质量的概念是否可以输出以及是否能够在全世界范围内以相同的标准来应用。如果不考虑文化意义，那么人们是否有可能去支持"生活的社会质量"的规范概念。我认为只有在我们尊重当地居民的利益及其合理要求并且不强加我们

---

① D. Held, A. McGrew, D. Goldblatt, J. Perraton, *Global Transformations. Politics, Economics and Culture* (Cambridge, Polity Press, 1996).

② V. Shiva, *Biodiversity: Social and Ecological Consequences* (London, Zed Books, 1991).

的文化标准时，质量的概念才是可能的。这也是民主人道主义的例子，它必须不仅对拯救人类和防止种族灭绝感兴趣，而且对致力于建立一个能够在健康环境中促进人类能力发展的"更高质量的日常生活"感兴趣。基于和平、繁荣、健康和教育等方面，社会质量可以与可持续发展联系起来。

然而，西方社会也不得不回应殖民主义带来的破坏。

比起所谓的发展中国家，最发达的国家在遇到大破坏时应当承担更多的责任。因此我们未来的生活质量取决于对如下现象的新认识：进化、风险评估以及国家能够依据一种修复式的回应而建构在一起的政策。①

欧洲受到本土文化和全球化经济发展进程的挑战，其社会质量因此不得不基于世界主义的假设。这个假设认为能够将传统规范的方法同人权、建立国际协作的利益以及对当地居民的尊重整合起来。全球性议题事实上总是与地方性议题联系在一起。

三 性别和日常生活的质量

如我在前面部分所说，生活质量有普遍性的和背景性的意义，例如个体和社会/集体意义。我们可以把《世界人权宣言》（*Universal Declaration of Human Rights*，1948）中的条款 25.1 作为例子，它设置了关于人类生活基本方面的一些标准。当发生"失业、疾病、残疾、丧偶、老年或环境生存危机"时，这些标准包括"食物、衣服、住房、医疗、必要的服务和安全保障权"。这个基本"生活权利"的基本构想不仅承认公民权利的主张，而且将其应用到不同文化背景下。因此"生活质量"是作为"规制性"的理念和实际干预的基本权利的具体形态被认可。

但是条款 25.2 也明确了"母亲和儿童享有社会关怀和社会救助的权利"。为什么《世界人权宣言》强调母亲这样的性别维度和儿童的弱势地位呢？"性别差异"指的是什么呢？女人和孩子不同于男人吗？事实上，这个宣言间接地导致存在于家庭和工作场所的性别歧视。然而，必须将这一阐述放在历史情境中来分析。当 1948 年签署《世界人权宣言》的时候，很多国家的女性还不被认为是

---

① Women of Europe, *Women and Sustainable Development. Shaping the Quality of Our Lives*, a dossier (Brussels, European Union, 1998), 46, 5.

拥有政治权利的公民，以至于她们不得不像儿童一样被"保护"。

这种情况在过去十年发生了变化，女性已经成为积极的公民。然而，在全世界尤其是在大部分传统社会中，女人和孩子仍然是社会中最弱势和最脆弱的群体。由联合国、妇女发展基金会（Unifem）和妇女观察（Women Watch）① 发布的统计数据显示，贫穷、暴力、种族隔离及对妇女和儿童的虐待仍然持续存在。这种情况不仅没有涉及任何生活质量，而且人们生活本身的权利也被否定了。人们没有最基本的生存条件。因此，基本生活权利与生活质量观点之间的联系和差别是什么？我想我们可以从性别和日常生活的视角来思考这个问题，从而更好地解释这个问题。

最近我去了一趟俄罗斯，研究一个关于危机中心的国际项目的发展和研究网络的构成，② 我询问了一些妇女关于1999年12月最近一次选举运动中提出的政策规划的信息，以及她们是否正在争取越来越好的生活质量。答案是：那将是下一步的事情。事实上，她们想要争取的仍然主要是"生存的权利"。通过与她们进行深入的讨论，我发现她们实际上正在为改变目前生活的不公平状态而斗争，并且在家庭和公共空间中使用不同的干预形式。俄罗斯妇女不仅能够打造持久的生存策略，例如构建非正式的网络，③ 还能营造与物质和政治环境相适应的"更好的"生活。

我之所以提到这个例子，是因为我认为如果具体地考虑生活的社会质量概念的意义及其可能的应用，我们就不得不从两个角度考虑性别视角。首先，我们应该从性别差异（作为一名妇女或儿童）导致不同形式的歧视和不平等的观点开始；其次，在艰苦的环境和社会政治条件下，切实地考虑在日常生活背景中女人为提高生活质量所做的努力。根据她们的具体经验和冲突"调节"策略，女性的现实情况说明生活质量的缺乏且有必要进行公共干预。这种同"解决问题"相联系的日常生活实践不仅具有个体独自生活或者家庭生活的私人层面的意义，也具有集体决策在一个欧洲民主社会中的公共意义。

---

① United Nations, Unifem, http：//www. undp. org/unifem（1999）；United Nations, Women Watch, http：//un. org/womenwatch, http：//www. un. org/womenwatch/followup/beijing5/index. html, http：//www. hrw. org/hrw/worldreport99/women（1999）.

② M. Calloni, A. Saarinen（eds.）, *Gender, Research and Networks across the Boundaries. A Different Approach to Globalisation*（Copenhagen, Nordic Council of Ministries, 2000）.

③ A. Ledeneva, *Russia's Economy of Favour*：*Blat, Networking and Informal Exchanges*（New York, Cambridge University Press, 1998）.

　　然而对女性来说，生活质量的构想是非常复杂的。让我们以近期女性解放的历史和资本主义发展史中的解放概念为例。在很多案例中，女性不仅仅是在个人自主和职业方面考虑过经济解放，例如赚钱和花钱的可能性，同时她们还把工作和日常活动当作一种提升家庭生活水平、社会地位和营造舒适环境的物质可能性。因此，在"二战"以后，女性在"现代化"她们家庭生活和公共场合中发挥了基础性作用。她们引进了新家电，支持儿童教育，改变营养模式，等等。她们促使议会出台一些诸如对女性友好的与社会服务相关的新法律，从有小孩儿和弹性工作的女工的视角来重新定义城市空间。事实上，女性为了提升生活的一般性社会质量以及在私领域中以不同的方式把权利理解为一种更公平的人际关系而做过斗争。考虑到女性所做出的复杂让步，在讨论公共利益和私人角色以及维护传统和促进创新所做的贡献时，我们可以把女性的历史经验作为提升、检验和挑战生活的社会质量视角与发展欧洲民主公民社会的关键例子。

　　因此，女性在提高生活标准和提升一般幸福感上发挥了基本作用，然而她们也推进了作为新产品用户的大众消费主义的发展。事实上，由于刺激导致"家庭主妇"把消费主义的"欲求"（desires）当作真实的"需求"（needs），工业拓展了它们的设计范围。因此，消费主义和日常生活的社会质量需求被区分开来，它们拥有不同的标准和目的。消费主义主要与市场逻辑相关，并旨在人为地创造出新的个体/家庭需求，持续地为消费者创造新的"欲求客体"（object of desire）。与此形成鲜明对照的是，日常生活的社会质量有一种共同的意义，始于个体经验，但指的是共同空间和制度，横跨阶级、性别、年龄和种族，生活质量的标准因此在不同的语境和文化中是不同的。然而，拥有一个更一般意义上的指标必须从日常生活中的问题出发。例如，如果我们将吃住的权利看作标准，而又缺少食物和住房，我们就必须在它与维护和发展人类能力所必需的食物与住房数量和质量联系起来考虑问题。我们不能将它与个体需求联系起来，例如日常吃龙虾或者拥有一套在白金汉宫（Buckingham Palace）隔壁的房子这样的"需求"相联系。然而，生活标准和生活方式是两个不同但又相关的问题，由于它们在文化上都是可变的，所以必须被仔细分析。①

----

① A. Sen, "Christopher Bliss: Life-Style and the Standard of Living", in M. Nussbaum, A. Sen (eds.), *The Quality of Life* (Oxford, Clarendon Press, 1993), pp. 437 – 444.

这些与"基本需求"相关的例子表明，在我们将生活的社会质量理念应用于西方社会或者发展中国家时，二者之间会有一些差异。这也是家庭中性别动力学的例子。当第三世界的女性仍然被认为是"下层"人类时，在欧洲，由于传统性别关系的转型，女性的问题则有所不同。因此，家庭安排比过去更加复杂，大部分是由于在将家庭承诺、个人需求、工作职责和事业兴趣相结合的过程中遇到了困难。

"个体化"的新过程看起来很严肃地将危机置于西方夫妻的传统结构中。①亲密关系②冲突的转型，一方面是单亲和稳定家庭的传统观念，另一方面是女性的新角色，她们经常是单亲妈妈或家计承担者。比起目前处理性别关系的方式，这种近期的修正也强调需要以一种更全面和更复杂的方式来反思日常生活质量的意义。走出传统父权社会的危机，女性面临一些新出现的困难，大多数困难在于将传统家庭职责与工作问题和新需求相结合。在所有欧洲国家，由于社会服务和利益的缩减，女性及其日常生活质量的状况已经恶化，对失去已获得的社会保障权利及其相关福祉的恐惧也已引发一些北欧女性投票反对她们的国家加入欧盟；与之相反，一些南欧的女性则将之看作提高她们在欧盟的生活质量的一个机会。这种不同理解的原因是什么呢？

实际上，在欧盟内部，我们有不同的性别关系文化，这已经在福利国家的不同模式中和对民主制度的忠诚度中表达过。例如，在北欧国家，性别动力学主要基于女性和男性间的"协商契约"，起始于平等的基础。与此形成鲜明对照的是福利国家的地中海经验，其社会政策经常建立在女人具有"基础性的家庭功能"的假设〔《意大利宪法》（Italian Constitution）的第 37 条〕的基础上，正是出于这个原因，必须保护作为工人和母亲的女性。

这种文化遗产已经导致矛盾的后果：一方面，在地中海国家，对母亲和家庭的社会保护已经相当强，以至于女性可以花费更多的时间照顾她们的孩子，有更长的产假；另一方面，对家庭中女性优先的过渡文化重视和男性作为分担家庭责任的平等伙伴的边缘化是家庭分工中长期存在的传统刻板印象。在传统父权社会的危机中，文化上的"母权主义"形式与不同工作部门女性职业的增加现象相

---

① U. Beck, E. Beck-Gernsheim, *Das ganz normale Chaos der Liebe* (Frankfurt am Main, Suhrkamp, 1990).

② A. Giddens, *The Transformation of Instimacy*, *Sexuality*, *Love and Eroticism in Modern Societies* (Oxford, Polity Press, 1993).

结合，导致（例如意大利）一些矛盾的现象。[①] 一方面，越来越多家庭中的"成年"孩子直到 30 岁还是住在家里（既由于找工作的困难，也由于他们得到了父母的关心和保护）[②]；另一方面，女性不得不继续提升她们的事业，并出去工作。

因此，女性的日常生活似乎比过去变得更加困难和更有压力。传统的日常生活是建立在如下信念之上：女性的生理性生殖能力可以"自然地"与随着日常生命繁殖而来的职责（照顾孩子和家庭）相一致。现在这个传统信念已经有了一些新特征。在"新扩大"的家庭（与其父母和伴侣同居的成年孩子）中，女性不得不比之前工作更长时间，她们多年来一直要持续承担责任，并不得不去调解那些具有不同生活方式、信仰和需求的家庭成员所引起的冲突。因此女性不得不处理代际照顾责任的差异化形式（包括孩子、父母和孙辈），但并没有必然地得到来自公共服务的必要支持。

北欧的联合家庭似乎已经崩溃，与其中的一些趋势相比，尽管意大利的离婚现象在增多，但意大利仍然有家庭生活的凝聚形式和公民社会的差异化网络（单亲母亲现象现在不是一个相关社会问题）。这些社会形式似乎与功能性问题相冲突，导致公共管理、就业市场和社会的不安全感。因此，由于家庭雇员的帮助，日常生活的功能得到保障，这些雇员大部分是来自发展中国家或者东欧的外国劳工，他们帮助意大利女性继续职业生涯，并且也给予她们维系婚姻的动力。

因此，在欧洲，我们用两种相反的方式思考生活质量：由国家来保证和由家庭来引导。日常生活的社会质量的含义必须突破这两条路径的限制，重新连接公共领域（public domain）与追求更公平的性别关系和平等机会的私人要求。这也是欧洲女权主义者和公民社会中的最高目标所要求的：有必要重申更公平的人际关系的价值和考虑将护理时间作为社会政策中心议题的重要性。事实上，生活的社会质量必须承认个体生命中时间的差别化意义（即一个人为自己的时间、工作时间、接受护理的时间和为他人的时间），并且允许在生活的不同方面有一种公正的平衡，就这个方向来说，在个体层次和集体层次女权主义者很精确地进行了研究，并且在这些差异化的议题中试图找到一种可能的结合。欧盟必须延续这份遗产。

---

① M. Calloni, *Family and Patriarchy*: *Is Their Link at an End*? (London, LSE Gender Institute Working Papers, 2000).

② R. Palomba, H. Moors (eds.), *Population*, *Family and Welfare*: *A Comparative Survey of Europe* (Oxford, Clarendon Press, 1995).

　　这个结论也涉及如下事实，《欧洲社会质量》① 并没有考虑欧洲福利国家不同形式、不同性别安排以及家庭多样化结构之间的相互关系。如果没有考虑这些方面，我们就不能理解欧洲女权运动的不同历史和政治诉求，直到几年前，她们还不得不只求助于她们出生国家的国家机构。欧盟代表不可替代的机会，能提升个体能力和社会机会来反抗不同性别关系传统与国家宪法。

　　但是，如果要实现这个集体目标，我们就有必要考虑由相关社会行动者表达的对有效性的诉求，如劳拉·巴尔博在之前对社会质量倡议的评论中指出，这些社会行动者"在社会生活中是自主的和反思性的代理者"。因此，如果我们要构建民主制度——环境条件、允许人们实现一定程度社交的工作机会和个体生活的质量，我们就不得不从他们的具体经验、日常生活、策略、妥协以及矛盾情绪和抵触行为开始。我们也必须考虑有利于维持父权社会现状的"合作的冲突"。②

　　女性为了工作和家庭中更好的生活和社会生活的质量而奋斗，但她们日常生活的现实表明这个目标还没有实现：性别关系中的"质量"和"平等"还没有达到。

四　全球社会中的生活质量、人类能力和相互尊重

　　在前面部分我批评在《欧洲社会质量》③ 中采用静态和宏观的社会学方法。我是想强调有必要从一种跨文化的视角和性别观点来考虑生活的社会质量概念，由于语义过时，重建这个概念语义并自下而上来思考由相关的社会行动者尤其是女性所表达的有效性诉求。此外，我也考虑在不同范围内应用或概括生活的社会质量概念的困难。事实上，它随着不同的文化背景、歧视传统、性别关系的模式、不公平的经济再分配体系、公平的政治制度与社会服务的存在或缺失而变化。

　　在本土和全球层面，这种方法被认为是有效的。事实上，应该从一种动态的观点来概念化社会质量。这种观点应该考虑社会经济和文化历时的多样性，并且强调它对环境和性别关系的影响。在前文中，我不得不重新连接观点与主要问

---

① 见 63 页注释③。

② A. Sen, *Gender amd Co-operative Conflicts* (Cambridge ［MA］, Harvard Institute of Economic Research, 1987).

③ 见 63 页注释③。

题，这与在欧盟内将生活的社会质量观念作为一种实用的方法来使正义、政治和经济相互联系起来的可能性有关。

我们必须辨别特定背景中与人类集体福祉和集体信仰有关的规范性假设，这些背景涉及本土需求、利益、传统和偏好。在这种意义上，多元文化论和对文化少数群体的尊重不能只建立在多元主义上，同时也要基于如下信念：对不同文化的接受并不是必然地容忍社会不平等和不尊重个体。的确，欧盟在文化上并不是同质性的，正是基于此，在所有领域和共同体中不能够以一种相同的方式来定义"质量"，至少社会质量在测量地域间差异和指出主体和客体间的社会不平等时有一种反事实（counter-factual）意义。但是，差异和不平等不能仅仅依据多样化的人、国家和共同体的经济增长进行比较，同时还应该依据社会凝聚的缺失和人类潜力的发展来进行比较。

基于此，我想返回我的要点，来思考本章开始时所提及的"质量和平等"之间的联系。的确，"质量和平等"有相同的语义词根。我已经报告了"质量"的起源，它涉及主体或客体的属性。"平等"同样也源于拉丁语"Equaequalitas"，即"成为平等的质量或状态"。因此"Aequalis"和"Aequus"就意味着拥有相同评估内容、质量和数量的某人或某物。用现代政治术语来说，我们可以说人是平等的，因为他们都生而为人并生而"自由"（如卢梭所支持的），因此他们拥有相同的最初价值。在民主的语言中，它意味着人们拥有相同的权利和职责。道德尊重（人类生而平等）与政治平等（"Aequalitas"，公民间选举的权利）和经济平等（"Aequus"，公平地再分配资源）相关联。因此"经济平等关系到政治平等"[1]。在社会正义的理论中，为了承认而斗争[2]和对再分配的请求[3]是相互联系的[4]。

从这些思考出发，我们必须承认平等[5]的理念和生活的社会质量应当同一种

① A. Phillips, *Which Equalities Matter*? (Cambridge, Polity Press, 1999).

② C. Taylor (ed.), *Multiculturalism and the Politics of Recognition* (Princeton, Princeton University Press, 1991).

③ N. Fraser, "From Redistribution to Recognition? Dilemmas of Justice in the 'Post-Socialist' Age", *New Left Review*, 1995, 212, 68 – 91.

④ N. Fraser, "Social Justice in the Age of Identity Politics: Redistrubution, Recognition and Participation", unpublished paper, 1999.

⑤ E. S. Anderson, "What is the Point of Equality?", *Ethics*, 1999, 109, 287 – 337.

更广泛的正义理论相联系，它否认人类遭受的屈辱。① 另外，正如哈贝马斯所认为的，不正义意味着对自由的主要限制以及对人格尊严的忽视。② 事实上，"正义应该不仅仅涉及分配，同时也涉及发展和运用个体能力与集体沟通及协作的必要制度条件"③。然而正如我指出的，"生活质量"并不仅仅意味着人们之间的尊重，它同时还暗含个体能够自由地发展他们的潜能和增进他们的福祉的可能性。因此，平等机会的社会政治观念不仅仅建基于人类生而平等且自由的规范性假设，同时还基于个体应该生活在公平条件下的实用主义理念。在这样的情况下，他们不能只满足基本需求，同时还要发展他们的潜能和提高他们的生活标准。

在一本关于生活质量④（只在《欧洲社会质量》简略地被提到）的关键的书中，编辑 M. Nussbaum 和 A. Sen 试图构建正义理论的基础。⑤ 它一定不能只建立在对物质进行公平的再分配⑥、资源平等⑦或功利主义的兴趣基础之上，同时也要建立在其他议题的基础之上。事实上，"导致生活不同类型的自由反映在人的能力集合上"⑧。

这些关于正义和人类能力的经济哲学方法随后在 Nussbaum 和 J. Glover 所编的《女性、文化和发展》⑨ 一书中得到强化，书中以一种跨文化的方式强调了性别视角。Nussbaum⑩ 在论文中，将 Sen 的人类能力的概念归纳为十条，希望使之成为正义批判理论和发展的基础。其中，基本的功能性能力如下：

（1）能够活到人类的正常寿命；

（2）能够身体健康；

---

① A. Margalit, *The Decent Society* (Cambridge, Harvard University Press, 1996).

② J. Habermas, *Between Facts and Norms*：*Contribution to a Discursive Theory of Law and Democracy* (Cambridge, Polity Press, 1996).

③ I. M. Young, *Justice and the Politics of Difference* (Princeton, Princeton University Press, 1990), p. 25.

④ M. Nussbaum, A. Sen (eds.), *The Quality of Life* (Oxford, Clarendon Press, 1993).

⑤ A. Sen, *Inequality Re-examined* (Oxford, Clarendon Press, 1992).

⑥ J. Rawls, *A Theory of Justice* (Cambridge, Harvard University Press, 1971).

⑦ D. Dworkin, *Taking Rights Seriously* (London, Duckwork, 1977).

⑧ A. Sen, "Capabilities and Well-being", in M. Nussbaum, A. Sen (eds.), *The Quality of Life* (Oxford, Clarendon Press, 1993), pp. 30 - 53.

⑨ M. Nussbaum, J. Glover (eds.), *Women, Cluture, and Development. A Study of Human Capabilities* (Oxford, Clarendon Press, 1995).

⑩ M. Nussbaum, "Human Capabilities, Female Human Beings", in M. Nussbaum, J. Glover (eds.), 见本页注释⑨，第61~104页。

（3）能够避免不必要的和无益的疼痛；

（4）能够运用理智；

（5）能够依赖外在于我们自己的事务和人；

（6）能够形成美德的概念和批判性地反思其生命规划；

（7）能够为他人而活，承认并关心他人，参与到各种形式的社会互动之中；

（8）能够关心动物、植物和自然界；

（9）能够笑、玩，享受休闲活动；

（10）能够过自己的生活，而不是他人的。

因此，一个致力于社会质量的项目必须考虑对财富分配、收入和社会保护加以测量，但是也强化了对"人类资本"进行赋权的项目。由此，教育应该被认为是终身学习，[①] 有助于人类能力的发挥和提高。基于这个观点，在重新论述社会正义理论、性别关系[②]和生活质量时，道德情操和感觉也获得了一种新的意义。人类不仅仅是理性的"经济人"（hominesoeconomic），同时也是具有不同表演方式和感觉方式的个体。有必要将人类理解为理性和激情的混合体，这个信念也成为由"情境化的自我"（situated selves）[③] 和具体的个人[④]构成的发展社会欧洲的中心出发点。

这种基于人类能力的方法旨在从跨文化的视角强化人类权利的内容和消除贫困的斗争。沿着这一路径，欧洲社会质量必须与普遍主义（作为一种追求社会正义的普遍兴趣）和世界公民身份的新路径相联结。只有当欧洲认同对其他文化不是防御性的而是灵活和开放的时候才是凝聚性的。一个欧洲公民必须被认为具有多重归属。他或她是：

一个能够在民族传统、命运共同体和生活的替代形式之间进行调解的

---

① E. Geoffrey, *Lifelong Learning*: *The Politics of the New Learning Environment* (London-Philadelphia, Jessica Kingsley Publishers, 1999); A Gray, *Time off Pays off*: *How Reductions in Working Time Can Create Jobs and Promote Lifelong Learning* (London, Fabian Society, 1999).

② M. Nussbaum, *Sex and Social Justice* (Oxford, Oxford University Press, 1999).

③ S. Benhabib, *Situating the Self. Gender, Community and Postmodernism in Contemporary Ethics* (Cambridge, Polity Press, 1992); S. Benhabib, "Sexual Difference and Collective Identities: The New Global Constellation", *Signs*, 1999, 24, 2, 335 – 361.

④ M. Calloni, "Images of Love: Emotional Ties and Legal Constraints", paper presented at the workshop Love and Law in the European Union (Florence, European University Insititute, 1997).

人。有人认为，在未来民主政体中的公民身份有可能包含一个日益增长的中介角色——一个包含与他人的传统和论述进行对话的角色，目的是拓展人的自身意义框架的视野，并扩大相互理解的范围。[①]

五 结论

研究公民身份和生活质量的一种创新性的文化政治方法可以有效地回应全球化的压制过程，全球化反映了金融市场的域外力量。社会质量议题必须面对的不仅仅是持市场优先于社会政策观点的支持者，同时还有面对政治全球化和文化转型的差异化形势。因此欧洲民主必须认真考虑这些挑战，思考开发更公平社会中新的人类潜能、支持自下而上的民主化的持久历程和"控制"生活的社会质量与生活标准。

然而，即使在许多公共和社会活动中有越来越多的压力群体和积极的社会行动者，欧洲民主仍然很无力。欧洲议会（European Parliament）没有真正的决定权，因为政策制定和最后选择取决于部长理事会（Councils of Ministers）。但是合法性民主需要建立在章程的基础之上，而欧盟现在尚没有这种章程。此外，欧盟需要通过源于差异化的公共领域的"审议性和包容性民主"过程来构建"外国人中的团结"[②] 形式。

欧洲的民主和生活的社会质量已经在国家与福利国家的边界内形成。欧洲统一进程、经济全球化、通信网络的延伸、性别认同的转型以及世界主义组织的关系和构成，这些当下的进程表明我们需要以一种跨边界的方式和跨文化的视角去思考民主。一种动态的和民主的方法下的生活的社会质量不能避免这些挑战。

（毕婧千译，王晓楠、李康校）

---

① 见 68 页注释①，第 499 页。

② J. Habermas，*Die Einbeziehung des Anderen*（Frankfurt am Main，Suhrkamp，1996）；J. Habermas，"Der europäische Nationalstaat unter dem Druck der Globalisierung"，*Blätte für deutsche und internationale Politik*，1999，4，425 – 436.

第六章　福利国家理论和社会质量

Kees van Kersbergen

 引言

在《欧洲社会政策——在碎片化与一体化之间》一书中，编者 Leibfried 和 Pierson 就欧盟社会政策的地位和阐述的议题同该书的另一位撰稿者 Streeck 展开了一场辩论。① 作者们在溢出（spillovers）效应议题上持不同的看法，不仅仅表现在对欧洲一体化的新功能主义理论的关键概念的理解上，同时还表现在看起来或多或少无意地分享了大部分社会质量思想的理念上。

溢出效应指的是"国内市场的竞争使欧盟背负了越来越大的压力，进而干扰了社会政策领域这样一个过程"。研究者们指出：

> 创造一个单一市场的动力已经使将社会性议题排除在欧洲议程外的做法变得越来越困难。一个多层次结构的出现，不太可能是欧洲官僚（Eurocrats）尝试建立一个福利国家的结果，反而更可能是从原初方案到建

---

① S. Leibfried, P. Pierson, "Semi-sovereign Welfare States: Social Policy in a Multi-tiered Europe", and W. Streeck, "From Market Making to State Building? Reflections on the Political Economy of European Social Policy", in S. Leibfried, P. Pierson (eds.), *European Social Policy-Between Fragmentation and Integration* (Washington D. C., The Brookings Institutions, 1995).

立一个单一市场的溢出效应的后果。①

然而，Streeck 很严肃地质疑了新功能主义推理的分析相关性以及溢出效应在理解欧盟社会政策的发展时所用的概念。溢出效应可能只是发生在政策领域之间，这些领域彼此之间有密切关系，并且在功能上的联系有以下要点。Streeck 认为，"某些政策领域可能简单地为了一体化而将功能过于集中于其中一个，从而影响了另一领域中的一体化……在市场一体化和基于市场修复的社会政策之间的溢出距离（the spillover distance）……很明显是非常长的"②。事实上，按照 Streeck 的说法，上述差距如此之大，以至于无法证明社会政策的理论是正当的，这些政策是在增强了的市场一体化过程中形成的。

我为什么在讨论"社会质量"的背景中提出溢出效应和功能性推理的议题呢？这是因为我在对《欧洲社会质量》③一书的评论中提到了（隐含的）功能性推理所面临的风险和机遇。这里，我打算解决两个问题：第一，如果功能性推理在根本上是正确的话——尽管许多人似乎都同意社会科学中的功能性推理存在很多问题——那么指出一个人在思考社会质量问题时，所发现的意想不到的问题和显现的功能争论也是重要的。让我提供一些使我们想到这个议题的案例（或多或少是靠印象）。在第一本书的许多章节中，人们可以找到"社会功能"（p. 12），"社会的和经济的必要条件"，"社会趋同（Social Convergence）的假设"（p. 41），（客观性？）"必然性"〔比如转换能力，正式通过《欧洲宪法》，使社会政策和谐或者协同）（pp. 58–59）〕，"社会功能领域"（p. 61），"用于欧洲经济和货币一体化与欧洲社会政策的法律文件之间的失衡"（p. 69），"为促进经济发展所体现的功能社会质量"（p. 94），"社会–政治的必要条件"（p. 113），"社会政策的经济功能"（p. 120），"创造一个能够使欧洲经济参与国际范围内竞争的学习型社会的需要"（p. 191），"运行良好的经济要求高质量的社会规则"（p. 193）的观点，"社会保障系统更广泛的社会功能"（p. 223），"需要一个欧洲层次"（p. 253），"需要一种独特的欧洲响应"、"必然性"、"不可避免性"、"必要条件"、"新功能"、"迫切的需要"（p. 263）。

---

① S. Leibfried, P. Pierson, 见 79 页注释①, 第 44 页。

② W. Streeck, 见 79 页注释①, 第 410 页。

③ W. Beck, L. van der Maesen, and A. Walker (eds.) *The Social Quality of Europe* (The Hague, Kluwer Law, 1997).

当然，在对功能主义如此典型的词句的频繁使用中，由于我的阅读量太大，所以也有可能犯错。许多作者在关于欧盟能够改变什么这一问题上简单地表达了他们对这种规范性的担忧及其政治观点。但如果事实是那样的话，那么客观的压力和需要之类的功能主义话语就是不必要的，并会令人感到困惑。或许在一种理论的意义上，功能主义通过"必要条件"、"需求"和"功能"并没有明确地表达什么。但是如果那样的话，一些分析将变得不知所云。"欧洲不仅需要一种新的社会秩序，"贝克等写道，① "在现代公民权概念的基础上，还需要一种共同的道德秩序以维持社会网络的新形式。"这个被引用句子的第一部分或许仍然被当作一种政治愿望来解释，但是为了理解句子的第二部分，我们必须简单地假设功能性逻辑的存在。

我试图强调的第二个议题是对功能性推理的合理批评没有必然暗含着要接受唯意志论。因此，我将反思一种开放的功能性逻辑的可能性。我的观点是：在现代欧洲社会中一种特定属性的功能必要条件，虽然"要求"调适，但是没有存在固定的、明晰的甚至可行的"实践"。开放的功能性逻辑的要点是，不管功能如何，某些措施是针对理论中的一些社会性问题，在实践中这些不一定是为应对这些问题而找到的答案。

本章的结构是：首先，将在福利国家比较研究的背景下对早期的和现代的关于功能主义的争论做简短回顾。其次，除了讨论功能解释的局限性之外，还将讨论其逻辑上的合法性。在此过程中，我认真考虑了调适和溢出效应逻辑的一种开放性功能理论，但在我看来，即便是一种开放性的理论，也不能够解决解释制度变迁和调整的因果机制问题。最后，我将通过回顾社会政策和在欧盟难以捉摸的政策语境中考察制度变迁的可能机制和秩序。这里，我以社会质量为依据，对欧洲和欧盟的社会政策研究的分析框架进行探讨，其中社会质量可以公平地应对上述主题中异常复杂性问题。

新功能主义与旧功能主义

福利国家的工业化理论、现代化理论和马克思主义理论都是功能主义者的理

---

① W. Beck, L. van der Maesen, and A. Walker, "Social Quality: From Issue to Concept", in W. Beck, L. van der Maesen, and A. Walker (eds.), 见 80 页注释③, 第 275 页。

论，他们致力于理解发达国家中福利的增长状况，大体上是国家对市民或者资本不断增长的需要做出的回应。这些理论强调社会发展创造出对社会保障的需求，它们只能通过国家干预的理性方式来得到满足。相似的问题需要相似的理性措施。因此，社会福利被看作一种工业化、现代化或者资本主义发展的功能，在为干预活动创造了需要和形成了资源的意义上，它们为福利国家的发展创造了前提条件。技术理性而非政治斗争支配着对社会转型的回应。

这些理论正确地指向了由工业革命或者资本主义到来所诱发的大范围分裂中所产生的社会问题压力，但是这些理论往往不足以解释这些压力是如何被转换成一种单一的社会政策或者福利国家理论，这是因为对需要和需求是怎样实现它们自身的这一问题我们仍然不清楚，对引起功能响应的因果机制很少或者几乎没有解释。

正确地或者精确地说，趋同理论（Theories of Convergence）认为，当社会实现工业化或资本主义发展到某个水平的时候，社会会持续地变得相似。这种理论偏见的结果是，功能主义理论在发达国家中很少关注经验层次上的跨国性变动。对于变动这一经验证据而言，它们很容易被理解为功能上的等同（Equivalents）。虽然功能主义理论在这一点上是精确的，但是政治和制度主义理论家却持不同的观点。

例如阶级流动和利益群体理论认为，在工业化民主中，福利政策和支出方面存在跨国差别的原因主要是集体政治行动者（劳工运动、利益集团、政治团体）差异化的能力，这种能力能够清楚地表达政治化及实现福利的需求。为了充分减少研究的诸多领域，这些理论通常试图去解释民主化进程或者资本主义的社会民主化进程。渐渐地，社会民主模型成为比较福利国家研究的范式。

从理论上说，对社会民主范式理论性的挑战，要么集中在自主运行的制度和依赖制度性路径的政策上，要么集中在福利国家及其变体（福利国家体制理论、主要制度的政治决定因素及其效果）上。制度主义理论认为，制度（民主决策和官僚决策的规章、规制）在社会和政治压力之外相对自主地运作，决定着福利国家经济的增长、运行状态及其适应情况，并且解释了国家发展过程中的变迁。在某种程度上，福利国家体制的理论支撑了传统的社会民主模型，但它也开始重新反思这一理论所应该精确解释的内容。这种方法认为总支出比率（功能主义和社会民主研究中典型的因变量）没有把社会民主的特有影响同其他政治力量区别开来。在测量福利国家的制度性特征的时候，政治效果更加显著。此外，在支出总额的背后，作为福利国家变种的富裕世界消失了。这个变量能够在政治上得到解释，并且具有独特的社会、经济和政治效果；相反，以政治为中心（polity-centred）的研究通常否认社会利益和政治输出之间存在的简单链接，然而体制理论（Regime Theory）一贯认为政治联盟（Constellations）和制度效果之间存在因果联系。在这个领域中，Esping-Andersen① 的著作当然是最重要的。

20 世纪 80 年代中后期，福利国家的功能主义理论几乎已失效。然而，越来越有趣的是，新功能主义作为新生学派经由国际关系领域和欧洲一体化（适度地）加入了这场辩论。国际关系和欧洲一体化将理论从国际政治经济领域中划分出来，它们强调全球化的跨国过程和欧洲一体化的国际化过程从根本上限制着民族国家与国家决策的自治权。结果是新的（功能性）必要条件迫使民族福利国家在欧盟层面上采用非常相似的调适政策或者制定一些普通的社会政策。

涉及全球化方面的文献强调民族国家（也就是民族福利国家）在很大程度上失去了他们在决策方面的自治权和效力。当代功能主义的论断就是其中的一个例子，正如 Hout 所准确总结的那样：

> 在每一种政治系统内许多功能不得不被发挥。在外在于政治系统的（诸如科技的、组织的或者财政的）发展的影响下，国家的政治权威在将他们的决定转换为一种有效的"价值分配"的过程中将面临更多的困难。决策能力下降的结果是一些政府的功能将被那些跨国家或国际层面上的行动者侵蚀和僭取。因此，作为一种政治组织，在某种程度上民族国家失去了重要性。②

关于欧洲一体化的文献强调欧盟正在接管民族国家的功能，因此会进一步降低成员国政府的自治权。此外，在政策执行和对全国选区进行控制过程中的复杂性已经减少了很多。现在欧盟福利国家体制很大程度上都嵌入国际市场和欧盟社会决策的双重系统。在这一背景下，国家社会决策的空间被严格地加以限制，并且在一体化的每一个新阶段都有所缩小。社会政策在超国家、欧洲层面上虽然存

---

① G. Esping-Andersen, *The Three Worlds of Welfare Capitalism* (Cambrige, Polity, 1990).

② W. Hout, "Globalization, Regionalization and Regionalism: A Survey of Contemporary Literature", *Acta Politica*, 1996, 23, 2, 166.

在，但是却还没有替代民族福利国家，并且现在被限制在权威能力范围内。然而国家社会政策受到一体化的影响：

> 一种超国家社会政策体制限制了做市活动（Market-Making），并迫使国家社会政策将重要的政治资源用于开放国家边界上……随着支撑民族福利国家的市场一体化对空前竞争压力的开放，国家限制下的经济和社会政策将会依赖流动生产要素的自发合作，这迫使政府为了后者越来越多地依靠激励的和诱惑的条款。在此过程中，国家社会政策体制和维持它们的民族社会契约注定要从根本上被转变。①

在欧洲一体化的新功能主义解释中，一种稳健版本的观点强调溢出效应的发生概率（possibility），因为"朝向市场一体化的运动将伴随民族福利国家的自治和主权被逐渐腐蚀。国家体制将会日益陷入社会政策复杂的、多层次的网络之中"②。虽然记住我们应该对功能性推理加以批判，但应明确声称这不应该被误解为功能主义的谬误。压力不会单独导致政策制定。然而，有些观点却认为这些压力可能有利于政策制定：

> 除了改变行动者中影响力的平衡之外，（这些压力）关注真正生产政策的那些行动者的注意力。因此，功能上的溢出效应能产生政治上的溢出效应……这一点是简单的，在那些并不直接与社会政策有关的区域内增加欧盟的活动可能会影响成员国的需求，并限制他们自主追求政策的范围。③

这些主张被很小心地表达出来，然而，综合的信息表明，来自一体化的跨国压力和溢出效应趋向于"过度决定"制度遗产，改变那些对国家决策有效的选择，并且根据所有系统都普遍使用的调适逻辑来重新定向选择。如果民族福利国家没有在功能上有所回应，那么他们注定会在国际市场的战争中失利，并且会错

---

① W. Streeck, "Neo-Voluntarism: A New European Social Policy Regime?", in G. Marks et al., *Governance in the European Union* (London, Sage, 1996).

② S. Leibfried, P. Pierson, 见本页注释①, 第45页。

③ P. Pierson and S. Leibfried, "Multi-tiered Institutions and the Making of Social Policy", 见本页注释①, 第442页。

失一体化的利益。这将会在其自身内部为欧洲社会政策与国家政策的调适创造一种功能上的必然性——仅仅因为成员国之间的社会分裂将会最终扭曲经济竞争，这种扭曲会威胁到市场内部的一体化。所以，一种欧洲的社会政策和调整过的福利国家将成为单一市场成功的必要条件。

三 对功能主义的经验性批判

相反，长期以来福利国家的比较研究都聚焦于跨国家福利中的经济的、社会的和政治性的原因与后果。当代比较研究的首要假设是已经建立的制度、由制度产生的利益之间的权力关系以及社会政策的政治和行政体制将会仍然在相当大的程度上支配社会决策、政策执行和政策产出中差异的模式。不管不同的福利国家体制在雇佣、平等、贫穷、社会保护或者其他方面是否得到测量，他们奉行的是不同的政策，并且在产出方面的表现也有所区别。随着单一市场的形成和经济货币联盟（Economic and Monetary Union）的成立，这些状况没有发生太大的变化。

福利国家体制在制度上的构成部分（被或多或少地理解为由相关规则、社会政策制定和社会政策执行组成的一个连贯性的集合）被认为限制了能够有效应对当代挑战的选择。然而，制度可以发挥授权和阻碍两种作用。制度允许产生某些回应，但也趋向于去约束他人。尽管存在一般的跨国压力，欧盟成员国不同的福利体制却倾向于遵循调适的不同路径，并且根据他们制度布局的限制而变迁。"一个主要的原因与制度遗产、继承的系统特征和由他们所培育出的既得利益有关。"[1]

20 世纪 90 年代早期的主流文献驳斥了新功能主义宣称的民族福利国家会消失（或者将之调整为社会政策的一个最小公分母），以及欧洲的社会政策会成为（功能上）的必然性和现实的论断。事实上，许多研究发现，或许除了英国，欧洲福利国家在应对改变时都存在明显的抵制。[2] 主要问题因此变成，尽管福利国

---

① G. Esping-Andersen, "After the Golden Age? Welfare State Dilemmas in a Global Economy", in G. Esping-Andersen (eds.), *Welfare States in Transition. National Adaptations in Global Economies* (London, Sage, 1996), p. 6.

② 参见对 K. van Kersbergen 文献的评论, "The Declining Resistance of National Welfare States to Change?", in S. Kuhnle (ed.), *The Survival of the European Welfare State* (London and New York, Routledge, forthcoming 2000).

家经历了社会的、经济的和政治的转型，并且面临许多功能上的压力，但为什么他们对基础性的改变如此无动于衷呢？

一种主要的解释是国民对他们的福利国家予以相当大的和持续性的支持。民意研究最为普遍的发现是，仍然有很多公众支持福利国家，而对国家体系的公众依附模式的支持力度却很小或者逐渐下降。福利国家牢固地扎根于国家政治文化之中。福利国家复原力的另外一种解释集中在中观和宏观制度上及政治上的抵制机制。文献中的一种普遍观点认为，虽然福利国家政策的背景已经变化，但并没有导致现存福利国家体制和单一项目的解体。这是因为即便面临失败的政策、项目和制度，国民对福利国家的支持仍然具有持久性。福利国家体制已经稳固下来，核心社会政策中的变迁将是主要的增量。尽管集中在不同层次上，制度主义理论视角中的抵制包含四种基本的争论。① 首先，福利国家体制的防御功能起源于它的现状；其次，福利国家的政治防卫不再主要依赖组织化的劳力，而是本应该找到其他强大的防卫者来替代，这些人的工作、收入、地位、服务等都依赖福利国家；再次，彻底紧缩的政治成本（尤其是选举的）过高，因为在大多数国家，社会政策在选举中仍然很流行；最后，除政治障碍外，也有同制度惰性有关的"技术性"障碍影响变革。举例来说，在为现收现付退休金系统找一个替代性的融资系统的过程存在问题。换言之，现在的经验研究几乎总是认为全球化的效果、不断紧密的相互依赖和欧洲一体化很难去辨别发达民族福利国家的主要（如果不是全部的话）项目，并且肯定没有任何向欧洲福利国家发展的趋势。

四　对福利国家争论的评论和对功能解释的建议

在福利国家发展的早期阶段，关于它的起源、增长和构成方面的理论主要是以功能主义为特征的。这些理论强调社会和政治行动者行为的重要性，而制度的潜在效果则可以被理解为对功能主义和功能解释的批判。然而，近期一种能够证明对功能性推理的批评是合理的观点趋向于滑向它的对立面，即转向无根据地过高评估政治偶然性或者制度性的路径依赖。

针对当前辩论的一般性和必要的选择性评论是，看起来似乎缺少理论层面上的讨论同欧洲（市场）一体化联系在一起的功能性必要条件和限制性的内容，

---

① P. Pierson, "The New Politics of the Welfare State", *World Politics*, 1996, 48, 2, 143–179.

市场一体化是解释国家层面的社会政策调整和欧洲背景下溢出效应的起点。无论如何——比如说不管是否需要同欧洲一体化加速联系起来的功能性必要条件——最明显的是，由经济货币联盟（EMU）的预算和社会政治强加的需求都可以被操作化为调适的功能解释元素，这不仅取决于人们对这些压力在经验上的确认，并且最为关键的是，也同样取决于功能解释的合法性。

对反复出现的社会现象的正当的功能解释应该同时在一个参照点（到目前为止被模糊地描述为"压力"、"需求"和"必要条件"）和一种解释功能性必要条件是怎样得到满足的（因果性）机制上变得明晰。马克思主义和工业主义理论对福利国家的解释都不充分，因为他们缺少对因果机制问题的分析，然而他们却宣称提供了一个参照点（比如工业化）。尽管政治的和制度主义的理论考虑到了因果机制的解释（锁定条件、路径依赖），但通常还是缺少功能性必要条件的理论。如我所见，第一本书里呈现的处于发展中的社会质量理论，似乎使用的是关于必要条件的一个未成熟的命题和一种包含因果机制的唯意志理论。在我看来，社会质量的大多数推论（不可避免地？）预先假设了一些并不完美的功能性逻辑（如上所述）。虽然"社会质量"提供的不仅仅是评估政策的标准，同时还是欧洲一体化的最终目标，但如果欧洲计划（European Project）想要成功的话，经济的和社会的目标需要被一体化和加以平衡。

任何赞成功能性逻辑的观点都应该仔细说明功能解释的情况。默顿将功能划分为两种类型：[1] 显功能是"那些导致系统调整与适应的客观后果，而且这些后果可以被系统中的参与者预期和识别"；潜功能是"那些既没有预期也不能够被识别的后果"。[2] 显功能没有提出任何逻辑问题，因为它们是预期的功能。意图构成了参照点，机制由指导行动的人类目标构成。[3]

有问题的功能是潜功能。Stinchcombe 将功能解释定义为如下社会现象，这些社会现象是"结构和活动是被它的后果引起的（非直接地）"。[4] 一种功能解释的核心特征涉及一个因果结构，其要素包括：

---

① R. K. Merton, *Social Theory and Social Structure* (New York, Free Press, 1968).

② 见注释①，第 105 页。

③ U. Becker, "From Social Scientific Functionalism to Open Functional Logic", *Theory and Society*, 1988, 17, 865 - 883; K. van Kersbergen, "Historisch Materialisme en Functionele Verklaringen", *Krisis. Tijdschrift voor Filosofie*, 1984, 4, 2, 62 - 76.

④ A. L. Stinchcombe, *Constructing Social Theories* (New York, Harcourt, Brace and World, 1968).

在结构、结构的后果以及那些趋向于妨碍这些后果的张力之间的因果联系。由于因果性循环，所导致的后果趋向于强化或者选择那些会产生有利后果的结构，后果在所有因果结构中扮演了特殊的重要角色。①

这场争论最易受到攻击的部分涉及因果反馈的循环：影响与其说是原因，不如说其本身就是原因，在这种意义上，事件是通过它们的后果被解释的。传统的错误是从观察无预期和未被确认的效果出发，并且这些效果对一些行动者是有益的，这样一种机制就被推断出来了（而并非显示为存在）并且发挥了功能。②

大多数为功能解释所做的辩护确实试图去提供对机制的详细阐述，但对参照点的问题却很少给予关注或者没有给予关注。所提供和展现的机制都是在起作用的，在此意义上，一种功能解释只有很少的逻辑客观物。③ 有一些可能的机制，比如自然选择、强化或者所谓"马尔可夫过程"（Absorbing Markov Processes），可以被归纳为"制度在没有推动变迁的压力下都会经历不间断的变迁"。④ 然而，罗列可能的机制与展现这些实际发挥作用的机制并不相同。大多数功能主义者认为机制问题是没有任何疑问的："甚至当我们无从推测功能事实通过什么手段或者机制获得解释的角色的时候，我们也有充分的理由认为功能解释是真实的。"⑤

然而，只有当一种机制被详细说明之后，功能解释才是可以接受的。功能解释：

在解释反复出现的特征时被认为是最有效的，这基于以下事实：这个情景被认为这些特征的出现会导致不同的后果，并且这些后果是"好的"。如果一个人排斥完全预见（perfect foresights）的可能性，那么功能解释和最优解释……只能在一种进化的视角下产生意义。进化的机制是一种将盲目变异

---

① 见 87 页注释④，第 7 页。
② J. Elster, *Logic and Society: Contradictions and Possible Worlds* (Chichester, Wiley, 1978); J. Elster, *Ulysses and the Sirens: Studies in Rationality and Irrationality* (Cambridge, Cambridge University Press, 1979).
③ J. Elster, "Cohen on Marx's Theory of History", *Political Studies*, 1980, 28, 1, 121-128.
④ J. Elster, "Marxism, Functionalism, and Game Theory—The Case for Methodological Individualism", *Theory and Society*, 1982, 11, 478, fn. 7.
⑤ G. A. Cohen, *Karl Marx's Theory of History: A Defense* (Oxford, Clarendon, 1978), p. 266.

（blind variation）同通过后果而做出的选择结合起来的机制。①

但是，哪一种社会制度可以用盲目变异来描述？

总之，因为参照点在通常的规格（specification）——功能性必要条件——之下，因此，功能解释是有问题的。因果机制的相同支撑理论会产生有益的功能。② 大多数详细说明机制的尝试都必然假定意识的某些层次，并用认知逻辑（intentional logic）来取代功能性推理，这样的结果是逻辑的和时间的一致性问题消失了。只有当调查的客体涉及客观的社会必然性而非主观需要或者兴趣的时候，人们才能正当地谈及功能性推理，这一点同社会质量第一本书中 Gough 的观点非常接近，他认为"社会质量的理念缺少一种普遍的、客观的、人类需要的理论来支撑"③。

五 支持功能性推理的论证

然而，针对功能主义的一种彻底驳斥观点并没有蕴含不支持任何功能性逻辑的观点。这提出了一种开放的功能逻辑理论，该理论与社会质量的辩论相关。O. Becker 认为：

> 有例子表明功能的逻辑并未建立在主观需要、利益和意图基础之上，其中某种特定的客观性观念也是恰当的。这个例子指的是社会生活中普遍存在的必然性，它们独立存在于人类的知识和特殊利益之外，并且包括某些功能上的人们被迫加以满足的紧急状态。只有这些普遍存在的必然性才能够被当作功能逻辑中的一个客观的参照点。但是，因为这种必然性只能够通过社会实践来实现（可能会失败），所以并不能保证它们一定会占优势。因此，在客观的语境中，功能性逻辑可以仅仅被设想为一种"开放"的功能性逻辑。④

---

① P. van Parijs, *Evolutionary Explanation in the Social Sciences: An Emerging Paradigm*（London, Tavistock Publications, 1981）, p. 216; J. Elster, *Nuts and Bolts for the Social Sciences*（Cambridge, Cambridge University Press 1989）, p. 83.

② 见 87 页注释③。

③ I. Gough, "Social Aspects of the European Model and its Economic Consequences", 见 80 页注释④, 第 83 页。

④ 见 87 页注释③, 第 875 页。

在社会生活中普遍存在必然性的层次上确认功能性必要条件取决于：①对它的承认和随后的目标导向行动，在这种情况下，客观功能的语境将会被转变为有意图的语境；②或者取决于社会试验和犯错误的过程，它们具有满足功能需求的效果。① 在资本主义社会中，赢利能力（Profitability）是社会生活的一个功能性必要条件。"每当赢利能力被忽视的时候，它的某一特定层次的必然性就被证明是一种客观的必然性。"② 此外，"在资本主义关系内部，生活的较为普遍的存在状况和功能性必要条件是需求和供给之间的某种均衡"③。除此之外，必须实现某种程度的社会整合，因为：

> 初级社会的整合对持续性的物质再生产是不可或缺的，由此产生的结论是，在一个理性地结构化的社会中……在实践的和规范的人类导向以及社会子系统（经济、政治、司法、教育和私人领域）之间的相互作用上均要适应整合的必要条件。④

上述理论并不排斥社会变迁（这在系统理论中是常见的），因为社会变迁并不必然意味着社会解体，其中的内涵显而易见。

整合问题的关键，是其本身就是社会变迁的结果。换言之，社会子系统拥有它们自身的逻辑，并且趋向于以一种相对自治的方式发展，以至于过去的整合已经被置于当下的压力之下。"功能性必要条件的观念受制于或多或少的持续性压力，这种压力在其自身限制以及人类生存的必然性方面变得理性。"⑤

欧洲社会（European Society）的理性化同欧洲社会区域（European Societies）内部某个群体或行动者的理性化并不是必然相等的。这蕴含着一种可能性，例如，由经济上的相互依赖关系所产生的普遍存在的必要条件由于多重利益和理性化之间的冲突而没有得到满足。功能性必要条件越来越意识到各种利益的存在，它不能恰当地充当一种机制。然而，在普遍存在的必然性语境中，政治斗争采用了试错的方式。

---

① 见 87 页注释③，第 875 页。
② 见 87 页注释③，第 876 页。
③ 见 87 页注释③，第 876 页。
④ 见 87 页注释③，第 877 页。
⑤ 见 87 页注释③，第 878 页。

这样一个过程涉及学习、调节、妥协和在解决问题时可能产生的分化，一旦建立或者"强化"了一个令人满意的国家，这个过程就将失去其自身的紧凑性，即国家揭示了功能性被实现的必然结果。[①]

然而，这些国家从来就不是完美的，在需求与现实满足之间总是有一定的差距。在资本主义社会内部，反复试错的过程甚至被制度化为一种通过市场的特定属性而进行规制（regulation）的"系统性"原则。[②] 此外，人们只能对他们行动的未能预期的后果做出反应，而且界定这些行动的定义总是滞后，这在一个不断变迁的社会中就显得更加落后。最后，就像社会质量的特定理念所暗示的那样，权力的某些特定表现能够使朝向社会理性化的努力[③]受阻或者遭到破坏。

六 功能需求和欧洲一体化

对社会质量理论的发展而言，我认为它在尝试确认客观必要条件方面很重要，这些条件使满足功能性需求的客观压力增大。如果缺少对这些功能性必要条件的理解，那么想要分辨和区分出用于调适的民族战略之间的相似点和不同点是非常困难的，同时在理解欧盟层面的发展性社会政策上也是如此。正是出于这个原因，不去重申功能主义的错误是重要的，因为功能性需求的存在并不意味着需求总是必然地得到满足。换言之，我们所需要的是一种在民族福利国家体制中在欧盟经济一体化的影响下所形成的理论，这种理论一方面在论证欧盟对待客观问题的功能性压力方面留有余地；另一方面也论证了各成员国内部在应对压力时可能有不尽相同的反应。

论点能够在多大程度上支持被采用的开放的功能性逻辑？它识别出那些产生了某些类型的社会理性化的客观压力，将一种开放的功能性逻辑进行理论化是恰当的，因为没有必要非得从功能性需求自身推论出其必要条件的实现。对经济需求的适应是一个解释性问题，并不能被假定为能够自动地发生。参照点的确认（由市场一体化在其他政策领域所选择的需求）并不能作为对调整、趋同或者溢出效

---

① 见 87 页注释③，第 879 页。
② 见 87 页注释③，第 879 页。
③ 见 87 页注释③，第 880 页。

应的一种因果解释。事实上，一般来说，确认因果机制是解释中的一个必要要素。

就像争论的那样，因果机制在功能解释中尤其有问题。一个完整的因果解释将包括因果机制，不仅公平地按照时间的序列，而且在时间视域中被明确。[1] 福利国家的功能主义理论没有满足这些必要条件。在溢出效应方面（例如，与其解释倒不如规范版本），新功能主义对欧洲一体化动力的解释也在处理类似的问题。

然而，福利国家的政治和社会利益相关者导向的理论没有提供完整的解释依据。他们要么将原因和因果机制弄乱，要么对参照点没有做任何说明，尤其是这些理论很难详细说明适合欧盟当代分配政治的语境配置（contextual configuration）。例如，社会民主化范式下的理论倾向于解释政治机制相关度。劳动力和资本的权力资源占据了这一理论的中心位置。然而，该理论却忽略了详细说明工人阶级的权力流动的政治偶然性，这是因为工人阶级的权力流动被错误地视为与社会民主化权力流动相同。但是，福利国家的发展并不是资本主义必要的社会民主化过程。

这项任务似乎确认了分配政治资本的合适的语境配置，而避免了不合理的功能性推理的陷阱。我们不一定要像某些批评功能主义的人那样完全放弃结构的必要条件性和约束条件的潜在丰富理念。但是，在功能性必要条件方面、在引起或抑制功能响应的因果机制方面，以及在事件既在时间视域之内又在时间序列中发生方面，详细说明参照点是不可避免的。为了做到合理，这些是调整性社会政策开放的功能解释（与简单的功能描述相对）将不得不满足的条件。

为了加深我们对条件的理解，更深入地反思功能性必要条件和必然性的理念是重要的，基于此，社会质量的定义在经验上被验证。在调整逻辑的开放的功能理论框架之内，是否有可能发展对功能性必要条件的理论理解？尤其是，功能性压力和必要条件能否得到确认？社会质量又能否对之做出实际的响应？这些是否形成了一种语境，其中单一市场经济领域中的变迁是否能够被理解为将功能需求以溢出效应的形式传递或者转移到社会政策领域？这些溢出效应在社会政策领域是否促进了欧洲委员会（European Commission）的活动？社会政策的响应是否回应或挑战了民族福利国家的现存制度和遗产？

---

[1] P. C. Schmitter, "Examining the Present Euro-Polity with the Help of Past Theories", in G. Marks et al., *Goverance in the European Union* (London, Sage, 1996); P. C. Schmitter, "Imagining the Future of the Euro-Polity with the Help of New Concepts", in G. Marks et al., *Governance in the European Union* (London, Sage, 1996).

当仅以一种可行的方式来详细说明界定客观问题的压力是有可能的时候，调整的一种开放的功能解释才是合理的。客观问题的压力构成了功能的参照点，民族福利国家和欧洲社会政策对之做出了反应。一个假设是：经济一体化的竞争力、赢利能力和效果构成了这些关键的责任。比如，以社会政策溢出效应的形式，对功能性必要条件（如果已经确认）怎样得到满足做出解释。此外，也应该能够解释解决问题的那个机制。相同的支撑点适用于时间序列和时间视域。这更多的是一个经验性任务，而非理论上的事业，并且同时包含了在民族国家和欧洲层面上来分析制度变迁和政治斗争。

考虑一下下面的例子。到目前为止，一个广为人知的事实是经济货币联盟（EMU）准入标准的设置，对民族国家的适应状况造成了巨大压力。诚然，这些是蓄意的和有目的的行动的效果，但是对成员国政府来说，这些压力从来没有表现为一种客观需求。适应这些标准的过程迫使这些国家的政府奉行节俭的政策，尤其是和社会支出相关的政策。这里有人会认为，政治决策产生于功能性压力。这被认为能够自动地导致那些试图达到标准的成员国的社会系统的趋同。然而，一般功能性压力并不必然意味着相似的产出。在由欧盟设置限制的语境中，制度调解和民族政治斗争影响为适应变迁的功能性必要条件的结果。这些约束既是有限制性的，也是有赋权性的。已经存在的针对同一约束的各种不同解决方案，取决于民族制度效果的力量和民族政治斗争的后果。仅仅从源于市场一体化的功能性压力方面来解释欧盟成员国的节俭政治已经说明其自身的不足，这是因为其不重视支配、调整实际策略的因果机制。

关键是欧洲货币联盟标准的压力需要国家政府的功能响应，但是已经选择的政策类型趋向于分裂而不是趋同。举例来说，政治的集中化和分裂化过程都是适应性策略，但是却都产生了偏离的结果。此外，一些国家甚至没有试图去达到标准，要么因为他们很现实地认为没有任何方法可以满足所有的需求，要么因为他们简单地拒绝加入欧洲货币联盟。最终，意识到甚至在给定特定的功能性逻辑的情况下也没有不可逆转的逻辑，就适应的功能性必要条件会威胁一体化特定的政治计划来说，它们或许会产生意外的后果。

或许我们要考虑如下这些问题：有没有任何可以在欧盟层面上鼓励社会政策发展的压力？第一，有"社会倾销"（Social Dumping）的可能性，在那些"社会性"工资非常低的地方来运营公司可能会迫使竞争者降价，迫使那些付出更高成本的公司要么停产，重新定位于低社会工资领域，要么迫使他们的政府降低社会工资成本。① 尽管"社会倾销"很可能增加国家福利在政治需求方面的配置，但是如果这些需求在民族国家层面上很难得到满足的话，就会增加对欧盟社会政策灵活性的政治需求，那么高倾销风险的论断就会受到质疑。② 第二，经济一体化或许会限制民族国家去追求或延续国家社会政策的能力，因为这些会被作为贸易中的非关税障碍，从而使欧盟委员会做出回应。但是有回应并不等于有效应，更何况成员国普遍不接受决策呢？最后，持续的经济一体化会刺激拓展欧洲公民权及其相应权利内涵的需求。然而，需求并不会导致其自身必要条件的实现。

七 结论

在以下两方面存在明显的对比：一方面，试图理解最近欧洲经济和货币一体化对民族福利国家以及拓展欧盟社会政策议程体现的效果；另一方面，在早期福利国家发展的原因及其后果的争辩上。同时，在理论和经验基础两方面，在针对功能性推理的关键反驳和修正中发现了类比点。批评聚焦在新趋同的假设上，这个假设源于不同种类跨国压力的内部需求限制了决策的国家范围，迫使民族福利国家采取相似的调整政策，导致在欧盟层面上准福利国家的发展。从福利国家比较研究到对功能主义新趋同观点的经验回答就是，历史上各种不同的福利国家体制几乎很难变得更加相似，并且没有像新兴的欧洲福利国家那样的特征。

这一章并没有评估研究的经验优点，这些研究聚焦于发达福利国家之间的差异减少及持续的原因；相反，我的视野是相当理论化的。这个观点认为对福利国家早期功能主义的批判在很大程度上是正确的，但是对当代功能性推理和溢出效应的批驳或许有些过分。考虑到政治和经济责任强有力地挑战了当代福利国家的语境，上述批驳是不可取的。与其说完全丢弃功能主义，倒不如在欧洲一体化的背景中为民族福利国家调整逻辑的开放功能主义理论做辩护。在理解如下背景时，这样一种理论是很有用的：功能性必要条件，尤其是那些源于市场一体化不

① S. Leibfried and P. Pierson, "The Prospects for Social Europe", in A. de Swaan (ed.), *Social Policy Beyond Borders. The Social Question in Transnational Perspective* (Amsterdam, Amsterdam University Press, 1994), p. 38.

② H. Mosley, "The 'Social Dumping' Threat of European Integration: A Critique", in B. Unger and F. van Waarden (eds.), *Convergence or Diversity? Internationalization and Economic Policy Response* (Aldershot, Avebury, 1995).

断增加的功能性必要条件导致变迁的模式产生，这些变迁与溢出效应相比是功能上的，但并不必然引发溢出效应——从一个政策领域到另外一个政策领域。所以，"开放"这个形容词是为了在理论上强调对功能需求的调整：①或许会或许不会发生；②或许会或许不会引起福利国家的合法性和现存制度的变迁；③或许会或许不会导致以社会质量为特征的欧洲社会维度的发展。

功能主义争论中的一个难点是从必要条件中推论出功能，也就是说，必要条件被假定为能促进它们自身的实现。然而，反驳功能主义的问题是功能性必要条件的定义被完全丢弃了，同时对在跨国和国内压力问题上频繁闪现的想法的理论上的论证还并不充分。一种开放的功能主义理论宣称功能主义对社会政策发展的解释在国家层面和国际层面上可能是有危险的，但并不是完全没有价值的，这是因为功能上的压力和必要条件并不起源于市场一体化。然而，这些压力既不必然导致民族福利国家政体的趋同，也不自动地导致单一欧洲社会政策体制、欧洲联盟福利国家、社会维度视角或者社会质量的兴起。压力可以用多种方式处理，有效的、无效的，或者实际上根本没有处理。

我想试图证明的最薄弱的一点是这个观点与以下三个方面有质的不同：第一，否认功能性压力存在；第二，怀疑溢出效应解释了欧盟社会政策的发展；第三，由于制度性抵抗变迁的影响更大，所以假定功能性压力没有任何同质性后果。然而，甚至开放的功能解释也很快陷入逻辑问题中，尤其是当一个人认识到在功能和溢出效应方面的解释必须得对产生功能和溢出效应的因果机制做出解释，而这种状况通常没有满足新功能主义的理论假设。

适应、调整和溢出效应是高度复杂的现象，并且尽管开放的功能理论在由系统压力所引起的普遍逻辑上是讲得通的，但它是制度变迁的中层理论，需要去填补因果序列中的空隙，并且最终经验研究不得不去检验来自中层理论的假设。压力的平衡看起来是这样的：对欧盟来说，如果不完善此理论，社会政策领域的控制会变得困难；对民族福利国家来说，不适应（可能处于趋同的过程中）会是困难的，但是，需要再次强调的是，追求社会政策的压力或"需要"并不能保证它们自身必要条件的实现。

（李康译，王晓楠、冯希莹校）

第七章 社会质量的经验关联和政策关联

Denis Bouget

 引言

到目前为止，在本书中，社会质量还是被理解为一个没有涉及经验基础的概念。这个概念似乎非常宽泛，更像是一种公众行动的终极状态或一个充满野心的目标，而不是一个切实可行的目标。简而言之，它就像一个"抽象物的平流层"[1]，没有清楚地提到任何关于事件、事实或假设的经验性证实。本章第一部分的主要结果是为了建构社会质量的一条经验路径，从而强调其理论路径上的局限性，同样，强调建构理论的必要性也是为了避免轻信经验性分析：

> 概念致力于探索和解释与实践层面的联系，如果缺乏这样一个严肃的概念，实践就会变得很混乱，并令人感到迷惑。[2]

社会对社会质量理念的接受程度依赖于经历和经验性事件，这些事件可以被评估为推动社会质量发展的积极或消极力量。简而言之，哪种类型的评估方式或经验方法能够被用来评估社会质量呢？不管之前的理论争论中有什么样的困难，

---

① C. H Weiss, "How Can Theory-Based Evaluation Make Greater Headway?", *Evaluation Review*, 1997, 21, 4, 502.

② M. Scriven, "The Theory Behind Practical Evaluation", *Evaluation*, 1996, 2, 4, 400.

社会质量的经验方法还是不得不面对涉及评估的方法论问题。其中，评估被概括为社会质量的理性技术模型（例如通过社会指标）与相对主义或建构主义模型之间的对立，后者强调价值、权力和发现"真理"的过程而不是结果本身。

社会质量的理性－技术评估

社会质量的经验方法可以作为一种社会质量概念和理论、观点的验证来提升概念的内涵，也可以弥补那些在概念运用中的不足。基于经验、直觉、实践以及知识，它试图去发现能够明确描述社会质量本质含义的指标。现在我们将介绍早期质量评估的方法，这对评估社会质量、社会指标的一般质量（目前的发展水平）、构成社会质量的不同领域以及欧洲规模等问题是非常有用的。

早期质量评估的方法

我们至少能够发现两种在质量评估上的早期尝试，即生活质量和产品及服务质量。

生活质量

生活质量大体上被应用于两个不同领域，即医学领域和消费者领域。生活质量指向生活：讨论堕胎或安乐死，或者更一般地说，人类生活参照了"完整的生命"以及"良好的健康状况"，将长寿或预期寿命看作人类生活中的关键性决定因素[1]和一般性隐含目标与规范：活得尽可能久，并且在今天还得活得健康。

这场运动引发了对不同类型生活质量的经验性测量，并将其作为优化和分配资源的根据。在医学领域，我们能够援引"质量调整寿命年"（Quality Adjusted Life Years），它是经济学上成本－收益分析的一个结果。世界银行根据伤残调整寿命年（Disability Adjusted Life Years）的损失来操作化疾病负担。[2] 不管是什么样的技术实践，原则是要量化疾病对预期寿命的影响。从这方面看，寿命的长短和质量是不能够被严格区分的。[3]

[1]　I. Ehrlich, H. Chuma, "A Model of the Demand for Longevity and the Value of Life Extension", *Journal of Political Economy*, 1990, 98, 4, 762.

[2]　World Bank, *Investing in Health. World Development Report 1993* (New York, Oxford University Press, 1993).

[3]　I. Ehrlich, H. Chuma, 见注释[1]，第762页。

同时，发达国家的经济增长被认为能增加人类的福祉和促进社会进步。从这一点来看，生活质量的内容包含越来越多的社会维度：

- 收入和工资的增加；
- 购买力和消费力的增长；
- 住房和日常生活的改善；
- 闲暇时间的增加；
- 现代的生活方式，购买现代产品的可能性；
- "消极生活质量"（社会风险、贫困和不平等）的减少；
- 通过个体化和责任感表现出个体自主理念；
- 自主性的扩大和异化的减少。

这些测量社会生活质量的尝试并不新鲜。例如，由于经济增长的经济和货币维度不能准确地评价社会生活的改善，Delors 在 1969 年成功地提出社会指标的概念。联合国提出了日常生活的一些质性维度的指标。①

在这一趋势中，另一个关键节点是 1972 年 3 月罗马俱乐部（Club of Rome）出版了《增长的极限》一书。② 这本书的主旨是认为经济增长不可能是持续性的，因为经济增长导致自然资源日益增长的消耗。这个观点传达出强烈的意识形态信息，将新生态学维度整合到经济评估的标准中，例如将包括污染的代价、自然资源被破坏的代价整合到 GDP 的衡量标准中。1974 年的石油危机更是强调了将对经济总量的测量扩展到生态领域的必要性。

在整个 20 世纪 80 年代，欧洲内部贫困及社会排斥的增加进一步促进了社会指标的发展。在测量生活质量的各种尝试中，联合国开发计划署（UNDP）提出了一个社会生活指数，即"人类发展指数"（HDI）。③ Estes 构思了另外两个统计指数——社会进步指数（ISP）和社会进步加权指数（WISP），这与社会质量

---

① J. Drenowski, "Social Indicators and Welfare Measurement: Remarks on Methodology", in N. Baster, F. Cass, *Measuring Development* (London, Frank Cass, 1972); J. Drenowski, *On Measuring and Planning the Quality of Life* (The Hague, Mouton, 1974).

② D. H. Meadows, D. L. Meadows, J. Randers, W. W. Behrens, *The Limits to Growth* (Cambridge, Mass., MIT Press, 1972).

③ United Nations Development Programme (UNDP), *Human Development Report* (New York, Oxford University Press, 1995).

所关心的问题很相近。[①]

产品及服务质量

质量评估的另外一个源头是管理中对于质量的关注，最初是在私人管理领域，今天已经扩展到社会服务领域。20 世纪 70 年代，激烈的市场竞争引发了一些新的管理规则，这被称作全面质量管理（Total Qualitative Management），它是评估产品质量的最高层次标准。因此，那些从商业中发展起来的对质量的思考是从消费者的视角来定义的，同时也需要内在的消费主义哲学和质量标准的形成。例如，国际标准化组织准则（ISO）或欧洲质量奖（European Quality Award）标准。在这个智识框架中，个人福祉的提升源于基于功利主义的个人在市场组织中的一般化行为。质量由消费者强有力的决策决定，它拒绝社会阶级的存在和其他消费者中的结构性差异。

全面质量管理与工作管理上的溢出效应（Spillover Effect）可能是矛盾的。对全面质量管理的相同参考能够评判员工技术的更新情况，以增强他们的社会保障，并且提升他们的灵活性。

这个趋势已经扩展到社会保护（Social Protection）中。一些社会服务在过去和现在都被理解为"劣等品"，也就是说，提供低质量服务（私人社会服务、实物等失业补贴、培训）给穷人。某些管理者和政府慢慢地尝试在医院、社会服务和志愿部门中提出相同的效率标准，在和全面质量管理有一样基础的社会服务中来定义质量的标准。[②] 主要目标是应对公共部门中的低效率，减少那些经常被提供给穷人的劣等产品，并加强基于质量的革新。

我们能够通过为年老体弱之人所提供的新服务的发展来阐明这个理念。如何提供那些不是劣等品的服务？给家庭或居民房屋提供服务的决策是怎样做出的？在社会政策中，我们记录了社会质量在两个维度上的嵌入性：一个维度是传统的服务质量；另一个维度是社会维度在人们预期寿命延长后的后果。我们应该如何管理质量的改进？我们是否应该区分社会服务？我们是否应该创建共同付费的制

---

① Estes R. J. , "Social Development Trends in Europe, 1970 – 1994: Development Prospects for the New Europe", *Social Indicators Research*, 1997, 42, 1, 1 – 19.

② N. Johnson, S. Jenkinson, I. Kendall, Y. Bradshaw, M. Blackmore, "Regulating for Quality in the Voluntary Sector", *Journal of Social Policy*, 1998, 27, 307 – 328; M. Mantysaari, "The Risks of Using TQM Philosophy in Developing the Quality of Social Welfare Services", *Scandinavian Journal of Social Welfare*, 1998, 7, 9 – 16.

度？

在社会保护决策以及来自公共部门的服务中，即使消费者的行为必须被尊重，其他诸如满足基础需求、正义的原则以及包含社会风险等社会标准也会支配消费者的个人主义视角。在法国，对"公共服务"有强烈的认同，它定义了一些原则，并采用这些原则来治理公共机构和行政机构所提供的商品与服务。在欧洲层面，欧洲委员会提出了普遍服务（universal service）的概念，并将其作为社会质量的一个新要素。在美国，它起源于美国电话电报公司（American Telephone & Telegraph）的自然垄断；在欧洲，它起源于电信放松管制的时期（1987年6月30日）。1994年，欧洲委员会定义了电信部门中的普遍服务目标（1994年2月16日，94/C 48/01，JO C48/1）。

普遍服务被定义为保证对集体最低限度的服务，为了每个人获得独特层次的服务，普遍服务被限定在恰当的价格上，那就是：

- 每个人获得服务的普遍性；
- 不论每个人在国家中的地位如何，他/她都能够平等地获得服务；
- 正确、独有的价格，是这个国家服务的平均价格，这个国家必须避免排斥或减少由于无力支付而无法享受服务的情况；
- 一种令人信任的和平均质量的服务。

这个观点受到了严厉的批判，因为：①它在时段内不确定；②它是在集体服务的自由主义和放松管制的时期被详细阐述的；③它缺乏制度性基础（它和任何一个公共机构都没有联系）；④它与另外一个重要的欧洲观念（即"一般经济利益的服务"）相抵触。不管人们如何批评，在面对社会质量的概念时，我们需要对这个观点提出质疑。它抑制了监督公共部门所提供的自由化服务，这些部门处于放松管制的状态。很多公共事业是地方性服务，但是有太多的社会外部性，以至于在没有关注到这个决定的集体结果时，不可能将之私有化。

进一步的问题是，普遍服务是否应该作为对最穷的人的一种最低限度的服务和生活标准，或作为每个人应享有的一种基础性服务，也即社会中每个人的一种社会权利？集体需求该怎样被普遍服务覆盖？因此，在平等原则和最低限度原则之间仍然有一些含糊之处。

经验研究的另一种方法能够朝着公共和私人产品的社会质量转向。贸易协议中有时会包括社会条款，在其中可以观察到社会政策的一种新形式。这意味着社会维度正在从经典社会格局领域向一个更宽广的领域拓展，也就是产品和服务本身。①

指标的方法论质量

下文总结了社会指标的理想的观点以及与指标测量相关的方法论问题。

测量社会质量的目的

为什么详细阐述欧洲社会质量的新指标是有用的？我们之前的分析（见第四章）认为社会质量的概念过于泛化且模糊，所以概念表述并不是显而易见或独一无二的。一方面，概念的模糊性给予建构指标很大的自由度；但是另一方面，它并没有帮助我们做经验性的选择。普遍的社会质量理论的缺乏导致它在个别国家或欧洲现实应用中的相对性，也导致一些重复性的结果。

目标的选择为一系列社会指标铺平了道路。在这个阶段，看起来有可能提出两种方法。第一种方法是非常广义的，它给出了一些用来评估欧洲居民社会质量的指标，这是对人类福祉的一般性评估，测量了欧洲个体生活的社会质量，包括社会经济因素、薪水、人口统计等，不管变化的源头（例如市场、经济环境、打击腐败）是什么，都是在与人类发展指数相同的传统下出现的。我们可以运用社会质量指标为国家排序，通过一些次级指标来将其分类，或者集聚一些国家使其显露彼此的社会相似性和差异，从而将欧洲民众划分类型，或者推论出社会改革的一般性提议。同时，对质量的参考也提供了社会质量的测量方法，例如对现状进行排名以及即时比较低质量和高质量。

第二种方法在评估欧洲社会福利系统的绩效时更为具体。这些社会指标是比较欧洲国家社会境况的一种新尝试，沿用欧洲委员会就业与社会事务理事会（DGV）的观测点（1990～1994年），为欧洲新决策创造了新知识，并且为评估不同的社会政策制定了一般性的指导方针。

第二种方法尝试去测量社会政策或公共行动的"功效"（efficiency）及其结果的质量，并且试图评估不同结果中社会政策的应有效果。例如，对收入来说，那些反对贫困及社会排斥或者那些试图降低不平等的政策结果能否被用来评判社

---

① D. Bouget, "Social Policy in the EMU Area: Between a Dream and a Nightmare", *Transfer*, 1998, 4, 1, 67 –87.

会质量?① 在社会质量的名义下，我们指的是不平等和试图减少不平等的社会政策吗？或者我们指的是收入水平及其购买力吗？社会质量是评估任何社会政策改善或落后程度的普遍性标准吗？

在社会质量评估中，我们能够同时创建这两种方法。但是，这两种指标或两套指标之间的连接将会因此而成为一个新的方法论问题。

社会指标的质量

对社会质量的经验性测量不得不选择一些指标，这些指标尊重社会指标的某些一般性、理想的属性。

- 重要性：社会指标必须尽可能紧密地贴近它们所指涉的概念；
- 客观性：社会指标必须尽可能独立于观察者的社会地位；
- 单义性：社会指标必须在数量上呈现概念的发展；
- 敏感性：选择那些对时间或空间不灵敏的社会指标是无益的；
- 精确性：在众多彰显同一现象的指标中，我们必须选择最精确的指标；
- 保真性或稳定性：社会指标必须在时间和空间上保持相同的含义；
- 可获得性：统计信息经常是昂贵的，这迫使我们去选择那些以合理价格获得的数据。

这些属性可以被定义为理想的属性，它们会培育一种分析欧洲社会质量的正确方法。然而，除了这些社会指标的完美属性外，这种经验方法提出了三个主要问题。② 第一个问题是在时间和空间上的可比性。我们必须在以下两个方面做出基础性的区分：一方面是在绝对或相对层面的指标之间；另一方面是在变量层次的指标之间。

第二个问题是一个传统的问题：变量或次级指标的集聚（aggregation）。③ 集聚的一种类型包括汇集或总结位于同一地区或处于同一时间的不同结构类型。另一种类型的集聚是收集相似的次级指标和不同的空间单位或时间单位（趋向）上的变量。所有类型的集聚包括隐含的或明确的加权。我们可以将那些根据人们

① M. Heikkila, H. Uusitalo, *The Cost of Cuts*, *Studies on Cutbacks in Social Security and Their Effects in the Finland of the* 1990*s* (Helsinki, STAKES, 1997).[12]

② A. Desrosières, "Statistical Traditions: An Obstacle to International Comparisons?", in L. Hantrais, S. Mangen, *Cross-National Research Methods in the Social Sciences* (London, Printer, 1996).

③ P. E. Spector, *Summated Rating Scale Construction*, *an Introduction* (Sage University Paper 82, 1986).

的偏好而定的指标包括进来。在国际比较中，由于国家之间存在文化差异，这种方法并不容易被采用，例如一般观点认为那些被比较的国家是同一类型的，而没有任何地区上的差异。不同的国家在指标的数量、特性、权重上是不同的，而且指标的演进越发散，越会增加指标集聚的困难。

第三个问题在于事实、观点、事件之间的相互关系。变量之间的相互关系可以被用在几个方面。它可以在集聚运算中将权重过程具体化。当我们想要测量那些难以观察到的事实时，它可以被用来选择代理变量（Proxy Variable）。当然，相互关系也同样被用来评估因果关系（计量经济模型）的强度，去识别反向或循环的关系，或者一些似是而非的相关性。例如，文献中所涉及的收入和健康指标之间的关联（负相关、正相关、反向因果相关等）是一个真正的迷题。

社会指标被用来评估公共政策特别是社会政策，随后将它们分成几个领域：对投入、产出和结果的评价。测量公共政策结果的指标经常要去看影响人们生活方式的几个因素：经济的、人口统计的、政治参与的、主观及客观的指标，它们能够解释人类福祉的测量内容。关于公共政策产出的指标（例如收入的增加和收入替代效应）能够被用来测量具体社会政策的效力。将投入的指标测量（例如预算、职员、技能水平、管理成本）运用在社会政策工具中，我们需要界定投入的精确指标以评估公共行动的效用。

最后，只有当所有的材料被认为呈现了社会的状况时，它们才能变成社会指标。它们或隐含或明确地反映了他人的社会价值、主流群体的价值以及专家的价值。

社会质量的评估领域

这里要再次提到，我们能够证明概念的模糊性。我们可以以哪些规则的名义来排除某些统计指标？我们可以看到这一选择基于与一些不重要的资料相关的经验问题。然而，这一选择无法避开本应该包含在评估领域中的一个更基础性的问题。这里提到的"社会性"指的是新社会指标必须比先前测量物质生活的社会指标的范畴更大，也要比独特的经济领域的范畴更大。然而，该在哪里界定其他社会指标的边界呢？如今，我们感到任何事都是"社会性"的。然而，也正是基于此，我们想要强调一些围绕着社会关怀和属性的新维度。

（1）类别域。对社会政策的效用往往既通过社会政策的部门也通过人口的类别来评估。在第一种情况下，我们优先考虑社会权利的延伸和实施，并或多或少地将其作为一种新的普遍权利。① 我们可以建立一系列的域或维度：收入、就业/失业、教育、住房和健康。在第二种情况下，我们评估社会政策对弱势群体分类的影响。当社会政策的普遍性失败时，需要创建并实施一些或多或少有针对性的社会政策，以弥补普遍性社会政策在实施过程中的不足。

（2）生态维度。生态问题曾经被认为只是资源耗竭或环境污染的环境或经济问题，现在逐渐成为一个社会问题。然而，我们面临测量上的困难。

（3）家庭。今天，我们需要在几个维度上更新研究家庭的社会角色的经验方法。几个构成要素应该被加以区别。首先，儿童社会权利的问题；其次，在老龄化社会中的新代际关系问题；最后，关于家庭成员生存所需资源的经济问题。

（4）性别。直到现在，性别问题都或多或少地从属于家庭转型的分析。事实上，妇女的地位需要我们研究这种和社会质量理念相关的问题之间的联系，后者看起来是一种无性别化概念。欧盟委员会在平等机会及其主流化上的活动能够在很大程度上提升对欧洲社会质量的评估。此外，性别维度在人类发展指数（HDI）中已经是明确的了。

（5）工作。我们需要定义能够反映劳动力市场巨大转型的社会指标、非熟练劳动力的问题、机会均等和社会排斥。将长期失业分析为社会排斥，这起源于现代社会中工作的社会价值。在社会中，劳动不仅可以带来收入，而且是一种社会价值。其后果是，那些在劳动力市场上被边缘化（因失业或非典型工作）的人在文化和社会生活中也日益被边缘化。"二战"后劳动力市场上的最大变化是妇女的加入。妇女在劳动力市场上越来越多的参与已经改变了家庭的传统角色。由于家庭范畴之下（infra-family）的活动被认为是隐藏的或无形的经济活动的事实，使一种对公共事业的新需求变得合理了。因此，对新服务的需求更多地转向了公共部门，而非私人部门。

（6）社会质量的空间维度。在这个领域已经有很多对社会生活的空间评估，涉及区域和地方不平等、少数民族聚集区、贫困地区、极化、地方性的公民身份、地方公共事业、住房政策等，它们可作为社交图谱（Social Atlas）或一种福祉的地理学。

---

① G. Room, *First Annual Report*, *Observatory on National Policies to Combat Social Exclusion*（Brussels, European Commission DGV, 1991）; Robbins D., *Third Annual Report*, *Observatory on National Policies to Combat Social Exclusion*（Brussels, European Commission DGV, 1994）.

无论在经验性评估中选择哪个领域，投入、产出、结果指标之间的一般性区别总是有用的，尤其是当我们需要分析社会政策之间的关联和效用的时候。

社会质量的欧洲维度

评估"欧洲社会质量"意味着什么？从广义上说，这意味着欧洲所有居民的社会质量。因此，我们没有区分质量改善的原因。在一种更加限制性的意义上来说，欧洲社会质量可能意味着是由欧洲机构提供的社会质量。这意味着，从方法论的角度看，在与欧洲并不存在的一些虚拟情境进行比较时，我们应该将社会质量变量的欧洲部分隔离出来。评估的边际主义原则是权力下放原则的一个直接后果。[1] 我们能否想象来自对欧洲社会质量的评价会补充国家维度上的社会质量？在这种社会质量的理念中，我们能否将其欧洲维度隔离开来？

许多方法论问题出现了。必须重视欧洲对国家系统的反向影响，更重要的是，欧洲的建设不能被限制在居民之间的福利变量问题上，它对政治机构、集体行动和社会价值都有一种更大的结构性效应。问题是：怎样构建一种能够解释这种结构性变迁的经验性方法论？为了解释欧洲机构对人们的日常生活有所改善的领域，列出所有来自布鲁塞尔的条约和指令是有风险的。这个概念是如此广泛，以至于不可能对欧洲维度的一个具体领域进行分类。

然而，除了这个方法论上的困难外，参照欧洲化（Europeanization）过程的一般性结局，还是可以做出一些评估。比如，欧洲社会质量的一部分是建立在欧洲聚合（convergence）的基础上。[2] 这意味着欧洲建设的作用是为了改善那些落后欧洲国家的经济和社会状况，以尊重不同国家的质量目标。已有一些对聚合的政治研究和经济研究，[3] 但需要拓展它们。此外，这些指标被认为是自下而上聚合路径的一种表征。然而我们知道，例如在 20 世纪 80 年代，部分聚合源于一些富裕欧洲国家低度的经济增长。

聚合总是经常被认为发生在国家之间。尽管如此，大块区域之间的聚合会隐

① J. C. Barbier, B. Simonin, "European Social Programmes: Can Evaluation of Implementation Increase the Appropriateness of Findings?", *Evaluation*, 1997, 3 4, 391–407.

② European Commission DGV, *Convergence of Objectives and of Social Protection Policies* (European Commission DGV, Supplement 5/92, 1992).

③ M. Abramovitz, "Catching up, Forging Ahead, Falling Behind", *Journal of Economic History*, 1986; D. Quah, "Empirics for Economics Growth and Convergence", *European Economic Review*, 1996, 40, 1353–1375.

瞒其他诸如局部分歧的现象。例如，欧洲收入不平等并不起源于国家之间在个人层面上的差异，而是更多地来自国家之间在家庭层面上的不平等。这意味着我们需要在一个较低的地方层次（local level）上来研究聚合。

协作是导致欧洲同质化结局的另一种方法。权力下放原则将协作工具用在欧洲层面上，以保证欧洲工人的自由运动。在这个问题上，我们需要评估当前的发展状况。

欧洲政策导致一个更加同质性的社会经济空间，但无论怎样，我们都必须注意欧洲的决策对国家层面和地方层面的影响。很多时候，欧洲决策的最终结果是国家和地方层面上实践或规则的调和过程。因此，讨论欧洲的社会质量很困难，因为一个相同的决定可能会支持一个国家，而反对另一个国家。在这样一个矛盾的过程中，我们怎样评估最终的结果？

我们也应该质疑那些涉及正义原则的欧洲条例，例如，我们是否可以认为欧洲机构更多地参照的是边沁的规则而非罗尔斯的？显而易见，罗尔斯的规则是被完全应用的，因为这个理念是为了改善弱势国家的社会经济状况。但是这种正义规则太弱了，以至于无法解释欧洲的社会质量。

最后，已有大量关于社会指标和产品质量的统计研究。在这种意义上，对社会质量的新的参考意味着：①之前社会指标的集聚和全球化；②倾向于提供独特的和具有全球意义的多元化指标。然而，这个概念需要一个更加现实的或可以操作的定义。

对社会质量的批判性评估

社会指标法的缺点

之前分析社会指标的量化框架有几个缺点。社会指标的经验方法将社会和经济生活简化为可测量的、量化的指标，并低估了那些"不利于这种简化"的非量化元素。[①] 对于不可观察的数据的忽视造成了信息失真和片面诠释。

常见的是，分析家们试图用大数据来弥补这种不足。这种分析行为源于几个

---

① M. Vanderplaat, "Beyond Technique, Issues in Evaluating for Empowerment", *Evaluation*, 1995, 1, 1, 85.

领域。前面的章节已经展示了基于一个明确理论观点的选择难度。为了克服这种不便，经验性行为隐含地显示，目标越大，社会指标就越广泛。另一种类型的分析家的行为源于这样的信念：如果我们收集了很多社会指标，就会降低测量（及解释）中存在误差的风险。这种信念有不对的地方，因为随着指标数量的增加，解释将变得困难，变得越来越矛盾，并且这种解释往往反映了对排序优先级和定义优先级的否定。此外，社会指标中大量的数据积累逐渐导致对因果关系漠不关心。① 因此，它使评估社会政策的影响以及测量在社会质量的改善过程中投入的应有效果变得困难。

忽视"定位"（positioning）（即评估者在一个给定的评估语境中的位置）暗含着对评估者非政治的、客观的和理性主义立场的强化。因此，许多批评都是针对技术支配、技术官僚的理性和专家的意识形态。② 社会指标经常被用于管理性评估中，但这种评估的形式是由拥有权力的组织控制的。

一心想要在未来复制过去社会事件的最新趋势，也是一种保守的立场；经验评估的理性主义模式通常维持一种追溯性和技术性的活动（见评估手册）。社会指标的建构包括动态进化的测量，这是一种变异性的指标而非静态的指标，但是变异指标本身并不能包括创新及其内容。这些指标尤其是在短期内可以测量一部分社会变革，但是在长期趋势评估中，指标将会是片面的。因此，社会指标的国家主义（Statism）会削弱它们的可比性能力。

在评估社会质量的尝试中，我们必须要考虑到社会质量是在 1997 年由欧洲的一批学者提出来的。因此，社会质量评估中的"定位"取决于他们的文化、知识等。这个概念的意识维度是明显的（见第二章和第四章）。其中，最值得一提的例子是研究人员从事研究的领域与政治领域之间的相互关系。典型的例子是欧洲委员会部长理事会的决定以及就业与社会事务理事会（DGV）的后续活动使得社会排斥概念在欧洲得到了拓展。

社会指标反映了社会质量的个人主义视角，也就是说，社会选择没有明确地体现在经验测量中。根据定义，其背景是在社会指标之外的，其结果也并没有明确地包含人们在集体选择和集体生活中的伦理价值、社会价值、赋权行动及参与。

欧洲社会质量评估中的主要创新之处在于评估一些集体维度的必要性：集体

---

① M. Vanderplaat，见 106 页注释①，第 82 页。

② M. Vanderplaat，见 106 页注释①，第 87 页。

优先性、伦理价值和观念、正义原则、社会创新、解放的过程、权力/无权以及赋权导向的干预的影响。赋权的维度需要特别参照决策对民主性要求的必要条件。据 Howe 所说："那些对事件的进程以及应对事件所采取的做法进行决策的充分参与是定义无压迫、文化关联和工作、实践判断的唯一方式。"①

20 世纪 80 年代，在法国，赋权是城市政策（Politique De La Ville）的一个重要的目标。它的评估结果表明这一政策的彻底失败，因为它并没有提升城市贫困地区居民在本地集体决策中的参与程度。② 这里的问题是：什么样的方法论能够正确地平衡这一维度？基于赋权实践的评估和解放教育是如何产生的？在赋权的评估中，一个人如何包含互助、非正式关系、参与行动或团结？在传统的评估实践中，这要么被忽视，要么被定位于一个背景性维度中。测量赋权也需要纳入社会正义的概念和对集体社会活动的评价。我们需要把道德价值观纳入社会质量中吗？在这一点上，我们不是在讨论另一个评估过程中的伦理问题。我们是在强调评估社会质量，包括对伦理价值的参照。我们是否要把它们纳入社会质量的评估中（例如破坏正义），或者在一个参照伦理的背景中诠释？我们是否要限制对"非伦理"诠释指标的参照？当我们将视角中的伦理观点引入社会质量中的时候，我们该怎样诠释它们？

集体优先性部分是基于正义诸原则，在社会这样的层面上，这些原则是与"好生活"相联系的。然而，我们需要区分正义的一般原则③和正义的地方原则或实践。④ 社会政策涉及被视为平等和正义原则的社会权利的一般的、基本的、普遍性的原则（例如《欧洲社会质量阿姆斯特丹宣言》）。但是可能性的范围很宽，从诺齐克（功利主义者）的立场到罗尔斯（差异原则）的立场，或到平等主义的立场。例如，在面对测量社会质量的规模这一问题时，是否有可能在普遍性政策和有针对性的政策之间排出优先次序呢？在公平原则（为大多数有需要的人谋利）的名义下，一些社会政策正变得越来越有针对性。均值测算收益属于这个目标过程。但是，平等原则和基本或一般的津贴又是怎样的呢？

---

① D. Howe, "Modernity, Postmodernity and Social Work", *British Journal of Social Work*, 1994, 24, 525.

② J. M. Belorgey, *Évaluer les Politiques de la Ville* (Paris, Comité d'Évaluation de la Politique de la Ville, 1993).

③ S. C. Kolm, *Modern Theories of Justice* (Cambridge, Mass., MIT University Press, 1996).

④ J. Elster, *Local Justice. How Institutions Allocate Scarce Goods and Necessary Burdens* (New York, Russell Sage Foundation, 1992).

地方性正义涉及对正义标准的日常感知和应用。在人们的心中，正义在很大程度上是通过日常生活中的非正义体验到的（本地正义）。社会质量的经验评估必须加上正义的日常维度。这种评估与主观指标方法联结在一起。我们是否要把观念而非事实添加到社会质量的评估中，或者两者兼而有之？例如，在至少一个世纪的时间里，暴力在许多国家都减少了，但是同时对安全的需求增加了。几十年来，收入不平等在一些国家已经呈现下降趋势。然而与此同时，不平等的感觉又是怎样的呢？

然而，伦理问题并没有阻止任何评估。我们可以说，伦理价值越明确，评估就越相关。例如，有可能会有这种观点，我们越信任人类的需求、基本需求，[1]客观指标就越与之相关并且越有用。

建构主义的提议及其限制

主要的方法论问题仍然是能否在传统方法中增加一种赋权的评估方法。很明显，比起评估集体价值的方法论，社会指标的历史显示其对个体状况或行为的集合更感兴趣。社会指标不能关注的问题常常被认为是传统方法论在评估上的失败。在传统社会政策评估中集体维度的半缺失状态被解释为其在本体论上不可能有所提升，并且有必要参照后现代主义和建构主义运动提出的新方法论。我们是否需要一种将更多人的参与纳入评估中的新方法论和一种以更加叙述性的方法[2]来展现对连接点与冲突点的确认及对一种批判性评估的使用？

根据后现代主义和建构主义学者的论述，传统的社会指标无法呈现和评估社会质量的赋权维度。这些理论暗示我们，一个给定社会现象的知识是有背景的、多样互动的，并且是基于现象学的："工具性知识的效用只能被判断为与交流中表达出来的利益有关。"[3] 因此，并没有任何客观的实体，"外在地"独立于我们观察它们的方式。[4] 世界上没有本质的质量，它是一种无休止的相对主义。这种思维方式的后果之一是，真理是共识的结果，而事实除了在一些价值框架之内是没有任何意义的：这种干预有利于谁的利益？这些利益是如何反映在目标陈述、原理、结构、内容和干预过程中的？这些利益对消除潜在的干预有什么影响？如此博学的关键评估者将能够通过"管理性评估"来建构社会福利有效性知识并

①　L. Doyal, I. Gough, *A Theory of Human Need* (London, Macmillan, 1991).

②　M. Vanderplaat, 见 106 页注释①，第 90 页。

③　M. Vanderplaat, 见 106 页注释①，第 93 页。

④　S. Kushner, "The Limits of Constructivism in Evaluation", *Evaluation*, 1996, 2, 2, 189 – 200.

且也将"真理"作为努力获取的目标但却始终无法获得的东西。①

主要方法论的后果是那个在传统的评估方法论中被视为"情境化"（contextualization）的东西成为新方法论关注的中心和核心。因此，评估不是一种客观的测量，而是一种被整合到权力过程中的社会实践。这种新方法在经验性评估社会质量的欧洲维度方面是很有趣的，这是因为欧洲的终极目标之一是聚合，而这是改善民主社会及其居民福祉的一种标准。因此，可以提出评估的某些新原则：

● 社会质量不是一个与其评估内容相分离的、离散的、外在的客观实体；社会质量隐含着价值观、意义和解释；这种思想流背后的理念是如下问题：社会质量的理念及其评估是如何出现的？谁在推动它？

● 根据这种方法，集体价值必须明确地被嵌入在对社会质量的评估中。Everitt 指出，对社会质量的评估必须反映道德辩论、个人观点、解放过程、权力承认、无权和赋权，以及使用者和行动者之间的真诚对话等方面的重要性。②

● 社会质量包括行动者间一系列持续协商的过程，这些行动者具有不同甚至相反的价值和利益；社会质量包括政治利益，并且隐含地表征那些正在失去以及正在得到政治利益的人；对欧洲社会质量的评估必须体现冲突、价值观和利益，特别是资本主义世界中工人与公司所有者及管理者之间的对抗性利益，我们必须注意组织的根本宗旨。

● 社会质量是缩小伦理和政治间鸿沟的一般性参照，比如一般伦理原则和现实政治之间的差异。

最后，对社会质量的经验评估更多地取决于对判断的分析和解释，而不是对绩效的测量。

然而，这种新的经验方法也包含了一些严重的缺点。③ 对"定位"的谴责并没有解决"定位"的问题，并且该问题也不能仅仅通过引用嵌入性来概括。④ 叙事方法和案例研究被认为是正确的方法。这似乎是一个缺乏方法论的提议。

相对主义的方法论基础避免了在欧洲不同国家间进行传统比较。社会质量评

---

① A. Everitt, "Developing Critical Evaluation", *Evaluation*, 1996, 2, 2, 182.

② A. Everitt, 见 109 页注释⑤, 第 180 页。

③ S. Kushner, 见 109 页注释④, 第 189 页。

④ J. C. Greene, "Qualitative Evaluation and Scientific Citizenship, Reflections and Refractions", *Evaluation*, 1996, 2, 3, 285.

估的直接后果是欧洲国家的不可比性。我们是否应该认为在共识或者共识事实基础上评估某事时，测量才是更有效的？这与《欧洲社会质量阿姆斯特丹宣言》（见附录）是相反的，它试图简要地列举"绝对"的权利，以保护生活最贫穷的那部分人。即使我们认为对赋权的评估必须促进民主或多元化的进程，但它也不是这个过程中的主要工具，它能够描述其他工具的效果。

一些实用的建议

面对如摩尼教（Manichean）那样的状况，唯一的解决方案看起来是在两种不充分的解决方案之间做出一种明确的选择。事实上，越来越多的分析者试图改善评估过程，以及理论参照和定量方法。

• 尽管我们批评社会质量概念的模糊性，但它表明我们没有必要逃向没有理论基础的严格的统计分析。Weiss 试图发展一种基于理论的评估方法论，其中评估的成功基于现实的目标。[1]

• 在具有高度伦理性目标的项目中，对不道德实践的批评是正确的，但我们也看到它并不能证明彻底改变方法论的合理性。[2] 我们多次尝试将集体维度纳入传统方法论，并且列举如何完善集体事实、事件或观点的社会指标。社会质量没有一种唯一的评估。虽然社会质量指涉的是社会中的价值，但评估必须反映社会性的矛盾、对比和相似之处。

• 即使从相对的观点来看，主观指标提供了大量的新知识。当然，从短期来看它们对特定事件非常敏感，并且可以展现同客观指标之间的矛盾，但我们也要看到关于法律理解的集体价值的持续变化。

• 不能忽视一些测量社会赋权的尝试。他们尝试在评估中纳入集体维度。在情境－机制－后果（Context-Mechanisms-Outcomes）方法中，[3] 明确地将情境化纳入评估过程，Floc'hlay 和 Plottu 为包括赋权评估、参与性评估、多标准评估的民主评估提出了一个模型。[4]

• 欧洲社会质量的大部分构成要素同时是大型的已经实现的目标或者后果和

---

① C. H. Weiss，见 96 页注释①，第 503 页。

② M. Scriven，见 96 页注释②，第 399 页。

③ R. Pawson，N. Tilley，*Realistic Evaluation*（Thousand Oaks，Sage，1997）；G. Julnes，M. M. Mark，G. T. Henry，"Promoting Realism in Evaluation，Realistic Evaluation and the Broader Context"，*Evaluation*，1998，4，4，483－504.

④ B. Floc'hlay，E. Plottu，"Democratic Evaluation：From Empowerment Evaluation to Public Decision Making"，*Evaluation*，1998，4，3，261－277.

过程。建构主义的主要兴趣是将过程定位于分析的中心，然而，所提出的方法论似乎与分析的野心之间还有很大差距。此外，在传统的评估方式中，近期的主要改进之一是历时分析（diachronic analysis）（时间序列、面板分析、持续期间模型）。

• 不管是什么类型的经验评估，我们都应该将评估的意识形态维度考虑进来。评估过程从来都不是中立的，评估者在社会中有其社会性的位置。

四　结论

经验方法被那些我们在运用概念方法时所记录下的困难以及对经验方法所得结果的可用性期望证明是合理的。但是，社会政策和结果之间的联系往往是不明确的。在这个阶段，一种经验方法很可能导致对数据和指标的期望。此外，对赋权、集体选择和道德价值的经验评估引发了一场方法论上的辩论：一方是社会指标的传统方法；另一方涉及后现代主义和建构主义方法论。

本章揭示了理论与实践之间的巨大鸿沟，它在概念分析和经验分析之间缺乏联结，也即联结两种方法的理论。事实上，在日常工作中，为了改进这两种方法，我们时常要通过不间断地反馈信息和反向调查来同时提及理论和经验结果。

（姚烨琳译，王晓楠、李康校）

第八章 社会质量的定义、概念和操作议题

David Phillips and Yitzhak Berman

本章旨在促进社会质量概念在操作层面上的研究进程。要完成这一进程，就需要通过明确与社会质量相关的构成要素——社会经济保障、社会包容、社会凝聚、社会赋权。为此就需要解决一些关于社会质量自身性质和范围的概念问题，包括它的定义与构成要素之间的相互关系。此种做法特别参照了贝克等关于社会质量象限（Social Quality Quadrant）的观点。[①] 与之相伴的是关于社会质量是否可以在多个层面上被论述的讨论，包括"个体社会质量"（the social quality of the individual）在多大程度上被视为合适的问题。有人认为使社会质量操作化的富有成效的方式是甄别出与投入（input）、过程（process）、结果（outcome）、影响（impact）相关的指标。最后，为了检测这里提出的方法的可行性，我们建构了说明性的指标，本章同时也确认了有待解决的问题。

一 社会质量：概念问题

整体性社会质量概念在作为启发性力量的同时，也在概念化、解释力以及执

---

① W. Beck, L. van der Maesen, A. Walker, "Social Quality: From Issue to Concept", in W. Beck, L. van der Maesen, A. Walker (eds.), *The Social Quality of Europe* (The Hague, Kluwer Law, 1997), pp. 263 – 297.

行方面面临挑战。其中一个潜在的概念困境是本质上的意识形态化。诸如"贫困"、"社会排斥"、"社会质量"这些概念都具有政治色彩，而这个观点在英国撒切尔时代关于"贫困是否仍然存在，贫困一词究竟意味着什么"的激烈辩论中得到了证实。[①] 而社会排斥——社会质量的一个组成成分——也受到相似的审查。Room 警示我们，"社会排斥"这个词可能会促使我们将社会设想为一个道德共同体，并且社会政策扮演着将社会损失恢复成相互支持的社会网络的角色，因为"社会排斥"暗含道德要从社会秩序中脱离出来的观点。[②] 相反的观点是现代社会更类似于一个战场或者丛林，在那里，社会排斥体现了动力学的标准特征和整体特征。Barry 提供了一个意识形态上的例子来加以解释，他宣称社会排斥与社会正义的要求相违背，因为它与机会公平相冲突并破坏了社会团结，这些在社会道德秩序中是受到谴责的，但在错综复杂的环境中却是毫无问题的。[③]

沿着相似的思路，有人认为社会质量与社会公正的政治讨论有着密切的联系，因为它关注社会上大多数被剥削者的公正待遇由何构成。[④] 它会因此增加社会设计的独裁主义幻觉并入侵私人领域。[⑤] 毫无疑问，社会质量既关注集体福利（collective welfare），也关注个体福利（individual welfare），在一定程度上，社会质量可以被看作意识形态的拥护者。另一方面，它强调个体赋权和集体福利，并设置意识形态的争论点和平衡点，而不仅仅是两极分化（正如关于贫困的争论）。

正如其所述，社会质量的定义包含个体和集体两个层面，但在个体的层面上，它的内涵并没有像创造者所希望的那般广泛。当贝克等引入社会质量的概念时，他们将社会质量定义为"是指公民能够在多大程度上参与其共同体的社会与经济生活，并且这种生活能够提升其福利和个人潜能"（着重强调）[⑥]。考虑到

① 例如参见 A. Walker, C. Walker（eds.），*Britain Divided：The Growth of Social Exclusion in the 1980s and 1990s*（London, CPAG, 1997），chapters 1, 4, 18。

② G. Room, "Social Exclusion, Solidarity and the Challenge of Globalisation", *International Journal of Social Welfare*, 2000, 9, 2, 103 – 119.

③ B. Barry, *Social Isolation and the Distribution of Income*（*Case Paper #12*）（London, London School of Economics：Centre for Analysis of Social Exclusion, 1998）.

④ T. Campbell, *Justice*（Basingstoke, Macmillan, 1988），pp. 85 – 86.

⑤ I. Svetlik, "Some Conceptual and Operational Considerations on the Social Quality of Europe", *European Journal of Social Quality*, 2000, 1, 1/2, 74 – 90.

⑥ W. Beck, L. van der Maesen, A. Walker, "Introduction", in W. Beck, L. van der Maesen, A. Walker（eds.），*The Social Quality of Europe*（The Hague, Kluwer Law, 1997），p. 3.

很多外来务工者、移民以及寻求庇护者并没有公民身份，同时，在一些国家存在不同等级的公民身份，所以用"公民"取代"个体"是值得商榷的。① 因此，本章后面部分将假定社会质量包括社会（共同体）中的所有个人，无论他是否被公认为公民。

众所周知，"共同体"概念很难把握。共同体可大可小（超国家、国家或者地方），并且有人认为根本不需要地理上的边界。Delanty 在关于共同体的成员身份的讨论中对"民众"（demos）和"民族"（ethnos）进行了区分。② 民众是相对于宏观层面而言的，包括民族国家或社会。正如个体与民众的联系一样，个体也可以是文化共同体或者民族的一部分。就民族而言，诸如种族、宗教、区域或语言群体等都成了需要关注的焦点。如今，现代社会的普遍主义与中央集权主义的主题被多样性的重要意义所取代，多样性主要表现为群体和社会运动的分散多元化。③ 这导致对国家社会审计与指标的充足与否、人民与国家之间的关系以及国家规范的模式的质疑。个人与共同体的关系以及个人与国家实体的关系成为分析的核心。

二　社会质量还是多元社会质量？

Svetlik 提出了一个重要的概念问题，即：我们是否应该说多元社会质量（social qualities）而非社会质量？④ 这是一个很复杂的问题，一方面与术语有关，另一方面又与测量方式有关（与后者的关系更紧密些）。但是这里也有一个实质性的问题。如果社会质量被定义为在提升公民福利和潜能的条件下，人们能够在

---

① 比如奥地利的例子参见 E. Fleck, "Intercultural Education in Austria", in Y. Berman (eds.), *Integration and Pluralism in Societies of Immigration* (*Eurosocial Report #54*) (Vienna, European Centre for Social Welfare Policy and Research, 1995), pp. 129 - 135. 来自英国的例子参见 T. Modood, *Not Easy Being British：Colour, Culture and Citizenship* (Stoke-on-Trent, Rounnymede Trust and Trentham Books, 1992)。

② G. Delanty, "Social Theory and European Transformation：Is There a European Society?", *Sociological Research Online 1998*, 1, 3, 1998, http：//www. socresonline. org. uk/socresonline/3/1/1. html.

③ 例如，参见，N. Fraser, L. Nicholson, "Social Criticism without Philosophy：An Encounter between Feminism and Postmodernism", *Theory, Culture and Society*, 1988, 5373 - 394；A. Giddens, *The Consequences of Modernity* (Stanford, Stanford University Press, 1990)；P. Taylor-Gooby, "Postmodernism and Social Policy：A Great Leap Backwards?" *Journal of Social Policy*, 1994, 23, 384 -404。

④ 见 112 页注释⑤。

多大程度上进行社会参与，那么在原则上它应该可以被设想为一个可被测量的综合概念（尽管可能会是多维度的）。然而，类似的目的可以通过不同的制度性手段来实现。如果这些制度性的手段在实质上是不同的，那么是不是就没有理由来识别不同类型的社会质量，并在实质上使之有别于多元社会质量？Svetlik 就增强社会包容给出了三种方式：通过志愿机构、非正式网络以及全民福利计划。这些是提高社会质量的不同路径或是区分不同维度的社会质量的路径吗？也许这个问题的答案在于我们是否正在寻找一个明确而切实的社会目标，或者是否可能在旨在提升福利水平和潜能的发展指标上达成一致。后来，Svetlik 为社会质量指标的"民主验证"（democratic verification）做了辩解，这一做法至少为单一社会质量观点的维持留有余地。

Svetlik 给出的用于解释多元社会质量而非社会质量的例证，使他实现了一个令人关注的目标，即个体社会质量的概念。如果多维度的社会质量以回应提升福利水平的不同方式被提出，并且如果这些都以不同的组合方式产生影响，那么最终每个个体都会拥有自己独一无二的提高社会质量的路径。Svetlik 在其观点中强调了个体社会质量是一个矛盾体，而且它否定了比较分析的可能性。

无论如何，根据前述定义，个体社会质量的概念是不是一个矛盾体，很难不证自明。此外，如果每个个体的社会质量都被看作所具有的特征而不具有普遍化的共性，那么它就只是否认了比较分析。也就是说，从原则上来看，如果社会质量是完全可以测量的，那么用它来评估每个人的社会质量等级，不仅是可行的，而且是必要的。在这种情况下，一个人在总体社会质量量表中的社会质量等级将与他们的个体社会质量相同。这就对下文所要论述的社会质量指标的构建有所影响。

三 社会质量象限

贝克等确定了社会质量的三个方面，在探讨和分析其组成成分之间的关系时要牢牢记住这三个方面。[1] 第一，社会质量是一个开放的概念，因为它涉及本体论、认识论和道德命题，这些命题都是被公开讨论的（参照"社会质量"与"多元社会质量"），因为社会质量包含了自下而上的过程；第二，社会质量是全

---

① 见 113 页注释①，第 282 页。

面的，"因为它试图涵盖复杂的现代化进程的结果，并以碎片化的方式理解它们"；第三，社会质量是一个复杂的概念，因为它涵盖了对经济、社会、文化、政治进程的主客观解释。社会质量的复杂性不言而喻，但是在开放性与全面性之间存在潜在的张力。前者意味着增加其他构成要素的可能性，以及成分之间可能的互补和重叠；后者则意味着完整性和闭合性。

贝克等明确指出，社会质量概念还处于初级发展阶段，需要进一步完善。他们通过引入理论框架开始进行研究。根据理论框架，他们确定了社会质量的构成要素，在此，内容被定位两对张力：微观与宏观；制度、组织与共同体、群体和公民。他们将上述两对张力描述为"纵轴"（vertical）和"横轴"（horizontal）之间的张力以确定坐标，该坐标的四个象限由两个连续统相交组成。① 现在，它作为一个探索性工具颇具启发性。在主流文献中使用"纵轴"和"横轴"并辅以图解，将理论背景操作化为在两个坐标轴之间的垂直相交（不相关）的象限。他们承认，社会质量的维度和这些连续统之间的关系既不是线性的，也不是直线的，因而，它们很难被整合进适当的类型中。但是他们提出一种初始分类，从而使每一个要素都能落在由两个连续统交叉组成的离散象限中，这意味着它们是相互排斥的。

最近的两个出版物对社会质量象限做了一定的深入研究。② 两者均在社会质量象限框架（都有不同程度的修正）下，为社会质量概念的进一步完善做出了建设性的批判性评论并提出了不同的意见。他们的意见，以及贝克等的原始构想均被概括在表 8-1 中。

Svetlik 通过探索两个轴之间的关系开始了他的研究并得出结论：整个横轴（制度/组织到共同体/群体/公民）与整个纵轴（宏观/微观）是完全重合的。这个结论是通过将宏观定义为"非个体的社会实体"得出的。因此，公民作为横轴上唯一的非宏观要素被保留下来。但他认为公民也应被归类为"宏观"，因为"公民权是一个正式定义的系统变量，是指个人与国家、制度和组织之间的关系"③。

---

① 见 113 页注释①，第 285 页。
② 见 114 页注释⑤和 Y. Berman, D. Phillips, "Indicators of Social Quality and Social Exclusion at National and Community Level", *Social Indicators Research*, 2000, 50, 3, 329–350。
③ 见 114 页注释⑤，第 79 页。

表 8-1　社会质量象限——三个版本

社会质量象限区域*	贝克等[a]	Svetlik[b]	Berman 和 Phillips[c] [§]
制度、组织［正式系统］ 宏观（非个体的社会实体）	社会经济保障	社会系统整合 （制度、组织）	社会包容 保障 社会凝聚
制度、组织［正式系统］ 微观（个体）	社会包容	社会包容 社会经济保障 （公民）	社会包容 社会凝聚
共同体、群体、公民 ［非正式的公民社会：日常生活］ 宏观（非个体的社会实体）	社会凝聚	社会凝聚 （群体与共同体）	社会凝聚 社会包容
共同体、群体、公民 ［非正式的公民社会：日常生活］ 微观（个体）	社会赋权	社会赋权 （个人）	**社会包容** **社会赋权** **社会凝聚**

　　* 第一列方括号中的内容是 Svetlik 对贝克等社会质量象限区域的重新界定。§ 在最后一列加黑的项目是 Berman 和 Phillips 对社会质量构成要素的最初分类。纯文本中的项目参考的是二级分类。

　　a）W. Beck, l. van der Maesen, A. Walker (eds.), *The Social Quality of European* (The Hague, Kluwer Law, 1997）.

　　b）I. Svetlik, "Some Conceptual and Operational Considerations on the Social Quality of Europe", *Journal of Social Quality*, 2000, 2, 1/2, 74 - 90.

　　c）Y. Berman, D. Phillips, "Indicators of Social Quality and Social Exclusion at National and Community Level", *Social Indicators Research*, 2000, 50, 329 - 350.

　　这一重新分类未必使微观的层面变得无效，因为他将公民与个体化的人进行了区分。之后，他重新规划了横轴以区分正式系统（社会系统）和非正式系统（与日常生活、公民社会相关）。

　　因此，与处于微观和非正式层面上的个体化的人相比，作为公民化的人处于宏观与正式层面。这是一种很有用的概念区分，但是也会导致定义上的问题。[①]更重要的是，这样的区分可能会在构建指标时引起混乱，特别是社会排斥与社会赋权方面，这是 Fix 研究非公民和公民的公共利益的差异时发现的。[②]

---

　　① 共和党的观点是将公民设想为通过公开辩论与决策制定，在形塑他们所在社会的未来方向时，会起到积极的作用。这就暗含着公民与个体化的人并没有区别。共和党观点中令人感兴趣的部分是公民权被定义为个体行动，这与自由主义者 Marshall 的观点不同——Marshall 将其定义为国家行动的权利集合。参见 D. Miller, "Citizenship and Pluralism", *Political Studies*, 1995, 43, 3, 432 - 450。

　　② M. Fix, "Trends in Non-citizens" and Citizens' Use of Public Benefits Following Welfare Reform: 1994 - 97" (Urban Institute, Washington DC, 1999), http：//www. yrban. org/immig/trends. html.

在制度层面上，公民身份的概念化是一个重要的提示，即个体并不是公民的代名词，这与本章开头重新解读的社会质量的定义——将其特别理解为个体而非公民——完美地契合在一起。同样，将正式与非正式进行区分也很有用。但是两轴之间的多数重叠减少了，基本问题依然存在：相较于非正式/公民社会与日常生活，宏观层面（被修改为非个体的社会实体）更接近正式社会系统，而微观层面（个体）则相反。

于是，Svetlik 继续对社会质量的构成要素进行研究。他没有发现关于社会凝聚和社会赋权的问题，只是提出了一个关于社会赋权是否在群体情境以及微观（即个体）层面上适用的问题。他认为社会经济保障被错误地专门放置在宏观的末端，因为社会经济保障与个体的社会保障有关。同样，他对社会包容被专门放置在个体末端表示质疑，因为这里涉及社会制度。他试图通过以下方法来解决这个问题：①

> 首先，社会包容/排斥，以及社会保障主要是个体的。只有连续地观察才可能观察到某个特定社会群体中的个体，相比于其他群体中的个体更容易被包容或者受到保障。尽管焦点落在某个群体上，但最后社会政策方案必须触及个体。这就是我们将社会包容和社会经济保障都放入"正式－微观"象限的原因。

> 在提出的解决方案中，社会包容/排斥可能会被首先考虑为公民身份问题，这一点令人深感不安。论及社会包容/排斥的学者可能认为，这对非正式初级群体和共同体中的个人与正式组织和机构中的个人是同等重要的。然而，似乎这一维度可能会被社会凝聚的组成部分涵盖。

这个策略也带来了不良后果，它使象限中正式的宏观区域空无一物。Svetlik承认，社会保障和社会包容必须被定位在正式的宏观层面。他得到的结论是"因此，这里主要不是直接关注社会经济保障，而是凝聚、平衡、组合，即组织和机构的整合……这些都对社会保障和社会包容负有责任"②。所以，这个区域

---

① 见 114 页注释⑤，第 79 页。
② 见 114 页注释⑤，第 79 页。

由一个新的构成要素予以填充——社会系统整合。

Berman 和 Phillips 也注意到了这些潜在问题，这些问题与宏观层面的机构、组织及微观层面的共同体、群体和公民之间的相关性联系在一起。[①] 然而，他们并没有试图改变或重新定义坐标轴，反而将象限视为两个相互关联的连续统而非四个离散的、各部分需要分别加以定位的区域。这使得他们可以将一些要素与象限的一个以上的区域联系起来，甚至是由两轴所界定的整个区域。

他们认同原先的分类对其中两个构成要素是有效的。他们一致认为相比共同体、群体和公民，社会经济保障/无保障与机构和组织有更多关联。根据定义，其关注的是与福利供给相关的系统和结构，并且与微观层面相比较，它们更多地受到宏观层面的影响。而在与其对应的区域，他们视赋权和剥夺为微观层面上的实践，而且相对于结构和组织而言，其更关注共同体、个体和公民。

然而，他们对另两个构成要素的断定并没有那么直截了当。虽然社会凝聚因其强调作为社会存在的人类主体性而无可非议地被放置在水平连续统的末端，即"共同体、群体和公民"的末端，但它仍依赖社会基础设施和社会制度——社会基础设施和社会制度对公共物品与服务的使用进行调节。同样，尽管不可否认社会凝聚的问题与宏观层面有关，但是在微观层面上却存在争论。因此，他们将社会凝聚放置在可以映射到社会质量其他三个要素的区域中，而不是仅仅占据一个保守区域。

同样，虽然社会包容/排斥依赖基础设施，而基础设施又可以避免或尽量减少排斥，但他们还是认为社会包容/排斥主要关注的是共同体、群体和公民。除此之外，他们找不到任何理由将社会包容/排斥显著地置于垂直连续统的微观一端。所以，社会包容/排斥分类遍及社会质量象限的四个区域。

他们声称，社会质量象限中更多的不固定的位置影响社会质量的概念化和测量。他们认为对远离社会质量象限各个离散维度的构成要素进行分类，会更精确地表达出社会质量四个构成要素之间的动态关系（尽管这样会使对社会质量的分析变得复杂）。社会排斥能够覆盖最为宽广的范畴，这一点不足为怪，因为相比被整个 20 世纪的社会研究者广泛使用的贫困概念，它早已经被预先概念化为一个包罗万象并且万能的社会弱势概念。社会质量象限中被表述混乱的部分可以通过他们所宣称的构成要素之间适当的和必要的互补性以及重叠来解释。

① 见 117 页注释②。

　　Svetlik、Berman 和 Phillips 采用的这两种方法之间以及这两种方法与原来的框架之间都有相似之处，但也有不同的地方。[①] 赋权最具有普遍性，人们一致地将其归类在微观层面，并使之附属于非正式的公民社会/日常生活，或者共同体、群体和公民。然而，这里还有一个小漏洞，那就是 Svetlik 假设社会赋权具有更宏观的可能性。尽管如此，这仍然与其他两个构想是相容的，因为它们提及了共同体、群体和公民，然而 Svetlik 对微观层面的界定严格限定在个体层面。Svetlik 认为社会凝聚肯定了上述说法，但是如上所述，他关于社会包容和社会凝聚的省略部分，使得正式层面和非正式层面之间的界限存在模糊不清的风险，并在社会凝聚和社会包容之间导致可能的重叠（这可能是其本身的问题，也有可能再次引发对多重社会质量的恐慌）。

　　另一方面，Berman 和 Phillips 都认为社会包容和社会凝聚应分布在整个象限中（尽管他们认同 Svetlik 和贝克等提出的社会凝聚首先应处在各个区域的观点）。此外，在社会经济保障所处的位置上 Svetlik 与贝克等及 Berman 和 Phillips 持有异见。Svetlik 强烈认同将社会经济保障置于微观层面，但他的观点因为与宏观层面存在相关又自相矛盾，特别是依据他自己对"非个体的社会实体"的定义，因此更容易受到质疑。

　　两种方法在象限区域的渗透性的看法上存在显而易见的差异。Svetlik 认同贝克等的观点，主张将每个构成要素放在一个区域中（尽管他对将两个构成要素置于同一个区域中又有不同观点）。然而，Berman 和 Phillips 将象限予以"划分"，使每个构成要素占据一个区域，而这个区域或包含多个单元。这一受争议的问题的关键是这种差异事实上是表象的还是实质性的，而这取决于坐标轴上的交点是更接近于二分法还是连续统。如果接近二分法，那么很明确每个单元都是离散的，并且它们之间也没有重叠的可能性。另一方面，如果它们是连续统，并且只是作为出于描述目的的一个象限被呈现出来，那么其轴线就只需被视为描述工具。贝克等和 Svetlik 将两轴明确定义为二分的，而 Berman 和 Phillips 则将其定义为更像是带有刻度的连续体。

　　鉴于当前的目的，值得一提的是象限图以及它的衍生物已经引发了丰富且具有启发性的争辩。将来在以下两个方面进一步探讨是有价值的：其一就是两轴之间的相关程度，以了解在紧随 Svetlik 的研究之后，是否可以进一步丰富定义来

---

① 见 117 页注释②。

使它们的正交性最大化，并由此提升其理论解释力；其二，坐标轴分割两类以上的要素是否富有成效，例如，在横轴上正式系统和非正式公民社会之间及在中观层面纵轴上的分割。

四 社会质量的构成要素

比社会象限区域（cells）的渗透性更为重要的是社会质量构成要素自身的渗透性或者说社会质量构成要素之外其他要素的渗透性。最初，贝克等并没有讨论这个问题，但在本书的第九章对此进行了讨论。当然，他们对社会质量自身结构的开放性的坚持留下了悬而未决的问题，即是否构成要素之间可以存在互补性与重叠。Svetlik 坚持认为四个构成要素相互排斥，对其加以详尽阐述，以获得研究和制定政策所必需的操作性定义，"否则可能会遇到一定的问题和批判，主要体现在特定构成要素的重叠和对重要个案的忽视上"[1]。另一方面，Berman 和 Phillips 认为互补性和重叠既是必然的，也是恰当的。当认真地对待构成要素的可操作性时，这个问题就能被很好地处理，本章的后续部分也会对此有所提及。

本节首先介绍了当前对社会质量构成要素本质的些许评论；其次是关于其构成要素之间的关系对社会质量潜在影响的讨论。因为社会排斥在文献中受到最多的关注，所有首先对其进行讨论。

考虑到社会排斥已经被广泛使用，并已被用于指代大范围的情况，许多评论家对其效用持悲观态度。Room 就特别批判到，作为一个核心参考点，"社会排斥"仍然重现于大部分政府政策文件。然而，尽管多次做出尝试去澄清，但若要充当政策和研究的参考点，它仍显得前后矛盾和令人困惑。[2] Barry[3] 相对来说不那么悲观，他认同贝克等的看法，认为社会排斥是连接不平等和结构性原因的中心。[4] Barry 还认为排斥不仅关系到处于社会底层的无法参与的人，而且关系到社会上层，那些使自己与其他社会阶层隔绝并从日常制度之外购买出路的人。他得出结论：拥有自由民主制度的市场经济有义务创设针对社会排斥的两个阈值：较低的阈值表示人们在主流机制之外，因为他们不能被包括进去；较高的阈

---

① 见 114 页注释⑤，第 78 页。
② 见 114 页注释②，第 103 页。
③ 见 114 页注释③。
④ 见 113 页注释①。

值则表示人们选择从主流机制中把自己分离出去。这两个群体可以被分类为被排斥者和排他者（排斥他人者）。

社会排斥的阈值概念不管是在概念上还是在操作测量上都很重要。Room 指出了 Piachaud 和 Townsend 之间的分歧，即是否存在一个阈值点，在该点上，一定程度的剥削对个体和家庭在社会中承担常规活动的能力有着不成比例的巨大影响。[①] 尽管这场论战是关于相对剥削的，并发生在社会排斥被概念化之前，但有着重要的现实意义。

Room 的结论是，社会排斥的概念是指人们生活在物质和文化严重退化的环境中，并长期受制于多种不利条件，以至于"他们与这个广阔社会的联系破裂到几乎不可逆转的地步"[②]。虽然 Room 没有附和 Barry 关于两个阈值的想法，但他也同样关心社会较富裕群体所持有的对社会弱势群体的看法，并建议研究在何种程度上优势群体的行动会导致社会排斥。

在此背景下，Room 引用 Perri 6 看待关系排斥的方法。该方法将排斥区分为两种社会联系：一是将相同社会地位的人（例如，家庭、邻居、同事）联系起来；二是将不同社会地位的人联系起来。这些联系可以使人获得在其他条件下无法获得的机会。[③] Perri 6 认为社会政策通常将弱势群体联结起来（关注所居住的小区、培训计划等内容），而不是将他们与可以给他们提供上升通道的人联系在一起。这样的联系被描述为"水平"和"垂直"的联系。

Room 和 Barry 将他们对社会排斥的讨论和社会凝聚与团结的概念联系起来。Barry 引用英国经济和社会研究理事会（British Economic and Social Research Council）关于社会排斥的重点课题，该研究关注"破坏社会凝聚传统模式的急剧社会变迁和导致两极分化、社会分化与不平等的社会进程"[④]。在此背景下，他提出了一些关乎社会凝聚、社会整合、不平等和社会排斥之间关系的有趣议题。他比较了两种社会类型：一种是拥有两极分化和社会分化群体的社会，在该社会类型中，每个人都拥有大致平等的权力地位（例如，比利时的佛兰芒人和瓦隆人）；另一种为高度集权的社会，群体之间存在严重的社会、经济和政治不平等（例如，许多传统社会中的男性和女性）。

---

① 见 114 页注释②。
② 见 114 页注释②。
③ 见 114 页注释②。
④ 见 114 页注释③，第 3 页。

伴随社会整合适用于何处的问题，关于社会质量构成要素之间关系的主要问题在这里得到了很好的强调。社会整合不是社会凝聚的代名词（比利时极度推崇社会凝聚而非社会整合），但这两个概念又是相关的，或许它们是与团结的概念联系在一起的，Barry 声称后者具有本质性的和间接性的价值。团结在本质上是有价值的，因为"在成员共享某种存在的社会中，人类生活会趋向于越来越好"。说其是间接性的价值是因为"社会公正越有可能通过政治实现，社会上就越容易形成更高水平的社会团结"①。同样，这是一个提问比作答更为容易的领域。

五. 分析模型

社会质量操作化面临的挑战是在各相关分析层面为社会质量的每个构成要素确定范围和指标。Berman 和 Phillips 已经开始做这项工作，他们为社会质量的构成要素在国家层面②、为共同体在社会包容层面③确定了领域和说明性指标。此外，Svetlik 还为全部四个构成要素建立了与健康领域相关的指标。从这些实践来看，不同构成要素的指标之间有许多实质性相似和重叠的部分。对此既无须感到意外，也不存在问题，尽管它确实会导致重复计算的可能或过于强调那些领域——那些领域涉及多个构成要素，而且其中的测量方法更是确定无疑的。

从社会质量构成要素④的概念化过程可以明显地看出它们是复杂且多元的，特别表现在它们对基础设施、进程以及结果的阐述上。⑤ Svetlik 为确定四类指标（投入、过程、结果、影响）提出了有价值的建议。⑥ 本章的其余部分就将为社会质量构成要素的每个领域解决这个问题。说明性的指标呈现在表 8 - 2（见第 129 页）中，在这一点上我们必须强调，这些指标并没有被试图以任何方式界定；相反，这正代表了社会质量操作化的初步尝试，这种尝试是不确定的，而且

---

① 见 114 页注释③，第 18 ~ 19 页。

② 社会质量构成要素的范畴和经济合作与发展组织的范畴是基本一致的。参见 J. Vogel, "Social Indicators and Social Reporting", *Statistical Journal of the United Nations*, 1994, 11, 241 - 260。

③ 这建立在 McMillan 和 Chavis 研究的基础上。参见 D. McMillan, D. Chavis, "Sense of Community: A Definition and Theory", *Journal of Community Psychology*, 1986, 14, 6 - 23。

④ 见 113 页注释①，第 282 ~ 290 页。

⑤ F. Rothenbacher, "European Scientific Socio-economic Reporting: State and Possibilities of Development", *Social Indicators Research*, 1998, 44, 3, 291 - 328.

⑥ 见 114 页注释⑤，第 85 页。

存在疑虑。

社会经济保障的最低接受水平是对穷人、失业者、患病者以及其他形式的物质匮乏的人群提供保护，因此它主要指向结果、影响和潜在结果这些可以不费吹灰之力获取的指标。但是考虑到公民的日常生活是由提供福利的不同制度和机构负责的，因而它也被视为顾及了公民的基本需求，因此投入和过程指标都显示为具有相关性。

如果在那些引起社会排斥的机制被阻止或最小化的条件下，借助支持性的基础设施、劳动力条件和集体财产实现社会包容这一基本目标，那么社会包容既是过程也是结果，并且两者紧密相联。从某种意义上说，社会包容可以被看作社会经济保障综合系统的结果对社会的影响，也可以被看作与提供这些层级的保障进程齐头并进的（非组织）过程。社会经济保障可以被看作关于在应对社会突发事件时提供了什么、提供了多少的问题，而社会包容则是关于这些供给向谁提供、在什么情况下提供的问题。考虑到它关注的是排斥的结构性原因，并且伴随着平等和公平的原则，社会包容将社会质量的不同方面融入社会经济保障中。

社会包容的一些领域和指标不得不与社会经济保障的指标密切相关，因为社会包容依赖最低水平的公共物品供给，这一供给赋予社会经济保障功能。这两个维度的领域和指标间存在的定义性差异是与其所涵盖的内容有关的。因此，尽管在社会经济保障和社会包容共享的一些领域的投入可能是一样的，但其过程、结果、影响却是不同的。共同的主题贯穿于社会包容的大部分过程和结果领域。社会包容过程指标是以适用服务但未曾申请服务的人群的比例为特征的。这一比例总体上由几个不同的群体构成，在界定指标的时候，上述群体都需要被考虑进来。他们包括：合法但未获得资格的人（例如非公民，那些尚未做出足够贡献的人）；社会不允许申请的人（例如，被污名、胁迫）；有心理障碍的人（自傲、社交退缩、社会疏离）；对服务缺乏了解的人。社会包容的结果通常遵循相同的模式：申请者中实际受益的人的比例是多少？受益者的人口分布是怎样的？他们受益多少？

此外，社会包容不仅与社会经济保障有实质性的相关联，而且覆盖了社会凝聚的相关领域。现在，社会凝聚明确地关注创建、维护或破坏社会网络的过程以及支持它们的社会基础设施。它的结果与影响密切相关：使公民"作为真实的人类主体和社会人存在"①。加强社会凝聚的基础设施和投入包括那些需要用以维持和巩固公民社会的因素——法律保护、政治保护和社会保护的立法框架，以及与公民身份、多元文化、宽容和尊重相关的文化道德规范。促进社会凝聚进程和刚提及的那些与投入相联系的事项，包括为区域发展服务的政策与条款、公私部门享有的同等机会，以及平等的经济和税收政策以克服不公平的经济分配。社会凝聚及社会地位、政治、经济和公共安全领域的投入与过程指标，则没有太多问题。

尽管如此，这些结果和影响指标并不是明确的。作为社会存在，根据人类主体所希望的目标来使社会凝聚操作化并非易事，但是如果以严谨的方式加以概念化则很容易实现这一目标：在获得公共物品和社会地位方面，如果社会包容可以使不公平最小化，那么社会凝聚则可以令团结和共享的身份认同最大化。然而，社会凝聚的结果和影响依然难以确定。在作为团结的凝聚以及作为最小化不公平的凝聚之间存在或者说似乎存在尚未解决的冲突（或者根据Barry的分析，存在于整合和凝聚之间）。② 在指标的选择和测量水平上有一些结果：阈值和集中趋势测量的比较（例如，低于最小可接受值的比例和标准差之间的比较）。

在表8-2中，更为具体和有明显实质性意义的指标被放置在"结果"列中，而对"影响"指标的建议是极为不确定和不具体的，尤其是在社会地位、政治和经济领域。除非关于凝聚、团结和包容之间关系的概念化工作有进一步的突破，否则要想把这些影响指标更为精确地具体化是不可能的。公共安全的影响较少受人质疑，因为在这方面已经做过很多工作。③ 另外，尽管概念层面上很复杂，相关的过程也不易于操作，但利他主义在影响指标上的发展却是一个富有成效的领域。④

---

① 见113页注释①，第284页。

② 见114页注释③，也可参见 B. Jordan, *A Theory of Poverty and Social Exclusion* (Polity, Cambridge, 1996) Chapter 3 for a discussion on integration, political inclusion and citizenship)。

③ Institute for Community Collaborative Study, *Public Safety Benchmark Quality of Life Indicators* (Monterey Bay, California State University, 1990), http：//iccs. Monterey. edu/CAP1996/public_safety/safe00a. html.

④ J. Boisjoly, G. Duncan, S. Hofferth, "Access to Social Capital", *Journal of Family Issues*, 1995, 16, 5, 609-631；A. Etzioni, *The Spirit of Community：The Reinvention of American Society*, (London, Fontana Press, 1995).

社会赋权很明确地关注结果（人类资质和能力的实现），当然也更关心影响（在社会、经济、政治和文化过程中的参与）。社会赋权是一个具有积极和消极双重内涵的概念，也是一个在自我赋权（或自我控制）意义上占优势的概念，因此其本身更类似于结果和影响。其消极内涵表现为被赋权，使赋权更多地在投入与过程领域得以发生或促使其发生。

无论是积极的还是消极的内涵都可以用同样的结果和影响指标表达，但是对投入与过程指标人们尚存较多疑问。在积极的内涵中，社会赋权的投入和过程与内部力量、自尊、决心与动机（有关个人与团体的）相关，并不简单地服从检验和测量。这里提出一种可能的方式，即建立在 Shye 研究基础上的积极赋权指标，这些指标利用了许多在个性、身体、社会存在和文化存在层面上发挥作用的模式。①

贝克等对社会赋权的投入与过程的消极内涵的解释如下：②

> 实现人类资质或能力（相对于从属）的社会赋权主要关心的是微观层面对人的赋权，作为"公民"去发挥其全部潜能。因此，社会质量的这一构成要素指的是提升公民的能力以参与决定日常生活的过程 [着重强调]。

正是在这种情况下，社会赋权与社会包容、社会凝聚之间的联系变得明显。社会包容提供了机会平等的原则，这赋予个体寻求赋权（如果他们愿意的话）的现实选择。社会凝聚在其构建网络和基础设施的过程中使人们能够作为社会人而存在，并得以赋权。由此看来，社会包容更多地体现为一个先决条件，或者可能是一种对社会赋权的投入，而社会凝聚则与过程相关联（如上文 Perri 6 所提及的。如果这些网络在一定意义上是自我赋权的，那么其可能甚至与结果相关联）。③

看似不同的模式和关系使得这一现状变得复杂，这些模式和关系与赋权领域的投入和过程指标相关。包容与凝聚之间的联系似乎最为明显，这一联系处在较为抽象的领域（或者倒不如说是那些最难操作的领域），实则难以

---

① S. Shye, "The Systemic Life Quality Model: A Basis for Urban Renewal Evaluation", *Social Indicators Research*, 1989, 21, 4, 343 – 378.

② 见 113 页注释①，第 290 页。

③ 见 114 页注释②。

确定。因此在表8－2中，针对社会心理学和社会与文化领域的投入和过程指标是初步且不具体的。结果和影响指标有更多的一致性。尤其是主观指标对后者而言是重要的：尽管有充足的理由说明这并不是充分条件，但是为了使赋权能够产生影响，具备一种赋权感是不可或缺的。[①] 将结果栏中的项目用于影响栏中的情况不乏其例，但社会赋权的影响应该具备一个动态维度是有其现实意义的，该维度包括生活质量的提升，这一提升随着时间通过赋权结果的扩展来逐渐实现。同时，赋权能够为下一代提供角色榜样，也成为一种观点。

六 结论

本章的主要目的是提升社会质量的可操作性。沿用这样的方法，本章讨论了一些概念性的问题，但仍有一些未被讨论的问题值得进一步关注。社会质量的构成要素之间是相互排斥的吗？或者说其间存在重叠和互补性吗？也许更重要的是，它们是否具有全面性？社会整合和社会团结的问题已经在文献中被提及，尚不清楚它们适用于何处：是否每一个都能被归入其中一个构成要素？它们是不是可以跨越两个或更多的构成要素？它们是否应该被认为是额外的构成要素？有关社会质量象限图分析可能性的疑问也被提了出来。在一个更为全局的层面上，有关多元社会质量和社会质量的假定是否卓有成效的质疑被提了出来。在更为实际的层面上，对个体或公民作为分析单位的相对效用进行了分析，而这里采用的是前者。

在建立指标体系的过程中，揭示出的其他一些概念问题，需要在取得进一步进展前予以解决，尤其是涉及社会包容、社会凝聚和社会赋权之间的关系时。同时它还确定了很多进展明显或相对明显的领域。所以，可以说当下已经取得了一些进展，并且希望该尝试会为进一步的发展打下基础。

---

① J. Griffin, *Well-Being: Its Meaning, Measurement, and Moral Importance* (Oxford, Oxford University Press, 1986); J. Hall, "Subjective measures of quality of life in Britain, 1971 to 1975", in E. Thompson, C. Lewis (eds.), *Social Trends No. 7: 1976* (London, HMSO, 1976), pp. 47 – 62; A. Szalal, F. Andrews, *The Quality of Life: Comparative Studies* (London, Sage, 1980).

表 8-2 社会质量构成要素投入、过程、结果和影响的说明

(a) 社会经济保障

领域	投入	指标		影响
		过程	结果	
物质	法律、收入补助和保险服务	提供服务的资格标准；物质需求人数目；申请人数等	提供大量的资金和服务去应对重大的突发性事件（总量和人均数）	避免物质匮乏；纯收入分配通过四分位数、十分位数等
职业	职业保护和就业法律；就业和再培训服务	提供服务的资格标准；职业需求涵盖范围；申请人数目	提供就业的范围和数量，提供就业保护和再培训服务	失业率、临时就业率、兼职就业率、工伤等——全部通过就业、劳动部门
住房	社会性住房补贴；调控房租房贷；为无家可归的人提供住房保障	提供服务的资格标准；住房需求的涵盖范围；申请人数目	所提供的住房设施和服务的范围与数量	无家可归，住房不安全；生活设施缺乏
健康	服务提供水平——工作人员数量，床位数等	资格标准；健康需求的涵盖范围；申请人数目	所提供的服务的范围和数量；手术、药物、治疗等	预期寿命延长；发病率和死亡率

(b) 社会包容（一）

领域	投入	指标		影响
		过程	结果	
社会保障系统中的包容	法律、收入补助和保险服务	对申请服务的人来说，收入补贴等服务的比例是合适的	享受服务的申请人比例；获得社会保障服务的人口分布	按照人口统计变量得出的低收入人群（年龄、性别、地区、族群、就业状况等）
劳动力市场的包容	职业保护和就业法律；就业和再培训服务	申请就业和再培训服务的失业人员比例	求职人员中已经就业者的比例；入职过程中受到歧视的比例	通过人口统计变量获取的全职和兼职就业、工作保障、晋升机会等

续表

领域	投入	过程	指标（结果）	影响
住房市场的包容	社会性住房补贴；调整房租租赁；为无家可归的人提供住房保障	申请住房服务的人的比例	寻找住处的人当中已经得到住处的人的比例；街区使用权的配置	由人口统计变量得出获得住房补贴和保障性住房的人口数量，无家可归者已经获得住房的数量等
健康服务覆盖范围	服务提供人员数量，床位数，设备等	申请健康服务供给的人的比例	接受服务的人的百分之多少，得到健康服务的人口分布	发病率，死亡率等由人口统计变量得出

（b）社会包容（二）

领域	投入	过程	指标（结果）	影响
教育系统和服务中的包容	服务提供水平：学校数量，教室数量，教师数量	儿童接受教育的比例；相关年龄组义务教育完成后的受教育比例	师资学术造诣和职业素养的分布；学校和学院学生选学和被开除情况的分布	获得教育和文化服务的人口分布情况，在教育和文化服务中受歧视的人口分布变量（根据人口统计变量获得）
政治包容	在中央政府，地方政府以及社区层面上选举的有效性	符合条件的成人参与投票以及竞选公职的比例	合格选民参与选举的比例；对竞选者的人口统计分布	选举权；对选举代表或政府官员被选举资格的限制
社区服务包容	服务提供水平：休闲设施和邻里服务	申请服务的人中适合接受服务的人群的比例	申请服务的人中已接受服务的人群的比例	通过人口统计变量得出娱乐设施和邻里服务的分布
社会地位包容	平等的机会和反歧视立法	申请服务的人中适合接受服务的人群的比例	依据法律和规定获得权利利益的人口比例	通过人口统计变量得到对社会地位包容的主观整体评价

续表

(c) 社会凝聚

领域	指标			
	投入	过程	结果	影响
经济凝聚	公民社会的经济基础;稳定的货币流通,银行和财政系统	法律和法规确保财政和经济平等,包括消费者和劳工工法律	基尼系数;收入和财富的分配与再分配;劳动力市场的参与率	经济团结;经济整合;使个人和群体的赋权得以可能
社会地位凝聚	公民社会的社会基础;稳定和公平的社会与教育制度	法律和法规;平等的机会,性别、年龄、种族歧视等	性别、种族、残疾等的歧视水平,歧视的主观感受和实际经历	社会团结;社会整合;使个人和群体的赋权得以可能
政治凝聚	公民社会的政治基础;定期的、公平和普遍选举权	民选的地位在中央政府、地方政府,以及社区中是合适的	政治过程中的人口比例;选举参与率	政治团结;政治整合;使群体的赋权得以可能;民主合法性
公众安全	公民社会的公众安全基础;法律规则,可理解的、透明的法律系统	提供有效的政策服务;市民守望相助的规定等	公共场合财产性犯罪和个人犯罪的发生率	扩大对公共空间的使用;减少使用私人安全服务;个人和社会大众对安全的主观感受
利他主义	公民社会的人际基础;宽泛的社会规范(可以通过人文力量或者严谨的社会习俗体现出来)	法律对利他主义促进;血液捐赠服务;慈善商店。公共事业募集资金;为慈善事业募集资金而连番播出的连续电视节目	通过正式或者非正式的渠道得或给予志愿帮助的人口比例;给予帮助的数量	在社会中增加社会资本(例如,从朋友和家人那里得到时间和金钱的社群帮助);更多的社群主义;对社会中团结和宽容的主观感受

续表

（d）社会赋权（注项用斜体印出的词比其他有更多的不确定性）

领域	投入	过程	指标	
			结果	影响
社会文化赋权	可利用的社会和文化资源（例如，当地和社区的服务）与社会包容、凝聚相关联	在社会和文化资源、服务、资金等的使用中的参与和能力	社会上存在并受尊重群体的成员资格，例如，警察、法官、电视节目主持人；人口调查显示，人们普遍认为对文化生活做出了贡献	对生活的社会和文化质量的自我主观感受与全面评估；社会流动性增加，角色模型；成果扩展
政治赋权	选举产生可能的中央政府、地方政府和社区三个层面的职位	在政治进程中，社区与个人的参与	中央、地区与地方各级选民选政治家在性别、种族等方面的分布；内阁部长和总理、市长、城市代表、学校董事会成员，州长等	对政治赋权的自我主观感受和全面评估；成果扩展
经济赋权	可获得的经济资源：教育、信贷、信息和网络的可及性；纵向经济关联	经济资源的利用率；小企业、初创企业等，通过人口统计变量获得	通过人口统计变量；小企业、配置财富、商业管理者等	对生活、经济质量的自我主观感受和全面评估；经济流动增加，角色模型；成果扩展
社会心理赋权	来自社会的社会心理资源——与社会包容、凝聚相关联	使社会心理资源的使用成为可能	提高心理素质和心理承受能力；心理健康水平（包括患精神疾病和自杀死亡率）	对个人赋权和全面生活质量的自我主观感受和全面评估；角色模型转型；成果扩展

（陶诚译，王晓楠、徐京波校）

第九章　反思社会质量倡议

沃尔夫冈·贝克　劳伦·范德蒙森　弗勒·托梅斯　艾伦·沃克

 引言

第一部分的前几章给出了各种各样的评论和关于社会质量倡议的反思，涵盖从深层的根本性问题到实践策略和政策问题。前两章是以 1997 年 6 月会议期间关于社会质量第一本书的草稿为依据的。在会议期间，其他科学家还讨论了社会质量倡议，我们将在接下来的反思中会提及这些讨论成果的部分内容。其他章节为近期的成果，是为了回应编辑的邀请，即反思作为 1997 年会议成果的关于社会质量的第一本书。第一部分中的章节可能反映了作者和评论者在该研究上观点的多样性。我们甚至可以得出这样的结论：社会质量概念为这种多样性留下了很大的空间。然而，我们也可以认为这是项目的范围广泛引发的诸多回应。在这样一个广泛的学科背景下写作，解决如此多的问题，我们提的各章节和其他资料共享了在理论和实践层面促进社会质量发展的研究成果。本章的挑战是从前文中梳理出问题和答案，前文的内容在发展社会质量的科学有效性和欧洲政策的适用性方面发挥了重要作用。

为此所做出的努力已在第一本书的总结中给出了说明。[①] 其作者认为第一本书的章节并没有为社会质量概念提供一种系统论证，也没有为概念本身提供一套系统分析；相反，它是为了介绍社会质量概念，并开始对其展开批判性分析。

---

① J. Baar, K. Knipscheer, F. Thomése, A. Walker, "Conclusion: Towards Social Quality in Europe", in W. Beck, L. van der Maesen, A. Walker (eds.), *The Social Quality of Europe* (The Hague, Kluwer Law International, 1997).

社会质量概念首先是以社会哲学主题被提出，即社会质量未来的终极挑战可能是它让 21 世纪之初的欧洲公民，在历史悠久和丰富的欧洲传统思想中面对社会质量的根本问题；其次，建立关联的理论主题，即社会质量概念之所以在理论上是重要的，是因为其强调研究中使用的量化标准应明确地来自更根本的定性原则。

首先，社会质量概念的身份需要被澄清。社会质量被称为一个概念、一种理论、一种方法和一种政策工具，所有这一切都是真实的：在发展社会质量的第一阶段，意向性压倒概念的独特性。社会质量作为现有政策和政策思考的一个问题被提出，也作为对现有缺失的补充被提出，这一补充需要新的概念和在欧洲社会政策领域发挥作用的模式。其次，在第一本书中，社会质量作为一个敏感概念被提出，引导我们对现实加以认知。也就是说，社会质量概念是从它的经验相关性和其更好地洞察社会与经济环境的可能性中获得当下的意义。

根据以上的思考，作者在前面章节专注的四个主题是值得思考的。第一，他们对社会哲学主题的评论，这一主题涉及概念的本体论、认识论和意识形态背景；第二，理论取向的评论涉及概念本身的建构；第三，社会质量涉及欧洲现实的哪些经验问题？第四，有关概念的政治适用性和可操作性的初步想法。

 ## 二 社会哲学主题

本体论和认识论问题

理解是什么构成了社会质量，以及我们如何进一步发展这种认识，对社会的阐释来说是至关重要的——无论是作为一个名词性元素还是一个形容词。这种理解涉及对本体论问题和认识论问题的解释。对这两个问题的解释为澄清个体及其社团与社会集体之间的关系提供了基础。如果处理不好这两个问题，就很难使社会质量在理论上的建树超越其他方法的贡献（第四章）。这一澄清是将社会质量方法与理论区别开来的一个条件，这些理论与作为福利国家社会保障制度的传统社会政策相关。大多数评论家也是这样认为的。Therborn 表明，这是由不能清晰地表达社会质量方法提供的是什么样的选择引发的（第二章）。

三个问题均涉及社会质量概念对社会的解释。首先，社会质量倡议的主要动机是批判现有思想和社会经济政策的现行做法。然而，社会质量被定义为一种积极状况，即作为个人福祉的存在条件。这可能有损于它批判的潜力。① 社会质量作为一个值得肯定的概念，要使其在政策领域得到积极运用，就要求赋予其的合法性地位多于批判性监督。这是一个需要被超越的悖论，因为它使这个概念的开放性维度被削弱。这就必须让社会质量的积极意义面对曾经的变迁和未来不可预测的环境，这些环境可能会改变社会质量概念的内涵和条件，否则社会质量概念就无法满足其解放的宣称，这样的对抗意味着一种过程取向（第十一章）。

第二个问题是关于社会质量的语境性。这意味着社会质量在不同情境下会获得不同的意义。这就提出了认识论的问题。Therborn 和 Bouget 的评论清楚地表明，当社会质量概念作为一个科学概念或作为一个政治概念时，其含义会有怎样的不同。这也是我们在评论不同生活领域时的情况。家庭生活、卫生保健和劳动关系的确定等是以同样的社会标准来评判的吗？年幼的儿童或依赖性较强的老人的社会需求是如何与那些工作人群（工作的男性和女性）联系起来的？我们能因此假设在不同种族、不同社会群体或不同个体之间的联系是平等的吗？这就提出了一个本体论问题：生活领域是如何彼此连接的以及与后现代社会政策领域的关系是怎样的？例如对欧盟来说，这些相互联系如何给公民个人带来必然的结果？而这一结果往往是如何缺乏论证的？正是由于此缘故，Therborn 提议将传统社会政策转化为现实中的社会管理，使其成为一门塑造人际关系的学科。

第三个问题是关于概念的适用性问题。第一本书的作者在该书结论中曾说，"目前仍不清楚自发形成的社会政策主题之间的衔接如何能够提供一个真正的基准，以在好的政策和坏的政策之间做出决定"②。Bouget、Therborn 和 Aviles 论及了这个问题。Therborn 阐述了关于社会过程质量水平的问题，由于形势的变化，这一过程重塑了人类的经济社会关系。当 Bouget 无法找到一个衡量社会质量水平的确切起点时，衡量方法成了他在评论时面临的一个问题。Aviles（第三章）解释了作为最低标准的社会质量。Therborn 是从他对作为政治概念的社会质量的优先权阐释中获得了他认为的标杆性主题。对他来讲，首先要做的是在欧洲范围内监测和激发公众参与到社会质量能够被明确阐释的过程中来。然而，社会质量就如第一本书指出的那样，未将理论和政策制定衔接起来。这将不足以提出一个

① 见 133 页注释①。他们认为，"如果社会质量概念能够对欧洲社会的生活条件提供批判的视角，那么社会质量应该面向未知和无法预测之事，以及我们无法预知的灾难"。

② 见 133 页注释①，第 303 页。

新的政策概念。决定好政策和不好的政策的标准不能够直接从社会质量指标体系中获得，这将影响概念必要的开放性和欧洲范围内的社会质量与社会政策标准的异质性。考虑到此点，必须确定我们的观点。因此，我们将阐述的是社会质量的主题而不是社会政策主题，目的是讨论经济政策和社会政策的特征。①

意识形态问题

在 Bouget 的观点中，社会质量作为一个新概念被陈述，使其成为现代化项目，在此项目中，社会质量将作为一种社会进步的形式。对他来说，社会质量似乎是指"美好社会"。社会质量概念不确定的意识形态内容可被认为既是一个问题也是一个答案。尽管如此，根据 Bouget 的观点，意识形态和价值观是修饰性多于实质性。如此，好社会是否反映自由主义或集体主义原则同样也不清楚。对他来说，这种不确定性使社会质量成为一个空壳，因而成为有问题的概念。作者必须澄清概念的立场。另一方面，Therborn 将开放性看作社会质量有效性的条件和使欧洲社会获得广泛支持的一个工具。但以功能为基准，社会质量概念应被精确定义和操作化定义。然而，根据 Therborn 的观点，这种困境不是一个学术问题；相反，它是应对这种困境的政治艺术。

随着两种观点的发展逐渐走向两极，两种立场都是存在问题的。Bouget 在字里行间隐藏地假设不太复杂的意识形态和政治计划，期待揭示和发现社会质量背后的真正利益。但是不存在这样的问题，因为没有对直接获益的中产阶级进行明确的界定。社会不平等背后的社会结构与不平等的进程正日趋复杂，我们需要新的概念来解释这种复杂性。同样，根据 Bouget 的观点，自由主义和集体主义学说的简单对立等同于个体主义和社群主义的对立，Bouget 否认存在识别两种不同学说的困难。在第一本书中，作者试图促进这两种观点的传播。Therborn 指出社会质量中的"质量"作为社会的一个特点，其在个体身上得以反映。首先，社会质量必须进一步发展。其次，更重要的是科学家是否可以独自决定什么是好的？我们可以说社会质量是一个现代项目，因为它趋向于构建一个更好的社会，这一社会基于对社会生活从属于经济关系的现实状况的批判——因为这一生活方式与经济关系密切相关。社会质量概念与在现代环境中重新界定和解释"社会"一词的努力存在内在联系。然而，阐释"好"的过程仍处于争议中。

---

① 这一点将在第十八章阐述。

Therborn 持相反的程序性立场，是与 Rawl 的实用主义定位相对的。① 在他的分析中，质量在于政治进程，而不是对一个"好"社会的清晰阐述。通过发展能够确保公民充分发挥影响力的政治参与的规范性标准，他继续着自己的研究。也就是说，社会质量概念包含一些价值，这些价值是关于在一个社会中社会质量被决定的路径，而不是一些将"好"作为理想的终极状态的价值观。然而，引人注意的是，纯粹的程序化解决方案是错误的。首先，社会质量的字里行间阐释的是一种实质性的理念和价值观，程序性规范也是意识形态式的。如 Bouget 所说，为了将理念和价值观与历史相联系以及确认可能伴随它们而来的利益和利益冲突，明确表达这些理念和价值观是重要的。② 事实上，Therborn 提出将个人福祉作为其自身的规范性定位，从而证明不实现社会理想将会面临多大的困难。然而，他把个人福祉作为该基本问题的一个实用性答案。他认为，如果社会质量成为欧洲议程中一个有意义的主题，我们就必须尝试为找到解决社会问题的实用方法做出应有的贡献。

双方的意见、原则和实用主义为解决社会问题提出了一套现实的解决方案。Bouget 警示我们，"好"的概念如果忽视了现存的不平等和利益冲突，它就会是空洞的。Therborn 表明在欧洲一体化的背景下，为了赋予社会质量道德的和现实的意义，将其与现存的生活质量传统相联系是十分必要的。换句话说，社会质量中的"质量"的概念，作为"好"的价值观和原则的一种表达应扎根于现实、扎根于对历史的传承和现实的冲突与机遇之中。因此，根据 Calloni 的观点，通过对日常生活情景再现的思考以及从家庭开始延伸到工作场所和环境的分析，对社会质量观念的可分析的、经验的、规范的、一致性的测试在原则上将会实现。特别值得关注的是 Calloni 的语言分析。质量一词源于拉丁文"Qualitas"，本义是指"什么样"。因此，质量是一种显著的属性和本质特征，决定一种特性。

Calloni 试图至少澄清四个问题。首先，在什么层次（社会、社区还是日常生活）上存在社会质量？这也涉及 Bouget 的问题：社会质量如何同时涉及个体、社区或社会的福祉？通过说明福祉依附于个体的资源和生活环境的质量，

---

① J. Rawl, *Political Liberalism* (New York, Columbia University Press, 1996). 他涉及两种观念，它们是合理、多元化的条件，"即：一种是关于合理的重叠共识的观念；另一种是关于公共理性的观念。没有这些想法，我们无法理解，当社会被政治概念规定的时候，在秩序井然社会的公共理性被明确提出的过程中，政治的正义观念发挥什么作用？（或者，正如我们将看到的，一个家庭因此所拥有的。）"p. xlxii，这种正义是合理的综合性学说的重叠共识的焦点。

② C. Taylor, *Sources of the Self: the Making of the modern Identity* (Cambridge University Press, 1994), p. 104.

Ternborn 将这两种学说联系起来。然而，这种说明更多的是概念性的而不是规范性的。其次，什么是"好"或者什么是我们为个体及他们的生存环境争取的福祉呢？特别是以谁的利益为好呢？考虑到这一点，Aviles 假定平等的待遇不再忽略来自欧洲之外但在欧洲具有合法地位的劳动者。但正是由于他们人数众多，任何措施所带来的经济影响均会阻碍欧盟成员国向前发展的步伐，就像 1996 年将医疗保障平等权利扩展到这一群体的尝试失败了一样。再次，欧洲的哪种观念与社会质量相关？第一本书强调社会质量与意识形态和政治统一的欧洲联系在一起。Therborn 和 Aviles 通过详述欧洲民主达成共识与参与的可能性做了进一步的探讨，并且依据后者取得了进展。然而，对欧洲政治和文化传统的异质性也有强烈的意识形态认同，这一认同以 van Kersbergen 关于国家政治性的分析为基础（第六章）。① 我们是否要从欧洲多元道德体系中获得一些道德支持，或者存在与社会质量相关的具有共性的欧洲道德吗？社会质量能够使进一步的政治统一合法化吗？这是 Calloni 观点的核心。她认为，欧盟不应该被构想为一个"大"国家，她的"公民权"思想是基于血统主义（In Sanguinis）的排他性原则，在这一原则中公共保护仅为特定群体提供。欧洲公民权思想应当被看作灵活的政治架构和文化观念，对新劳动者和新公民开放。因此，社会质量必须同时避免边缘化和生态环境恶化这两种新形式。最后，还有机构和责任的问题。在个人和社会领域创建社会质量的行动者将肩负何种责任？令 Bouget 好奇的是——例如，当他使对普及主义（universalism）和选择主义（selectivism）的讨论引起我们注意的时候——社会契约如何被察觉？在现代民主社会的背景下，如果不重点考虑福祉或社会质量的任何其他个人层面的成果，自主权的实现难以想象。那么，如何在社会质量中加入机构构想，这一困惑与第一个问题密切相关。

三 理论主题

概念的内涵和潜力

理论观点包括社会质量概念的理论内容以及分析欧洲社会质量深层机制的能

---

① 参见 M. R. Krätke，"Globalisierung und die Ohnmacht der Nationen. Eine Herausforderung an die Linke"，*Widerspruch*，2000，19，61－71。

力。这意味着在以政策为导向的研究中，如何评估社会质量的问题，因此也是研究中的量化标准如何从更基本的定性原则中推导出来的问题。如果没有这样的关联，社会质量将仍然是一个抽象的、积极的概念，广义上讲，对社会经济问题的研究很少使用它。① 前面章节的大部分评论都是独立阐述各要素；无论是概念、理论还是社会质量的测量，都没有将它们连接起来。正如第一本书提及的那样，这是一个概念探索中符合逻辑的结论。然而，要点之一是，什么样的理论概念既能具备提供分析社会进程的潜力，又可以成为激励政策导向的评估工具？确实存在一些所谓的被认为存在于理论假设之外的"社会质量"吗？我们可以用同样的方式将诸如社会不平等、人类需要的概念同解释它们怎样产生的理论区分开来吗？或者说，就像交往行为只是作为其理论解释的一部分那样，社会质量与其理论建设是密不可分的吗？第一本书的定义给出了部分回答。社会质量包括公民能够在提升他们幸福感和个人潜能的条件下，参与其所在社区的社会经济生活的程度。② 此定义指的是一种结果，或是公民具备一定的能力和达到一定生活条件的最终状态。用 Therborn 的话来说，它是指特定个体和社会资源的可获得性。但是，所谓社会质量的最终状态和达到这一状态的有效条件之间的差异究竟是什么？是个体资源和社会资源本身的差异吗？很难想象社会质量作为一个未被完全界定的抽象概念，可以成为一个基准去比较和评估现有政策。

根据 van Kersbergen 的观点，第一本书的作者们只是简单地表达了他们的担忧和关于改变欧盟的政治主张。他认为，为了使社会质量理论得到发展，我们必须尝试确定一些客观要求即施加客观压力以满足功能需求。如果不领会这种功能需求，似乎就很难区分调整国家战略和理解社会政策发展之间的相似点与不同点。在他看来，通常情况下，事件由其结果解释，在一定程度上，尽管结果在事件解释中是一种原因，但不一定成为决定性的原因。这是传统的谬误。但如果是这样的话，那么客观压力和需求的功能性措辞就是不必要的和混乱的。③ 鉴于欧洲政策制定者的推测，他反对封闭的功能主义是迫切需要的。最近一份来自葡萄牙总统的文件认为，欧洲在技术革新应用上落后了，这里的革新主要是将创新和

---

① 见 133 页注释①，第 303 页。

② W. Beck, L. van der Maesen, A. Walker, "Social Quality: From Issue to Concept", in W. Beck, L. van der Maesen, A. Walker (eds.), *The Social Quality of Europe* (The Hague, Kluwer Law International 1997), p. 291.

③ 见 138 页注释①。

知识确认为财富的决定性源泉。这是经济竞争力弱的原因，也是导致经济增长速度下滑和失业及社会排斥风险增加的原因。欧洲必须将宏观经济政策、经济改革和结构性政策以及积极的就业政策和社会保障的现代化结合起来。① 根据欧盟委员会的提议，这就意味着应建立适应现实情况的新制度而不是降低对劳动力的保护。欧盟委员会解释说，鉴于"欧洲社会模式的性质"，高水平的社会保障成为社会凝聚和经济发展的条件。② 这是一个封闭的功能主义的典型示范吗？

社会质量象限

第一本书不仅解释了社会质量的定义，也通过由四个要素构成的象限将其概念化，即（ⅰ）社会经济保障，（ⅱ）社会包容，（ⅲ）社会凝聚，（ⅳ）社会赋权/自治（参见图1，第8页）。纵轴指的是微观和宏观之间的张力关系，横轴一侧是制度和组织之间的张力关系，另一侧是共同体、群体和公民。③ 在许多评论中象限问题围绕着两个主题：第一个是象限结构的性质，第二个则是维度和构成要素选择的争论。这两点均涉及理论效度和经验效度之间的张力关系。

该象限代表了什么或它是如何被构建的？构建的原因是什么？Bouget 担心的是当象限涵盖内容太多时社会质量会有变得毫无意义的风险。此外，社会质量概念同已经存在的类似概念的关系是什么？为什么我们更倾向于社会凝聚的说法而不是社会融合？为什么将社会团结只作为社会凝聚一个元素。然而，我们能够很容易在四个构成要素中发现理论传统。Von Beyme 在其政治理论的分类中采用了一个非常类似的象限。两个轴定义了他的象限，分别代表宏观与微观维度和制度与行动者取向。他指出，政治学家们试图通过解决政治转向的基本问题来将制度理论和行动理论的许多方面联系起来。然而，概念性的问题是很难处理的。存在这样的重叠：制度理论对行动理论潜在的支配危机，以及对应用理论边界的入侵。这也适用于社会质量的方法。我们必须接受这些概念性问题。④

---

① Council of the European Union. *Document from the Presidency*: *Employment*, *Economic Reforms and Social Cohesion—Towards a Europe Based on Innovation and Knowledge* (Brussels/Lisbon, CHE/AM/EMB, 12 January 2000), p. 5.

② European Commission, *Modernising and Improving Social Protection in the European Union*, Communication from the Commission, COM97 (102) (Brussels, DGV, 1997).

③ 见 139 页注释②，第 286 页。

④ K. von Beyme, *Theorie der Politik im 20 Jahrhundert* (Frankfurt am Main, Suhrkamp Verlag, 1992), p. 343.

关于第二个问题——如何证明其构成要素的选择——Bouget 认为，如果它必须是概念层面的含义，那么构成要素应该是相互排斥的、明确的和相互透明的。Therborn 阐述了分析的层次。他质疑：社会质量是在社会中还是在（群体或组织的）公民中抑或是在两者中被发现？将社会质量象限从一种松散的混合结构发展为更具理论基础的结构，需要考虑三个主题：轴的意义、构成要素的意义和它们之间关系的意义。一些评论家想知道：两个轴的选择是怎样确定的，只有这两个轴吗？依据这两个维度划分社会质量或者说将社会质量分解为四个部分的理论依据是什么？Calloni 的这种划分不能较好地代表公民观点，在这种情况下，需要详尽考虑日常生活观念。同样，根据其他人的观点，坐标轴是根据福利国家和对福利国家的关注构想的，或者社会质量象限具有收集和解决政治、科学相关问题的功能吗？此外，Bouget 提出，是否有足够的理由相信社会质量象限涵盖所有我们对社会质量的理解？他并不相信。这不仅仅是社会团结和生态平衡问题，更重要的是权力和社会地位的问题。四个构成要素的含义及其相互关系与象限的轴密切相关。确定了象限的轴，就确定了四个构成要素。Therborn 根据个人资源和社会资源解释社会质量是令人感兴趣的。就像《欧洲社会质量阿姆斯特丹宣言》宣称的那样，他的解释符合作为基本权力体系的社会质量的概念。[①] 我们可以把社会质量的四个构成要素看作通过个人生命历程（社会经济保障和社会凝聚）与中观、宏观层次的制度安排（社会经济保障和社会凝聚），公民适合进入的四个资源领域。四个构成部分之间的相互关系与轴的含义相关。如果我们继续将轴解释为正交维数（orthogonal dimensions），则这四个部分相互排斥。然而需要明确的是，要素代表的四个概念在很大程度上是相互交织、相互依存的。也许轴并不是维度，但界定了不同社会力量的运行领域。构成要素可以被理解为这些力量或其结果的清晰表达。就像第一本书阐述的那样，象限是动态过程的静态表述。[②]

从封闭到开放的功能主义

在第一本书中，社会质量概念作为意识性概念引导我们对现实的感知。在 Kelle 看来，社会质量目前的含义源于其实证相关性及其对社会和经济环境进行

---

① Amsterdam Declaration on Social Quality，见附录。

② 见 139 页注释②，第 286 页。

更好洞察的可能性。在第一个实例中，这一概念的意义不仅仅取决于消除对逻辑和语义变化的模糊表达。从严格的实证意义的立场看，在理论框架构建起来之前，无法确定指标的有效性。然而，其他经验的扎根理论的方法，需要考虑理论和测量之间更大的灵活性，尤其是对社会质量概念进行实证的重要性问题不能单独由理论争辩决定。与社会实践进行对比是验证的一个重要条件。①

通过这样做，我们必须接受 van Kersbergen 的警示。过去所有令人印象深刻的理论——关于福利国家的工业化、现代化和马克思主义理论——都强调因社会发展而产生的对社会保障的需求，只能通过合理的国家干预手段得到满足。对阐释这些干预手段是如何解决现实问题的理论，他们倾向于认为还不够充分。此外，他们并没有在经验方面提及发达国家间的跨国变化。至于这些变化，经验上看来是明显的，它们轻易地被解释为功能性的等价物。van Kersbergen 还认为，新的功能需求迫使福利国家采取非常类似的政策调整措施或制定欧盟的共同社会政策。正如我们在前面看到的，较强的实用性方法表明经济增长、充分就业和社会凝聚是彼此的条件和结果。依据 van Kersbergen 的观点，社会质量的争论必须以开放的功能逻辑为参照。这将以评估现存必要性的论证为客观的参考点。换句话说，在欧洲、成员国、它们所属的地区和地方，我们必须回答政策（发展和维护欧洲社会质量）必要性的功能逻辑问题，以及解释功能需求如何得到满足的因果机制。此外，在发展社会质量的过程中，欧盟的具体作用是什么呢？（见第三章）

四 欧洲现实的经验研究

存在这样的疑问：在欧洲社会的背景下，社会质量的新概念将意味着什么？Bouget 对这一概念的新意持相当悲观的态度，他担心这个概念只是为欧洲社会提供了一个模糊的和无价值的术语，却掩盖了真正的问题。尽管他的大部分批评都是针对理论阐释，但也包含社会质量涉及哪些现实的问题。Atkinson 强调了经验研究的问题。在关于社会质量的会议发言中，他首先发问为什么社会质量一直服从于经济和货币政策，尽管有证据显示它们的关系不是对立的；其次发问如今应该采取什么样的具体政策，使欧洲各国在社会领域具有平等的地位。

---

① U. Kelle, *Empirisch begrundete Theoriebildung*：*Zur Logik und Methodologie interpretativer Sozialforschung*（Weinheim, Deutscher Studien Verlag, 1994）.

根据 Atkinson 的观点，关于第一个问题，最重要的原因是社会政策是社会分配的核心，而分配（风险和收益）长期以来被视为经济学的一个边缘主题。关于第二个问题我们必须认识到，根据 Atkinson 的观点，政治经济利益是主要政策发展的基础。为了创建一个新的社会质量的起点，应该把社会质量的主题提上议事日程，并建立一个类似的利益联盟。他的观点是指欧盟在发展过程中自我呈现的权力关系。[1] 根据 Atkinson 的推测，在通过减少卫生保健、养老保险金和社会服务等手段威胁数以百万计人民的生活水平和安全之前，欧洲各国政府坚信社会保障危及欧洲的竞争力，就像许多新自由主义和新货币主义的政策制定者认为的那样。他继续说道，目前，这种说法并非毫无疑点。根据 Atkinson 的观点：

> 在理论层面，影响取决于制度结构；实证证据是混乱的，可以以不同的方式被解释。同样，重要的是质疑：如果欧洲大幅削减社会保障，欧洲社会将会变成什么样子？新的社会安排必须落实到位——通过个人或集体机构——这些也会影响经济绩效。[2]

Balbo 批判将社会质量概念作为一个非性别问题的提法。这是不是意味着日常生活中的性别视角和问题对欧洲社会改革没有任何裨益?[3] 例如，遵循《阿姆斯特丹条约》关于男女机会均等的争论，应该导致一种新的两性之间的契约关系及在国际层面上对妇女地位的新的前瞻性思考。[4] 根据 Ostner 和 Lewis 的观点，这种新方法被果断地提上欧洲议程。然而，关于这项政策的实施并没有过多的研究。例如，劳动力市场上的平等对待不足以应对女性面对的真实情况。占主导地位的假设仍然是：谁是主要的挣钱养家的人？谁是附属的家庭照顾者?[5] 这一结论得

① A. B. Atkinson, *The Social Quality of Europe*, Lecture for the International Conference on Social Quality (Oxford, Nuffield College, 1997).

② A. B. Atkinson, "Does Social Protection jeopardise European competitivensess?", *Bulletin Luxembourgeois des Questions Sociale*, 1997, 4, 19 – 28.

③ L. Balbo, *Paper to Alan Walker*, chair of the European Foundation on Social Quality (Ferrare, University of Ferrare, 1997).

④ European Commission, *Equal Opportunities for Women and Men in the European Union* (Luxemburg, Office for Official Publications of the European Communities, 1997), p. 13.

⑤ I. Ostner, J. Lewis, "Gender and European Social Policies", in S. Leibfried, P. Pierson (eds.), *Europe and Social Policy: Between Fragmentation and Integration* (Washington DC, The Brooking Institution, 1995), pp. 159 – 144.

到了 Küpêrs 的绝对支持，他对欧洲范围内对女性地位的否定进行了清晰的论证。在对旨在发展市场支持的欧盟《法尔方案》的 80 个项目的评估中，由于女性代表缺席，女性或性别问题明显暴露出来。①

但出于不同的原因，西欧女性遇到了更大的压力。例如，Yeandle 认为，在她对日常生活社会质量的分析中，妇女的意愿是提供社会联系，以产生社会融合、实现包容，但这些意愿正受到新的经济和社会背景下自身解放的威胁。她们没有让自己的野心和选择屈从于家庭和社区生活的要求。但结果是，她们感受到了既要上班又要做家务的双重时间压力，另外，由于关系日益复杂，现代家庭生活增加了她们日常生活的负担。② 欧洲社会质量的讨论不能忽视女性、男性、儿童和祖父母之间发生的重大变化。

在关于社会质量倡议的发言中，Schuyt 结合了上述两个主题，即在日常情况下的变化和经济与社会政策目标导向下的变迁。他提出支持其倡议的请求，因为在欧洲范围内人们普遍感受到以牺牲社会力量为代价的市场力量的增长。有这样一种感觉：尽管经济普遍繁荣，但是人口中的大多数并没有获益，并在社会参与中越来越多地被排斥在外。③ 这一点涉及日常生活的特点。Schuyt 提及 Dahrendorf 关于新的下层阶级增长的论文，这一阶层是根据肤色和种族、社会凝聚力受到的影响与现代的"失范"形式来划分的。④ Dahrendorf 关于下层阶级会永久存在的警告必须被认真对待。事实上，最近，失范的概念已经被社会科学家重新提及。根据 Duvignaud 的说法，我们的社会将发生巨大的变化，就像我们看到整个社会结构的重组，因为整个社会结构正在促进社会失范环境产生。⑤ 根据 Schuyt 的观点，可以给出两点评论：第一，Dahrendorf 没有经验资料来支撑他的观点；第二，因此他将失业的人群作为一个同质的群体。尽管形成贫民区的结构性经济条件目前仍然可能存在，但是不能说在欧洲存在美国式的贫民区。如果经济复兴是在不尊重所有失业者、年轻人或老年人的社会融合的背景下实现的，欧

---

① G. Küpêrs, "Die EU als politischer Handlungsraum", *Europa-Magazin*, 1997, 3, 5 – 10.

② S. Yeandle, "Social Quality in Everyday Life: Changing European Experiences of Employment, Family and Community", *European Journal of Social Quality*, 2000, 1/2, 90 – 109.

③ C. P. M. Schuyt, *Social Quality: A Sociological Perspective.* Lecture for the International Conference on Social Quality (Amsterdam, University of Amsterdam, 1997).

④ R. Dahrendorf, *Der moderne soziale Konflikt* (Stuttgart, Deutsche Verlags-Anstalt, 1992).

⑤ J. Duvignaud, "Nous vivons une de ces périodes ambiguës où tout devient possible: Les Grand Entretiens du Monde", *Le Monde*, June 1996, Numéro Special, 34 – 36.

洲将发展得相当快速。在他看来，这是欧洲社会质量争论中的重点。

　　Schuyt 说，直至目前，欧洲福利国家通过给予财政配置转移和专业帮助来改善严重的社会不平等状况。但是这些国家并没有将减少不平等作为支持公民赋权战略的一部分和社会质量方法的重要主题之一。他认为，社会政策曾经是改善人们自身状况的有效手段，但现在已经不是了。关于贫困问题的辩论在欧洲仍然受传统政策实施策略的影响。因此，我们必须改变现在的福利国家，使之进入能动状态。① 消费的社会福利可以被投资和减少经济不平等的整体政策取代，也可以被社会公平的修复替代。换句话说，能动政策意味着社会政策发生本质性的变化。联系上下文，Schuyt 的第一个论点是增强赋权的战略将提高社会凝聚和社会团结的水平。他的第二个论点是信任是社会凝聚的基础要素。因此，社会政策应与信任问题相关。Schuyt 说，我们必须重新创造相互信任的艺术。对于社会中社会质量的更新，我们将在私营部门和公共部门之间建立融洽关系，以避免走向失范的道路。② 根据 Schuyt 的观点，社会质量可以或应该标志着福利国家发展方向的转变，这可能意味着基本社会契约的重新定义。人们不再简单地需要被给予物质资源来交换权力，而社会质量概念使需要赋权的人们获得权力成为可能。与重建福利国家说法相关的是欧洲建设。

　　在这一点上，van Kersbergen 和 Aviles 持相反的观点：一个质疑发展超越国家的社会政策的可能性，另一个倡导广泛的超越国家的发展。所有这些评论都在探讨社会质量的经验内容：社会质量概念是否以及如何与当今欧洲正在发生的重要变化和过程相联系？Atkinson 认为，社会质量方法应该在关于经济进程（提高经济绩效）和社会环境本质（为人类的尊严铺平道路）相互关系的争论中发挥重要作用。

　　由于这些评论，我们显然必须彻底讨论以下三个主题：关于社会质量涉及的问题和分类；指出社会质量的历史背景，尤其是欧洲一体化进程；以及社会质量为这些问题提供的解决方案和答案。借助 Balbo 的研究成果，Calloni 的观点主要反映了这三点。她证明了社会质量概念语义的变化。在 20 世纪 90 年代，这种变

---

① N. Gilbert, B. Gilbert, *The Enabling State. Modern Welfare Capitalism in America* (New York, Oxford University Press, 1989).

② Fukuyama 认为，"无数无组织的个人构成的社会，是指一个臃肿的国家被压制和遏制，从而形成名副其实的社会学意义上的怪物"。见 F. Fukuyama, *Trust : The Social Virtues and the Creation of Prosperity* (London, Hamish Hamilton, 1995), p. 55。

化不仅是出于对信息社会的肯定，而且缘于风险社会的全球化现象。切尔诺贝利核反应堆爆炸以一种戏剧性的方式证明了超越政治和意识形态之间界限的后果。她说，在这一概念的帮助下，我们将对演变现象与风险和政策的评估有新的认识，在这一认识下，国家能够将它们整合在一起，构建一个"补偿应对机制"。另外，还必须增加提高人力资本水平的项目。

五 社会质量概念的政治适用性和可操作性

在最后的部分，我们将反思 Bouget 写的第七章和 Phillips 与 Berman 写的第八章，他们展开了对概念适用性的讨论。我们也将反思 Svetlik 在《欧洲社会质量》杂志第一期中的贡献。在那篇文章中，他还试图对用政治的适用方式测量社会质量的挑战做出回应。[①] 这样的测量通常意味着要依靠集合体和宏观统计数据。同时，这一概念的理论发展走向小规模定性的方法，这一方法可以帮助我们把握社会质量作为社会存在的个体之间的联结现象。这造成了矛盾，进一步加剧了政策和理论取向之间的紧张关系。这可能会引起有关社会质量倡议的有趣的歧义。一方面，一些评论家提到抽象的平流层水平（Stratospheric Level of Abstract）；另一方面，许多评论家信心十足地愿意为社会质量方法论的发展做出贡献。由于后者的贡献，我们可以区分四个方面的内容：（ⅰ）福祉测量的科学背景；（ⅱ）具体的概念性主题；（ⅲ）方法论挑战；和（ⅳ）实践的观点。我们将在本章的最后一节讨论这四个方面。

福祉测量的科学背景

关于社会质量倡议的实证操作化的讨论涉及三个关于福祉测量的传统。第一，它可能与社会指标方法和社会指标运动有关，它们从 20 世纪 60 年代以来已经在美国打下了坚实基础。对许多学者来说，经济增长不适合用来测量经济和人类的发展。有人认为，社会指标应该指向爱心服务和物品输出的数量与获得爱心服务和物品的个体数量。这些指标也应该是描述性的。[②] 直到 20 世纪 70 年代，

---

① I. Svetlik, "Some Conceptual and Operational Considerations on the Social Quality of Europe", *European Journal of Social Quality*, 2000, 1/2, 74 – 90.

② S. Hadril, *Sozialstrukturanalyse in einer fortgeschrittenen Gesellschaft* (Opladen, Leske-Budrich-Verlag, 1987), pp. 97 – 101.

在这种方法中，人均国民生产总值指标起主要作用。根据 van der Lijn 的观点，这将引起两种反应：[①] 首先是强调购买力；其次是关注补充指标的其他测量，例如来自联合国的人类发展指数和经济合作与发展组织的研究项目。修正这种方法的主要理论基础是国际比较的必要性。考虑到这一点，本书第一部分的诸多贡献者要求以一个坚实的理论出发点发展测量和评估公民个人福祉的相应社会指标。Calloni 提到 Sen 有关功能和人类能力的理论，Therborn 提到 Doyal 和 Gough 关于人类基本需求的理论。在《欧洲社会质量》杂志第一期中 Svetlik 提到 Johansson 的生活水平概念。Calloni 认为 Nussbaum 和 Glove 关于人的能力的研究为分析性别关系铺平了道路。最后，Bouget 提出了背景——机制－结果分析方法。虽然我们的灵感可能来自这些修正，但我们同意 Therborn 在第二章中的评论，他们留给我们很多比以前更多的智慧——尽管更加成熟，但是依然令人感到迷惑。在他看来，从社会政策的视角出发，现在社会质量倡议需要社会转型过程中民众广泛参与的特征指标。

第二，根据 Svetlik 的观点，社会质量概念可以与关于质量逻辑的方法论传统相联系。它渗透到个人和社会生活的所有领域以及政策、制度、政策制定过程和关于人力资源的讨论中。全面质量管理（TQM）被引入制造业，并在其他许多领域，即非正式的网络、非政府组织、当地社区和国家等领域有重要的溢出效应。在这样的背景下，Svetlik 也涉及 Drewnowski 的生活质量概念。

第三，在我们看来，也应在欧洲社会政策传统中去理解社会质量概念。在社会质量的第一本书中，Room 提到 20 世纪 80 年代和 90 年代主导社会政策讨论的两个概念的转变。社会排斥理念已经在学术和政治领域取代了贫困概念。[②] 在 20 世纪 90 年代末，这场讨论的重点再次发生了转变。所谓的福利国家面临压力。首先，因为福利国家根据占主导地位的宏观经济哲学理论减少在社会政策方面的支出，所以社会支出的规模和需求增长被认为是非常有问题的。其次，与此同时，消除社会排斥的必要性似乎变得越来越迫切。作为生产要素的社会保障范式应该评估经济考量标准和消除社会排斥的必要性。[③] 近期，社会政策改变了经济

---

① N. van der Lijn, *Consumer Markets and Welfare under Central Planning*（Amsterdam, University of Amsterdam /Tinbergen Institute Research Series No. 136, 1997）.

② G. Room, "Social Quality in Europe: Perspectives on Social Exclusion", in W. Beck, L. van der Maesen, A. Walker（eds.）, *The Social Quality of Europe*（The Hague, Kluwer Law International, 1997）, pp. 255–260.

③ 这一点将在第十八章阐述。

发展与社会保障之间的相互关系，也改变了主导社会政策讨论的收入与劳动之间的关系。

社会质量的讨论已经接受这三种科学方法论传统。为了超越这些传统，根据第二章中 Therborn 的观点，社会质量方法应变成欧洲议程中一个必要的而且有重要意义的项目。他说该方法是对四个标准的回应：（i）社会质量的定义应该达成一种广泛的政治共识；（ii）目标应具备参与性和实践性；（iii）具有充当一般政策尺度的功能；（iv）必须有一种开放的视野。这四个标准的逻辑意味着下面的方法论问题。要达成这种共识，不断沟通与信息发布是判断对话和决策的条件（见 Bouget 的研究）。我们需要确定大众参与性的指标（见第二章）。为了使社会质量具有作为一般政策尺度的功能，我们必须评估复杂的及互补性的操作（见第八章）。因为与社会指标的概念相比，社会质量不涉及结果，而是与社会过程相关，社会发展对其是至关重要的（见第十一章）。社会不能简单地被设想为经济的互补（见 Svetlik）。

考虑到这一点，我们不得不思考三个主要问题以发展社会质量概念的适用性。第一，迄今为止，如何将关于社会指标的方法与复杂多维的社会质量概念相联系？第二，如何整合社会质量概念中的质量逻辑？第三，如何将社会正义的主题（贫困路径）、动态过程和机制（社会排斥路径）、生活风险（社会保障路径）与作为社会质量本质的社会解释相联系（自下而上的方法和日常生活取向）？

具体的概念性主题

伴随着对社会概念的全面总结，社会质量象限（见上文）引发了一系列批评。第一点批评直指纵轴代表的微观和宏观之间的紧张关系。机构和组织之间的区别，一侧是共同体和群体，另一侧则作为横轴的端点。对 Svetlik 来说，两轴的端点是不明确的。横轴和纵轴是重叠的。结果是：这四个构成要素并不是完全相互排斥的。根据 Phillips 和 Berman 的观点，两个轴因此不能构成"使每个构成要素处在两个连续交叉点的离散象限，从而使它们相互排斥"的初始分类。在他们看来，取而代之的是我们将象限作为两个相互关联的统一体，而不是将每个构成要素置于四个离散单元之中。他们给出了一种象限的流体定位，以展示构成要素之间的动态关系。

第二点批评是关于象限构成要素的上述评论。这引起了基于不同方法论的不同的重新分配和分类。Phillips 和 Berman 接受原有四个构成要素中的两个即社会经济保障和社会赋权。在他们看来，社会凝聚和社会包容中的构成要素也都渗透在社会经济保障和社会赋权中。Svetlik 也定义了两个轴。横轴是关于正式制度和非正式制度的两极；纵轴关注社会和个体两极。这些端点为被选择的要素提供新的语境。关于社会质量象限的两点评论，将导致对一种新的方法和实现概念操作化的指标的新诠释。换句话说，这涉及概念适用性方法论的核心。

第三点是对上文提及的关于社会质量倡议包含的概念和术语的评论，它们引发了基本的概念性问题。我们应该提供更多的概念性细节以解决理论和政策问题。根据 Svetlik 的观点，我们需要用这些答案来详细建构社会质量指标，使其真正符合成员国的现实，为这些国家的成果（关于社会质量）比较提供路径。Phillips 和 Berman 认为，社会质量的不同维度可以被假定能提高公民福祉水平。如果这是现实，那么不同的组合是可能的。最终的结果是每个个体都可以获得自己独特的社会质量。对 Svetlik 来说，每个个体的社会质量在措辞上是矛盾的，这将阻碍比较研究。根据社会质量第一本书的定义，Phillips 和 Berman 否认这是不言而喻的。如果对社会质量的测量是完全可能的，则有必要评估每个个体的社会质量等级。在他们看来，作为每个人独特的表意属性的社会质量与整体社会质量范畴、个人社会质量的法律属性是一致的。

这个有趣的争议问题涉及分析方法及其比较工具。为了体现这个主题，我们可以针对如何制定五大战略的意见建议做出区分。Therborn 认为，作为最高目标的个人福祉与作为社会属性的社会质量之间的区分是可接受的和重要的，后者（社会质量）可能被定义为通过公共政策容纳人们的所有观点来获得个人福祉的能力。对 Calloni 来说，将个人福祉和人类尊严相关的标准假设与当地居民需要、利益、传统和偏好等具体内容做出区分是值得的。Phillips 和 Berman 提出采用多维方法来评估社会和个人两个层面。根据 Svetlik 的研究，客观地界定关于个人主观满意度的主观指标是可能的。Bouget 提出应该发展新的评价原则。他认为我们应该发展一种新的方法论，以更为叙事的方式来表达社会过程中人的参与。对具体情境的关注可以作为我们新方法论关注的核心。

方法论挑战

在我们看来，以上五种战略选择不是相互排斥的观点。所有这些选择都涵盖了一系列关于社会质量倡议有效性和适用性的重要问题。当然，对质量的测量是非常困难的，在阐述概念的初级阶段尤其如此。这涉及对没有经充分经验验证的综合性方法的追求。我们不仅面对概念在政治层面上所涉及的意识形态特征，也面对所谓的与区域历史环境相关的概念客观性，以及政治、经济和文化关系。象限构成要素的多元维度和概念本身的集体维度引发了复杂的问题。由于上述复杂问题的存在，运用不同的方法论必须被强调，以发展社会质量概念的测量方法。首先，我们可以假定构成要素之间的层次吗？对 Bouget 来说，测量赋权应该具有优先权。在他看来，欧洲社会质量评估的主要创新是评估各集体维度的必要性。他区分了集体优先、道德价值观和观念、正义原则、社会创新、解放思想的过程和当权者与无权者之间的差异。社会质量倡议特别关注社会干预取向的社会赋权效果。在他的观念中，赋权涉及决策的具体民主要求、道德价值观、日常感知和正义标准的应用。

　　第二个方法论问题涉及福利国家分步发展的不同阶段。此点涉及所有构成要素。根据 Svetlik 的观点，我们可以区分适当指标的选择、指标的比例和复合指标的构建。这一点并不是评估的技术问题，而是政治选择的核心，与各种方法论的关注点相关联。我们要探讨以下选择：定量和定性的指标框架之间的选择；客观性指标和主观性指标之间的选择；普遍性指标和特殊性指标之间的选择；特征指标与背景指标之间的选择；范围指标和要素指标之间的选择。考虑到这一点，Svetlik 想问的是：应该将谁的价值观纳入考虑范畴？我们应该接受计划制订者的价值观还是公民的价值观？由市场决定还是由政治决定？换句话说，谁来决定质量应该是怎样的？所有这些问题涉及指标和指数的构建与增强概念的有效性、透明度的必要性之间的关系。

　　最后的方法论问题是关于整合变量的。根据 Bouget 的观点，这一点必须与时空可比性问题与事实、选择和事件之间的关系相联系。通过本书这一部分以及《欧洲社会质量》杂志第一期对社会质量概念方法论影响的探讨，学者们都涉及了 Dunn 关于投入、过程、结果和影响的指标分类法。[①] 在我们看来，如果（见 Therborn 和 Bouget）将重点放在参与式方法上以使当地居民的活动处于实践的核心，那么这四种类型与社会质量倡议高度相关。Therborn 建议欧盟委员会应组织一场广泛的社会讨论，以荷兰为先例，涉及许多会议和论坛，以此邀请民间组织并做意见调查（第二章）。在政治评价的基础上，应该对社会质量和社会福祉的指标与测量方法进行实践。

---

① W. Dunn, *Public Policy Analysis* (Englewood Cliffs, Prentice-Hall, 1981).

实践的观点

在我们看来，社会质量倡议的方法论方面的各种评论通常由三个观点支撑。为了构建指标，我们应该把对"社会"的定义作为概念的最基本的出发点。此外，我们需要为概念的操作化提供更为一致性的框架。最后，我们需要对构成要素进行更精确的定义。在第一本书中我们假定"社会"作为一个实体自成一体，却没有阐释过程中的欧盟经济及社会政策讨论后所导致的结果。书中这一部分的一些章节给出了高级的指示解释的框架。"社会"的质量的观念应嵌入在更广泛的概念背景中。这意味着一场关于社会质量概念与其他相关概念理论关系的辩论。但要真正解决社会质量问题，应该以集体价值观和参与过程为取向。从这个角度来看，许多正在进行的讨论对社会质量倡议的发展来说是非常重要的。

我们将参考三个例子。首先提及的令人关注的项目是关于贫困和社会排斥的非货币指标。这次重要的总结给出了一份扩充的包含五个方面的指标列表——社会、经济、体制、地域、参考。也就是说：

> 每个领域都包括一套基本系统……（和）社会融合的五个领域与连接个人和社会的五种类型相对应。每当相应的连接被打破时社会排斥就可能在一个或几个领域产生。个人或群体将被拒绝参与（部分或全部）到这些领域中来。[1]

该报告的思考为相关社会质量概念的方法论问题的阐释给出了重要建议，尽管报告的方法和我们的方法之间存在一些根本性差异。举例来说，社会质量概念特别强调基本制度、作为社会存在的人类主体间的相互性、政策制定的参与性特征这三者之间的互动关系。另一个灵感的源泉是政府对社会责任实践论证的支持，以及政府以社会道德的方式从购买和交易商品中获利的增加。[2] 在这种背景

---

[1]　CESIS, *Non-Monetary Indicators of Poverty and Social Exclusion.* Final Report（Brussels , EUROSTAT, 1998）, pp. 21 –22.

[2]　European Commission, *European Workshop on Monitoring of Codes of Conduct and Social Labels*（Brussels, Directorate-General for Employment, Industrial Relations and Social Affairs, November 1998）.

下，我们应该注意到关于指标发展、影响的测量和证据支持等一系列问题。[①] 其次，1999 年 6 月适逢德国总理在科隆期间，欧洲理事会决定成立机构来制定欧盟《基本权利宪章》。基本社会权力的概念和定义应该更多地为欧洲成员国公民对欧洲的公众认同开辟道路。此说法参考《欧洲人权公约》、《欧洲社会宪章》（1961）和《基本权利的共同体宪章》（1989）。这个主题对社会质量倡议的发展至关重要。[②]

考虑到这些论述，社会质量概念方法论的操作化条件会变得清晰可见。首先，所有的概念复杂性需要一套综合的和多维的方法，这涉及指标、准则、符号、框架和规范的发展；其次，主要的方法论后果是社会质量作为一个可以确定相互关系、相互作用和因果运作机制的动态过程；最后，概念的核心是社会的质量，由社会过程中体现的能力（个人和群体）和条件（情境化）构成。

（谭奕飞译，王晓楠、徐京波校）

---

① European Commission, *Social Labels*: *Tools for Ethical Trade. Final Report* (Brussels, New Economic Foudation for the European Commission, 1998).

② 在这种背景下，基本社会权利意味着公民个体被赋予权利，其也意味着作为一个团体成员，在与其他人建立联系时使用的权利，还意味着国家在保护个人时发挥作用的权利，参见 European Parliament, *Fundamental Social Rights in Europe*, PE168. 629 (Brussels, Directorate General for Research, November 1999）。

第二部分
欧洲趋势：概念的发展

第十章　城市变革、法国辩论
与社会质量

Jan Berting and Christiane Villain-Gandossi

引言

　　工业时代迅速转向后工业时代，我们很难从社会所经历的主要社会经济变革和社会变革中区分出城市变革。然而，这些变革在城市和城市化地区的许多方面都可以看到，尤其是当我们被某些城市地区存在的严重社会问题困扰时。

　　标志着我们时代的经济、社会和文化变革的一般进程在不同的高级社会都相当相似。然而，从国际比较学的角度来看，这些进程对有着不同历史背景的社会都会产生影响。那些历史背景主要体现在社会机构被组织起来的方式上、体现在公民与国家联系间的不同集体表征中、体现在解决（集体）行动者与一般民众生活之间冲突的策略和相应程序中。这一章以法国为例探索其社会和经济变革所引起的政治和社会反应，分析那些社会对所面临问题的解决办法，并且科学地探讨以上问题。

二　城市变革综述

　　在讨论法国具体的全国性和地区性的模式之前，我们应该尝试找出整个欧洲所面临的经济、社会和文化方面的主要变革。第一个明显迹象，以工业社会为基础的劳动分工，明显被崛起的后工业社会或信息社会侵蚀。在很长一段时间，特别是在近 40 年，传统的工人阶级在逐渐消失。现代生产很难同阶级斗争的想法与有组织的工人对更公平的财富增长和提高社会保障水平的需求相结合，而财富增长作为其迫切需求，导致对社会经济权力体系的采用，该体系意味着认可国家有责任在社会经济生活领域，保证不再单纯地满足最基本的需求。社会不能在不引起重大方法论问题的情况下被定型为阶级社会。Pakulski 和 Waters 甚至提出：阶级已经过去①，崛起的"中产阶级社会"，在初始阶段没有立刻显示出它的主要弱点，因为它的膨胀伴随着教育机会的增多、职业晋升可能性的提高以及个人成就取向的发展。新兴社会的成员意识到社会进步正逐渐依赖于个人成就。这一意识中包含这样一种信念，即在这个以个人成就为导向的新兴社会，有"能力"和"天赋"的人有机会通过积极的方式改善他们的社会地位。在"投资"与"收益"二者之间存在强烈而平衡的联系。一方面，投资是基于系统分析——就举措、风险承担而言；另一方面，收益主要是就收入、社会声望、影响力和权力而言。个人成就社会的意识形态，实际上提出了一个同传统的阶级模型毫无联系的综合框架。然而，一旦中产阶级社会或后阶级社会的雄厚资产被近 15 年强烈影响经济和社会生活的经济重组破坏，该框架就会显得脆弱不堪。失业、劳动力和劳动条件重创，不断减少的福利安排愈发造成对成就社会信条有效性的不信任以及脆弱感的增强。对大多数人而言，这种发展伴随着礼拜仪式在日常生活中功能的减弱，同时人们不断意识到现代国家并未强大到能充分应对国际经济和科技的变化。现代国家也不足以提供一个免于现代化风险的保障系统，这种风险通常由一些优先考虑经济效益的群体毫无控制地使用新兴科技造成。最近，法国使用污染血事件就是这一类型的例子，它导致许多病人死亡，并给受害者及其家属留下了巨大的伤痛，最后，无人对管理不善、责任感缺失和能力不足负责任。

第二项重大进步与前者紧密联系，它是过时的工业社会的参考架构导致的，它的过时性体现在无法充分应对前工业时代诸多的社会和文化问题。产业参考框架丧失的意义激发了个人和集体对社会与文化含义的新的探索。这一探索是受个人与集体自我定位的需要驱使的，因为如果没有关于我们所处世界的集体化表

---

① J. Pakulski, M. Waters, *The Death of Class* (London, Sage, 1996), pp. 2 - 3："对我们来说，一个相当明显的事实是，阶级不能再为我们解释这个时代的社会、政治和文化问题了。"

征，没有对未来以及我们将发挥何种作用来帮助营造未来的想象，那么世界将变得毫无意义。这些对意义的探索存在于许多方面。例如，这些探索可能意味着坚持对未来发展进行生硬的解释，进而从复杂的世界中撤退（比如，一个极端自由主义的观点将会解决自由市场中的所有主要问题），意味着对现代化冲击下可能支离破碎的生活方式的坚决防御（例如原教旨主义团体），或者意味着以重塑种族和语言的集合体为目标的政治激进主义的再生（例如巴斯克自治战役）。这种个体和集体行动的多样性导致分歧的和往往无从比较的主张，而这也正是政治生活中难以管理的部分。这一多样性的发展方向使建立一种社会模式变得更加迫切，该模式不仅能够促使我们明确自身未来的发展方向，还能够指引我们在控制社会生活中拥有特殊地位的个人或群体时，能基于他们的（集体）身份认同知道该怎么做。

第三项重大进步紧接着前一个。国际迁徙，尤其是在过去的30年里，创造了欧洲社会里的少数族群。他们在社会和文化取向的一些方面，难以同本土居民的生活方式相协调。在一个往往以集体认同的名义、将寻求意义视为要务的社会中，国外少数族群声称尊重他们特有的文化遗产和他们从中继承的集体认同也是可以理解的。当这种要求可以通过维持这种特殊性的官方渠道获得认可时，他们就更是如此。有些人将他们自己归属于有着特定文化认同的少数族群，他们拒绝通过同化的方式被整合进接收国。他们争取维护集体认同的努力也常常被接收国的政策制定者支持。这一支持背后的中心思想对所有的文化都是平等的，不存在建构文化层级有效的标准，来衡量哪种文化更有价值。这种想法直接导致多元文化社会概念的出现，并且在这个多元文化社会中拥有不同文化特性的群体共同存在，享有平等的权利。

与此同时，后现代社会的个人主义逐渐增强，多元文化社会的概念引入了一种新的集体主义的思考，个人被视为群体的一个元素，这个群体有权帮助他们保持特有的身份或者强化他们的身份认同。当然，当人们自愿加入有着特殊身份认同的群体，或者更不愿意离开他们早已所属的群体时，只要这一群体遵守游戏的民主规则，他们就可以使用这项基本权利。而依旧存在的危险是，在许多情况下，个人权利受制于少数族群领导人所面临的压力，领导人要遵从群体共同的迫切需要或接受违背一般法律的实践。关于多元文化社会模型所暗含的集体主义思考，其主要的问题是制定某种类型的政策，它能够尊重甚至维持群体保护其特定的集体认同的想法，与此同时，不会接受群体以特殊认同的名义削弱个人权利，进而犯下层级谬误。①

我们社会所面临的第四个主要问题是瓦解创造综合城市空间的系统性努力，即目前经济技术发展迅速改变着社会生活的领域基础，特别是在空间的使用方面。这些变化对城市生活的巨大影响在于，甚至连有关城市构成的观点都变得难以掌握。特别是在最近一段时间，常有人评论现代化进程推动着我们朝后工业社会碎片化的城市生活前进。学者 La ville eclatee 曾评论道："时间被我们背后的领土抛在后面，同时也被社会生活的整体所遗忘。"②

当我们谈论大城市的生活碎片化时，我们使用这种语言，因为我们将它同包含在都市化城邦概念中的城市形象进行对比。也就是说，一个城市应该是怎样的，放在一个怀旧的角度进行考虑：正如神话所发现的，文明的发源地、公民权和政治生活的摇篮。城市是一个有围墙的圆形空间，因此根据规范的定义，它也是一个中心和由其主要的功能（宗教的、政治经济的、文化的）所产生的特定认同，这满足认同生来就有意义、秩序和福祉的需要。那些住在城市空间之外的人并不享有在城市生活的人的福利。他们是被社会排斥在外的人，正如法语 banlieue 所解释的那样，它指的是郊区，起源于动词 bannir，被放逐。

现代大城市与上述城市形象几乎没有相似之处。它们发展为一个城市群（一个在 1861 年的法国首次使用的概念）、大都市（1922 年）或特大都市。郊区的发展消除了城市空间的限制，城市变得无界限，无边无涯。这种城市取代了受到保护的、有序的城市，变成混乱的"荆棘丛"，无序和暴力成为日常生活中的正常情形。③ 这一发展并不一定意味着城市群整体被看成无序的。对城市空间的使用在不断改变，芝加哥学派的研究表明，对城市空间的使用不断变化的后果对城市扩张产生了影响。④ 伴随着城市的发展产生了许多社会问题，城市规划者面对问

---

① J. Berting, "The Role of Collective Identities in Intercultural Learning Processes", in A. Perucca (ed.), *Dalla società educante alla società interculturale. Studi in onore di Salvatore Colonna* (Lecce, Pensa Multimedia, 1998) pp. 385 – 416; J. Berting, "Learning to understand each other in Intercultural Relation", in J. Calleja, A. Perucca (eds.), *Peace Education: Contexts and Values* (Lecce, Pensa Multimedia 1999), pp. 159 – 195.

② N. May, P. Veltz, T. Spector (eds.), *La ville éclatée* (Paris, Editions de l'aube, 1998), p. 11.

③ 例如可参见 John Huston's film, *The Asphalt Jungle* (1950) and Berthold Brecht's *Im Dickichte der Stadt*。

④ R. E. Park, E. W. Burgess (eds.), *The City* (Chicago University Press, 1925), especially pp. 47 – 63.

题努力发展现代城市模型，这种模型一旦成型，就能恢复社会秩序，改善不良状况并且抵制由城市生活中不平等的风险分配导致的社会的、经济的不公正。这种规划的例子如瑞士设计师 Le Corbusier，他设计的理想城市是基于功能差异进行划分，分为中心商业区和高密度的多样化住宅区，住宅区两侧是绿化带和大型公园区域。在多样化住宅区内，必须创造出社区生活的元素，如购物区、教育设备、娱乐场所、酒店和餐馆服务。其中一些机械式生活社区已实现，例如在"二战"结束短时期内的马赛，但是它们不如城区中的新型城市成功，新型城市为社区生活创建了全新的参考模式。城市空间不再为全方位的生活方式提供场地基础。现代城市的特征是经济和社会空间的相互依赖逐渐增强，组织层级间的依赖也逐渐增强。社会、经济网络的快速发展强烈地依赖信息技术以及无空间界限的网络技术前景，导致中心化、结构化的机构快速失去它们的层级特征。尽管大多数人有一个稳定的家庭基础，但这一事实并不意味着这是他们组织日常生活的关键。在现代社会，我们仍旧在寻找坚持生活方式应以地域为基础的群体。这种类型的社会生活显然已处于压力之下，并且我们不可能返回到城市生活状态中。其实，我们所看到的基于地域的（城市）社会生活，往往可以被理解为社会排斥所导致的贫民区（比如有外国血统的失业者及穷人的高密度的社区），或自愿自我隔离者的聚居区（有围墙、非常安全的地方，富豪们保护自身不受外界动荡和罪恶伤害之地，例如美国的峡谷湖就坐落在距离洛杉矶不远的地方）。

三 社会进程和经济变迁之间的相互作用

在前面部分，我们已经试着展现社会和经济变革进程中四种主要的相互作用。从总体层面看，第一，我们辨别出工业社会的参照框架（阶级社会模式与个人成就社会模式）在组织个人和群体的经验与努力上日益不足。第二，在群体范围探索个人和群体层面的含义，是由将到来的后工业社会激发，与之俱来的还有文化领域的新政策问题。第三，对社会统一模式的需求意识在增强；多元文化社会能满足政策制定者、一些人和群体的需求。他们认为，作为对社会秩序的回应，重大社会问题可以通过加强社会整合来解决。第四，政策制定者将恢复社区作为接纳地位低下者和贫民窟居民的包容性生活方式，而后工业社会以领域为基础的城市生活正在改变，这是对该努力的一种抵制。

阶级社会的结束与后工业信息社会的来临并不意味着经济和社会不平等问题

的消失。工业社会参考框架的终结让许多人在面临当前重大经济技术变革、个人和群体谈判受到侵蚀时感到非常无助，我们甚至可能会加剧这一现象，正如在过去 15 年残酷的经济重组所展现的那样。①

我们需要强调的是，大规模城市群和中等规模的城市不仅仅是如前所述的重大社会经济变革的产物。这些变革的城市在为重建城市生活制定自己的政策上，享有一定的自主权。这些政策可能是以回应现代性力量影响的重要公民提案为基础。

然而，将法国的情形与荷兰和德国的情形进行对比，群体中有组织的提案几乎是不存在的。降低城市生活质量的重大经济项目的引进，与城市人口的增长毫不相关。一个重要的案例是，在城市之外创建了大规模的商业中心。这些项目对城市里的自雇中产阶级有着重要的影响，它们使人们强烈地依赖使用汽车进行购买活动。

在某些方面，高度中心化的法国政治系统给当地和地区的自治权少于欧洲西北部的社会。下面将提到现代城市生活所面对的主要社会和文化问题，大多数城市人口的反应是从公共空间撤出。那些政治上应该负责的人倾向于将城市看成社会问题群（这些问题必须以技术的方式解决），而不是将城市看成积极包含城市人口的民主项目，② 其欠缺的就是基于多样性乐趣的城市民主。

社会问题被格式化为当前社会的普遍问题，它们不仅强烈地交织在一起，还在特定城市地区清晰可见。这些区域可能位于城市外围，但也可能在市内发现它们。城市住宅区以高密度社会问题为特点，这一现象不仅存在于大城市群，在中等规模的城市也能发现。

在一定城市区域的可见的社会问题（称为 Zones Urbaine Sensible，ZUS）引起了政策制定者和社会大众的关注。正如我们所见，大多数为了抑制城市过度发展的消极后果的政治手段，集中关注 ZUS。在一定程度上，由于相关人口的需要，出现这一现象是可以理解的。然而，旨在改善那些城市区域社会经济现状的政策，似乎忽视了高密度社会问题的原因往往在别处的事实。那些从教育系统辍学的人由于自身的专业资质低，从而难以进入劳动力市场；那些对自己在

---

① B. Steijn，J，Berting，M. -J. de Jong（eds.），*Economic Restructing and the Growing Uncertainty of the Middle Class*（Boston/Dordrecht/London，Kluwer Academic Publishers，1998）.

② J. -P. Dollé，*Fureurs de ville*（Paris，Grasset and Fasquelle，1990），p. 208.

经济和社会生活中找到容身之地的能力失去信心的人，那些社会关系很弱和社会资源稀少的人（例如，面临经济问题时缺少父母、朋友的支持），渐渐沦落到弱势群体聚居区。加上现存的问题，他们就陷入一种很难改变的生活状况。这种状况又因缩减社会保障开支和（心理）助残机构的倒闭而加剧。许多社会问题并不是产生于原有问题，而是经济和社会系统无法给人口中的特定人群提供足够的机会。

正如我们在前面提到的，社会问题高度集中的城市区域不仅位于大城市外围相对隔离的郊区或者卫星城市，也存在于城市内部。现在很难给出一张地图来表明破落和贫困城市区域的存在。在对法国社会进行暴力分析时，van Grasdroff 和 Séroussi[①] 给出了一些指标，它们意味着犯罪率高、有组织地对警方和民众实施暴力、贩毒吸毒、偷窃、教育体系暴力、在公共场所毁坏文物和纵火的城市区域的数量在急剧上升。1985 年，600 个城市区域被指犯罪率太高，导致警方难以维持和恢复公共秩序。1955 年，1014 个城市区域被归为这一类别，其中 100 个城市区域被认为存在犯罪的核心区。这些所谓的贫困市（郊）区不仅以高犯罪率（特别是青少年犯罪）为主要特征，[②] 而且由于学校里一些学生的攻击性行为以及学生学习动机低下，使得教育系统的堕落也成为一大特征。对他们来说，学校失去了为稳定职业和社会生活奠定基础的核心机构的功能。这一教育氛围赶走了有经验的教师，他们往往被缺乏教育经验的年轻教师取代，而这些年轻教师不具备应对复杂攻击性环境的能力，所以只要其他机会一出现他们就会马上离开学校。这些区域的学校所发生的重大事件被大众媒体广泛传播，进而加深了人们对这些区域里教育系统功能的负面印象。

在完全不能被归为同类的区域之间能够观察到许多不同点。这些不同的产生是由于每个区域是由不同的成分混合或者它们基本元素的模式不同。然而，导致市区降级的主要变量是有共同点的。

第一，薄弱的基础设施（公共交通系统，污水、电信通信系统，等等）和薄弱的公共与私人服务的上层建筑，例如当地的健康服务，运动、文化和社会活动的场所，进修机构，以及提供当地日常需要之外的产品的企业和商店。

---

① G. van Grasdorff, R. Séroussi, *La violence. Etat des Lieux* (Prais , Editions France – Emipre, 1996), p. 34.

② L. Bui-Trong, "Incivilités et violence juvéniles. Collectivitiés dans les quartiers sensibles", *Les Cahiers dynamiques*, 1996, 4.

第二，基础设施薄弱的后果（这通常是由过去缺少规划或规划不充分以及建筑设计中的错误导致的），是一种在这些地区和城市中心之间的不平等。居民不仅要比住在中心附近或其他设施完善的市区的人花更多的时间获得上述服务，而且他们中的一些人并没有私家车可供使用（据 Merlin 所说，① 占 20% 的家用），许多家庭的低收入使得他们的交通花销受限，致使他们被隔离于城市生活之外，因此这种不平等被进一步加剧。这种不平等还影响了对劳动力市场的了解与找工作的行为。

第三，在这些地区的高失业率被认为是最重要的因素。法国失业率一般是 12% 并且在过去几年轻微下降。然而失业率在 15 ~ 24 岁年龄组更高，为 25% 。② 在许多困难城市地区和包括了许多几乎没有机会进入劳动市场的低受教育程度、低技能者的地区，这一年龄组的人数严重超标。而且，即使他们获得一份低薪酬的工作，多数情况下也没有机会维持稳定的职业生活。

第四，贫困的城市地区在收入分配上也处于较低的位置，其居民收入远远低于国民平均水平。他们中的工作者处于最低工资档次，从事经济变革形势下不堪一击的工作，处于普通或者较差的工作环境，并且在职业生涯方面没有或难以获得晋升机会。

第五，居住在这些城市地区的人是被住地污名的。上面所提及的所有因素单独看上去都不能被归为某些城市地区没落的原因。通常，它们只是众多原因之一，同时也是不理想城市状况的结果。失业首先是经济发展排除许多低技能劳工的结果。而一旦被排除，住在名声败坏的城区将阻碍一个人再次进入劳动力市场。同样，离开学校居住在贫困地区的人，也很难进入劳动力市场。

第六，在贫困地区，移民数量过大也会导致社会和文化问题。许多第一代移民技能水平低，一旦他们年龄增加则往往面临失业，几乎没有机会再进入劳动力市场，这和当地居民是相同的。许多非欧洲国家的移民是一些特定问题的源头，和那些在城区中立足的非移民的外来人口（流动人口）相比可以看出，这些问题与他们的生活方式有关。一般来说，他们居住在 ZUS 的城市环境里。在这些城市区域，移民群体所占的比重非常大（15% ~ 20%，在 Les Bosquets a Montfermeil 和 Seine-Saint-Denis 有时甚至达到 50%，这与全国 6% 的比例大相径庭）。这种超

---

① P. Merlin, *Les banlieues des villes françaises*, (Paris, La documentation française, 1998), p. 99.

② *L'Etat de France* (Paris, Editions de la Découverte, 1996), p. 110.

限额和移民及其子女的高度可见性给世人留下的印象是，那些地区是被他们主导并且其实是文化同质的。在这种情况下，"贫民窟"一词被使用，尽管这不太公正。这些居住区远离被封闭的高档社区，内部的异质性很高，而且社区特征相当有限，这在许多父母对子女缺乏管控的案例中得到体现。①

第七，正如 Merlin 在关于贫困地区的著名分析中所说，在分析贫困城市地区时，主观因素不能被忽略。② 他提到大众媒体呈现的、作为部分民意的贫困城市地区的集体形象。这种负面形象确实有客观的后果，因为它会轻易导致劳动力、房地产市场和其他相关领域的歧视问题。对这些贫困地区的公众形象来说，需要让真正居住在此的人为其外界印象加上居住地的集体表征。这些（集体）表征从来不只是他们邻里生活的反映，而是他们对社会现状和社会发展的一种解释。值得注意的是，研究和政治辩论均未重视这种内部视角，尽管内部视角在反馈改善糟糕的政策方面扮演着重要角色。居住在贫困地区的人被看成客体，而不是主体。

四 应对问题城市地区强烈的政治反应

对"二战"后城市社会消极变化的政治反应来得相当晚——大概在 20 世纪 70 年代初——而且这些问题的性质并没有第一时间被当作社会问题来认识。当时掌权者认为在物质环境方面改善困难社区足矣。这种政策着眼于弥补建筑物缺陷和修复城市没落产生的后果。很快，这种政策明显地显示出它不能从根本上解决这种社区的问题，而抨击经济和社会诱因成为急需的行动。着眼于城市困难地区社会和经济问题的新措施很快也被证明是有局限性的、无效的，很大程度上是因为这些措施的制定没有考虑到这些问题的产生是本章第一部分描述的社会和经济发展大趋势的结果，将它们从大的社会情境中抽离出来是无法解决问题的。③

希拉克在 1995 年上半年的总统竞选期间，将社会排斥和社会碎片化问题作为他竞选大纲的基础。希拉克当选后，Juppe 领导的新政府制定了反对社会排斥

---

① 见 162 页注释①，第 118 页。

② 见 162 页注释①。

③ 见 162 页注释①，第 128 页。"Mais l'exclusion est un processus plus large qui ne peut pas être réduit aux seules banlieues en difficulté"。

的法律。议会选举的失利打乱了该进程，但很快左翼政府总理 Jospin 接管了这些行动，并扩充了防止和反对社会排斥的项目。仔细分析我们所观察到的这些发展，尽管有这些重建的和不间断的解决困难社区问题的努力，但还是没有考虑重大社会经济转型的性质，从而对问题产生的根源进行系统性分析，也没有涉及未来经济技术和变化的社会情境两方面关系发展的连贯性视角。从关于社会经济排斥的公文中衍生出来的现象是双重社会或双重社会所产生的两类人群，大部分人是成功的，而其余的人是失败的。由于生活在臭名昭著的地区，以及属于被潜在雇主认为会带来风险的少数族群，比如缺乏纪律性、存在沟通问题以及与非移民雇员有冲突，这些所导致的污名进一步恶化了一些人的处境。从这个观点看，社会和经济排斥很大程度上是个人特征的结果，而不是经济生活组织方式的具体特征和不断再设计的商品生产及服务的结果，在此过程中，低技能和被认为达不到最佳效率的人在试用期被排除。社会包含两个阶层（一个阶层实现了自我适应，而另一个阶层则没有），这种隐晦表征的重要结果是，社会和经济排斥带来的问题，尤其是在生活困难的城市区域，被理解为社会分解问题，需要通过重建社区中不足的社会网络对被排斥者进行社会整合。换句话说，现存的明显的社会问题没有与它们的社会资源相结合，而是在困难地区的结构内被直接对抗。这些政策包括让警方、私人监督组织提高控制力、安装相机等科技设备，以及对经常受攻击人群提供保护，比如在公共运输系统中的巴士售票员。这些措施还可能与增加娱乐机会的努力相结合，比如，组织说唱音乐会以及体育比赛。

这种类型的控制结果的影响并不深刻。对城市暴力的系统性分析显示，法国自从 1991 年建立特殊部门用以建立城市暴力活动数据库以来，这种暴力行动的数量常常以量级增长。更甚的是，这种现象在地理上蔓延到之前未出现过这种行为的城市区域。正如主管暴力行动文件的 Bui – Trong 所评论的："一点很小的争论足以引发螺旋式上升的报复行为。"[①]

人们清晰地意识到高水平的失业率，尤其是年轻人的失业率，在这种消极发展中扮演了重要角色。因此，一些以激励弱势青年为主要目标的项目被创设出来。在巨大的现存问题下，这些项目还十分有限。此外，当这种项目赋予住在困

① L. Bui-Trong, "La violence urbaine tend de plus en plus à toucher de nouvelles villes", *L'Express*, 1998, 8 December.

难地区的青年优先权时，又引发了同样处于市场弱势地位但不住在困难城市地区的人们的不满。这种不满加剧了现存的对这种地区的反对。

还有许多其他的努力试图解决城市社会的贫困地区问题。从目前已有的行动来看，我们必须承认，虽然有许多出发点良好的努力，但贫困地区的社会问题依然存在，甚至扩大到新的地区。在政治层面，这样的意识——这些区域严重的问题不能仅仅被归结为单一原因，比如物质环境退化、失业、移民的影响或歧视——不断增强。

另外，这种意识包含这样的事实："社会排斥"、"社会碎片化"等政治口号指的是对了解现状几乎没有帮助的概念。基于这一事实，这些贫困地区需要实施一个具有马歇尔风格的计划。[①] 然而，只有这些城市住宅区没有从社会变革中脱离出来，计划才有效。

我们必须记得在几个早期的项目中，从1994年到1998年，政府和城市或者城市群之间签订了214个契约（不包括与巴黎的特殊协定）。这些"城市契约"均由政府和市政厅共同出资履行。每年，政府要投资90亿法郎，社区要贡献42亿法郎。这些"城市契约"承诺制订和发展一个为期五年的计划，把改善城市或者城市群的社会和经济现状作为主要目标。这些计划覆盖750个困难地区。Juppe政府试图通过《城市复兴契约》（1996年11月4日颁布的法律）刺激这些地区的社会经济政策。这一契约主要面向经济层面，因为许多分析指出，困难地区的大规模失业是营造社区感和归属感的一个重要阻碍。因此，首先要创造就业机会，但这项政策是和改善住房条款同时出台，改善住房条款是为了吸引高收入家庭，并且改善贫困地区的财政状况、出台政策阻止犯罪行为（特别是吸毒和贩毒）以及吸引小企业和商业组织。此外，在过去的几年中，由于发现穷人尤其是移民群体对自身权利了解较少，社会保障的可获得性有了提高。在政策制定者中还有一种意识正在增强，即连语言在项目中的使用也会产生被玷污的影响，比如在对"zones urbaines sensibles"、"zones de redynamisation"或者"zones franches"概念的阐释上。就像这些项目的负责人之一所说：谁喜欢住在这样一个社区？[②]

那些旨在改善困难城市地区的社会、经济现状的项目，在一些案例中的确

---

① 见162页注释②，第85页。

② L. Bartelone, "Qui a envie d'habiter dans une zone?", *L'Express*, 1999, 2487, 10 Mars, 32–33.

产生了积极的影响（例如在里尔、马赛、萨尔塞勒、沃昂夫兰）。然而，正如我们之前所观察到的，它们远没有抑制近几年的消极发展。如果没有政策的改善，这些区域的恶化很可能更为严重。改善困难地区生活质量的相关努力其实是相当大的，而且国家和市政厅层面的政策制定者也都意识到，这些措施不足以处理这么多社会和经济问题。积极的政策目前表现平平，令人失望。[1] 这些项目的有效性相对欠缺可以被理解为将这些地区的社会、经济问题群同大环境的社会经济变革相隔离的结果。然而，多数项目大幅缩小了贫困区域与被定义为"正常"、相对"健康"区域的差异，因此强化了社会"两种速度"的形象。其一为"正常"区域的发展速度，它能应对变化中的经济社会生活现状；其二是较低的速度，是缺乏对上述问题的处理能力、受到排斥、聚居在城市贫困区域以及那些需要支持以维持社会生活，又需要控制以减少报复社会行为的人的发展速度。关于防止和减少排斥的最新发展瞄准了同一方向。就业团结工会部长提出的法律有如下主要目标：a）工作权利的实行；b）保证被排斥在外的 80 万人都能享有医保；c）促进住房权的履行，并更好地保护由于付不起房租被驱逐的人。

尽管这些措施满足了民众的一些迫切需要，但它们也有一些反作用。它们暗含一个调节经济增长的参考框架，而不是经济系统需要通过调整来解决社会问题的思考方式。政治体系没有给出在任何关于阶级社会和个人成就消失之后对所出现的社会形态问题如何加以指引的方法。

五 政治和社会科学的贡献

政治和社会科学对（城市）变革问题给予了极大的关注。在这一部分，我们将简单回顾它们在法国社会学家的持续辩论中的作用。两方面贡献将会被纳入考量：一方面是对社会、经济排斥和社会质量概念的分析；另一方面是关于风险和风险社会出现的研究。奇怪的是，风险分析的发展很少同社会、经济排斥的分析相联系。我们先撇开讨论社会模型的社会转型宏观研究（例如涂尔干、吉登斯、帕森斯）。关于城市困难地区的严重问题，只要后工业社会被科技发展

---

① 见 162 页注释①，第 165 页。"Quelles que soient les mesures prises successivement depuis maintenant une génération, les problèmes de la banlieue ne semblent pas près de trouver une solution."

的决定性力量和"市场逻辑"盛行的发展模型主导，宏观社会学研究便鲜有裨益。

社会、经济排斥和社会质量

起初排斥主要是一个政治概念，但很快它就被对失业导致的以及与外来族群社会整合有关的问题感兴趣的社会学家采用。

这不是一个新概念。它是在这个世纪初被首次使用。韦伯用它阐释社会生活的一般进程，对一个决定性的历史时期而言这并不是绝对的。排斥是一个过程，其间团体成员通过固定在一个或几个不同方面的社会经济环境来限制竞争，例如种族、语言、宗教、社会起源或族群。① 现代关于社会排斥的讨论指的是更加综合的方面，同时，更加具体地指向现在的社会、经济发展。可能正如 Paugam 所说：

> 排斥因此成为我们的社会，意识到其自身、其功能障碍和偶尔急迫、迷惑时解决正使集体受苦的问题的一种范式。②

转变到"社会排斥范式"的原因可以通过观察来解释，被排除个体存在异质性和不稳定性：不同教育背景的（长期）失业者，不适合在现存的市场条件下工作的人，拥有良好的教育资质却在离开教育系统后找不到工作的年轻人，不同的少数族群中数量庞大的低技能工人，早早从职业生涯退休的人，辍学后缺少机会进入劳动力市场的人。许多属于社会排斥类别的人能在一段时间后找到工作，而其他人则永远加入了社会排斥群体。很明显，社会排斥群体不是结构意义上的阶层：他们没有共同的兴趣，没有意识到他们属于社会排斥群体，并且他们不能作为有组织的集体尝试改善现状。

转变到"社会排斥范式"还与传统阶级结构的流动性以及早期的阶级对立

---

① M. Weber, *Soziologie. Weltgeschichtliche Analysen. Politik* (Stuttgart, Kröner Verlag, 1968), pp. 63ff: "Mit wachsender Zahl der Konkurrenten im Verhältnis zum Erwerbsspielraum wächst hier das Interesse der an der Konkurrenz Beteiligten, diese irgendwie einzuschränken".

② S. Paugam, "Introduction", inS. Paugam (ed.), *L'exclusion, l'état des savoirs* (Paris Editions de la Découverte, 1996), p. 7: "L'exclusion est desormais le paradigme à partir duquel notre société prend conscience d'elle-même et de ses dysfonctionnements, et recherche, parfois dans l'urgence et la confusion, de solutions aux maux qui la tenaillent."

特征的消失有关。我们现在见证的技术和组织变化，伴随着市场意识形态的强势主导地位，伴随着长远来看，只有自由化市场才是解决社会排斥和其他社会问题的良药。换句话说，社会排斥的存在是因为社会过于死板，太不情愿通过调整以适应市场的迫切需要与现代生产的需求。

Weberian 将排斥看成一个过程。特定群体成员排斥不符合他们要求的成员。而现代政治认为，排斥是一个过程（例如，人们被驱逐出劳动力和房地产市场），也是一种形式（例如，人们都生活在被排斥的情况下）。当把生产组织或者少数族群的特征纳入考虑后，排斥则指向结构和群体层面。而且，当以被排斥者和排斥者的行为特征为中心时，排斥则指向个人层面。排斥的概念似乎在政治层面对所有被遗弃的类别和群体起作用，这些类别和群体由于一些原因不属于"正常"、"有序"的社会。

作为一个科学概念，"排斥"的使用非常有限。它确实是个敏感的概念，因为它使科学领域意识到我们社会中存在特定的社会问题群。作为一个分析性的概念，它又过于模糊，只有与特定的社会模型相联系，我们才能清晰地了解排斥的含义。这个包含性概念的问题在于，我们的社会角色没有在由"包含"、"被排斥"组成的社会模型中被表征。唯一相关的角色似乎是国家政府，它作为一个有组织的政治体系，有责任关爱被排斥的群体。Wieviorka 的观察表明，用排斥和社会碎片化进行讨论后，我们不再了解如何划定社会角色、主导者和被主导者，我们没有可用的类别来分析游戏角色。[1] 事实上，这一评论将我们带回本章开头提及的经济和社会转型的主要问题，这也是我们最终将会回归的问题。

也难怪社会科学家在面对社会排斥这一模糊概念以及关于排斥的政治性辩论时感到疑惑，他们尝试与政策制定者互动，来发展一个更加有用、明晰的概念和阐明政治困惑的方法。正如贝克、范德蒙森和沃克提出的"社会质量"的概念。他们说：

> 我们所提出的新标准适用于经济和社会政策，是一个能让欧盟所有层级

---

[1] D. Wieviorka, "Culture, société et démocratie", in D. Wieviorka et al., *Une société fragmentée?* (Paris, Fayard 1996), p. 14: "Avec les constats d'exclusion ou de frature sociale, nous ne savons plus désigner les acteurs sociaux, dominants ou dominés, nous ne disposons pas de catégories permettant de penser le jeu de ces acteurs."

衡量公民日常生活在多大程度上达到可接受的欧洲水平，及其变化发展方向的标准，这个标准被称为社会质量。首先它可以被界定为公民在提升幸福感和个人潜能的条件下，参与社区的社会和经济生活的程度。①

在他们看来，社会质量经过公民测试，有四个构成要素：a）经济保障程度；b）社会包容水平；c）社会凝聚和团结程度；d）自治或赋权。作者不认为社会质量是一个可以马上实行并为新社会政策提供基础的理论完善的概念。他们希望这个概念能为必要的分析和政治辩论的起步做出贡献，这些分析、辩论能建立理论基础。② 为了引出这方面的讨论，他们通过将四个构成要素放在社会质量象限图（SQQ）中来建构社会质量的概念。社会质量象限建立在两个坐标轴之上：①宏观－微观坐标轴；②机构（组织）和共同体（群体/公民）坐标轴。社会安全（和不安全）的概念被放置在宏观/机构区域，指公民关于日常存在的基本需求是通过宏观上负责福利供给的不同体系和机构予以满足的。③ 社会包容（和社会排斥）的概念被放置在微观/组织，与平等和公平原则相联系。在这个区域可以进行贫困和排斥的结构性综合分析。社会凝聚（和失范）的概念属于宏观/共同体区域，指创造、保护或者破坏社交网络和网络背后社会基础设施的过程。最后，在微观/群体（公民）区域，我们可以看到自主/能力（和附属）的概念。这个概念是指公民参与决定他们日常生活的程序的能力发展情况。作者评论道：自主问题尤其关系到倾向于服从政策制定者或者专家的群体，如老人、残疾人。

SQQ 的一大优点是它使关于社会质量的不同讨论集中在一个体系内。从这一角度可以看出政策制定者和社会科学家在这个宏大领域所遇到的重大问题的分析项目上取得的进展。例如，相比前面关于社会排斥和社会碎片化这种碎片化的概念，它拓宽了讨论视野。社会质量概念没有因此而被推广，但是阐释其内部构成关系的需要已变得十分迫切。实际上，在这个社会象限中，作者将一连串源于不同传统的想法结合在一起。由于这些传统在欧洲地区有不同根源，关于欧洲社会质量的讨论能够澄清这些区别的意义。例如，法国关于社会、经济排斥的辩论明显带有共和政体模型价值观的浓重色彩。正因如此，法国的"排斥"概念不

---

① W. Beck, L. van der Maesen, A. Walker, "Introduction", in W. Beck, L. van der Masen and A. Walker (eds.), *The Social Quality of Europe* (The Hague, Kluwer Law International, 1997), p. 2.

② 见本页注释①，第 286 页。

③ 见本页注释①，第 286 页。

同于有更强集体主义倾向的荷兰或者德国。

虽然不存在社会质量理论，但是已有一个构成要素的变化对其他构成要素产生影响的观察。这些影响将指向某类社会行动所带来的紧张和冲突。社会保障体系的详尽化可能会削弱家庭生活、传统社区和乡村的社会凝聚，而且导致传统保障方式被破坏。然而，过去的经济发展和逐渐增强的人口流动性伴随着从"礼俗社会"到"法理社会"的转变，这一转变使得国民保障系统的发展变得愈发迫切。

虽然 SQQ 显然不是以理论为基础构建的，但它是首个用一些有理论基础的概念形成的松散混合体。一个重要问题仍需提出：我们应该如何将 SQQ 作为一个工具来解释？它是关于上面提及的描述真实国家形势或者国家体系的四个构成要素的框架吗？是用象限的四个区域描述国家政策或者国家体系的构想吗？是个人和群体的规范或基本权利的体系（社会权利的欧洲宣言）吗？是在 SQQ 的四个区域内，需要政治体系实现的核心价值、目标和意图的体系吗？它是描述实际情况与要达到的目标之差距的手段吗？它是促进欧洲关于社会质量概念中应涵盖怎样的讨论的手段吗？它是前者选项的结合吗？是什么限制了社会质量水平的提升或者生活在社会可接受标准之下的个人或者家庭向上流动？在现有的经济条件下能够实现什么？在生活质量领域，为了实现特定的目标，必须发动哪种经济、政治变革？与前面在讨论社会排斥时一样，在社会质量领域中谁是主要的角色？现有权力是如何在社会质量领域阻碍或促进政策的？

结论是：目前基于四个构成要素或者惯例的结合，引入社会质量讨论相比社会和经济排斥的方法，无疑是一种进步。但与此同时，这也意味着在我们面前存在一项艰巨的任务，如果不在社会质量的蓝图中添加一些具有战略性的、缺失的部分，任务就无法取得进展。

风险研究和风险社会的出现

前面关于社会排斥和社会质量的部分均未提及风险和风险社会的概念。这可能令人感到惊诧，因为吸引大众关注的城市发展充满了风险。在这一节，我们只对"风险社会"的增加进行讨论。讨论焦点在于技术化、组织化的风险。我们将考虑用风险讨论的观点发展出在许多方面不同于之前有关分析的社会和经济排斥的新视角。因此，政策措施也将会受到社会问题视角变化的影响。贝克在"风险社会"中分析，工业社会的问题在于不平等而合法地分配财富。随着风险社会的形成，主要的社会问题也发生了变化：如何才能有效防止、平衡、改变、引导或限制由现代化生产的副作用所导致的系统风险和危险，依据这一方式，现代化既不会被阻碍，也不会超越可接受的范畴?[1] 贝克主要考虑的是重要的技术风险，例如核污染，这种风险不与特定的阶级立场绑定。[2] 吉登斯在现代风险方面持不同的视角。他认为，风险社会同技术、组织的变化发展相联系，这导致物理环境的破坏、极权体系的出现以及军事实力、技术的日益集中。[3] 此趋势伴随着现代社会中这一意识的增强——我们发现自己用一般科学和理性行为不能真正解决所遇到的主要问题。对科学和专业知识的信赖程度在下降，人们愈发感到受到被许多风险威胁，也就是说，可能成为自己行为或政策制定者行为的受害者，因为政策制定者们抱着有些风险是可以接受的想法做出决定，抱着他们自身并非受害者的想法做出决定，正如法国的血污染事件。显然，这些对社会发展的广泛分析与城市社会问题相去甚远。然而，我们不难从这些社会问题中看出，它们至少部分地是由复杂社会中不平等地分配风险导致的。

　　法国社会对风险的分析，相比前面的分析而言，更多地将关注点集中在风险与社会不平等之间的关系上。Theys 在《脆弱性社会》中强调，相互依存体系的脆弱性衡量了他们通过吸收外部问题甚至是最不可预估的问题后顺利运作的能力。脆弱性与直接或间接地依赖于缺少自治，不透明、无安全性、虚弱性，适应不可预知事件的能力弱，高损失风险（如积累的财富）及从大灾难中恢复的能力低等有关。[4] 根据 Theys

① U. Beck, Die Risikogesellschaft, *Auf dem Wege in eine andere Moderne* (Frank furt am Main, Suhrkamp Verlag, 1986), p. 26.

② 对于风险的研究主要关注技术和自然风险。但是，大多数风险的定义并没有排除社会风险。正如定义所表明的"风险可以被表述为造成伤害或不可预料的事情发生的可能性，并且要考虑可能性和结果两个方面的结合。根据 S. G. Haddon，风险分析，公共政策机构（Port Washing, New York City, London, Associated Faculty Press, 1984）p. 7"。"风险可以用来评价各种事件发生的频次与造成危害的程度的乘积，可以用公式 $R = P \times H$ (T. C. Campbell, "Chemical Carcinogens and Human Risks", *Federation Proceedings*, 1980, 39), 2476 – 2485。Duclos 提出了风险的定义，风险是指对社会现象的更为清晰的分析层面。"风险也是指，他强调'变化的社会几何体'的概念：它不仅指事故本身，而且是指采取应对措施，遵循避免事故发生、进程的不可控及对风险源的重视和感知原则。这一定义也是指加强对于消费限制或者人口生活方式层面的技术选择的权重，同时也不容忽视风险与在投资领域和竞争中所产生的经济风险的联系。" D. Duclos, *L'homme face au risqué technique* (Paris, Editions L'Harmattan, 1991), p. 28。

③ A. Giddens, *The Consequences of Modernity* (Cambridge, Polity Press, 1991), pp. 7ff.

④ J. Theys et al., *La société vulnerable. Evaluer et maîtriser les risques* (Paris, PENS, 1987), p. 21ff. 也可参见风险一般理论：L. Faugères and C. Villain-Gandossi (eds.), *Le risque et la crisie* (Malta, Publications de la Sorbonne, 1996)。

的观点，我们仍旧同"风险文化"相距很远，这一文化能够应对风险的不可抗拒的价值观。"我们未来社会的主要脆弱性因素可能在于，我们难以像其他社会那样创造一种社会的、成熟的、民主的和开放的文化，而不是关于不安全和灾难的技术文化。"①

正如我们所看到的，对敏感城市地区问题的主要解决方法是社会排斥和贫困描述中所采用的那种。社会质量方法更进一步，它试图创建评估和改善不理想社会现状的标准。此外，两种方法均未触及社会问题的根源，除非从整体上考虑，例如失业、移民、适应不良。风险方法的优势就在于它转向了问题的根源：不同的风险在社会中是如何分配的？不同的风险怎样联合在一起？许多风险在社会中是不平等分配的。另外，它们以特定模式相结合。风险分析让我们更深入地了解作为贫困地区基础的风险结合。生活在这些区域是非常危险的，而且许多生活在那里的人非常脆弱。在被不确定性与焦虑统治的情形下，有关人群难以长远规划他们的社会和职业生活。风险分析不仅将我们的注意力转移到风险的来源上——它至少部分地源于贫困城市地区的外部及政治、经济精英冒着"可接受的风险"，而且风险分析还将关注点转到社区内部负面效应互动产生的风险上，转到对这些地区产生的冲击社会大环境的风险分析上（例如在这类社区存在一种感受，政治体系不能抓住问题，不能缓解现状，伴随着社会是个"荆棘丛"的表象，这可能成为恐怖行动的源头）。这类分析应该与那些旨在研究特定城市区域内缺少信任和信心问题的分析相联系。不能在贫困地区激发一定水平信任和信心的政策，会在解决最重要的社会问题时面临巨大的困难。

六　从社会排斥到社会质量，从社会质量到社会选择

在这一章的第一部分，我们指出后工业社会的兴起意味着工业社会参照框架——阶级社会模型和个人成就社会模型——有越来越多的不足，这是对相关人口有重要影响的发展，因为他们失去了现在和将来在社会空间里有意定位自己的能力。关于多元文化社会的政治和社会性讨论与压倒性的多数人口无关，这样一个社会模型势必是保守的，而且没有回应新兴社会关于机会和局限的问题，这种模型的基础和组织原则必须被阐释和详述。我们也指出了"社会排斥范式"对

---

①　见 171 页注释④，第 35 页。

引起政策制定者和社会科学家对社会发展的某些后果的注意是有用的，但是这个范式并不能作为新兴社会的模型使用。

第二部分，我们关注对问题交织的城市地区或城市贫困地区的描述，紧接着分析了对这些地区社会和经济问题的政治反应。虽然为改善不理想的城市现状付出了重要努力，但是多数政策措施作用一般。在越来越多的"问题地区"，面对越来越多的社会和经济问题，政治体系主要是在应对社会排斥的社会后果，却忽视了对排斥产生的原因进行系统分析，排斥的诱因与我们在第一部分提到的过程是紧密联系的。

广义上讲，社会科学参与了关于社会和经济排斥的政治辩论，但是大多数社会科学家很快发现这个概念难以理解，以至于不能用于分析社会问题。下一步就是对社会质量这个概念的介绍，它能被用来测量和评估个体与群体的不利地位，也能有效地在欧盟的政治层面上建立社会质量的规范标准。正如我们早前指出的，社会质量这个概念的使用与社会和经济排斥概念相比，当然是一个进步。然而，与这个概念有联系的许多问题必须被阐明，以便使它成为科学和政治层面上的有用工具。

我们的分析导致下述结论和观察。第一，指向城市生活问题，尤其是关于所谓城市贫困地区问题的政策，将这些问题与作为其根源的社会转型过程相分离。对国家和欧洲层面的政治体系来说，一项重要的任务就是整合其在社会发展模型中对抗社会和经济排斥的政策，这种模型通过提供有效而广泛的参照框架使人们能自我定位。政策制定者至少应该明确他们的建议是以哪类社会模型为基础。在更高的层面上，这个模型意味着市场与社会的关系，以及对从属于这种关系的重要结构变化必要性的理念进行政治细化。

第二，有趣的是，在许多与改善社会问题相联系的项目中，城市贫困地区的居民并没有被当作积极的参与者。他们是社会政策的客体，而不是被当作对所处境况有自己想法的公民对待。他们在项目中是作为被帮助和约束的人群，而不是作为有责任的、必须加以鼓励，一旦有可行办法就要积极行动的人群来对待。

第三，政治体制应该更加注意法国社会和欧盟其他地方的信任与信心所产生的作用。有关政治阶层的不信任非常广泛，这种不信任还因丑闻和谣言不断滋生。比如"血污染"、"埃尔夫事件"，高层政治家受到牵连的欧盟委员会贪污案，在许多例子中，传递给公众的信息不够恰当，无法消除人们对政治阶层是一个保护自身利益的"内群体"的疑虑。在城市贫困地区，这种不信任依然根深蒂固。显然，有效的政策制定需要信任和有信心的环境，而促进这个环境的成长是政治体制的首要职责。

第四，为了解决社会变迁带来的重大问题，社会政策应该以社会和人文科学的研究成果为根据，或者对其进行系统的使用。重要的科研项目应该有望为社会政策的有效执行提供重要的启发和工具。下述研究项目能满足这一需求：

（1）对现代城市生活中区域原则的变化作用进行系统分析。澄清这些变化和影响变化的可能性，对城市贫困地区来说似乎非常急迫。

（2）风险分析在城市关系领域中的运用。

（3）分析信任和信心的政治及社会基础。

（4）研究那些尤其是生活在弱势情境中的人看待社会和他们在其中的位置的方式。生活在一个现代社会对他们意味着什么？他们如何从机遇和义务方面理解自己的角色？他们如何看待"他者"，尤其是那些更富裕的人？

（5）分析现存的权力关系阻碍或限制社会变迁的方式。为什么那些调解政治体制与贫困地区矛盾的组织似乎是"隐形的"？而且在努力解决越来越多的社会问题时没有把这些组织包括进去？①

第五，接上所述，社会科学也有难以解决的问题。重大问题一方面是关于分析宏观经济和社会转型之间的联系的，另一方面是关于城市贫困地区的。我们对宏观层面的变化和它们对社会生活的作用已经了解甚多。这些过程应该被更仔细地分析，以便全面了解导致城市贫困地区持续存在的过程。系统性风险分析可以表明个人和群体被暴露在特殊的风险模式之中。这样的分析也将提供理解和评估社会经济重组的后果。

第六，对社会科学来说，另一项重要任务是详细阐述社会质量的概念。这项任务意味着对社会质量的不同成分和标准之间关系的系统性分析。可疑的是：是否能得出一个对法国社会或欧盟"社会"来说可接受的社会质量概念？社会的不同集体表征，或不同模式，会导致不同的社会质量概念。关于它的共识不大可

---

① 参见 *Le Monde*, 25 March 1999, p. 14："Un mouvement pour l'égalité est né." 180 个协会和联合会在移民民众中培育产生，同时 3 月 20 日在巴黎创立了 *Mouvement syndical pour l'égalité et la participation* 这一组织。这一组织关注"社会与族群之间的不平等待遇的预警"及"长期以来排斥民众参与政治生活和行政职责履行的异常现象"。

能达成。对社会生活的不同看法、不同的生活方式和不同的社会地位可能导致对社会质量不同模式的偏爱。对社会质量不同成分之间关系的系统性分析可能有助于理解关联性和一致性的要素。社会质量的发展首先是政治上活跃成员的任务，而科学分析的贡献还可能促进政治进程。为了提升社会质量，把公民带回政治体系中是必要的。

（邓美玲、刘贞贞译，王晓楠、芦恒、王岩校）

第十一章　社会市场、社会质量和社会机构的质量

Ota de Leonardis

 引言

社会政策在欧洲社会质量中扮演一个非常重要的角色，不仅仅是因为它在相当程度上影响居民的生活状况。本章至少得探讨一下社会政策的结构及其重要影响：承认享受健康、教育、社会保障等公共社会福利的可能性，以及谈论上述公共物品的公共空间的出现，在这些公共空间中实践着民主性的日常生活。这就是社会政策在欧洲民主建构和欧洲社会政治整合中起到重要作用的原因。

在欧洲科学和政治领域关于社会政策的争论中，必须特别重视必需品，以影响日常生活的公共文化和实践。本章想要强调的是一些重要需求，主要包括福利组织的设置及它们与市民之间的关系。因此，这一章将分析福利组织的质量是如何成为社会质量背后的推动力的。本章主要论述介于国家、市场、第三部门之间的混合福利模式，以及当前第三部门的福利改革既蕴含社会市场化的风险，又蕴含公众论坛（espaces, bliques de proximite）的积极创造力，在这些公众论坛中政治深深扎根于日常生活。

这一章将主要分析第三部门中组织建设的过程，并得出以下结论：组织必须具有质量以符合社会质量的标准，包括居民在公共生活中的参与程度。本章将重点强调教育机构的重要作用。①

---

① 参见 O. de Leonardis, *In un Diverso Welfare. Sogni e Incubi*（Milano, Feltrinelli, 1998）。

二 公共事务

社会政策领域的普遍共识是：根据不同国家的福利制度，会形成不同的模式和类型，但基本问题是一致的，都关注可持续性。可持续性被强调，主要是由于经济增长的必然性与经济增长对转型和改革的要求。在上述情况下，新的社会问题的出现使得形势变得更加严峻，比如，工作不稳定与失业、人口老龄化。问题的不确定性意味着存在风险，风险主要是指对可持续性的需求可能会使社会政策完全从属于经济政策，同时也会削弱社会政策的干预力量以限制经济方面的社会支出。众所周知，这些成本是巨大的，将会导致社会结构严重分离并危及社会整合。

然而，与不遵循经济增长模式相比，社会政策弱化所带来的风险更加严重，因为其作为一个民主系数的政治作用将被大大破坏。正如本章后面所提及的，这种风险主要由公共利益或公共利益向个人或家庭的私人事务转化构成。安全、社会整合、健康等这些生活质量的功能性要素面临一种风险。这种风险是指在自由的供求关系中许多公共物品转变为一种私人选择；或者它们可能受个人意愿支配，由此团结将沦落为私人道德，从属于个人道德层面。当认为社会政策制定不仅应市场化而且应社会私有化的时候，这种风险就应该被重视。① 这就是哈贝马斯所说的"生活世界殖民化"②。

在社会政策中，这一趋势不仅通过社会的原子化和个体化显现出来，而且体现在社会生活的公共领域被削弱和丧失的过程中。也就是通过公共机构的调解，使社会利益和社会问题被公认为"公共性"③ 与责任，两者共同拥有的实践应该得到发展。关于此趋势的迹象是显而易见的。社会利益的分配应趋向于以需求为基础，而不是权力；被私人团结（如家庭和慈善）所取代，或者是根据供求关系的市场定律来组织调整。通过社会政策来分配的问题和利益变成了个体的私人事务，同时也被从公共责任视野去除。根据效率，更可能的是根据"客户满意

---

① Z. Ferge, "The Changed Welfare Paradigm. The Individualization of the Social", *Social Policy and Administration*, 1997. 1.

② J. Habermas. "Citizenship and National Identity: Some Reflections on the Future of Europe", *Praxis International*, 1992, 1, 11.

③ G. Hardin, "The Tragedy of Commons", *Science*, 1968, 162.

度"，目前作为一种健康权利的存在，正在被健康服务的供求一致性替代。贫穷也会重新成为关注的焦点。当谈到贫穷时，关注的焦点逐渐由权利转为需求，这正是我们在讨论中获得的对政策概念使用情况的了解，甚至是对欧盟干预的关注。而且，这一概念是以价值为导向，引导福利的分配，尤其是倡导一种同化趋势，比如，人类尊严底线下的生活标准趋向于自然，被归咎于命运安排或者至少是个人的责任。①

这种趋势威胁着日益严重的令人担忧的社会赤字。这一问题在实体和象征双重意义上通过社会壁垒和社会断裂的增长的数据，通过逐渐加剧的社会不平等现象，及社会整合的弱化显现出来。而且这种趋势也能够破坏和摧毁日常公共生活和民主本身的社会结构。换言之，对这些趋势的关注意味着我们开始意识到社会政策的重新调整应该正视公共空间问题。让我们看看在何种意义上存在这个问题。

福利国家的历史经验，尤其是在欧洲，在延续公共性（公共领域）的社会传统过程中伴随着许多失败和问题：在它们的构建过程中，公共空间延伸和嵌入多种公共场所。政治对话和政治实践在社会主题、社会选择和社会行动者中变得日益丰富。与此同时，运用专业能力和行政能力通过制定社会政策来处理社会问题与社会利益使我们获得了一种公共价值。在社会政策中，至关重要的不仅仅是社会需求的满足和对权利的认可，同时还需要犹如 Fraser② 和 Young③ 分别指出的关于需求与权利的公共讨论。换言之，面临的危险是关于责任、能力和组织的不同观点与问题汇聚的公共场所的存在。最终，在这些公共场所中，个人生活条件的必然社会属性成为社会行动者对话的永恒主题。当讨论他们想要建设什么类型的社会的时候，他们每天都有机会学习以公共事务为导向的共同责任。在不同的模式和程度下，根据不同的福利制度，总体上，社会政策已经将公共空间表达清楚了：公共空间至关重要，并扎根于日常生活，甚至对社会公共事务的讨论和实践也会引起普遍关注。

---

① 参见 P. Abrahamson, "Combating Poverty and Social Exclusion in Europe", and C. Saraceno, "The Importance of the Concept of Social Exclusion", in W. Beck, L. van der Maesen, A. Walker (eds.), *The Social Quality of Europe* (The Hague, Kluwer LawInternational, 1997)。

② N. Fraser, "Talking about Needs: Interpretive Contests as Political Conflicts in Welfare-State Societies", in C. Sunstein (ed.), *Feminism and Political Theory* (Chicago, Chicago University Press, 1989)。

③ I. Young, *Justice and the Politics of Difference* (Princeton, Princeton University Press, 1990).

因此，所有这些考虑建议把公共空间和社会政策领域出现的公共生活质量与密度作为重要的参考点，从中可以分析在该领域中正在进行的以及未来要进行抉择的变革。从这个参考点开始，我们就要详细阐述上面提及的趋势内的风险因素，以及明确提出将会提升公共日常生活质量的社会政策的需要。这同时也是建设欧洲民主和欧洲社会 - 政治整合的需要。换言之，这是关于公共生活的，这种生活要求对欧洲的社会质量具有战略性重要意义。因此，让我们认同这一点，并详细阐述社会质量概念。众所周知，[①] 与其说后者根据人口生活标准或者生活质量来测量，不如说是根据公民权的实践来测量。其实，这个概念的主要部分是权力和资源的范围，公民通过这些权力和资源参与公共生活，对公共利益进行探讨和思考。如果从这个视角看，本章需要更进一步思考以下三点。

首先，从这个视角来看，观点逐渐清晰。社会质量并不是指结果，而是指社会过程。社会过程包括关系、讨论、实践而不是利益、服务和消费。在这种意义上，本章认为，质量一定要作为一种社会需求被考虑，而不仅仅是一般意义上的社会性。这关系到社会生活主体间性层面，既不仅仅是客观的也不仅仅是主观的，这就是它也是自反性要求的原因。只有当它变成社会、公共讨论的主体，以及自我学习和自我反思的社会基础的时候，社会质量才是上述的那样。其次，从这一视角看，社会质量被定义为政治质量，因为它关系到公共生活。同时，根据Showstack Sassoon[②] 对这一主题的建议，社会质量重新界定了政治的内涵，将其带入日常生活领域。最后，由于这些原因，社会质量将通过目前的分析和理论来测量，而不是通过消除社会政策中的问题来测量。这些导致他们关注"谁是受益者"与"受益多少"。事实上，大多数分配与再分配选择，关系到多少资源被分配以及这些资源分配给哪些社会部门；相反，根据所建议的观点，我们会更加清晰地发现，社会质量同样需要"怎样"的分析：什么类型的组织和机构能够实施社会政策？服务是怎样组织起来的？他们在执行政策的过程中采用哪些方式？他们体现了哪种文化？采取了哪些行动？例如，这些文化和实践可以有力地提升福利水平、加剧社会依赖和社会消极态度，反之则会形成赋权、选择和行动的能力，也就是公民权利。在日常的活动中，社会政策的组织和机构为社会生活

---

① 自然地，我这里是指社会质量的概念化尤其是在本书的介绍和第三部分。

② A. Showstack Sassoon，"Political Participation, Political Rights and the Politics of Daily Life"，in W. Beck，L. van der Maesen，A. Walker（eds.），见 178 页注释①。

的结构释放了创造性的潜能，并加以形塑（或者相反，延误了其自身发展）。因此，它们的执行方式构成了公共生活的质量和密度的一个战略性要素（或者是为它的延迟）。

根据以上三点，可以归纳总结这一章节的核心内容：组织机构在执行社会政策的过程中体现的文化和实践的质量构成了欧洲社会质量的推动力。这不仅仅取决于公民私人生活资源的获得，同时还取决于他们参与公共生活以及对公共利益问题的思考和规划的可能性。

三 第三部门的社会质量

本章关注社会政治领域出现的现象，比如，第三部门和非政府组织的发展，它们使市场与政府相结合，从而形成了所谓的混合福利模式。这是不同国家福利体系进行重组的中心点，尽管方式、程度和组织架构不同，但是它体现为一种新型的福利模式。① 让我们简要了解一下它的构成。

尽管国家通过财政支持具有指导和调控社会政策的功能，但是在地方和国家层面，国家几乎完全放弃了提供社会福利的责任。

许多社会福利由第三部门组织提供，这些组织提出了公民社会的经济团结的倡议：非营利的福利供给应获得包含以顾客为导向的经济效率和以团结为主导的选择自由的利益。

公共事务福利和服务交换下的社会市场的进一步发展，创造了新的就业机会，被认为是典型的劳动密集型部门。

这种模式作为最好的方案呈现出来，摆脱了福利国家的危机。意大利特别强调该模式的价值，尤其是作为混合福利模式重要构成要素的第三部门的道德作用。而一旦脱离充满吸引力的、颂歌式的论证，显而易见，这一模式将会受到不同解释和实践的影响，最重要的是，它将对不同发展模式开放。由于暂时夸大了实际上较为复杂的现象，我们可能会认为社会市场容易成为社会市场化的一个工具。在社会市场中，社会需求和问题的解决方式类似于私有商品经济模式下的处理方式（即便

---

① 例如，可参见 H. Anheier, *The Third Sector*: *Comparative Studies on Nonprofit Organizations* (New York/Berlin, Walter de Gruyter, 1990）; J. Rifkin, *The End of Work* (New York, G. P. Putnam's Sons, 1995）; J. Le Grand, W. Bartlett (eds.), *Quasi-Markets and Social Policy* (London, Macmillan, 1993）。

是非营利时期）；或者，社会市场成了许多社会行动者的重要场所，他们投入精力和资源来培育社会性，同时关注社会性的质量，因此产生了社会质量。

为了关注这些不同的发展模式，以及它们之间的可能整合，我们需要思考对这一混合福利模式的批判：事实证明，公有和私有之间的平衡被打破，成为福利国家历史性的转折点。过去 20 年，这种平衡被打破是许多事件导致的，这些事件我们不一定能够验证，但总体上影响了国家的历史地位（集体主义模式的瓦解，社会民主制度的危机，国家防御社会补偿的基本理念通过新自由主义的理论和政策被传播，最后，最为重要的是民族国家的组织原则正在被削弱）。

国家为社会福利和社会问题所承担的责任与能力在历史上已经构成一个批判条件，因为承认它们是公共性的。官僚化、福利主义和家长制的后果是众所周知的，但始终没有解决的问题是：如何承认社会福利和社会问题是公共性的（并非由国家控制）？为了能够明确国家控制和公共性之间的区别，我们不能设定关于公众认可的公共福利中的共同责任和共同参与的条件。另一方面，重新审视和考虑社会的自我组织与自我规范能力可能会引起严重的误解；就像在自由主义思想传统中所体现的那样，市民社会的存在基于支持它的和被它所支持的制度的出现，否则这种风险会使社会变得非常不文明。因此，除了终止分辨公共的属性和国家的属性之外，有必要修正规范，通过规范的制定能够使社会福利、社会问题和社会行动者的公共属性被承认，同时作为组织建设的过程来发展混合福利模式和社会市场。

记住这一关键点，让我们探究一下在社会市场和第三部门中出现的特征和趋势，寻找两条不同的线索，如果这两条线索并不完全相反，那么这一趋势就是我刚才所提到的。第一条发展的线索可简要地被阐述为社会私有化（正如我们所看到的不仅仅是社会市场化）。处理社会问题和满足需要本来就是一种趋势，它们似乎从属于私人关系和选择的范畴。显而易见，这种趋势以多种行动方式在组织中传播而上述二者显然异质且不协调：它们既遵循市场模式，也被志愿者行动和慈善事业所感召。在这种社会服务的讨论和实践中，即使没有金钱交换危机出现，市场供求规律的潜在影响仍然会持续。在这种关系下，个人的受益人（他或她的家庭）成为服务的"客户"——最终的消费者，因为服务压缩了为满足私人需求的能力范畴。在这种关系下，行动者、利益和需求被降低到私人层面，脱离他们所从属的社会结构。

这些趋势的线索，也可以在志愿者的讨论和实践中被发现。根据这些讨论和实践，我们可以判断这些道德选择和从属于个人良知的品质都是严格意义上的私人领域。从这一视角看，团结的理念正在经历语义上的转变：不再是社会联系的同义词。团结是我们共同分享的责任，它变成了利他主义，道德选择的唯一判断将体现在个人良知范畴。

这两种文化模式在第三部门具体的组织形式中融合在一起，任何与公共性有关的都被从选择的语义和范畴中剔除。责任和财产在所执行的活动和提供的服务中处于危险地位，在这两种情况下，这些社会关系被降低到私人层面，产生了并不透明的组织。例如，供求模式趋于次要地位，因为供给要满足需求的急需或及时的特性，使得关系的不对等性趋于模糊。和上诉者的角度是对立的，因为他们的谈判权力是弱小的甚至根本不存在。类似的情况在志愿服务模式实践过程中也会发生。在这种情况下，团结的至高无上、慈善、利他主义等都趋向于忽略一个基本的不对等的事实。正如莫斯（Mauss）所说，没有回报的礼物会迫使获赠者服从于礼物给予者。权力的不对等被良好道德所掩盖，公共重要性变得较为模糊。

权利问题、行动本质和社会服务的关系，总之，一个严格意义上的公共问题淡出了人们的视线。同时，这也是社会政策中的主要问题，正如 Walzer 所说，在再分配的目的中真正的风险不仅仅是利益，同时还有权力。社会私有化的趋势，有很多方面我不能验证。例如，许多研究结果显示，第三部门组织在扩张中产生了负面效应。即使在严格致力于社会目的的时候，这些组织也会对它们自身的生存更感兴趣，或关注企业的成功与否而违背其最初的目标，这也是上面所提到的不透明的另一个方面。一个特别受批评的案例出现在对弱势群体的职业培训中。在欧洲，意大利不是唯一许可职业培训的国家，欧洲甚至没有就业的连带产业，因为他们习惯了支持志愿者和被他们组织起来的非营利机构，用来使培训者、培训者的导师受益，而不是受训者。

另一个需要考虑的方面是这些组织与它们所运行的环境、其他组织以及公共权力之间的相互作用的方式。主导思想是竞争性的，主要惯例是游说。与公共机构之间的唯一关联是减少资金分配，减少到一个较小的数额，降低组织报告中提供的关于交换的原始数据，比如简单的报告指标。在意大利，支出指标是使用比较多的指标类型。非营利组织与公共机构之间的关系呈现一种工具性特征，这一特征导致它们相互推卸责任。① 公共行政机构倡议财政节约，私人组织提倡经营

---

① J. Clarke，J. Newman，*The Managerial State*（London，Sage，1997）.

或扩大其生意。因此风险是一个恶性循环，在此循环中，与社会政策相关的组织影响力的扩大与公共组织的功能弱化（甚至衰退）同时进行。即使那些非营利组织总是处于边缘地位，这些组织也会作为压力集团或者游说者进入公共领域，这些组织聚集的基础是利益，而不是目的和价值。即使初衷是善意的，也会影响个体行动者在政策制定中的作用。

但是对混合福利和第三部门存在不同的迹象并不反对其存在及发展的轨迹。简单被定义为"espnces publiques de pr-oximite"的创造力。这个定义被 Laville[①] 使用，用来指大多数重要的公共福利都是在社会政策的不同领域中，在底层民众的倡议下实现的，例如市民组织、非政府组织和社会团体。从他的研究与其他相关研究中可以发现，根据我们的推理逻辑一些特征因素可以被识别和确认。[②] 他们的观察明确了组织模式、组织文化和组织实践的质量标准，使社会政策成为公共日常生活的一个重要领域。

第一，行动的重要领域是反对对贫困条件下的群体、地方社区和个人生活的排斥。比如，通过对被破坏的环境的恢复、职业培训和创造就业机会，消除社会排斥是可以做到的。从文化的视角看，最为重要的是减少和消除隔离地区出现——这些地区的人们生活在恶劣的条件下（如典型的精神病院）。尽管它们的比重很小，但在整个社会政策的背景下，这种隔离模式排斥公民权利的原则——这些权利原则是对整体人口一些基本权利的承认；更为重要的是，他们将没有解决的社会问题和矛盾转移出公众的视线与讨论。

第二，行动的方法论指向社会进步。根据不同的背景，程序会发生变化，但是在社会企业家的共同倡议下，在致力于污染地区再利用的联合项目的指引下，一些令人关注的实验在医疗领域被提升实践。人们普遍认为，受到干预并且出现问题的个人和社会状况并没有考虑社会与经济成本，而是整体上被作为对社会具有价值的资源的蓄水池。这些观点通过政策制定中的建议传播（比如社会公正委员会，1994）[③]，随着社会政策的变化而变化：没有优化利益分配而是缩小差距，

---

① J. L. Laville, *L'Economie Solidaire. Une Perspective Internationale*（Paris Descleé de Brouwer, 1994）.

② 主要研究是建立在不同国家背景下对几个当地案例进行具体观察的基础上。Laville 的书中分析了法国的经验（除了智利、魁北克之外）。关于英国案例参见：C. Leadbeater, *The Rise of the Social Entrepreneur*（London, Demos, 1997）；关于德国、爱尔兰、瑞士、意大利的社会企业，参见 O. de Leonardis, D. Mauri, F. Rotelli, *L'lmpresa Sociale*（Milano, Anabasi, 1994）.

③ 例如，可参见 Commission on Social Justice, *Social Justice. Strategies for National Renewal*（London, Vintage, 1994）.

致力于对社会和经济潜在资源的投入。但是这里我最想说的是这种观点所激发的社会日常实践。因此，需要一种关于组织在社会领域中运行所表现的改革，特别要关注社会组织与其受益者之间的关系。这些组织不再根据它们的需求和亏损来被筛选和确定，而是通过它们能够被识别和激发的能力界定，并把它们付诸实践。这一小的变革很难完成，因为它对职业文化和根植于社会服务的权力模式提出了质疑。当关注与弱势个体之间的关系的时候，甚至更难去完成，因为这些弱势个体被剥夺了利益诉求的权利，他们在服务中与契约思想预设的改革合作者不同。关注的实验有两个目标：一方面，承认受益者为他们所居住的社会环境中的角色，在此环境中我们能够实施、追求和分享生活规划；另一方面，关注和改革这些敌对的和存在问题的社会环境，使社会中的人们建立密切联系，相互接纳、相互融合，即能够容忍那些受益者所表现出来的差别和矛盾。显而易见，这些方法并没有避免不平等的问题；相反，它们面对这一问题并主动将其揭示出来。社会组织将所控制的环境问题公布于众，接受群体的选择、讨论和行动。

第三，观察的实验组织模式具有明显的社会嵌入特征。这种特征应该体现市民社会自组织模式中的主要价值观。这种需求需要系统地培育，反对上面提及的部分组织中存在的利己主义风险，也反对为了组织自身的生存对社会资源的工具性利用。讨论的主要倡议是致力于发现和关注社会干预计划，非专业人员和专家都参加了该讨论。因此，多种能力、利益和文化成了社会干预的一部分，这一干预使特定权限趋于模糊，并且消除了把这一权限移出公众视野和使社会问题私人化的障碍。

此外，这些倡议使许多公共领域和私人领域的行动者参与到模式运作这一共享项目中。比如，他们整合不同的能力和权力，以解决过去只有专家参与社会政策制定的问题。在合作关系中创造了一种氛围——这种氛围与不同执行机构间的竞争和敌对关系不同，尤其是与公共和私人服务之间的关系不同。同时，公共机构之间迫切需要互动，这一互动不仅体现在融资和支出方面，而且体现在通过项目所追求的目标或目的方面。甚至冲突也不再以经济竞争为手段，而是以解决政治争端为目的。因此，已形成的互动网络培育了合作与共同责任的文化和实践，以及相互学习的条件，取代了大量工具性的私人利益。

最终，在这些尝试中，市民社会的倡议和市民社会中的经济与道德资源以一种"自反"的方式发挥作用：作为社会性的乘数效应，产生了行动者、相互关系、社会联系以及关于交换和交流的原因。根本认识在于根据顺势原则拯救社会的方法是社会性，同时附加一些其他标准。社会工作致力于处理争议性事务和允许公共权力参与，从而为公共讨论和行动创造了空间。因此，社会政策解决的问题和利益关系成为关系到每个人的事情，成为集体学习和公共福利导向的共同责任的范畴。以这种方式创建的公共空间是 espaces de proximite，在某种意义上，公共危机事件的范畴是通过实际的人际关系表现出来的，并且根植于人们的日常生活。正如 Showstack Sassoon 所说，它们是日常生活政治空间。

四　教育机构

在社会政策中，第三部门的重要性不能被忽视。解释和实践社会行动的方式传播所期待的创新并受到普遍欢迎。正因如此，它们被认为是混合福利的主要媒介。正如我们所见到的，第三部门的影响有着不同的指向，在这里，相反结果的解释标准被采用：承认社会政策问题和解决方案的公共性。在第三部门和社会市场中所发展的内容引导私人利益从公民权中退出，也引导社会问题中的私有观念从社会实践和社会讨论中退出，使社会成为一个普遍性的社会、共享的社会；反之亦然，第三部门可以采用决定性方法，通过社会政策处理公共空间问题，将它们转化为公民权的实践和日常社会生活中的民主参与。由于具有上述潜力，第三部门可以作为社会学习的蓄水池，追求我们已经接受的那些社会质量标准，将其作为欧洲民主建设的目标和基本条件。

只要该领域进行中的社会改革符合机构的创新要求，机构建设过程就会被激发，[1] 机构要遵守一定的质量要求，这是可以做到的。让我们看看下面的例子。来自底层的尝试已经指出将社会干预用于公共空间构建的可能性，遗憾的是，公共空间仍然仅仅是地方性的、短暂的，并且依赖于具体的、经验性的环境。公共生活应该是这样的：不仅根植于日常生活实践，在时间上还要具有持续性，使自身摆脱偶然性，创建一个"充满记忆和话语的共同体"。[2] 换句话说，这意味着有效的公民权和组织模式能够使共同体保持活力。实际上，这一问题的实践是很

---

[1]　关于机构的建设，尤其在以非机构角色为主要特征的例子中体现得尤为明显。参见 E. Ostrom, *Governing the Commons：The Evolution of Institutions for Collective Action*（Cambridge，NY，Cambridge University Press，1990）。

[2]　R. N. Bellah et. al.，*Habits of the Heart. Individualism and Commitment in America*（New York，Harper and Row，1986）。

少见的，并且很难传播。因此，需要公共机构介入以促进它们发展，并且投资它们所产生的价值（包括经济价值），将其作为群体共同可用的社会资本，成为群体智慧的结晶。例如，在地方政府的作用和上述组织的倡议下，他们建立的联系至关重要。正如我们所看到的，公共服务中私人提供的外包，无论是以市场为导向的还是自愿的，都能够降低支出标准；即使没有资助、没有公共福利的损失，外包也会导致立约者降低他的责任，从而形成一种特殊的协议。机构间的持续合作及竞争必须要通过项目、选择和关于目的、价值与共同责任的讨论进行。

根据上述例子，社会进程中的质量变得具有相关性。正如我们所看到的，行动方式、组织模式、干预性的日常实践以及行动者间相关性的质量，不论是不是社会组织，至少结果都是重要的。或者更准确地说，结果的社会质量承接了社会过程的质量，因为结果的社会质量是经过社会过程产生的。换句话说，社会质量的目标需要市民社会与社会政策机构相互作用，而这种相互作用需要底层与上层之间持续交叉推动。因此，前者发现了空间和对话伙伴，在公共领域，改变了公众、财产、经验及主观的私人利益；后者找到了具体的两类行动者和实践，并以此来把公共利益转变为日常生活。我把组织建构的过程称为"三明治"，以此来强调社会质量是这两种压力结合而成的结果，并且社会结构的密度和多样性是由它们的合作来决定的。"三明治"并不是通过正式和完整的契约建立的，而是通过合作关系来完成的。这种合作使公共讨论向不同的行动者，以及关于问题和解决方式的不同声音与话语开放。简言之，基于所建立的伙伴关系，组织建构"三明治"的过程促进了相互之间的学习，并促使大家对社会质量标准做详尽阐释。

社会过程需要社会组织的质量，但同时也为组织产生了质量。质量尤其要通过学习技能来衡量。本章将详细说明这个观点。我们设想组织是提高公共生活质量的必要条件，从另一个层面讲它也是公共福利：组织的效率是通过能力来平衡对公共利益的认同和共同责任。他们是集体智慧（或愚蠢）的结晶，这些智慧或愚蠢是民主社会在处理面临的问题时所需要的。① 正如主流经济学理论所承认的，没有社会组织，我们不但不能处理一些社会问题，而且正如当前的情况，尤其是在社会政治领域，新的问题、新的限制、不确定性以及高风险和广泛传播创新的存在，我们需要教育机构。这一理念在组织领域改变了组织学习中所获得的

---

① 机构的概念化可以通过 C. Donolo, *L'intelligenza delle istituzioni* （Milan, Feltreinelli, 1997）。

理论和分析结论，同时激发了不同于传统官僚思想的改革构想。这些传统官僚思想，特别是公共行政领域的传统官僚思想，以不透明、效率低、懒散、抵制改革为显著特征，尤其缺乏学习的能力。

另一方面，教育机构与管理导向的国家改革和不同国家的组织改革存在一些联系。当然，学习机构的组织能力意味着创新、企业家精神、风险承受以及经济组织的所有典型需求。而这些道德价值不能被降低到商业层面，也不能被降低到公司导向的准则层面。这是因为要测量它们所拥有的学习能力，这些能力包括组织的公共功能、它们促进社会过程的能力、公共组织产生社会质量的能力。

当社会组织愿意聆听市民社会中的意见，并且与之积极交流，敢于实践，敢于面对错误和纠正错误的时候，简言之，当组织敢于面对变化的时候，就具备了学习的能力。因此，学习在某种意义上意味着提升了认知结构，这一结构过去常常使集体问题及其解决方式更加明确，对公共福利做出更加明确的选择。提升了的认知结构成了社会集体智慧结晶的一部分，成了社会质量的一个重要要求。另一方面，就社会行动者和社会组织而言，学习、智慧与反思似乎成了当今必要的社会质量。在这个社会中，可以根据非物质利益及认知和交流特性来评估他们的财富。即使在经济层面上，社会也需要作为学习型社会或者终身学习社会被衡量。

五　结论

以社会质量为目标的学术研究和政策制定，应该特别关注组织的质量和组织产生的要素，这些要素主要体现在日常生活中的关系、实践和对社会事务的持续讨论中。特别是当讨论第三部门日益增长的重要性以及提升公共生活民主参与增长潜力的必要性的时候，这些反思是不可或缺的，这些也正是这一章的主题。正如我们所见到的，尤其是在社会政策领域，不仅要改善个人生活条件，而且要改善处在危险中的社会组织。同样，基本社会需求应该通过公共空间呈现出来，在这一空间中，公民参与公共生活，共同选择和建构社会生活质量标准。

（王晓楠、马艳凤译，王晓楠、徐京波、芦恒、王岩校）

第十二章 福利动力、第三部门和社会质量

Adalbert Evers

 引言

今天，没有人怀疑由志愿组织、合作组织以及其他非政府组织构成的第三部门为欧盟成员国的公民及非欧盟成员国的公民的福利做出了重要贡献。在国家和市场之外，第三部门越来越被看作一个更加基础的部门，和家庭、非正式网络以及社区一起被视为另外的第三贡献者。关于本章的中心主旨，一个好的出发点就是对四个欧洲国家私人社会服务私有化的观察，美国的 Kramer 以及一群欧洲学者正在从事此项研究。他们认为在他们研究的国家中，第三部门的角色已日益引起人们的研究兴趣。他们把自己的观点概括为福利的多元主义已经变成全欧洲社会政策制定者的"新正统派"。①

然而，这种观点只有在人们考虑问题时把所谓的"福利多元主义"看成一个模糊的概念时才能被理解。这也意味着和自由的以及社会民主的遗产相比，第三部门组织和非正式部门在今天的社会政策中得到了更多的承认。这也表明它们和概念的构建以及政策联系得越来越紧密，而不是仅仅被看成一个外在的假设或边缘性的因素。

---

① R. M. Kramer, H. Lorentzen, W. B. Melief, S. Pasquinelli, *Privatization in Four European Countries: Comparative Studies in Government-Third Sector Relationships* (Armonk, New York, M. E. Sharpe, 1993), p. 193.

然而，在这一趋势的背后，存在对第三部门将来的角色的不同看法。考虑到在欧盟层面上国家福利政策以及政策的发展，本章将会概述在那些提供医疗保健和社会服务的政策部门中存在的两种完全相反的对当今福利多元主义概念化的方法。第一种概念化的框架受到新自由主义议题和实用主义方式的重要影响。当提供福利服务的职责向私人组织转移的时候，这种实用主义把第三部门构建为众多形式中的一种模式来使用。与此相反的概念在现实政策中影响力较小，但是在一种福利多元组合中反思以未来为导向的社会福利思想、公民社会的概念以及提升第三部门的相应角色时，却显得越来越重要。

在接下来的讨论中，这些不同的视角都将得到探讨，这一类型，即第三部门组织对社会质量做出贡献及产生影响和意义的视角。从第一种研究视角来看，其策略严重制约了它们的特殊品质，因为它倾向于将其看成仅仅是私人服务提供的一种形式。在这种视角下，第三部门与社会质量没有多大关系。第二种概念——作为发达公民社会补充的福利多元主义——有一个关于第三部门组织在提升福利服务品质方面具有特殊潜能的宏大构想。正如将要讨论的，在这里，第三部门非常重要。然而，为了能够进一步阐述这些观点，我们首先需要回顾第三部门组织的历史遗产。既为了了解为什么当第三部门发展并提供社会服务时，它能为社会质量做出突出贡献，也为了让读者更加了解公共部门努力为第三部门的潜能腾出空间的历史方法和不可避免遭遇的挑战。

二 第三部门的构成及其对社会质量的贡献

也许描述在今天被称作"第三部门"的组织的最普通的方式就是宣称这些组织是依据它们成员的意愿而不仅仅是依据传统的力量建立的，它们的运作不以营利为第一要义，并创建了一个区别于以血缘和强制为基础的传统社区、市场组织以及国家机构的公共社会空间。事实上，很多组织不得不为争取那些需要政府法律所允许的自由联合的权利而抗争。这也表明联合的出现与政治民主以及公民权利的发展之间具有紧密的联系。很明显，如此宽泛的第三部门的概念被很多不同的国家承认，例如美国和欧洲的国家。

第三部门——一个宽泛而又分化的领域

当我们考虑第三部门时，我们必须意识到这是一个既宽泛又分化的领域这一事实。它从表现为合作组织和公共组织的经济改革的衍生部门拓展为为了社会救助和服务、为其成员和其他群体提供物质帮助的志愿者组织和创新型组织，甚至还包括那些为大部分弱势群体争取更多社会和政治影响力的非政府组织（NGO）。

用一个清晰的、占主导地位的并且与服务提供有关的社会经济元素来代表第三部门组织，① 能够发现欧洲和美国的重要差别。志愿者组织、慈善组织以及基金会已经在大西洋两岸形成并壮大起来。然而，不同于美国，欧洲的传统以深受像公共组织（例如，当地的互保协会）和合作性组织（在住房、银行、金融、农场和家庭消费品等领域）等的影响而著称，这些组织源于团结型组织，有着联结经济和社会的目的。特别是在欧洲拉丁语的概念中（同样存在于欧盟的文件中），"社会经济"② 已经变成一种职业。而这样的组织到目前为止仍然被排除在被美国主导的研究所控制的第三部门概念之外。③ 这一点非常重要。例如，关于经济和社会福利的一系列问题，第三部门组织也许能够成为私人市场和国家公共服务传递的制度性替代者。

充满活力的第三部门对福利品质的贡献

行文至此，本章已经非常清楚地表明要说明第三部门对社会质量的贡献是非常困难的。社会质量的不同维度都关系到第三部门的不同领域对其影响的差异程度。在一些领域，单个的组织主要通过特殊性质的物质支持和它们给予与创造的各种服务来做出贡献；而另外一些组织更多的是提高其成员的社会能力和使它们

---

① 关于对游说团体或者非营利组织的争论，参见 J. W. van Deth（ed.），*Private Groups and Public Life. Social Participation*，*Voluntary Associations and Political Involvement in Representative Democracies*（New York, Routledge, 1997）；J. Hirsch, "Das demokratisierende Potential von 'Nichtregierungsorganizationen'"，*Political Science Studies*（Institute for Advanced Studies, 1999, 65）。

② J. Defourny, J. L. Mozon Campos（eds.），*Économie Sociale. Entre Économie Capitaliste et Économie Publique*（Brussels, De Boeck-Wesmael, 1992）；C. Borzaga, A. Santuari, *The "One Hand, One Vote" Principle versus the Non Distribution Constraint. Aonther Attempt to Verify the Differences between the Civil and Common Law Systems*, Report for ARNOVA, The 28th Annual Conference, November 4 – 6, 1999, Washington DC；CIRIEC（ed.），*The Enterprises and Organizations of the Third System：A Strategic Challenge for Employment. A Synthetic Report on 15 EU-Countries*（Manuscript, Université de Liège, 1999）。

③ 参见 L. M. Salamon, H. K. Anheier, *The Emerging Sector*（Baltimore, The Johns Hopkins Institute for Policy Studies, 1994）；L. M. Salamon, H. K. Anheier, *The Emerging Sector Revisited*（Baltimore, The Johns Hopkins Institute for Policy Studies, 1998）。

自己的声音能够在政治和社会生活中被听到。

当讨论具体的贡献时，第三部门组织能够使每个人福利的社会质量得到尊重，且二者相互联系，产生关注每个人的服务的品质以及第三部门组织作为服务提供者的特殊品质的思想。服务的质量与组织背后承诺的特殊性是相互联系的，它们对社会质量的具体贡献可以从历史和理论的角度来加以研究。我们将跳过在方法论问题上的讨论，直接给出一个反复提到的关于这些组织特殊能力的暂时性的总结。正如文献中提到的，它们能够：

- 为建立安全感创建新的协作方式（像互助保险公司）；
- 通过准备和倡导新的社会机构、立法和服务等方式来提高社会的创新能力；
- 加强现存社会的、文化的以及当地的社区的互动，从而提高内在凝聚力；
- 通过吸引各种各样的组织成员参与，以及提倡和刺激成员在组织内部与公共场所辩论，扩大在社会和政治生活中的赋权与参与的途径。

着眼于社会质量的四个维度模型，这些要点已经被贝克、范德蒙森和沃克归纳和发展了。① 应当指出，大部分品质不是用于描述产品和服务的简单特性，而是与社会质量目标制定、过程以及互动的特殊方式有关。

然而，相对于以上例举的所有积极的潜在方面，可能存在相反的观点，给第三部门组织提供社会服务增加了威胁：产生一种特殊主义，同时产生一种就社会和地区的服务分配以及服务标准而言的不平等。第三部门组织提供服务的潜能只能在一定程度上被利用，其消极方面只能在一定程度上被限制，这一点非常重要，在公民社会中，社会中的其他制度部门能够形塑此种行动的基础。这也意味着，特殊群体的关注应该比作为公民的相同的人的关注更重要，否则社会中无论是强大的还是弱小的组织，都会以社会整体的包容性为代价，来增强它们的内在凝聚力；这有助于由社团主义群体和亚文化构成的碎片化社会的形成。此外，如

---

① W. Beck, L. van der Maesen, A. Walker, "Social Quallity: From Issue to Concept", in W. Beck, L. van der Maesen, A. Walker (eds.), *The Social Quality of Europe* (The Hague, Kluwer Law International, 1997), p. 263.

果政府对更加公平地扩大以第三部门为基础的服务的范围，它将不得不给予更多的支持，有时对服务质量进行一定程度的管理是必要的。然而，与此相反，政府的支持与管理将是"制度性趋同"的威胁。例如，在服务过程中失去第三部门自身的特殊品质和相对独立性。

社会质量作为一个共享和竞争性的议题：第三部门组织和公共部门的角色

因此，建立一种联系用以平衡群体之间不同的利益诉求或者为整个当地或民族国家倡导公众利益关怀，一直都是一个涉及利益的重大问题，当然也是一个微妙的问题。在所有的民族国家中，人们都能发现用来检查我们今天所说的"第三部门组织"是否有利于公众利益的特殊程序——主要通过其提供的服务类型或者是涉及的群体和问题来检查。如果第三部门有利于公众利益，民族国家就会通过特殊的税收，规定为它自己的经济运行以及那些通过捐赠做出贡献的人可以获得特殊的地位和物质奖励。通过这种方式，第三部门从来没有作为一个独立的部门在政治共同体边界之外存在过。很明显，从一开始，国家的支持就显得模棱两可。这种支持可以是一种保卫和倡导地方主义的公共利益以及多元主义的手段，也可以是提升一个国家范围内共享价值的手段，同时也可以使独立群体的目标朝向国家优先的方向发展。[1]

一方面，群体的部分特殊利益或者主创性，与其政府所表达的公众关怀之间存在张力；另一方面，这一直是一个关键性的问题。在欧洲的一些国家，第三部门组织通过传统的批判性元素来填补公众的、国家的、市政的福利[2]留下的空白，并且代表少数群体争取良好的公共服务的利益。[3]然而，在欧洲中部和南部的很多国家，依靠教堂和劳工运动，志愿者组织在较早时间就已成为健康与社会关怀的主要服务提供者。在很多国家，如奥地利、比利时、德国或意大利，随着时间的推移，劳工分化对公共利益的贡献，不仅仅从同意的角度得到承认，甚至

---

① 参见对这一问题所做出的贡献 W. W. Powell, E. S. Clemens (eds.), *Private Action and the Public Good* (New Haven, Yale University Press, 1993)。

② 正如英国，参见 J. Kendall, M. Knapp, "Defining the Nonprofit Sector: The United Kingdom", in L. M. Salamon, H. K. Anheier, *Working Papers for the Johns Hopkins Comparative Nonprofit Sector Project* (Baltimore, The Johns Hopkins for Policy Studies, 1993), p. 5。

③ 正如日耳曼民族国家，参见 K. K. Klausen, P. Selle, "The Third Sector in Scandinavia", *Voluntas*, 1996, 7, 2。

从它们作为超国家的社会服务提供者，进而从社会承保人以及公共部门获得补偿的角度得到承认。[①] 在某种程度上，他们在规划福利服务的动力时排斥合作者，使一种特殊主义类型的社团主义政策得到发展，在今天被看成是对民主透明度以及福利提供中有效性优先原则的损害。[②]

在这一点上，人们能够转向公共福利的主流趋势，并且他们对第三部门组织地位的反响，将会改变他们在争取福利质量中的角色。

三　福利重组：通过社会服务提供的私有化和建设社会市场来强化多元主义

那些了解福利政策的读者在各自的国家中将会察觉到我们可以描述这一主题的变动形式，就是国家在社会福利中角色的重新定位——从服务提供者向提供资金和监管的机构转变，它更热衷于把福利服务的提供外包给营利的或第三部门的组织。无论公共融资的水平怎样，其运作的共同点是：通过把福利服务的提供交给私人组织来负责，在社会福利的传统架构内植入了经济自由主义的元素。

福利提供的私人化：第三部门组织作为社会市场中另外一种形式的提供者

这种自由主义的构成首先由福利国家政策的角色争论引发，即更多地是考虑个体消费者而不仅仅是公民。就社会服务的系统而言，已经导致在英国出现消费主义导向。[③] 然而，强调这种自由主义社会的议程不是直接敌视和反对现存的第三部门是非常重要的，只是或许会被打上结构性忽视的标签。第三部门组织仅仅是在理论层面上缺少关于社会政策的经济自由主义话语，而后者仅仅专注于市场社会制定了多少规则以及政府给予个体消费者提供多少切实的安全服务，而忽略了应该从个别选择的相互作用发展到更高的阶段。

另外，社会民主遗产也有相似的观点。集体参与在一定程度上受限于政治决

---

① L. M. Salamon, H. K. Anheier, 见 190 页注释③。

② R. G. Heinze, J. Schmidt, C. Strünck, "Zur Politischen Ökonomie der sozialen Dienstleistungsproduktion. Der Wandel der Wohlfahrtsverbände und die Konjunkturen der Theoriebildung", *Kölner Zeitschrift für Soziologie und Sozialpsychologie*, 1997, 4, 2, 242–271.

③ C. Pollitt (ed.), "Consumerism and Beyond", *Public Administration*, 1988, 66, 2.

策的制定，以及政党和压力集团中的成员。国家政策作为唯一合法的制度，可以决定个体消费者和公民提供福利服务的水平与质量。同样，市场的选择和公共计划在一种强制氛围中通常仅仅被当作选择的方案。

然而，尽管在市场自由主义理论中不存在作为第三部门的事物，但在社会福利改革的实践中存在对自由主义议程的挑战。因为在现实世界中，第三部门组织提供和创新的福利服务作为一种团结的基础，是不能被否认的。

因此在许多国家，人们能够发现在理论上被否认但在实践中却不断涌现的被认可的方案，即在社会政策中外包和建设社会市场的方案。像其他地方一样，在这些国家竞争性招标是必需的，唯一的差别是竞争性提供者的组织形式更加多样化——从营利性的私人组织到志愿团体以及联盟。在一个总体的福利自由主义的概念下，在竞争性社会市场中，赋予第三部门一个角色是承认它们的一种合适的方式——允许第三部门和其他社会政治导向的组织达成政治妥协，这也是传统给第三部门预留的一个位置。在管制政治和政策概念的层面，一种福利多元主义的特殊形式正在全欧洲形成，它把第三部门定义为在将来依靠消费者决定的一种额外的福利提供形式。① 如果志愿者提供更好的服务，它们在社会市场中更好的表现将是它们进一步发展的动力，并由一种我们视为"消费民主"的机制保障。②

这个概念的兴起目前可以在一些具有不同第三部门组织传统的国家观察到，例如英国、瑞典或者德国。这种被称为第三部门组织有限认知所带来的影响不同于其他国家所带来的影响——那些国家依靠福利体制和其原有地位。例如在瑞典，受到其国家传统统治的束缚，通过与竞争性的服务提供者签订合同来打造社会市场的格局，导致包括第三部门组织在内的各种非政府提供者大量增加。③ 在德国，同样的概念已经导致大的传统志愿者组织，这些组织由社会保险公司或政府机构资助，丧失了先前在福利服务提供中的优先合作者地位。有限认知系统建立在权力下放原则的基础上，也就是说，公共社会任务应该交给志愿者组织。现在，例如在社会照顾领域，可以观察到它们必须和各种服务提供者竞争。④ 最后，

① J. Kendall（ed.），*The Contract Culture in Public Services. Studies from Britain*，*Europe and the USA*（Aldershot，Ashgate，1997）.

② S. Montin，I. Elander，"Consumerism and Local Government in Sweden"，*Scandinavian Political Studies*，1995，18，1，25－51.

③ 见本页注释②。

④ 见193页注释②。

在英国，在社会服务领域引入准市场，已经部分地终结了志愿者组织和慈善组织的特殊境遇。尽管得到有限的允许，但基本上它们能够根据自己的表现来自由地选择行动领域。现在在适用于每个非政府组织的合同体系下，它们必须为了运转、为争取公共支持及与正在缩减资助的公共部门共同制定政策而竞争。①

最终，一种另外的要素被引入，其对这样一种多元主义的影响问题变得更加紧迫。这样一种元素在英国被称为管理的方法或者一种朝向新公共管理（New Public Management）趋势的国际化运动。这里，依据那些在私人企业中已经发展起来的风格，通常以非专业或缺乏管理技能为标志的第三部门组织又一次被促进，使其管理的方法和整个组织现代化。因此，为了能够管理这种市场类型的机制，目前欧洲所有国家都有重建第三部门组织的强烈倾向。②

第三部门供给差异的最小化：社会市场途径对社会服务提供的威胁和危险

到目前为止，这样一种取代国家提供服务的义务的概念，或者确认第三部门组织在福利传递中作为合作者的特权，并把它们转变为以国家为基础的社会市场中的竞争者的概念是有争议的。但是人们越是相信第三部门组织在培养社会凝聚力和社会赋权方面具有特殊的能力（这种能力通过特殊的措施得到承认和发展），简单和明确的具有竞争性并规范第三部门的概念问题就越多。

● 首先，它忽略人们作为合作公民或者社区成员的角色作用，正如那些通过联合和志愿行动能够参与公民行动的人；

● 其次，消费主义倾向是专门关于服务消费者的退出选择，它倾向于忽视人们作为社会服务生产者或共同生产者的角色，即作为社团、合作组织以及其他第三部门组织的成员自我选择的声音。③

一方面，福利的概念仅仅是关于政府的购买和监管，以及把人们当作"最好服务"的消费者；另一方面，这一概念在合作方面以及联系公共利益的领域

---

① J. Lewis, "Developing the Mixed Economy of Care. Emerging Issues for Voluntary Organizations", *Journal of Social Policy*, 1933, 22, 2, 173－192.

② OECD (ed.), *Managing with Market-Type Mechanisms. Public Management Studies* (Paris, OECD, 1993).

③ 这些方面可以参见 A. Evers, "Consumers, Citizens and Coproducers: A Pluralistic Perspective on Democracy in Social Services", in G. Flösser, H. U. Otto, *Towards More Democracy in Social Services* (New York, Berlin, de Gruyter, 1996).

将会遇到困难。这些领域是带来社会品质的关键——这些品质既不能通过与公共购买者签订合同的方式来规定，也不受适应个体消费者偏好的保护。这些品质在创造教育、培训以及失业青年再社会化的整合系统时被需要和形塑（例如在城市更新和为城市衰落①而斗争的过程中）。② 毫无疑问，在这一社会问题领域，人们能够为第三部门组织找到一个更重要的角色。然而，如果像普通学校、健康服务、日间照顾以及老年人照顾的主流目标被看成普通的消费服务，它与私人服务的不同仅仅在于国家公共的监管与提供资金的程度上的不同，那么联合的优点和需要就会变成社会边缘上的目标群体的特殊方法。

还有另外一个接踵而至的由竞争逻辑构成的问题，可以用如下方式加以表述：一方面，第三部门被传统看成一个需要特殊公共保障和支持的领域，正如用公共税收减免以及补助金来补偿它们为公共利益做出的特殊贡献一样；另一方面，竞争的逻辑不允许连续资助一种组织，竞争性的解决方案通常反对不公平地通过补助金和税收减免获得的竞争性优势。因此倾向于通过与在这一领域运营的组织——无论这些组织是营利的还是非营利的——签订相同合同的方式来代替它们。这种趋势倾向于质疑在社会服务提供过程中非营利组织的各种额外特权和所受的额外对待：在非营利组织开展社会服务的领域，地方政府有限的购买被看成从外部反对竞争者的不公平举措；给组织提供的连续不断的补助金可以被理解为一种不公平的补助。③

这种观点证明了当志愿者组织以他们的行动不能持续证明基于第三部门组织所创造的额外价值是什么的时候，他们运用什么手段及为谁提供服务的时候，那么这样一种观点似乎更加公正。当第三部门组织选择通过专注于由管理良好的专业主义④带来的定义清楚的独特的服务供应来同化其商业竞争者时，就对公共福利的贡

---

① T. Mirbach（ed.），*Entwürfe für eine soziale Stadt*（Amsterdam，Verlag G + B，1998）.

② B. Eme，J. L. Laville（eds.），*Cohésion Sociale et Emploi*（Paris Desclée de Brouwer，1994）；A. Evers，M. Schulze-Böing，S. Weck，W. Zühlke，*Soziales Kapital mobilisieren. Gemeinwesenorientierung als Defizit und Chance lokaler Beschäftigungspolitik*（Dortmund，Verlag des Instituts für Landes-und Stadtentwicklungsplanung，2000）.

③ 作为一个有着逻辑和客观的例子参见 D. Meyer，"Das System der Freien Wohlfahrtspflege aus ordnungspolitischer Sicht"，*ORDO - Jahrbuch für die Ordnung von Wirtschaft und Gesellschaft*（Stuttgrat，Lucius &Lucius，1988），49，221－228。

④ 作为一种趋势和分析，参见 B. A. Weisbrod（ed.），*To Profit or Not To Profit：The Commercial Transformation of the Nonprofit Sector*（Cambridge University Press，1998）。

献而言，确实很难进一步认为这种组织得到了在社会质量中承认它们特殊角色的补助（在合同和特殊服务的补助之外）。当第三部门组织作为一个中间元素不再呈现它自己独特的品质的时候，品质的保证和提高就变成了由公共机构或者消费者控制的独特问题。促进社会质量提升的问题被简化为寻找国家和市场正确组合方法的普遍的一元争论，忽视了谁能够通过公民社会以及它的"第三"部门来做出贡献。

在某种程度上，部门并没有多大的关系。当所有营利或非营利的私营组织被同等对待时，人们将会意识到商业行动者也能带来的特质。这将意味着在社会福利的大部分领域，特质的问题被最大限度地引向对以下问题的关注：（a）公共机构有效地给予或施加于任何类型的外部提供者的合同类型以及（b）关注个体消费者的偏好。最终，在某种程度上，供给以依赖于政治偏好的国家市场为主轴而结束，不是趁机整合由第三部门提供的多元主义或者由建立福利市场带来的潜在的额外品质。

我们不再更深入地探讨这种趋势，对有关福利多元主义这个版本的观察能够在 Pinker 这里终止，他已经注意到福利多元主义的这个版本会导致一个悖论……到目前为止，迷漫于整个英国社会服务领域的一致的管理气质与其说是在提高，不如说是在降低多元主义。[①]

四　提升公民社会的角色：一个不同的福利多元主义概念下的第三部门

上文中我尝试描述了一种不关心第三部门组织的特殊构成及其特殊影响的福利政策的潜在后果，这种特殊影响来自社会服务质量和公民文化的质量两个方面。一项坚持第三部门组织对社会质量具有特殊潜能的政策，必须建立在超越第三部门组织作为服务提供者单一功能角色的更宽泛的概念上。

第三部门组织不仅仅作为服务提供者来提供服务

这样一种不同看法的第一个要素是第三部门组织作为团结型组织的实践性存在，无论是就它们提供的"产品"而言，还是就滋养它们生存及其操作模式的

---

① R. Pinker, "Making Sense of the Mixed Economy of Welfare", *Social Policy and Administration*, 1990, 26, 4, 281.

基本动机而言，都会意识到它们不同于其他福利提供者的事实。这是很多组织潜意识中的一部分，与工人运动及以教堂为基础的传统有关，这也是志愿团体、合作团体和社团的历史遗留下来的。这种意识在所谓的团结组织的第二波历史浪潮中更加清晰，并且在 20 世纪 60 年代后期，当文化和政治变革横扫欧洲的时候，这种意识得到进一步继承和发展。

然而，作为一种话语它至少有两次发展，这种话语给这个不同而又特殊、模糊的观念一个更加清晰的表达，并在一个参考框架内赋予其更加显著的位置。这个参考框架是"最新的"并且与传统的阶级斗争或仁慈的概念没有关系。这种关于公民社会的话语有其自身的支持者，受到 Dahrendorf 提出的自由主义传统到社群主义的争论的影响。政治自由主义、社会民主主义、社群主义这几种不同的趋势有一个共识，即确信在一个公民社会中，市场或者国家的行动是由 Salamon 和 Anheier① 提出的"公民社会部门"中的第三部门组织加以完善的，有时甚至被其取代。公民社会的概念在国内外的公共政策讨论中都有其自身的影响。在这里我们应该注意到：在经济发展与合作组织（OECD）倡议的背景下发展的"积极"社会的概念问题，以及像"福利社会"② 的标签，能够存在于当今不同的社会背景之中。这一事实常出现在挪威的政府报告或西班牙有关社会政策的辩论中。

这样一种概念性观点的总体目标基本上是非常宽泛的，这不仅仅是由于志愿提供者的前景岌岌可危，同时还由于"社会资本"③ 的角色嵌入在社会关系和民主传统中，信任存在于工作社区内部以及社区之间。④ 就第三部门组织作为这一宽泛实体的一部分而言，对那些在市场自由话语中缺失的社会品质——团结与合作取向、社区发展以及最终的公民行动和志愿行动——的强调，能够对社会质量进行补充。这种社会质量在普通的社会公众以及单独以市场为基础和消费者为导向的供给中是缺失的。

因此，这些在质量话语之外的品质要得到认知，受限于那些主要的服务输出

---

① M. Salamon, H. K. Anheier, "The Civil Society Sector", *Society*, 1997, 34, 2, 60 – 65.

② A. Evers, T. Olk（eds.）, *Wohlfahrtspluralismus. Vom Wohlfahrtsstaat zur Wohlfahrtsgesellschaft*（Opladen, Westdeutscher Verlag, 1996）.

③ R. D. Putnam, *Making Democracy Work Civic Traditions in Modern Italy*（Princeton, Princeton University Press, 1993）.

④ 对概念的讨论参见 J. Harriss, P. de Renzio, "Missing Link' or Analytically Missing？The Concept of Social Capital", *Journal of International Development*, 1997, 9, 7, 919 – 937.

的水平和性质。在某种程度上，在这里经常被视为副作用的社团组织的福利提供被作为潜在的目标和品质得到承认：第三部门组织作为替代性价值的支持结构的角色；作为表达关注和异议以及开创新的解决方法和服务的起始点的角色；作为一种特别是在社区受到威胁时产生合作和自律的催化剂的角色。

我们在这里强调的是第三部门组织角色的多重性。一方面，这意味着它们综合了这些特质和关系：既允许用政治的术语将其作为"民主的学校"[1] 来看待，也允许用社会经济的术语将其作为向"福利国家社会化"[2] 推进的贡献者来看待；另一方面，那些不仅仅为了盈利而运营的组织，也能够被吸收和整合进一个多元的社会目标和关系中，而商业性组织则倾向于使这些目标和关系客观化或者至少使其从属于盈利和保持盈利的中心目标。[3] 美国的经济学家试图用"私人利益追逐者"和"集体利益追逐者"来解释这一点。[4] 第三部门组织的另一特殊品质将使它们在同一时间做不同的事，而不是优化一个单一目标，就像营利性行动通常所做的那样；或者用另一种表达方式：它们更加尊重社会的给予和社会价值，而不是商业竞争对手。以美国为例，Weisbrod[5] 已经努力证明那些非营利组织为老年人和残疾人士开设的福利院，以教堂为依托，相较于以营利为目的的同行，用一种更加仁慈的方式来对待它们的病人。而且他已经表明，那些转为营利性的医院放弃不能得到即时回报的社区建议的服务和长期的基本研究。整合一系列社会目标的能力已经在地区整合的政策中得到阐释——人们能够想象一个第三部门组织运营的针对失业青年的社会中心，使通过对当地有益的服务和产品来创造工作岗位的目标成为必要（例如，咖啡屋雇用那些在别处找不到工作的年轻人）。这些服务和产品也许能为当地贫困街区的一些团体提供附加服务。很明

---

① J. Cohen, J. Rogers, "Solidarity, Democracy, Association", in W. Streeck (ed.), *Staat und Verbände*, *Sonderheft 25 der Politischen Vierteljahresschrif* (1994, Opladen, Westdeutscher Verlag), pp. 136 – 159.

② M. Walzer, "Socializing the Welfare State", in A. Gutman (ed.), *Democracy and the Welfare State* (Princeton, Princeton University Press, 1988).

③ A. Evers, "Part of the Welfare Mix: The Third Sector as an Intermediate Area", *Voluntas*, 1995, 6, 2, 159 – 182; A. Evers, "The Significance of Social Capital in Social Enterprises" Multiple Goal and Resource Culture", in C. Borzaga, J. Defourny (eds.), *Social Enterprises in Europe* (forthcoming, London, Routledge).

④ B. A. Weisbrod, "Institutional Form and Organization Behavior", in W. W. Powell, E. S. Clemens (eds.), *Private Action and the Public Good* (New Haven, London, Yale University Press, 1998).

⑤ 见本页注释④。

显，这种多目标的导向很难被那些在社会政策领域的政策制定者和规划者所察觉，他们倾向于仅有一个或两个描述清晰的目标的导向行动。

然而，在社会政策的实践层面存在一个困境。为了激发潜能和避免第三部门陷入困境，一种与解决困境有关的第三部门的方法并没有提出一个如何区别和联系国家与公众、私人与第三部门的比较清晰的操作化概念，而且并不清楚这项任务是否去修正具竞争性倾向的概念或者与社会服务中的竞争性倾向做斗争。此外，当新自由主义一方提出一系列更加商业化倾向的管理方法的建议时，也没有形塑第三部门组织的内部组织的可操作化概念，以使带着社会目标的企业风格的行动与对社区发展的承诺之间保持一种平衡。

国家福利贡献和第三部门福利贡献的联结：一种新的社会契约的可能形态？

一个可替代概念的重要元素是对我们之前称为福利国家和第三部门组织之间的"社会契约"的关注——第三部门组织主要通过它们整体风格的行动来做贡献，这种行动有一个以公共利益为导向的福利目标。而福利国家通过基本的保障、税收减免和补助金等支持措施来做贡献。没有可靠的公众支持——通常也包括国家的支持——有利于公共利益以及与公共利益处于同一道路上的第三部门就没有进一步发展的机会。Walzer[①] 强调公民社团生活的创造和再生产通常需要政府给予一定程度的连续性支持。如果公共机构对保持自身独特品质的第三部门组织感兴趣，一方面，他们必须考虑如何平衡对第三部门组织自发行动的基本保障和对第三部门组织通过合同提供的具体服务的补偿；另一方面，一种新的社会契约将会不仅异于社会市场的概念，也有别于传统的社团主义。这种社团主义优于第三部门组织，即使它们已经失去作为公共机构第一优先合作者的特殊品质。

首先，一种新的社会契约将使关于社会质量维度的共识成为必要。这种维度已经成为公共机构和第三部门组织共同的关注，并且第三部门组织在这方面的特殊能力已经得到承认。其次，它将被表述为关于同意和契约的一种新文化。一方面，这种新文化将重新定义公众支持和针对特殊目标的具体协议之间的平衡；另一方面，很明显，这种新文化很难挑战二者的传统意识形态倾向——追求自由的倾向和社会民主的倾向。因为前者不得不陷入公共需求和公共利益不断增加的概

---

① M. Walzer, "The Communitarian Critique of Liberalism", *Political Theory*, 1990, 18, 1, 6–23.

念陷阱之中，这种需求和利益已经不能简单地通过财政转移、教育券或者一些与增强购买力相似的措施来得到满足；而后者必须学会同圆桌上的另外一些合作者分享国家在社会服务发展中做决定的权力，公民社会中的这些合作者已经超越了传统享有特权的合作者。

混合模式中的网络以及了解第三部门组织的混合与合成特性

第三部门组织具有可持续性的观点已经通过两次相互联系的实践开始形成。

首先，人们可以观察到各种各样公共的或私人的伙伴关系，它们潜在地区别于传统的社团主义，并且对传统的行动者和群体是开放的。政策任务的复杂性以及创造一个具有丰富内涵的福利概念的目标都需要将大量的参与者集合在一起，这些参与者代表了不同类型的政治的、社会的、经济的行动并且通常是相互独立的。[1] 创造新形式的就业举措或者强化社区照顾提供者系统的多样性——这两方面都需要那些与公众有关的已经发展的当地商业、政策制定者以及社团的互动与合作，进入这一领域的新的参与者和大众要做一些承诺和准备。在有关社会资本的辩论中，这方面已经被界定为创造"桥接型资本"[2]。例如，群体之间互动能力的提升，到目前为止这些群体仍然互相敌视或者无视对方的存在。

其次，人们能够发现第三部门组织自我界定的变化。它一方面超越了替代性选择的商业化，另一方面超越了纯粹的利他主义和社会的自我保护。[3] 在一个混乱和不稳定的环境——这种环境以短期政府项目的多样性（而不是给予持续稳定的资金）以及政府资源的稀缺相对于不断得到满足的需求为标志，其贡献主要通过其他组织和行动者的捐赠、资助、附加商业合同的合作伙伴等形式实现——中，那些在经济上以不同资源的强烈融合为基础的组织被迫去提升它们混杂性的品质，这些资源也许来自国家、跳蚤市场以及在别处被称为"社会资本"的资源——包括捐赠、志愿服务以及其他社团和合作者建立的信任机制并且相

① K. Selle, "Lokale Partnerschaften – Organizationsformen und Arbeitsweisen für kooperative Problembearbeitung vor Ort", in R. Froessler（ed.）, *Lokale Partnerschaften. Die Erneuerung benachteiligter Quartiere in europäischen Städten*（Berlin, Birkhäuser Verlag, 1994）.

② R. Gittell, A. Vidal, *Community Organising. Building Social Capital as a Developmental Strategy*（London, Sage, 1998）.

③ J. G. Dees, "Enterprising Nonprofits", *Harvard Business Review*, 1998, 76, 1, 55–68.

互合作的意愿。作为"社会事业"①的第三部门组织为了生存发展以及有效地结合社会、经济、民主的不同目标，已经变成一种"社会企业组织"。

通过这种公私合作以及以社会组织为主体的形式，或者克服经济的考量和社会的考量之间、公共计划和私人决策之间传统的巨大差异的努力，才有可能把质量带进福利发展之中。近期对经济合作与发展组织②的研究显示，所有为了创造工作、就业以及社会融合的举措的先进地方性理念都是建立在概念和政策制定过程的基础之上——该过程在一定程度上将公共计划和私人决策、有偿工作、志愿行动、地方资本以及地方行动团体联系在一起。同样，作为一种研究网络③已经显示在地方社会和职业整合领域，作为"社会企业"的第三部门组织扮演着越来越重要的角色，即以整合发展新的社区友好型服务（这种友好型服务一般以创造额外的就业为目标）为目的的混合性角色。

所以，可以将第三部门组织视为"在福利结构中的混合体"，它依赖于在政治行政中利益相关者的合作，而且也依赖于他们在社会经济领域的合作。④这些特征和挑战被瑞典的第三部门研究者 Pestoff⑤ 称为"利益相关者的经济"，同样在法国，Laville 和 Sainsaulieu⑥ 以及其他研究者称其为"团结型经济"。

在此背景下，现在谈论盎格鲁－撒克逊讨论中使用过的术语"福利多元主义"以及"混合的福利经济"⑦ 的真正含义是非常吸引人的。在多大程度上这种标签能够代表福利多元主义的一个简约的概念——这种概念仅仅在以国家和市场为基础的构成元素之外增加了一些经验性实践群体：如志愿团体和爱心家庭，在多大程度上这种标签能够代表一个更有研究价值的概念（这种概念对一种特殊

---

① OECD（ed.），*Social Enterprises*（Paris，OECD，1999）；C. Borzaga，J. Defourny（eds.），见 199 页注释③。

② OECD（ed.），*Local Management for More Effective Employment Policies*（Paris，OECD，1998）。

③ C. Borzaga，J. Defourny（ed.），见 199 页注释③。

④ C. Borzaga，L. Mittone，*The Multi-Stakeholder versus the Nonprofit Organization*，*Discussion Paper No. 7*（Universita di Trento，Dipertimento di Economia，1997）。

⑤ V. Pestoff，*Beyond the Market and the State. Social Enterprises and Civil Democracy in a Welfare Society*（Aldershot，Ashgate，1998）。

⑥ J. L. Laville，R. Sainsaulieu，*Sociologie de l' Association*（Paris，Desclée de Brouwer，1997）。

⑦ M. Knapp，G. Wistow，"Welfare Pluralism and Community Care Development：The Role of Local Government and the Non-Statutory Sectors in Social Welfare Services in England"，in OECD（ed.），*Private Sector Involvement in the Delivery of Social Welfare Services：Mixed Models from Six OECD Countries*，Local Economic and Employment Development Notebooks Series No. 19（Paris，OECD，1994）。

的以合作和交融为表现形式的政策过程更加敏感）？相较于混合经济中的传统安排，这种合作与交融更有效率、更加互为整体以及更加平等。

五　后记：第三部门如何在欧盟的福利政策中发挥重要作用

这种贡献趋势和观察结果，在大多数欧盟成员国被充分证实。欧盟自身的政策则很少被提及。几百个第三部门组织获得了欧盟的资金支持，这似乎是令人吃惊的事实。目前，每年委员会会分配 10 亿多欧元给由第三部门组织所实施的项目。但是，在对外关系部门，压倒性的部分是资助项目。而分配给社会部门的资金是 7000 万欧元，教育部门是 5000 万欧元，环境部门甚至更少。[①] 这些资金相对较少，很难通过第三部门和发展一种欧洲社会福利政策所面临的更大的挑战来观察在任何条件下都清晰明了的欧盟政策，并且这种福利政策在那些资助下占据着大量市民社会的社会资本，能被发现的反而只是松散联系着或甚至矛盾的国家和政治的聚合物。[②] 有四种不同的态度和实践能被挑选出来。

首先，尝试去发展一种针对第三部门角色的更为宽泛和有实质意义的话语，并承认其对民主的和社会的关注的多层面作用。[③] 1997 年 6 月，欧盟委员会为了支持欧洲范围内的社团、社会经济和基金会的运行发布了一份文件。这份文件包括一系列针对第三部门重要性的争论，从对就业的关注到倡导对人权和民主的关注。[④] 在此背景下，人们必须看到这么多的非政府组织为了在布鲁塞尔政策制定的过程中，以及为了改变相较于贸易和商业的游说客的微小机会，从而获得一个比较好的地位所进行的多方面的尝试。到目前为止，在福利政治中，布鲁塞尔行政管理部门的反应相当具有象征性。"社会对话"是一个论坛，于 1996 年和

---

① European Commission, *Building a Stronger Partnership*. Communication on NGO Relations（http：//www. socialplatform. org/6. 7. 2000），p. 1.

② 参见 A. Evers, "Freie Wohlfahrtspflege und Europäische Integration. Der 'Dritte Sektor' im geeinten Europa", *Zeitschrift für Sozialreform*, 1997, 43, 3, 208 – 227; J. Kendall, H. K. Anheier, "The Third Sector and the European Union Policy Process：An Initial Evaluation", *Journal of European Public Policy*, 1999, 6, 2, 283 – 307。

③ B. Schulte, "Freie Wohlfahrtspflege und europäisches Gemeinschaftsrecht-Herausforderungen und Chancen", *Archiv für Wissenschaft und Praxis der sozialen Arbeit*, 1999, 30, 4, 210 – 237.

④ European Commission, *Mitteilung der Kommission über die Förderung der Rolle gemeinnütziger Vereine und Stiftungen in Europa*, KOM（97）241（Brussels, Euruopean Commission, 1997）.

1998 年在布鲁塞尔①举办过两次，这个论坛太大以至于它对决策制定的作用有限。但是它向所有的参会者展示了在目前欧洲的社会福利中利益代表领域是多么宽泛和多样。近期，欧盟委员会的报告②承认在委员会和报告中所称的非政府组织之间存在许多不确定性，同时希望加强目前的关系。由于委员会决定冻结一系列支持非政府工作的预算项目，这些非政府组织在 1998 年已经处于困境。许多致力于发展、社会环境和人权的非政府组织，通过开展名为"红牌运动"（Red Card Campaign）的联合行动进行回应。委员会的报告强调了先前发表的声明，即考虑非政府组织在培育参与式民主、表达欧洲公民特别团体的观点，以及政策制定、项目管理和欧洲整合中的作用，其他观点则集中在资助规则和不那么宽泛的政治议题的相互关系的性质上。这里，主要观点之一是获得运营成本（核心资金）的资助和特别行动的融资之间的平衡与联系。但其背后的问题仅仅在文章中被提及，我们已经在这一章中详细地讨论过。③ 这些观点涉及政策在将来的共存问题，一项政策支持那些通过补助和在社会市场上购买产品与服务而对民主和公共利益有贡献的组织，而另一项政策支持不管这些组织的制度背景是什么，它们不应该被允许获得特别的补贴。

第二个政策流非常重要，超过了仁慈的声明和公告。这个政策流是委员会的那些部门行动——这些部门负责市场控制和竞争管理。在自由经济的思维框架中，他们的目标是向导致不公平竞争的垄断性地位和保护性规则、免税或者直接补贴宣战。在这里，第三部门组织首先关注的是它们被认为不属于真正重要的领域这样的事实。那些位于布鲁塞尔的行政管理部门更关心成立一个竞争性欧洲市场的项目，这种市场的受益者是那些已经半公共化的公司或者由少数人垄断的保险公司和供电公司。但是，一种普遍的观点认为除了国家之外经济领域或者市场能够接受社会或地方经济的特殊地位。欧洲范围内在由消费者或公共机构付费的社会福利市场中，提供服务的所有组织必须受到和商业组织一样的对待。欧盟的观点是，在它们的金融管理中，必须把公共利益导向的部门和经济部门清楚地区

---

① European Commission, *Europäisches Forum für Sozialpolitik* 98, *Brüssel*, 24 – 26 *Juni* 1998 – *Zusammenfassender Bericht*（Brussels, European Commission, 1999）.

② 见 203 页注释①。

③ 见 203 页注释①，第 10 页。

分开。① 国家代表和公共关注领域内以公民为导向的经济改革代表之间存在一种特殊社会合约的完整逻辑，此逻辑与欧盟关于欧洲公平竞争的概念相悖。有多种原因可以推断欧盟的这一部门对将来的一般条款和作为服务提供者的第三部门的司法框架是同等重要的。这一部门通过间接调控市场，控制第三部门组织作为服务提供者在将来的地位。②

接下来可以发现第三个政治流——由许多行动特别是那些旨在给予他们所谓的"第三体系"清晰的任务，以及把它作为一种工具的 DGV 构成。这种类型的认知的矛盾能通过附属于"地方组织"和"第三体系"与失业和社会排斥斗争中的重要角色更好地呈现。在公共选择理论促进服务的背景下存在一种观点，对第三部门创造额外就业机会的作用特别关注，因而其致力于一种就业密集型的增长模式。这种政策创新③在一定程度上已经赋予地方计划更多的可能性并支持一种政策制定的风格。这种风格将经济和社会发展的问题联系起来，并在制订计划和做决定时要求网络开放，而不是"关闭商店"。但是，这种话语的问题是，尽管它的修辞与第三部门组织作为新方法、新服务的开拓者的核心作用有关，但是由于忽视了社区和本地团体的需要，实践是由那些仅仅依赖于基金的需要来决定。这些基金由欧盟及其成员国的劳动市场项目来提供。但是欧盟及其成员国非常关注处置"问题团体"的问题，因此那些在报告中看起来像是针对第三部门的新的举措，实际上通常意味着这种部门被视为在社会其他地方不被接受的团体的聚集地。

被提及的第四个政策流是针对那些寻找额外培训和教育的老人、妇女以及年轻人等特殊群体的小社会项目的间接支持作用。第三部门组织形成是通过自我组织方式，或者依赖于作为最早来帮助它们建立的传统方式。欧盟委员会和理事会为这一目标群体所设定的项目，能给作为合作者的第三部门和社会企业家的倡议

---

① European Commission, "Entwurf einer Neufassung zur Richtlinie 80/723/EWG", *Amtsblatt der Europäischen Gemeinschaften vom 29. Dezember 1999, KOM （99） 377* （Brussels, European Commission , 1999）.

② C. Benicke, "Die Bedeutung des EG-Rechts für gemeinnützige Einrichtungen", *Europäische Zeitschrift für wirtschaftsrecht*, 1996, 7, 6, 165 – 77; P. Mrozynski, "Der Einfluss des Wettbewerbs-und Vergaberechts in Europa auf die Erbringung von Sozialleistungen", *Sozialer Fortschritt*, 1999, 9, 221 – 228.

③ European Commission, *Local Initiatives for Economic Development and Employment, KOM （95） 564* （Brussels, European Commission, 1995）; CIRIEC （ed.），见 190 页注释②。

提供支持。

　　人们应当提醒自己，尽管显而易见，这些政策流并没有取代欧盟的概念，但是在涉及第三部门将来的角色时，从成员国自身的水平看，把一种国际行政管理机构作为不确定性范围内的先驱是没有意义的。

　　与第三部门将来的角色达成协议存在困难是有原因的，这些原因要比政治更加复杂。想要鼓励第三部门，而不是将其工具化是保留其责任的需求。这使得这种政策不同于那些有着公民责任和公共利益简约概念的传统的自由和福利学说。Barber 已经指出为了避免"食客主义"① 的爆发，共同行动的一般项目将不得不同时发展一种一般化的公民责任精神。到目前为止，依赖政治参与的"国家"和依赖第三部门组织中人们合作的福利社会之间的争论依然没有开始。

（吴永金译，王晓楠、芦恒、王岩校）

---

① B. Barber, *Strong Democracy. Participatory Politics for a New Age*（Berkeley，University of California，1984），p. 305.

第十三章 社会质量源自基本保障：一种再分配策略*

Guy Standing

 引言

对那些与社会质量概念的发展毫不相关的人而言，为一本书写一篇专门讨论社会质量概念发展的文章是有困难的。通过阅读社会质量第一本书的内容，了解并尊重许多作者，你也只能推断这是一个值得称赞的、适时的目标。新千年初期，对美好社会愿景的需求无疑是很强烈的。20 世纪 90 年代，这种愿景的缺失使决策者和知识分子感到困扰，这与 20 世纪 40 年代和 50 年代那些导致社会、政治和经济改革的因素形成了鲜明对比。举例而言，或者甚至说在 20 世纪 70 年代和 80 年代，新自由主义者和自由主义者都很有自信地炫耀自己，就像孔雀好像突然被一种不同颜色的鸟遗弃而在草地上开屏似的。对关于再分配正义和社会意识重建的新愿景而言，世纪之交似乎不仅仅是一个象征性阶段。

困难的是，社会质量这个概念缺少一个名词。一个柠檬有质量或品质（外形、颜色、味道等）。那么，"质量"究竟是指什么呢？同样，"社会性的"涉及范畴的大小，取决于它自身的语境。如果你不赞成社会质量观点就会违背普遍的观点。但如果你声明赞成社会质量观点，那将会处于困境之中。我接受为

---

* 这篇文章是以个人名义写的，不代表国际劳工组织的任何观点。

这本书写一章的邀请主要是因为它似乎有可能战胜这个困难，同时也因为社会质量计划的目标似乎与我们努力在 21 世纪早期恢复和重建国际劳工组织是完全兼容的。我要通过聚焦在什么是共同基础这一问题上，使用被邀请为这本书撰稿的特权，冒昧地希望用我们的视角为社会质量日程命名。① 你可以感觉到这一影响可能向两个方向发展。在这方面，你可能会注意到捕捉社会话语的语言从来不是最重要的。

作为社会科学家和评论家，我们在 21 世纪初期尽力在说的是什么呢？是什么可能将我们联合在一起？我们非常有自信地确认美好社会应基于的原则是什么，以及使这些原则得以发展的那些制度、规则和法律。为此，我们需要重新定义分配正义这个概念。为达到这个目标，我们需要回答一个关键问题：在人类公平历史中能区分社会思想家的试金石面前，我们处于何处？除非你是一个自由主义者，在这种情况下你只关心程序公平。你应该确信在一个良好的社会中，某些事应该是平等的。问题是，什么是应该平等的呢？答案应该在我们所有的思想之上，但让我们先暂时把它放在一边。

二 波兰尼的一种观点

给这个问题提供一个背景，它可能有助于我们重新想起卡尔·波兰尼《大转型：当代政治与经济的起源》一书的核心观点。这本书写于 20 世纪 40 年代早期，虽然"福利国家"这个词直到 1951 年才出现，但它试图解释福利国家资本主义的演变。尽管我们需要用我们自己的意象来重新表述它，但是波兰尼框架的实质依然是资本主义的演变是通过一系列结构重构进行的。一个稳定的时代是以经济嵌入社会之中为特征的，在此时期，经济系统的运行是以生产和分配关系，以及能将经济不平等和不安全降到可容忍水平的社会保护系统为基础的。尽管如此，这样一个推进安全的时代也会导致制度的、管理的、行为的僵化，这将彻底抑制经济发展。

经济系统和它的相关需要迟早会从社会中脱嵌出来，侵蚀原有的再分配机制和社会保护机制的能力，甚至会产生功能障碍。在某些情况下，社会稳定所依赖

① 接下来的分析在最近的一本书中有详尽的说明，见 G. Standing, *Global Labour Flexibility*: *Seeking Distributive Justice* (Basingstoke, Macmillan, 1999)。

的社会互动解体，同时不平等和不安全的增加也会接踵而来，失败的人数成倍增长。但是上述情况的发生，不受约束地进行着，经济系统的持续性受到了质疑。怪诞的不平等伴随着普遍的不安全助长了一种普遍的不公平感，即使在那些事实上不是失败者的人中间也是如此。犯罪传递给人们分寸感和公平感。这些失败者开始抛弃他们的恐惧，或是其他突现的恐惧加剧，他们开始求助于报应性司法。

在此背景下，马克思主义者可能会推断"故障"将会出现，进而导致"革命"斗争。尽管如此，在波兰尼的解释框架里，没有决定论或功能主义（因为它可能不会发生）。一旦经济的稳定性受到社会混乱或者是担心社会混乱的威胁，国家会采取措施使经济重新嵌入社会之中。它可以通过引入新的规则，创造一种再分配和社会保护的新形式，即保持经济活力与将不平等和不安全降到不具威胁的水平，强调二者相互兼容。作为政府的反应，它开辟了一个不断提升安全和稳定水平的新时代。关键是，每一个这样的时代都是以一种特别的管理体系（或政权）和一种特别的社会保障制度为特征的。

当然，这种描绘资本主义演变的方式是概要性的，你可以引入各种复杂的修饰。但是，它似乎对描述整个 20 世纪所发生的事是有帮助的。在 20 世纪 20 年代和 30 年代这两个脱嵌的时代之后，在较少的财富再分配前提下，"二战"后福利国家资本主义时代进入稳定的阶段，以劳动力为基础的安全模式为主要形式，同时伴随着收入和地位的适度再分配。这一时期持续到 20 世纪 70 年代早期，但是从那时起，我们就进入了一个持续时间很长的脱嵌阶段，导致对所有经济、技术和社会变革在全球化这个大概念下的事后描述。"社会质量"这个概念必须被放到寻找将经济重新嵌入社会中的新方法的背景下来考虑。当然，这会让我们回到这个问题：在全球化的背景下，什么是构成一个美好社会的参数——使其维持的时间较长。

1945 年后才出现的福利国家有效地延续了劳动本位安全，使越来越多的人在他们的社会和经济保障方面较少依赖现金工资。至少对男人来说，这是一个劳动力解放的时代。虽然你可能为福利国家"制度"的变异体和混合体感到苦恼，一个共同的特征是社会保障——货币转移性支付、消费者和工人补贴、公共社会服务——包含比例不断上升的社会总收入。虽然社会保障从来都不主要是再分配，至少不是根据阶级或按职能分配国民收入，但它有益于再分配目标和时代价值。即使还没有证据显示这将会到来，但大多数人还是接受收入不均衡应该或可能并且将会较少的看法。社会保障是主要的补充，涵盖了整个人生中的意外事件。潜在的理念是对所谓充分就业进行推断，这最多表明男性的工作是经常性的全职工作。充分就业始终有点不实，因为除了在战争时期，没有国家能使男人和女人都有稳定的全职工作，即使在瑞士，也总是有大量工作人口在劳动力市场计划安排下到境外就业。

尽管如此，这个时期似乎和一个灵活的劳动力市场与全球化相距甚远。它不是一个黄金时代，应该也不是理想化的。然而，20 世纪 80 年代和 90 年代是持续 10 年的经济和社会混乱时期。其间，很多国家的贫困率（无论如何测量）在提高，不平等在加剧。更有趣的是，已经出现的结构性变革创造了品质上更具吸引力的社会的基础。在此之前，请回忆一下那些不得不被重视的典型事实。

典型事实

劳动力市场比以前更加灵活。同样重要的是，它们被期望在各种意义上都要变得更加灵活。可以将这一趋势总结如下。

- 组织的灵活性——更多的公司营业额，更多地使用转包和生产"链"，趋向于就业合同功能；
- 量化的灵活性——更多地使用外部劳动力，比如合同工、外部工作人员、在家工作者、中介劳务、临时工和远程工作人员；
- 功能的灵活性——公司经常调整技术和工作组织，涉及工作任务中更多的变化、工作轮换和技能；
- 工作时间的灵活性——更多连续的工作、弹性工时等；
- 工资制度的灵活性——从固定工资转变为弹性工资；
- 劳动力的灵活性——减少对部门、公司或职业群体的依赖，"集体劳动"被侵蚀，更倾向于工人在劳动力市场自由进出。

更加灵活的劳动力市场被要求作为全球化进程的构成要素。这意味着公司有更大的能力将生产和就业从世界的一个地区转移到其他地区，从一个国家转移到其他国家，同样也可以从国家内部的一个地区转移到其他地区。政府倾向于修改他们的法律和制度以形成区域阻滞，国家或者这些国家的地区比潜在的流动性很强的资本更具有竞争力和吸引力。除非采取某些措施调节，这种潜在的流动性和不规范竞争将为资本提供激励，否则收入按职能分配将导致更大的不平等。

社会倾销是一个复杂现象，不能简单地用社会支出水平来测量，但它确实是一种现实存在。① 那些认为广泛的社会倾销尚未出现的人，可能会提出在多数完成工业化的国家，社会支出依然占国民生产总值很高的比例。的确，在南欧国家，股票依然在上升，上升到北欧的水平。② 但是国际上的证据应该被放在不断增加的社会需要和要求对试图削减开支的抵制背景下来考虑，而这一问题应该归咎于高失业率和人口老龄化。

很清楚的是，社会保护的特征已然发生了深刻的变化。几乎在每个地方，我们都看到了增加的选择性和限制性取代社会服务和收入转移方面的普遍性公民权的强烈信号。例如，社会安全网和目标市场的选择等这样委婉的说法已经成为社会政策的主流语言。同时，国家补贴的影响导致更大的不平等。消费者和工人的补贴已经趋于下滑，然而给雇主和资本的补贴却显著增长。③

如果要有一份新的社会质量和分配正义的议程安排，它将不得不面对以上这些趋势。随之而来的是社会经济不安全因素的增加，可简要地概括如下。

• 伴随更高的失业率、较慢的就业增长率和更高的"劳动力松弛"，全球劳动力市场的不安全因素在增加。④

• 伴随在劳动力就业不稳定情况下不断增长的比例，以及更多的工人缺少就业保障，就业的不安全感较高且持续上升。

• 工作的不安全感已经扩大，因为更多的人处于一种没有被保护机构和保护法规覆盖的工作状态。

• 随着更多的工人不得不更换工作并学习新的工作方法，职业不安全感变得更加糟糕。

• 技能再生产的不安全是应该被考虑的，某种程度上是由于技能过时得更快，以及很少有工人接受职业技能培训。

• 由于弹性工资，以及在针对他们的境外就业上明确的或隐含的利益剥夺，

---

① 最近对这个问题的回顾，见反映拉丁美洲、东亚、东欧和南欧趋势的论文，见 *Journal of European Social Policy*，Special Issue，March 2000。

② A Guillen, M. Matsaganis, "Testing the 'Social Dumping' Hypothesis in Southern Europe: Welfare policies in Spain and Greece during the last 20 years", *Journal of European Social Policy*, Special Issue, March 2000.

③ Standing 1999 年在这一段中对这一点进行了详细说明（见 208 页注释①），特别是第 3、9 章。

④ 在大多数经济类型中，失业率已经变成一个可靠性较低的表示总劳动力未得到充分利用的代表性指标。

对那些在职者来说，收入的不安全感更大。

● 由于去工会组织、对"第三方"机构的侵蚀以及集体谈判特征的变化，代理的不安全程度也在上升。

劳动力市场的安全一直是安全的一种重要形式，吸引了最多的评论和大多数政策措施与建议。这可以概括为对失业尤其是对长期失业和青年失业的广泛关注。就业、就业、就业已经占据了评论员、政策制定者，以及他们的智囊团的思想。毫无疑问它们是重要的。但是这种专注已经导致社会和政治视角的扭曲，而且忽视了对社会质量议程极为重要的方面。

如果就业被安排在任何议程的首要位置，那么很容易将那些为了个人发展和需要而不惜任何代价将人推向工作的措施视为合理化的手段。年轻人可能不喜欢那些由好心的政客和好心的当地就业"服务"官提供的工作。略微贬义的委婉修辞转变为不加批判的使用，如"就业能力"。语言经历了微妙的和不那么微妙的变化。印象形成政策。这个在现实中拒绝了一份在公园打扫厕所的工作的男人或女人被作为一个数字归类于自愿失业和赖在床上的人。他或她成为不值得帮助的穷人，然而社会保护应该把值得帮助的穷人作为目标群体。

就业和就业能力的议程通过普遍推广的方式使就业变得理想化、不现实。找到一份工作可能会带给一个人社会地位，让他融入社会并且避免社会排斥。把这一切都告诉那个从夜晚的排水沟出来的人，那个在夜班结束时一头栽到床上筋疲力尽的男人或女人，那个擦掉公共食堂厨房地板上油渍的女人（或男人），或坐在小隔间一小时一小时地连续为空洞的文章打字的人。工作可能是我们为之而生存的事和塑造我们发展的事，但是对大多数就业者来说，绝不是被太多的主流社会科学家、受薪的公务员和受人尊敬的政治家如此不加鉴别地提出的概念。

在20世纪90年代，恢复劳动力市场的安全优先于其他形式的社会经济保障的情况似乎是公平的。由于通过立法改革侵蚀了职业保护这种显而易见的方式和通过灵活的劳动力形式传播这种隐含的方式，就业保障被削弱了。共识被伪造的时刻到来了。就业保障充其量是少数人的特权，鉴于已提出的理由，其他地方可能对更理想的个体安全和发展的形式构成阻碍。那些坚持特定就业的大多数人这样做，可能是因为无论这份工作提供什么样的收入保障，他们都需要，还可能是因为丢掉这份工作会被家人、朋友和邻居视为个体的失败。

四　继续讨论职业保障

我们需要重新考虑一下对于美好社会来说哪种保障形式是至关重要的。我们必须先从把工作从劳动力中解救出来和将职业从工作中解救出来开始。生活的质量取决于每个人能够在多大程度上发展、认识和改善他们的能力。朝着这个方向，我们必须扩展工作的概念，以便它能把不赚取收入的工作包括进来，尤其是典型的亲属、邻居或仅仅是社区里的其他人所做的照顾他人的无偿工作。同时，我们必须记住"共同体"这个概念可能是危险的，有时会习惯地排斥那些共同体精英不承认的其他人。

除此之外，我们必须停止理想化工作，并把就业最大化作为社会质量的线索。① 护理工作是非常关键的。在这个劳动者的世纪，它被诋毁或受到鄙视，作为一份在标准的劳动力统计中被忽略的声名狼藉的工作，它既没有被人们认识，也没有被合法化。在这些工作中（大多数）照顾小孩或长辈的女人被归类为怠惰的人群。护理工作只是必须被合法化的一种工作类型，必须规定合理的报酬，支付给护理者与那些得到和需要护理的人，将赠与关系转换为一种经济和社会权利。护理合法化和有偿化的过程将会改变我们对行动的看法，并改变其在我们生活及行动中的角色。它有助于修正我们的职业意识并帮助确立个性化的关联性行动（bundling of activities），这样的人的比例不断增加是一个美好社会的主要推动力。

职业意识最初是工艺问题，男人（几乎总是）从学徒开始通过终身学习和实践性知识的应用成为大师级工匠。20 世纪的资本主义集中体现为泰勒主义，但肯定不局限于"科学管理"的形式，使大多数工匠转变为工人并且通过"就业"将其转变为劳动力。作为在行动中逐步完善的艺术和成就感，职业在劳动者的世纪被滥用了。

有迹象显示 21 世纪将是职业的世纪。越来越多的人应该会意识到发展那些职业标准之外的其他连带能力的质量与目标，是值得的而且是可行的。马克思的

---

① 这似乎就是 Esping-Andersen 在他的第一卷中的评论的理论定位。G. Esping-Andersen，"Do the Spending and Financing Structures Matter?"，in W. Beck, L. van der Maesen, and A. Walker（eds.），*The Social Quality of Europe*（Bristol, The Policy Press，1998），p. 144。

一个著名的想象即想要在上午从事一种活动，下午从事一种活动，晚上从事一种活动。这个愿望是想看到最后的细节和社会分工，也许依然是异想天开。无论如何，我们正在不断地朝那个方向努力，而且应该做更多的事情鼓励平稳的进步。这个目标应该是使各个教育、收入和能力层次上的人能够得到适当的位置，在这个位置上他们能够定义并实践他们自己的职业意识。

我们可以将职业保障定义为一种被认为是社会质量本质被提升的主要安全，意味着在基本经济保障的情况下学习与实践并将两者组合为真实机会的存在。这正是我们遇到的强有力的相反趋势。如果我们真的赞成社会质量的话，那么就不能逃避，必须直面它们。自由地做出真正的选择是至关重要的，这表示国家必须停止家长作风。规定工作和人相互作用的法律必须不再是指导性的和审判性的。最根本的是，以劳动力为基础的社会保障不能成为未来，或者不应该成为未来。综观20世纪，社会改革家趋向于把社会保障与执行或寻求劳动力的责任联系起来，或与大量劳动力过往的表现联系在一起。苏维埃宪法通过逻辑荒谬的主张来处理这个问题，不劳者无饭吃。但是福利国家更好地变通了这个原则。在20世纪90年代这个逻辑持续恶化，由依靠福利到依靠工作的福利制度（workfare-to-work）使劳动伦理得到了延伸而非减少了劳动伦理。这种趋势集中体现在美国1996年的福利改革法律——美其名曰个人责任和工作协调法案——中。而且即使能更多地释放他们的潜能，劳动所得税抵免也将国家转让和赚取收入联结起来，换言之，劳动力不代表工作。

很多诡辩被用来将救济金与就业和劳动力联结的愿望合理化，尤其是被称作所谓互惠原理的愿望。① 这从以没有人可以不承担责任为前提开始，承担责任义务是定义在劳动力这个术语里的。如果我们想要迈进将工作和职业提升为人类发展核心原则的未来，我们就必须摆脱国家家长主义，及其宣称的国家、官僚甚或自我任命的非政府组织，能够决定基本的社会和经济保障所产生的行为及优势。

我们需要把基本保障从劳动功能中分离出来。在我的青年和中年阶段继续追求一种行动的整合可能是明智的，也可能是愚蠢的。但是你，官僚太太，不知道我是否正确或是错误；而你，议员先生，不能制定一条准则，引导官僚们不做任意的主观武断判断。这并非要求一种无政府状态。在一个美好社会中，只要我不

---

① 例如，参见 A. Gutman, D. Thompson, *Democracy and Disagreement*（Cambridge, Mass., Harvard University Press, 1996）。

伤害其他人，你就没有权利命令我应该做什么或不应该做什么。当然，警示和告诫是重要的。这就是一套强有力的以权利为基础的制度、规则和政策是美好社会所必需的原因。

提供给每个人一份作为一项公民权利的基本收入，并且促使越来越多的人追求他们自己的职业意识，是社会质量、体现社会责任的行动以及能引导这样行动的合理意图的必要条件。这就是我们这个群体这些年在欧洲基本收益网络（BIEN）的支持下所推动的事情。然而，作为一项将个人自主性、基本保障和社会团结结合在一起的战略，其他两项基本制度也是必需的。

五　恢复发言权

首先，即使每个人都有基本的经济保障，对真正的自由而言仍然不够充分。若缺乏集体的声音，弱势的仍然只是弱势，将会丧失任何保障，同时也将陷入孤立的社会边缘。正如在别处所争论的那样，20 世纪是法律管制与特殊形式的对发言权的监管相结合的世纪。特别是在中间的几十年，为了推进劳动保障，一系列逐渐增多的复杂法律和程序性的规定推动和诱使雇主、公共的与私人的组织用某种特定的方式对待雇员和工人。用任何社会质量的标准来考量，其中的大多数是令人满意的。然而，一个人不需要作为新自由主义理论家去理解这个问题，即通过众多途径，法律规定趋于放慢经济调整和扭曲个人行为。它促进所谓的不道德灾害，这一趋势源自不安全的形式，而不是他们试图控制和改变的表现。这种灾难值得运用道德思考。道德灾难来源于鼓励以补偿为政策目标的政策趋势。①

对发言权的监管主要由工会和雇主组织实施。但是从历史上说，他们仅在约半个世纪的时间里履行了这项职能。当"工人阶级"似乎要成为压倒性多数的时候，这种对发言权进行监管的形式似乎是合理的。不知道是不是真的，一旦它开始萎缩和瓦解，工会似乎就成为某种形式的特权的堡垒。相对于工会外面的工人、失业人员以及处在劳动力市场边缘的其他人，它们似乎要保护它们的成员，并且它们也不再成为收入和财富的基本再分配运动的先锋。

国家的雇主组织也变得缺少代表性，部分地反映了各种类型的企业和公司利

---

① 举例——最著名的"举例"——根据一些敏锐的观察家的观点，儿童津贴鼓励单身的十几岁的女人去生孩子以便得到这种救济金。

益的分裂。它们在很大程度上变成了传统官僚政治立场的发声筒。这并无非议。但是，它们不能代表主要的跨国资本，而且肯定不能达到众多非营利组织、非政府组织以及像火花般隐现于世界经济浪潮中成千上万的小公司的标准。

也许改革已经在进行了。改革的实质可以被归纳为 G. D. H. Cole 在 1920 年所做的一个评论。当时他写道："一个人要求代表形式和他不同的组织的利益和不同的观点一样多。"我们需要增强那些能代表社会利益发出群体声音的代表机构的力量。一般的机构，无论出于多么善意的意图，总是要受到多数暴政或中间暴政的支配。为了描述需要的是什么这个话语霸权，例如社会运动工会主义和联合工会主义，有一些术语是相互矛盾的。① 我更愿意选择"公民"这个术语来描述所需要的。无论他们称之为什么，我们都需要一个术语来表达我们作为工人的利益和我们作为本地社区成员的利益之间的可取的联系，并强调公民团结的意识。最重要的是，他们要给予一个整体的空间，这里包括残疾人士、少数族群和那些因为运气不佳、愚蠢或丧失行动能力而被边缘化的人。

一些论者指出，全球化就意味着"全球性的解决方案"和"全球性的认同"，这似乎过于抽象。其实这就是 Anderson 所谓的超越阶级和国家概念的"想象的共同体"（imagined communities）的意涵。② 要实现这一点，就必须有制度性保障，这意味着适应灵活的劳动力市场的集体组织，必须逐步取代不能为美好社会的需求提供其他形式的制度保障的机构。

六　社会质量的全球治理

社会质量或基本经济保障不能源于超国家宪章和任何超国家的法律制度（statutory system）的复杂框架。这里所谓的权力下放原则（subsidiary principle）有一种直觉的吸引力（intuitive appeal）。如果他们不得不依靠本地就业部门的官员和社会质量机构的善行，或者通过慷慨的慈善捐助，一如通过有善心的中产阶级和中年人的低酬劳或无薪的慈善活动，那么国家的分权和相关的附属性政策并不能对这种不利提供很好的补救。

---

① 后者参见 C. Heckscher, *The New Unionism：Emplyee Involvement in Changing Corporations*（Ithaca and London, Cornell Press, 1996 editon）.

② B. Anderson, *Imagined Communities：Reflections on the Origin and Spread of Nationalism*（London, Verso, 1983）.

真正的保障源于权利得到充分的表达、确认和尊重。社会质量不能仅仅靠慈善，这并非要诋毁那些热心于慈善事业的人士。在 20 世纪晚期，他们拥有公民社会领袖的地位和权威。如果仅仅靠慈善来解决收入、地位和机会的不平等问题，就不会有美好社会的出现。

前文的讨论警示我们，21 世纪最重要的挑战是减少收入、财富、地位和权力的不平等。20 世纪的社会民主已经走到尽头。"福利国家"从根本上说不是一种有效的再分配机制。它是一种保守性的制度，保护一种强烈的意识，这种意识允许混合市场经济体制运行。在全球化经济格局下，自由贸易在有巨大差异的经济结构和生产成本间进行。福利国家体制下的保护看起来不再奏效，既得利益被损害，不断增长的税收开始反弹。工人们获得一定的补贴而消费却减少了，因为对资本的补贴在促进市场竞争的名义下获得极大的增长。除非能提出一整套缩小收入分配差距的方案，否则不要谈社会质量。

我们的社会变得越来越碎片化。一些高收入群体通过特权和主观选择从整体社会中分离出来，而低收入阶层则由于运气不佳和缺乏机会也从整体社会中分离出来。不同阶层应该被整合到一起，但这种两极分化的进程使我们很难找到一种有效消除直接税收和基层劳动力转移弊病的再分配机制。

当务之急是要选择一种方式，以使欧洲国家从"赢家通吃"的市场趋势转变为大多数人获利的经济结构。这意味着要采取一些"新的方法"来认真对待利益主义和大众资本主义。这需要我们制定一套政策、规则、制度，以通过系统性地提高资本市场参与率来提升劳动力参与率。正如我们考虑到福利多元化的概念一样——通过收入转移的国家服务、与私人关系紧密相联的社会服务和补偿性的治理手段——我们必须考虑资本多元化（capital pluralism）。但看起来一种增长的趋势似乎是，资本市场的风险通常小于劳动力市场的风险。当然，资本市场的收益要远远超过劳动力市场的收益，而且这种差距在 20 世纪最后四分之一世纪表现得尤为突出。

在这种情况下，有必要引导一种强烈的价值取向，以使更多的人拥有收入资源的分配权就如同拥有工作活动的支配权一样。这就必须修正利益分配的标准的模式框架。繁忙的重要思想家和政策制定者们紧盯着这些术语、条款，深知他们所站的立场。是时候退一步来重新审视这一议题了。在灵活的劳动力市场和资本频繁流动的开放经济体系中，当再分配机制无法使少数精英将获得的高收入分配给社会中所有阶层的民众的时候，重要的挑战是，如何通过刺激投资的方式来提高资本的收益分配。如果社会整合和社会团结（social solidarity）没有一个针对这种挑战的解决方案的话，我们就无法谈及社会质量。

最后，在国际层面一直存在一种妥协性策略，以摆脱欧洲国家之间壁垒森严的形象。很明显，社会质量和经济保障不能靠一个单独的国家来实现，而要靠很多国家合作的区域联盟来实现。多种形式的社会倾销（social dumping）破坏了积极的政策倡导。① 有必要通过包含公平的劳动力配给和自由贸易程序等手段来限制社会倾销。做这件事的计划还没有最终定下来，而且受到很多发展中国家政府的抵制。无论如何，任何国家公民的基本保障都受到其他地方所给予的保障的威胁。拉锯式的谈判是真实存在的，欧洲和其他地方的政府都有取消社会保护甚至结社自由的倾向，为了使他们的经济相对更有"吸引力"和"竞争力"。可能对这些趋势的力量提出质疑，但是逸事的证据和政治声明增强了妥协的倾向。

在环境保护方面的压力也是相似的。如果你的国家保证它的河流不被化学品污染，那么结果将导致生产成本略有提高，这肯定是不受欢迎的。因为其他国家通过允许他们国家的工厂污染河流和空气而拥有竞争优势。在 1999 年末的世界贸易组织西雅图会议上，社会政策的治理与监管会被提上全球辩论议程。任何承诺致力于社会质量推广的组织都会参加这场辩论。

（蔡伏虹译，王晓楠、芦恒、王岩校）

---

① 关于社会倾销评估的研究可以参见 J. Alber, G. Standing, "Social dumping: An Introduction", *Journal of European Social Policy*, Special Issue, March 2000。

第十四章 应对剧烈的社会变迁：
基于欧美的比较[*]

Georg Vobruba

 引言

社会变迁的现代性内部已经具有自反性，至少在某种意义上社会变迁的政治学必须为自身的成功创造条件。社会变迁的根本问题是恰当的机会结构，而不是个人良好的愿望。因此，社会变迁的政治学必须创造一种条件，至少能让人们通过提高成本承受力来忍受社会的变化。

当前，人们要面对社会变迁的几个过程：① 从集权到民主规则的转变、完全就业的终结、新的工作方式出现，以及正在进行的经济全球化和政治性去国有化（political denationalization）。② 以上这些过程需要几乎所有经济活动具有很大的弹性特征，从而从根本上改变人们的生活。

---

* 本文基于我在"创造竞争能力"（华盛顿，1998 年 10 月）和"欧洲社会构想"（纽约，1999 年 4 月）两个会议上提交的论文。

① 这个术语的创造得益于 Clausen。参见 L. Clausen, *Krasser Sozialer Wandel* (Opladen, Leske und Budrich, 1994)。

② C. Graham, *Safety Nets, Plitics, and the Poor: Transition to Market Ecnomies* (Washington DC, The Brookings Institution, 1994); P. G. Cerny, "What Next for the State?", in E. Kofman, G. Young (eds.), *Globalization: Theory and Practice* (London, Pinter, 1996); J. Elster, C. Offe, U. K. Preuβ, *Constitutional Politics and Economic Transformation in Central East Europe: Building the Ship at Sea* (Cambridge, Cambridge University Press, 1997); G. Vobruba, *Alternativen zur Vollbeschäftigung. Die Transformation von Arbeit und Einkommen* (Frankfurt am Main, Suhrkamp, 2000)。

不同的社会模式如何应对来自上述社会变迁过程的挑战呢？这是一个双因素问题。它不仅指向经济需求，而且指向社会需求。为了保障经济成功该做些什么？为了解决从社会变迁过程中衍生出来的社会和政治问题，为了维持"欧洲社会质量"，又该做些什么呢？① 本章的主要目的就是去论证保障经济成功和维持欧洲社会质量是相互关联的目标。

本章结构安排如下：我将首先强调如何处理"社会模式"这一带普遍性的术语，并且试图提出一个使用该术语的经验理由。接下来，我将描述美国和欧洲社会模式的独特性，这似乎是关于社会巨变的最为重要的因素。美国和欧洲社会模式相区别的核心在于弹性化适应和创新的差异。它们的特征和矛盾是我下一步讨论的主题。之后，我将分析不同社会模式如何应对推进社会巨变的主要因素——全球化。与本章的开头一样，本章的结尾评论了旨在维护社会质量的经济的和规范性争论的关系。

经济成功和人类福祉是不能完全画等号的。这一论点很容易由所在国的人均购买力（PPP，代表经济成功指标）和人类发展指数（HDI，代表人类福祉指标）② 的对比所论证。③ 购买力排在前十位的国家/地区见表 14 - 1。

表 14 - 1 购买力排在前十位的国家/地区

序号	国家/地区	购买力(PPP)	人类发展指数(HDI)	序号	国家/地区	购买力(PPP)	人类发展指数(HDI)
1	美 国	29.010	0.885	6	日 本	24.070	0.940
2	新加坡	28.460	0.896	7	丹 麦	23.690	0.928
3	瑞 士	25.240	0.930	8	比利时	22.750	0.933
4	挪 威	24.450	0.943	9	加拿大	22.480	0.960
5	中国香港	24.350	0.909	10	奥地利	22.070	0.933

资料来源：I. Hauchler, D. Messner, F. Nuscheler (eds.), *The Real Worlds of Welfare Capitalism* (Cambridge , Cambridge University Press, 1999), p. 466 *et seq.* , data for 1997。

此外，人类发展指数排名前十位的国家是非常不同的，见表 14 - 2。

---

① W. Beck, L. van der Maesen, A. Walker (eds.), *The Social Quality of Europe* (The Hague, Kluwer Law, 1997)。

② HDI 包括寿命、教育标准和物质生活水平，最大值为 1.0。

③ I. Hauchler, D. Messner, F. Nuscheler (eds.), *Global Trends 2000* (Frankfurt am Main, Fischer, 1999)；The World Bank (ed.), *Entering the 21st Century. World Development Report 1999/2000* (Oxford, Oxford University Press, 2000)。

表 14 – 2 人类发展指数排名前十位的国家

序号	国家	人类发展指数(HDI)	购买力(PPP)	序号	国家	人类发展指数(HDI)	购买力(PPP)
1	加拿大	0.960	22.480	6	日 本	0.940	24.070
2	法 国	0.946	22.030	7	瑞 典	0.936	19.790
3	挪 威	0.943	24.450	8	西班牙	0.935	15.930
4	芬 兰	0.943	20.150	9	奥地利	0.933	22.070
5	荷 兰	0.941	21.110	10	比利时	0.933	22.750

资料来源：I. Hauchler, D. Messner, F. Nuscheler (eds.), *The Real Worlds of Welfare Capitalism* (Cambridge, Cambridge University Press, 1999), p. 466 *et seq.*, data for 1995。

人类发展指数较高的所有国家也显示了较高的购买力。但是，作为经济成功前十名的领先者，美国（HDI 为 0.885）和新加坡（HDI 为 0.896）的人类发展指数却屈居于经济绩效低得多的国家之下，如葡萄牙（HDI 为 0.892）、阿根廷（HDI 为 0.888）和斯洛文尼亚（HDI 为 0.887）。一般模式为人类发展指数较高的国家购买力也较高，但不是所有高购买力国家的人类发展指数也高。

一个首要的结论是，经济上的成功是人类福祉的必要条件，但不是充分的前提条件。因此，我们认为欧洲社会质量必须建立在对经济绩效进行分析的基础之上，但也需要额外的论据。单纯的经济要素忽略了欧洲的特性，没有反映出对经济必要性的规范分析是自我毁灭。

在资本市场社会，劳动力市场可被看作经济要素与社会需要的转接点。一方面，劳动力市场可以将经济要素转变为人们的生活条件；另一方面，生活条件极大地影响着劳动力的质量、技术、能力以及经济系统的宏观经济条件和社会环境。[1] 因此，劳动力市场的发展对经济效益和社会生活条件都会产生至关重要的影响。不同的社会模式意味着在经济要素和社会生活条件间的不同安排。我们不能简单地声称一种社会模式比另外一种更好，但分析哪种模式在社会剧烈变化的条件下能够更好地既能提高经济效益又能改善社会生活条件是有意义的。

社会模式的限制

"社会模式"这一术语存在过度概化的风险。一方面，把世界上某一区域的经济和社会特性压缩为一些特征是简单草率的；另一方面，这一术语又为全面处

---

[1] G. Vobruba, *Jenseits der Sozialen Fragen. Modernisierung und Transformation von Gesellschafssystemen* (Frankfurt am Main, Suhrkamp, 1991).

理极其复杂的问题提供了可能性。因此，为了从后者出发而不去考虑太多，我不得不对读者的想象力加以限制，以下的结论也因此具有很大的风险性。

一种社会模式的科学建构是为了获取该地区经济发展情况及其社会性嵌入的特征。建构社会模式在"铁幕"时代结束后非常流行。这并不令人惊讶。随着共产主义的崩溃，共产主义和资本主义间的主要差别消失了，资本主义内部的差异却更加显著，对这些差别进行概念化的需要变得迫切起来。"社会模式"这一术语迎合了这种需要。

社会模式可以从一般性特征以及成效两方面进行界定。对于一般性特征，我同意 Gough 的观点，即：

> 欧盟作为一个整体仍然有别于美国和日本……在社会福利体制方面，国家的角色更具优越性，其性质不同于美国和日本。高度概括地说，居于主导地位的欧洲福利模式，是以高水平的支出（尤其是转移性支出）、基于社会福利计划的保险、拥有中高水平垂直再分配的紧密的内部代际团结、提供良好的就业保护和为核心劳动力提供福利的最低保障模式、在人力和基础设施方面良好的社会投资，以及对贫困和不平等方面的投入为特征的。①

在成效方面，欧洲模式的特点也可以通过再次查看上面的排名看出：大多数欧洲国家展示了高的人类发展指数和相对高的经济效益，而美国却将较大的经济成功与较低的人类发展指数绑定在一起。

比较诸如社会模式这样如此复杂的术语，需要对它们的相似性进行定性描述并挖掘其差别。② 这两种社会模式对应的相似性是什么？无论美国还是欧洲，两者均代表现代世俗社会。这一事实意味着，它们的社会凝聚力、物质利益以及与这些物质利益相匹配的社会技能都是紧要的问题。用来解决这些问题的核心机制是劳动力市场和社会保障系统。因此，在发达资本主义社会内部，劳动力市场和社会保障系统与社会整合是实时相关的，从而大体上成为这种社会模式的主要特征。换句话说，这两种社会模式主要是因它们在劳动力市场、社会保障系统以及这两者之间的关系方面的差别而不同。

---

① I. Gough, "Social Aspects of the European Model and its Economic Consequences", in W. Beck, L. van der Maesen, A. Walker（eds.），见220页注释①，第80页。

② S. Nissen, "The Case of Case Studies", *Quality and Quantity*, 1998, 32, 4.

三 美国和欧洲社会模式的主要特征

当今，美国经济的主要特征具有明显的短期化趋向。作为资本的主要形式，股票交易更倾向于短期的投资回报。在过去 20 多年里，美国经济发展的主要特征是最大的借款人，尤其是拥有良好声誉的管理良好的公司终止了与银行或者其他金融中介机构的关系，这些银行或者机构以前是外部融资的主要资源并直接通过金融市场进行融资。[①] 因此，大公司以金融市场的短期获利为目标，投资机构将长期债券换成股票。[②] 对顶层管理者的货币激励与其公司"以股价标明的"市值紧密相关，[③] 从而管理者与公司共进退。

由于合作工业关系没有建立起良好的系统，而倾向于对分配矛盾做出零和解释，因此阻碍了各种社会长期投资进入经济和社会领域。在美国模式中，几乎没有人愿意，且仅有少数人可能为了获得更大的收益等待并将个人临时性投资延长——而这正是现代民主社会可持续现代化的关键要求。[④]

美国模式的特征是单独的劳动力市场和初步的福利社会。美国福利社会从一开始就聚焦于"保护士兵和母亲们"[⑤]，因此与劳动力市场几乎是分离的。美国没有关于劳动力市场和福利社会之间复杂关系的机制框架与科学意识。目前，主导这种情况的是一种严格的经济与社会政策二元论。一方面，社会保障全部的积极意义仅在于道义上的责任；另一方面，社会政策和经济任何一点紧密的关系都有十分消极的意义。

劳动力市场和社会政策间脆弱的关系是美国模式的主要特征。这就在事实上和规范上为劳动力市场创造了一个巨大、多样的空间，那里有各种类型的工作

---

① E. Appelbaum, P. Berg, "Finacial Market Constraints and Business Strategy in the USA", in J. Michie, J. G. Smith (eds.), *Creating Industrial Capacity：Towards Full Employment* (Oxford, Oxford University Press, 1996), p. 200; A. Nölke, "Nichtkonvertionelle Nichtmarktstrukturen bei der Unternehmensfinanzierung：Kapitalismustypen und die Auswirkungen der Globalisersung am Beispiel der Institutionellen Investoren", *Comparativ*, 1998, 8, 4.

② E. Appelbaum, P. Berg, 见本页注释①。

③ E. Appelbaum, P. Berg, 见本页注释①。

④ S. Huf, *Sozialstaat und Moderne* (Berlin, Duncker and Humblot, 1998), 见 221 页注释①，第 67 页。

⑤ T. Skocpol, *Protecting Soldiers and Mothers：The Political Origins of Social Policy in the United States* (Cambridge, Mass., Belknap Press of Harvard University Press, 1992).

（根据收入、工作时间、工作条件来划分）。这种基本模式导致一种信念，即任何针对劳动力市场的限制性法规都是错误的，在质疑社会政策的情况下，必须消除所有对劳动力市场的限制性影响以保证其扩张。

其结果是形成了一个以混合收入为特征的扩张的劳动力市场和一个广泛深远的社会市场。这一模式的反面是相对较低的平均生产率。比较 1960～1995 年主要工业国家生产率的增长情况可以看出，"美国生产率的增长在整个时期都与最贫穷的国家不相上下"[①]。

总之，本章所指的美国模式的主要特征包括：

- 在经济和社会方面总体上是短期取向；
- 低水平的社会保障和对社会保障的期待；
- 低劳动力成本和无工资的劳动力成本；
- 每个工时的低平均生产率。

我并非想通过强调这些来声称美国几乎没有提供社会保障措施。Seelaib-Kaiser [②]正确地指出，国际比较应当不仅仅关注机构的相似性，同时也应当考虑功能的等价性。比较美国和欧洲的社会保障，通常美国的私人慈善机构会被看成具有与欧洲国家社会政策相同的功能。我不想卷入私人慈善机构是否能（至少是部分地）替代国家社会政策的讨论，因为我考虑的是一个更为精确的问题：哪种模式能为社会保障提供更长期的愿景？哪种模式能为社会保障提供的长期收入保障更值得人们期待？以上问题的答案主要取决于人们是否对社会保障拥有起诉权。精确地设定问题，使得欧洲和美国提供社会保障模式的关键区别变得显而易见：欧洲的社会保障系统提供了广泛的法律性权利，这是美国初步的社会保障系统和私人慈善事业都无法提供的。[③]

---

① L. Mishel, J. Bernstein, J. Schmitt, *The State of Working America* (Cornell , Cornell University Press, 1999), pp. 360 – 361.

② M. Seelaib-Kaiser, "Globalization, Political Discourse and Welfare Systems", paper presented at the Sociology Colloquium, Jensen Lectures, Duke University, November 1999.

③ 从这个角度看，范围和边缘人群参与度一样是对欧洲福利国家重要效应的一种严重威胁。参见 W. van Oorschot, *Realizing Rights*: *A Multidimensional Approach to Non-take-up of Means-tested Benefits* (Aldershot, Avebury, 1995); S. Blomberg, J. Petersson, "Stigma and Non-take-up in Social Policy. Re-emerging Properties of Declining Welfare State Programmes?", in P. Littlewood, I. Glorieux, S. Herkommer, I. Jönsson (eds.), *Social Exclusion in Europe*: *Problems and Paradigms* (Aldershot, Ashgate, 1999).

　　与美国模式相比，欧洲模式的主要特征是其长期取向。商业银行的金融投资和对管理层的货币激励仍然支持着经济的可持续发展。尽管有些社会学家过分担心合作的劳资关系的稳定性和能力，但他们不应该忽视新统合主义仍能对分配冲突进行正和解释。长期雇佣关系和社会保障系统为工作人口（包括潜在的失业人口）提供了长期收入保障，因而形成了长期的取向和现代化的至少是短期成本的保障。

　　欧洲大多数国家的社会保障系统与劳动力市场紧密相关，它们可能被定义为"以雇佣劳动为核心的社会政策"①。此外，在欧洲一体化的进程中社会政策和劳动力市场间的关系会更加紧密。② 这一关系包括两方面的内容：第一，以雇佣劳动为核心的社会政策对劳动力市场的扩张产生重大影响。仍然有大量成文或不成文的规定制约着劳动合同的多样性，这一结果在法律的较小领域内起作用，较好地保护了劳动合同的模式，其作用延伸到法律以外更大的领域。第二，社会保障系统的稳定性取决于劳动力市场的扩张，工资作为社会保障系统融资的主要来源，造成雇佣问题的系统致命伤。欧洲模式导致一种分裂劳动力市场的趋势：官方经济是高生产率的经济，而隐性经济是低生产率外加失业的经济。

　　总之，本文所阐述的欧洲模式的主要特征有：

- 高水平的社会保障和对社会保障的高度预期；
- 工资以外的高劳动力成本；
- 每个工时的高平均生产率；
- 总体上经济和社会方面的长期取向。

四　对主要区别的总结

　　美国和欧洲社会模式的主要区别如下。

　　（1）美国社会政策的支出和预期较低，而大多数欧盟成员国的支出和预期较高。因此，这两种情况下的预期/支付比可能是相同的。

　　（2）欧洲社会政策的成本远高于美国。此外，与美国相比，欧洲社会政策

---

① G. Vobruba, "Lohnarbeitszentrierte Sozialpolitik in der Krise der Lohnarbeit", in G. Vobruba (ed.), *Strukturwadel der Sozialpolitik* (Frankfurt, Suhrkamp, 1990).

② G. Vobruba, "Social Policy for Europe", in W. Beck, L. van der Maesen, A. Walker (eds.), 见 220 页注释①, 第 109 页。

的融资结构更可能会影响到国际竞争力。但美国的生产率较低，而在欧洲工业的核心，生产率处于更高水平，从而最终单位输出的劳动力成本可能是一样的。

（3）一般情况下，美国模式基于短期取向；而在欧洲模式中，存在支持长期取向的制度前提以及文化理念。在社会变革中，承载两种模式的不同时间视域导致稳定性和灵活性之间不同的关系。在美国，由于缺少长期稳定性，因此人们被迫要灵活应对社会经济生活；在欧洲，基于更长期的稳定性，人们自主、能动地灵活处理各类事宜。

最终，每种模式都蕴含自身的矛盾。在美国模式中，依据急剧的社会变革的各种要求行事是必需的，但人们被认为喜欢眼前的成功，并很有可能牺牲未来的成功。欧洲模式意味着范围更广的选项。依据社会变革的要求行事是一种可能性，以福利国家为基础来反对社会变革是另一种可能性，即使这一模式并不被人们所期望而很少采用。① 欧洲模式的矛盾在于：在未来取得更大的成功或停滞。

在不同的时间视域中两种模式激活经济理论与活动的境况是不同的。如果关乎弹性，那么这一境况是异常重要的。因此，接下来我将分析两种弹性，并将其引入两种社会模式：将适应弹性引入美国模式，将创新弹性引入欧洲模式。

五 弹性化

在过去十年里，"弹性化"在社会科学以及政治话语中已经成为一个时髦的词。尽管其很受欢迎，但其意义几乎还是模糊不清。虽然有些学者以及政治家将弹性化作为现代化、（经济）成功和自由的代名词，② 但其他人往往更愿意将其看成一种完美的从属于经济制约的手段，这种经济制约会给个人关系和社会融合带来破坏性结果。③

为了在社会变革和弹性化之间建立关联，我必须将一种新的差别④引入弹性

① R. E. Goodin et al. , *The Real Worlds of Welfare Capitalism* （Cambridge, Cambridge University Press, 1999）, p. 134.

② T. Blair, G. Schröder, *Europe：The Third Way*（http：//www. labour. org. uk, 1999）.

③ R. Sennett, *The Corrosion of Character*（New York, W. W. Norton, 1998）.

④ 也可见 van Kooten 对弹性化"量化"和"功能化"的区别。G. van Kooten, "Social Exclusion and the Flexibility of Labour", in P. Littlewood, I. Glorieux, S. Herkommer, I. Jönsson（eds.）, *Social Exclusion in Europe：Problems and Paradigms*（Aldershot, Ashgate, 1999）, p. 50。

化话语体系。这种差别是"自适应弹性"与"创新弹性"之间的差别。这两种弹性模式的差别依赖于它们与福利国家的关系。正如我所能够看到的，这种差别事关两种社会模式总体的发展。

目前，有两种话语倡导灵活性。但他们提出了不同的手段，以增强灵活性。因此，这意味着不同含义的灵活性。这两种话语都侧重于福利国家对灵活性的影响，但他们在评价福利国家对弹性影响的性质上是不同的。福利国家与弹性的这两种关系是如何构建的？第一种话语可以被定性为"从福利国家解放出来"，第二种话语可以被定性为"被福利国家解放"。

六 创新与自适应弹性化

"从福利国家解放出来"是基于这样的假设：福利国家（以及工会）规制并阻碍了人们的能动性。① 这种理论的基本思想如下：福利国家限制人们的自由。在这种讨论中，公民社会的政治主张主要集中在福利国家的限制性影响上，因而选择其他方式的社会保障。新自由主义经济的部分论点集中在社会保障上，声称社会保障限制了人们为适应经济需要而调整自身行为的需求。两种理论都主张"结束我们所了解的福利"（比尔·克林顿）。在公民社会与新自由主义之间存在一个广阔的政治空间。因此，这些主张中的很多观点都是矛盾的，并且在这两个极端间剧烈摇摆。

经常与"从福利国家解放出来"同时出现的一种倾向是：

• 从注重问题向沟通问题转换：用社会服务代替社会支付；用志愿工作代替专业的社会服务。

• 从保障到激活的转变：通过积极的劳动力市场政策代替社会转移支付；用不断增加的强迫性工作将政治输入工作场所。最近，几个欧洲国家以及欧盟委员会的讨论集中围绕排斥／包容展开。各种提案和努力意在打击在选择与强迫性融合之间动摇的行为。

• 用说服取代政治：社会发展很少被看成制度化前提和政治框架内的问题，而被看成人们的动机、意愿和道德问题。从这个方面看，社群主义的引入在欧洲起到了一定的作用。

---

① M. Olson, *The Rise and Decliine of Nations* (New Haven, London, Yale University Press, 1982).

显然，这些论述与建议让问题变得更为开放：是否有与福利国家功能相当的替代品，能够让人们有权要求社会保障？或者这些建议能够让人们摆脱异化，解放人们的创造性？通过制定道德规范，使动性和强迫人们的局限性在哪里？

"从福利国家解放出来"潜在的意思是迫使人们参与到现代化进程中来。此类项目的核心是一个我称之为"自适应弹性化"的概念：制度化需求以调适个体行为来适应迅速变化的经济和社会条件。这种弹性化模式意味着明确各自的角色。经济精英创造经济需求，大部分人都去适应这种需求。正如在美国模式中，应对不断变化的经济条件所做的调适，必须在很短的时间内进行，自适应弹性化是美国社会模式的核心功能。

"被福利国家解放"这一术语侧重于以下想法。如果你希望人们改变他们生活中的一些重要参数，那么其他一些参数必须保持稳定。在复杂的现代社会，稳定性必须通过制度加以保证。关乎人们物质生活条件的稳定预期是稳定性的一个主要部分。它们不能被提供，而是通过社会政策制定的合法赋权来实现。因此在这些话语中，福利国家被看成弹性的一个前提条件。有关"社会政策附加作用"① 的讨论特别强调了社会保障在应对这些变化中的重要性。

总之，"被福利国家解放"与创新弹性密切相关，与自适应弹性不相关。福利国家作为欧洲社会模式特有的元素，提供了一个更广阔的时间视域，使创新弹性成为可能。因此，欧洲模式意味着有更多的机会去针对经济变化进行积极的适应。然而，再一次应引起注意的是，这种观点也同样蕴含着矛盾。使弹性与使动性成为可能的界限在哪里？有时，"被福利国家解放"的路径结束于过于简单的维护身份现状的行为。

对自适应弹性与创新弹性之间的区别可做以下三点总结性陈述。第一，一般而言，剧烈的社会变迁意味着个体行为与制度化发展之间关系的剧烈变化。这既意味着在变化的环境中个体要继续适应，也意味着个体要努力改变环境。前者可被称为消极的现代化，后者可被称为积极的现代化。适应弹性意味着强迫人们适应变化中的经济和社会环境，创新弹性意味着人们能够形塑社会和经济环境。

---

① 见 221 页注释①；G. Vobruba, "The Additional Use of Social Policy in the Modernization and Transformation of Societies", in A. Erskine（ed.）, *Changing Europe: Some Aspects of Identity, Conflict and Social Justice*（Aldershot, Avebury, 1996）; I. Gough, 见 222 页注释①。

第二，人们可以将能动的和被动的社会变迁之间的区别作为欧洲模式和美国模式的重要差异，从而将其与面对全球化进程中形成的特征将长期持续的推测联系起来。第一种论述认为人们将会改变他们的行为是有说服力的。但是，从长远来看这些改变是否必要值得商榷。第一种论述在处理类似这样的问题的时候缺少说服力，第二种论述在展示如何使创新行为成为可能时具有说服力。但在证明人们真的愿意改变他们的行为时，第二种论述就存在问题。

第三，就我所能看到的而言，这将是对欧洲福利国家与弹性化间未来关系的讨论中最重要的一点。一方面，可以强迫人们变得弹性化，但这样一来他们将不大可能具有创造性；另一方面，人们可以区分弹性和创造性的条件，但却一点都不能保证人们愿意改变他们的行为。强迫性弹性和主动性弹性都有其矛盾的地方。

现在，我将分析作为社会变迁的主要方面——在全球化进程中社会模式不同特征的重要性。我的出发点是政治必须应对全球化困境。

七　全球化困境

全球化的困境是什么？① 在我们这个时代，全球化主要被看作一种不可避免地影响社会各个方面的隐形力量。② 但全球化本身并不起作用；相反，它是被促进经济增长的政治决策触发的。③ 从长远来看，这些决定（中的一些）可能是不可避免的。但从短期看，全球化是政治家们做出的可见而武断的决定的结果，这些政治家会因为全球化的后果而受到指责。④《北美自由贸易协定》、欧洲货币联盟、南方共同市场或东盟就是典型例子，特别是很有可能成为全球化的失败者将实施这种短期行为反对政治中的这些决定。

历史上的例子表明，这种对立可能会阻碍一个国家或地区参与全球化进程，从而引发经济和政治上隔离加剧的进程。通过研究"一战"和"二战"期间世界的发展模式便可发现，上述进程可能导致巨大代价。如果孤立导致大的集体性伤害是

---

① G. Vobrba, "EI Dilema de la Globalizatión. Análysis y Posibles Soluciones", in C. Filgueira et al. (eds.), *Sistemas de Protección Social en un Mundo Globalizado* (DSE, 1998).

② R. Reich, *The Work of Nations* (New York, Octagon Books, 1991).

③ 见本页注释①和 224 页注释②。

④ R. Geyer, "Globalization and the (Non-) Defense of the Welfare State", *West European Politics*, 1998, 21, 3.

真的，如果经济全球化导致个体失败也是真的，那么很明显，我们将面临理性的陷阱：全球化带来集体理性，但却遭到个人理性的排斥。因此，为了使参与到全球化进程中成为可能，人们必须克服对全球化的排斥情绪。克服这种排斥情绪需要给假定的失败者提供一些东西。加强国际竞争是一种威胁，尤其对竞争力较弱的经济部门的企业和工人来说更是如此。全球化的社会成本大都以失业的形式呈现。因此，能向失败者提供的是进一步的培训，以使其适应新的工作机会，或让他们以劳动力市场以外的某种形式共享全球化带来的好处。从这个方面来看，社会政策在全球化进程中扮演了重要的角色。因此，我得出一个结论：社会政策是成功参与全球化进程的一个前提条件，而非阻碍。① 但声称社会政策在支持全球化中的必要性并不意味着具有这样去做的可能性。全球化很有可能会削弱福利国家，② 这至少是社会科学界大多数学者所持有的观点。根据以上理论，我可以建构出我所理解的全球化困境：全球化需要一种社会政治镶嵌，但全球化破坏了福利国家。全球化因此质疑其自身成功的前提。

主要问题是社会政治制度的能力。如果对欧洲的社会政策有更高的期望，那么在欧洲，对全球化导致的假定的失败者加以补偿将是一个比在美国更为艰巨的任务。但既然欧洲的社会保障系统更为庞大，那么欧洲的社会模式就不仅仅是被挑战，同时也为应对全球化的政治社会需要做了更好的准备。尽管如此，欧洲模式能让参与全球化成为可能的能力取决于两个事实：第一，由于一个统一的欧洲社会保障系统已淡出人们的视线，那么独立的国家社会政治制度的发展仍将是至关重要的；第二，作为货币联盟，将让经济疲软的欧盟成员国与其拥有高竞争力的其他成员国进行无限制的竞争，以使前者产生额外的失业。货币统一会不断增强欧洲跨国间的社会政治均衡机制发展的必要性。③

如果美国模式真的以低水平的社会保障和对社会政策的低预期为特征，那么可以断定，在美国，加强参与全球化的决策不需要社会政策的支持。但实际上这

---

① 见 229 页注释①；E. Rieger, S. Leibfried, "Welfare States Limits to Globalization", *Politics and Society*, 1998, 4。

② M. Rhodes, "Globalization and West European Welfare States: A Critical Review of Recent Debates", *Journal of European Social Policy*, 1996, 6, 4; M. Seelaib-Kaiser, "Der Wohlfahrtsstaat in der Globalisierungsfalle. Eine Analytisch-konzetionelle Annäherung", in J. Borchert et al., *Standortrisiko Wohlfartsstaat?* (Opladen, Leske und Budrich, 1997).

③ G. Vobruba, "Währungsunion, Sozialpolitik und das Problem einer Umverteilungsfesten Europäischen Identität", *Leviathan*, 1999, 27, 1.

是个实证性问题。比如，执行《北美自由贸易协定》的谈判条约表明，为了使其被接受，货币补偿作为配套措施是必要的。虽然从长远来看这样的跨国进程能够得到绝大多数人的赞同，但短期内它们造成了获利者和损失者之间的差别。① 因此，关键的问题是："第一，是否有这样的机制，能够让获利者对损失者进行补偿；第二，国家用什么机制来对损失者进行补偿？"② 因此在美国，参与全球化进程同样需要一种再分配机制作为前提。很容易预测，欧盟③东扩以及进一步使《北美自由贸易协定》④ 在可能的情况下补偿损失者，将仍然是一个很突出的问题。因此，作为补偿损失者的一种制度化机制，社会政策的任何体系的不完善都有可能成为引发美国参与全球化进程的问题。这会立即导致第二个问题。

八 社会保障的成本

社会保障的成本是什么？欧洲福利国家的成本一般会导致劳动力成本相对较高，特别是以工资为核心的捐助融资的社会保障体系更是如此。⑤ 相反，在美国，社会政策很少与劳动力成本的条款相关。

但它不是劳动力成本和非工资劳动成本的绝对水平，而是成本/效率比。在此方面，欧洲模式仍能与之抗衡。因害怕每小时人均生产率进一步下降而导致职业培训赤字问题在美国教育系统仍是一个广泛讨论的问题。因此，问题不是目前的形势怎样，而是不久的将来会发生什么。在生产率方面，欧洲模式会取得更大的成就以补偿更高的劳动力成本吗？这将引出第三个问题。

九 "生产率"与"对世界市场的开放"二者的相互作用

尽管存在一些会导致美国与欧洲在达到一定生产率水平上有能力上的差异的

---

① 见 229 页注释①。

② V. Bulumer-Thomas, N. Craske, M. Serrano："Who Will Benefit?", in V. Bulmer-Thomas, N. Craske, M. Serrrano（eds.）, *Mexico and the North American Free Trade Agreement：Who Will Benefit?* （Basingstoke, Macmillan, 1994）, p. 208.

③ R. E. Baldwin, J. F. Francois, R. Portes, "The Costs and Benefits of Eastern Enlargement：The Impact on the EU and Central Europe", *Economic Policy*, 1997, 24, April.

④ S. Weintraub, *NAFTA. What Comes Next?* （Westport, Ct., Praeger, 1994）.

⑤ 见 225 页注释②。

要素，但在有关是否有必要这么做的问题上，美国与欧洲还是存在很显著的差异。当然，一直有说法认为欧盟对外贸易中的很大比重是欧盟成员国间的贸易。从长远来看，将欧盟作为一个整体与美国相比较，此二者在世界市场面前几乎是相同的。但是正如我在上文中提到的，当对社会模式以及观察者预期对社会模式产生的影响进行概括时，需要深思熟虑。欧盟并不像美国那样在其成员国间就经济机制和社会均衡进行整体部署，① 也没有一个足够强大的共同身份，因而会像社会学诊断的那样作为一个综合实体，去忍受值得一提的社会政治再分配。更重要的是，它好像在可预见的将来不太可能发展。② 因此，经济成功将继续在国家这一层面制造差异。因此，成员国之间的贸易将被（它们自己）视为对外贸易。即使统计数字将欧盟成员国之间的贸易看成内贸，欧盟各成员国仍将保持相互间的竞争，毕竟这会比美国更容易受到来自跨国竞争的威胁。欧盟成员国最终都面临比美国更大的压力，从而要去提高它们的生产率。

这一事实将导致这样的结论：在美国，全球化困境很少与之相关。但很可能在全球化正在进行的过程中美国经济的相对开放程度将放缓但稳步提高。因此，至少在开放区，劳动力成本／产出比的重要性也将提高。在此方面，问题可能会源于这样一个事实：在美国模式下，几乎没有空间再降低劳动力成本，以至于能够提高生产率的社会机制严重发育不良。

相比之下，欧洲模式建立了很多良好的机制。这些机制保证了劳动力成本和生产率保持在一个具有竞争力的比率上。而且，欧洲模式具有完善的机构，能够对愈演愈烈的全球化进程中的损失者进行补偿。在这种情况下，可以预见美国模式为应对全球化困境提出的挑战准备得不够充分。③

十　结论

最终我回到了开始时的观点。经济成功对人类福祉来说虽然不是重大前提，

---

① M. Obstfeld, G. Peri, "Regional Non-Adjustment and Fiscal Policy", *Economic Policy*, 1998, 26, April, 242; B. Eichengreen, "European Monetary Unification and Regional Unemployment", in L. Ulman, B. Eichengreen, W. Dickens (eds.), *Labor and an Integrated Europe* (Washington DC. The Brookings Institute, 1993).

② 见230页注释③。

③ P. Krugman, "America the Boastful", *Foreign Affairs*, 1998, 77, 3.

但却是一个必要条件。因而，研究欧洲社会质量必须从两方面的议程出发：一方面，构成欧洲社会质量的欧洲模式的社会结果是值得肯定的；另一方面也显示出，欧洲社会质量不仅是欧洲经济效益的结果，还是其不可或缺的前提条件。美欧社会模式的比较表明，经济上的巨大成功虽然不是高水平福利的关键，但却是一个重要的组成部分。

　　总之，在美国社会模式中，经济效益的提高至少在一段时间内为人们生活水平的提高提供了资金支持。工作者必须有灵活性，而且这种灵活性不是指创新性，而是工作者被迫主动去适应工作条件。在欧洲社会模式中，经济效益与社会生活水平获得了同步发展，且后者是前者的前提。但这种互动仅能在长期的模式运行中存在。因此，欧洲模式为了维持经济发展和规范性，必将支持长期的经济发展方向和社会发展战略。

（任春红译，王晓楠、芦恒校）

第十五章　民主的现代性
和社会质量[*]

Svein Andersen and Kjell Eliassen

特殊化利益的作用

整个欧盟计划在以下两个方面是分裂的：一方面是提升政府政策效率的追求；另一方面又要保留和拓展民主参与。这些关键维度之间的关系在成员国内部随着时间的流逝几经变迁，并导致二者之间不同的平衡。在欧盟有一种同时使上述两方面都增强的需要。[①] 直到 20 世纪 80 年代中期，代表机构中公民正式民主代表出现是国家政治体系的一种拓展。然而，在国家选区（national constituencies）与布鲁塞尔精英联结的方式方面仍然有相当大的差别。欧洲议会（European Parliament）主要作为一个磋商机构，虽然表达观点，但是对决策影响较小。除了丹麦议会之外，国家议会在欧盟政策的制定和执行过程中大多是被动的。

从 20 世纪 80 年代中期开始，欧盟开始变得越来越强势，从输出角度看越来越像一个国家甚至是一个超国家。欧盟的中枢决策者总是以一种相当实用主义的方式来处理民主问题。民主最重要的议题已经是（或者缺乏）欧洲议会的政治力量的问题。这个问题在随后的条约修正过程中被提了出来，并且尽管欧洲议会在欧盟决

---

* 我们要感谢挪威管理学院欧洲和亚洲研究中心的 Maria Andredaki，她在本章的准备阶段提供了有价值的帮助。

① S. S. Andersen, K. A. Eliassen, *The European Union: How Democratic is it?* （London, Sage, 1996）.

策过程中越来越多地发挥着实质性的作用，但仍然缺乏实质上的决策权力。另一方面，自从 1999 年 5 月 1 日《阿姆斯特丹条约》（Amsterdam Treaty）开始生效后，欧洲议会开始在一系列议题上拥有了单边否决权。[①] 尽管逐渐增加的直接议会代表越来越重要，但是人们在许多方面越来越关注欧盟公民对欧盟的决定施加直接影响的能力。

由于委员会与欧洲议会之间的对抗（1999 年 1 月），近期人们开始加倍重视上述议题。这场争论的核心是欧盟公民需要同布鲁塞尔的中央决策过程建立更强的直接联系。近期的对抗会在什么程度上改变欧盟关键机构间的相对权力，人们仍拭目以待。无论如何，由于政治体系的特殊性，欧盟的民主会是一个令人苦恼的议题。欧盟是一个复杂的多层次体系，缺少一个清晰的权威中心和结构，并且是由重叠的机构来管理的。[②] 另外，欧盟还没有对应议会民主的国家体系而建构其自身的结构。这就是欧盟如此复杂以及传统的民主标准不能完全被应用于欧盟的根本原因。

就此而论，许多关于民主赤字的讨论可以被看作对传统自由主义话语的断章取义，但是许多人担心将主权转移到欧盟的层面上，将会削弱国家层面上的民主权利和能力。其他人认为民主的问题必须或者能够被重申与欧盟的新制度模式有关。[③] 然而，在另一个比较悲观的方面，Scharpf[④] 认为欧盟可以发展成一个为人民的政府（for people），而不是一个人民的政府（of people）。无论如何，比起探讨"民主赤字"的讨论中暗含的内容，欧盟的民主问题对西方模式的民主提出了更广泛和更根本的挑战。

在这一章中，我们将会讨论与一个特殊特征有关的欧盟民主，也即直接独立表达的强硬立场。在公共决策中特殊利益所表现出的越来越重要的作用是所有现

---

① J. H. H. Weiler, U. R. Haltern, F. Z. Mayer, "European Democracy and its Critique", in: J. Hayward (ed.), *The Crisis of Representation in Europe* (London, Frank Cass, 1995).

② B. Kohler-Koch, R. Eising, *The transformation of governance in the European Union* (London, Routledge, 1999); I. J. Sand, "Understanding the New Forms of Governance: Mutually Interdependent, Reflexive, Destabilised and Competing Institutions", *European Law Journal*, 1998, 4, 3.

③ D. Held, *Democracy and the Global Order: From the Modern State to Cosmopolitical Governance* (Cambridge, Polity Press, 1995); A. Føllesdal, *Democracy and Federalism in the European Union* (ARENA working paper 5, 1997).

④ F. W. Scharpf, *Governing in Europe: Effective and Democratic?* (Oxford, Oxford University Press, 1999).

代民主的特征：一方面，一段时间以来，议会民主的诸种典型规范之间的差距不断扩大；另一方面是日常决策中专门的政策网络的作用。这种名为"后议会民主"① 的趋势在欧盟内部尤其明显，缺少一种稳固的直接议会制的代表链条和关键机构的历史合法性。尽管如此，我们应该记住，对所有的西方民主来说，在决策中专门的职能代表的增长存在它自身的问题。

首先，我们将提供对欧盟政治结构和被称为民主赤字问题的概览；然后讨论对作为一种新政治体系的欧盟来说，游说是直接表达利益的最重要的渠道。我们将会检验游说发展的方式及其支配利益的类型。在一个新兴（可能的）欧洲政体（European Polity）和越来越强调积极的和负责的欧洲公民权的背景下，这将成为批判性地评估社会质量和民主之间关系的基础。

二 作为一个新的政治体系的欧盟

我们必须分析欧盟的两个方面：第一，通过一个跨国家的政策制定体系联结国家的传说；第二，不断变迁的跨国权威的形式。《马斯特里赫特条约》（Maastricht Treaty）拓展了欧盟所能够影响的政策议题的范围和种类。《阿姆斯特丹条约》和经济货币同盟（EMU）的建立是发展道路上采取的进一步措施。未来，几乎所有的政策领域都将会有欧盟的维度。

这些过程并不必然导致更有效率的决策，并且我们不得不关注其行动者和过程，而非半自治的体系属性。这与 Milward 对一体化观点的批评一致。② 代表民族国家及其政府的欧洲理事会（European Council）对主要的决策负责，直接选举的欧洲议会是无效力的。这是在欧洲层面上关于民主赤字论断的基础。在减少民主赤字方面，权力下放原则和谋求更高程度开放的努力并不是真正有效。目前，联邦主义并不是一种选择，在国家层面上以最实际的方式呈现，这意味着国家议会必须增加投入来控制政府，并且确保它们变得更加"国家化"，而非"欧洲化"。

然而在决策方面，我们不仅看到了欧洲化过程，还看到了游说过程。Streeck

---

① S. S. Andersen, T. R. Burns, *Societal Decision-making*：*Democratic Challenges to State Technocracy*（Aldershot, Dartmouth, 1992）.

② A. Milward, *The European Rescue of the Nation State*（London , Routledge, 1992）.

和 Schmitter 认为，近期欧洲政策在法律文书方面为欧洲层面大多数社会经济利益群体之间的协作铺平了道路。[1] 20 世纪 90 年代以来，欧洲委员会已经与超过1000 个设备精良、消息灵通的群体和委员会建立了联系。虽然只是在一些领域，而且只是和社会维度相关，但我们找到了由一些欧洲协会主导的正规社团开展的活动。最近，这些开展社会对话的伙伴已经获得直接向理事会（Coucil）提出立法建议的权利。

游说现象出现在一个更加独立的欧盟决策过程中，然而目前奇缺针对该现象所提出的问题的系统性研究。这与文献中的大部分内容是强烈抵触的。这些文献存在于国家体系的利益关系中。尽管缺少真实的数据，但考虑到自从 20 世纪 80 年代晚期游说突增，共识还是存在的。所有重要的商业公司都建立了致力于影响欧盟政策的具体部门。这些商业公司的经验是委员们倾向于和制造商及其直接代表联系。所以，公共组织和非政府组织的代表不得不服从他们的领导。目前，欧洲议会与消费者和环境保护者利益的影响力，在欧洲层面比在成员国内部小。

已有的研究经常从国际政治的视角出发研究欧盟决策体系的欧洲化过程——它们作为外交政策的拓展，或者作为一种正式合法的政治－管理体系。第一种观点认为有时在"一体化主义"视角的语境下，国际协作的彰显是欧盟的特征。新功能主义的观点[2]被用于解释欧洲国家的统一。[3]

近年来，人们对新功能主义理论越来越感兴趣。[4] 这种复兴主要源于人们期

---

[1] P. C. Schmitter, W. Streeck, *Organized Interests and the Europe of* 1992（Washington D. C., American Enterprise Institue, 1990）.

[2] J. S. Nye, "Compartive Regional Integration: Concepts and Measurement", International Organization, 1968, 22, 855–80; J. S. Nye, R. Keohane, "International Interdependence and Integration", in F. I. Greenstein, N. W. Polsby（eds.）, *Handbook of Political Science*（*Reading*［Ma.］, Addison-Wesley, 1975, 8）.

[3] L. N. Lindberg, S. A. Scheingold（eds.）, *Regional Integration: Theory and Research*（Cambridge, MA, Harvard University Press, 1971）.

[4] R. Keohane, S. Hoffmann, "Conclusions: Community Politics and Institutional Change", in W. Wallace（ed.）, *The Dynamics of European Integration*（London, Frances Pinter, 1990）; F. Laursen, "Explaining the EC's New Momentum", in F. Laursen（ed.）, *EFTA and the EC: Implications of 1992*（Maastricht, European Institute of Public Administration, 1990）; A. Moravcsik, "Negotiating the Single European Act", in R. Keohane, S. Hffmann（eds.）, *The New European Community*（Boulder［CO］, Westview Press, 1991）; T. Pedersen, "Political Change in the European Community. The Single European Act as a Case of System Transformation", *Cooperation and Conflict*, 1992, 27, 1, 7–44.

望用这种理论对 20 世纪 80 年代后期产生的新动力做出相关解释。①

我们探讨欧洲化的方法区别于上述强调欧盟机构和国家政治体系的总体性视角。在邦联模式中，欧盟甚至是跨国家体系的一种新形式。然而，近些年欧盟的超国家特征已经增强了。难题是以如下方式来概念化这种新体系，即认为不能将欧盟简化为一种国家政策和国际协作的混合物。② 正如 Hix 已经指出的，③ 欧盟体系也需要以一种在欧盟层面上考量现代社会分裂的主要原因的方式来重新概念化。然而，这里聚焦于作为一种决策体系的欧盟的关键特征。

正式机构和法律为欧盟层面上的决策提供了一个框架，但是仍然有相当大的空间去解释异常的结果。在这种意义上，所有的正式体系都拥有一定的自由度。尽管如此，这些松散的结构与复杂性和异质性相结合，为确定的结果而不是国家政治体系的建立提供了更多的选择空间。另一方面，行动者给他们带来了国家风格、战略和战术。因此，我们将会强调行动者策略、联盟和依赖性；简言之，即决策和游说的复杂性。

我们将会就复杂性的三个方面进行区分。复杂性的第一个方面涉及通过一个超国家决策体系与民族国家的传统耦合。除了应将行动者的数量和类型考虑进来之外，这拓宽了民族国家决策过程的范围。一个关键的维度是国家层面和超国家层面的权威之间的关系。在决策过程的秩序和可预测性方面，民族国家的传统会表现出很大的差异，但对行动者来说，它们至少代表了熟悉的环境。

第二方面涉及这个事实：欧盟不仅是跨国家的，也意味着跨国家权威的新形式和变迁形式。它对政治权威的新种类与规制经济和社会的新方式进行了实验。比如，和谐和权力下放原则开启了许多可能性，这些可能性在很大程度上必须分别通过国际市场和政治过程得到阐释。

复杂性的第三个方面源于欧盟的扩展。在很长的时间里，欧盟政策被严格限制在经济和社会生活的一些特殊领域。《单一欧洲法案》（Single European Act）和随后的条约修正案拓展了将受欧盟影响的政策议题的范围与种类。

这些方面将会朝着欧洲政策背景越来越复杂化的方向发展，这种发展要求决

---

① J. Tranholm-Mikkelsen, "Neofunctionalism : Obstinate or Obsolete? A Reappraisal in the Light of the New Dynamism of the EC", *Millennium*, 1991, 20, 1.

② J. Peterson, E. Bomberg , *Decision-making in the European Union* (Basingstoke, Macmillan , 1999).

③ S. Hix, "The Study of the European Union Ⅱ: The New ' Governance ' Agenda and its Rival", *Journal of European Public Policy*, 1998, 5, 1, 38 –65.

策过程必须欧洲化，这将会延伸到国家体系之中。欧盟决策的欧洲化过程有三个方面：政策背景、决策过程和政策结果。

欧盟法律在很长一段时间内主要被视作外在于国家体系的，而国家体系则被当作分析单位。决策的欧洲化过程暗示需要用一种新的方式来描绘政策背景，其中欧洲政治体系成为分析单位。必须将国家决策的范围拓展至包括欧盟中心机构、国家政治机构的欧盟网络和在这两个层面上行动的行动者。

这样一个欧洲政治体系的定义提出了它是怎样和更广阔的国际背景联系起来的问题。全球体制、原则和机构被视为重要的，它们被用于欧盟的合法化进程并支持欧盟总体发展。它们中的一些会直接与欧盟核心区域相联系，比如说自由市场和贸易的原则，这些原则受到像世界贸易组织那样的国际机构的支持。其他体制支持环境保护或者人权保障。它们建构了影响欧洲和国家决策的一般性意识形态，并做出了特殊的制度决定。

三 多层次的决策和游说活动

拓宽决策背景也隐含着对决策过程及其后果的分析。关于复杂性治理的文献描述了在这些层次之内和层次之间联系的多样性。① 这里，我们简单地指向一些隐含的方面，它们会影响欧盟内部特殊利益的表达。一个关键维度是在国家和欧盟层面上的相互作用。这将会被概念化为三个阶段，它们并不必然会及时地分离（见图 15-1）。②

图 15-1 的两个方面特别重要。首先，它看起来像一个描述决策过程不同阶段的模型，其中隐含的是时间维度。然而对我们来说，图 15-1 更多的是对焦点的图解，我们聚焦于重要行动者、过程和政策结果。此外，模型说明了一个事实，我们没有强调成体系的完全成熟的欧洲化进程。其最极端的点意味着欧洲决策制定体系缺少国家间的区别。这并不可能进一步发展。

从我们的观点来看，关键问题是：决策是怎样受到影响的？或者更具体地

---

① B. Kohler-Koch, "Catching up with Change. The Transformation of Governance in the European Union", *Journal of European Public Policy*, 1996, 3, 359 - 380; M. Jachtenfuchs, B. Kohler-Koch, Regieren im Dynamischen Mehrebensystem, in M. Jachtenfuchs, B. Kohler-Koch (eds.), *Europäische Integration* (Opladen, Leske and Budrich, 1996).

② S. S. Andersen, K. A. Eliassen, "Complex Policy making : Lobbying in the EC", in S. S. Andersen, K. A. Eliassen (eds.), *Making Policy in Europe* (London , Sage, 1993).

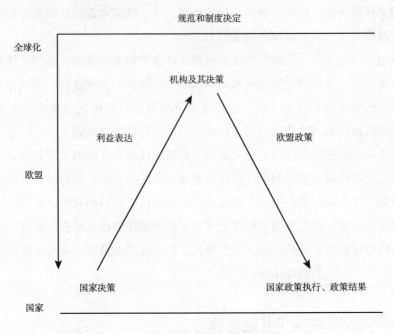

图15-1 全球化背景下国家决策的欧洲化过程

说，涉及国家利益的问题、资源、合法性、欧盟层面的影响和欧盟体系重建中的组织性替换方案。这些问题与诸如加快和深化欧盟的发展这样的议题相关。

一个体系的复杂性一般被认为涉及各种要素的功能、彼此的异质性、链接的数量和变迁、体系转型的程度。欧洲化趋势在这种意义上也制造了更多的复杂性。中央和国家层面的机构、利益团体、公司、地区等因素交织在一起，然而模式并不是固定的。与此相反，决策过程中的有效参与刺激行动者（见风使舵地）以不同的政治渠道和变动联盟的形式来运作。同时，考虑到中央机构的角色、受欧盟政策影响的区域以及跨国权威的形式，欧盟体系正在经历持续不断的变迁。

在一个社团主义社会中欧盟的决策会服从于专门职能利益所代表的实用主义的主张吗？重要的区别似乎是社团主义在已经确定下来的议会传统内部发展起来了。在一些例子中，社团主义越来越大的影响已经成为有意识的议会策略的一部分。欧盟体系的进一步强化依赖于论证它遵循民主传统的能力。这将要求发起一场旨在建立更强大的议会体系的运动。

就像《阿姆斯特丹条约》中提及的那样，扩大欧洲议会的影响很可能会进一步增加欧盟的社会维度、环境和消费者的利益诉求。对欧洲议会的游说因此才会增加。所以，传统的劳动利益同样会通过更具社团主义的结构而被导入经济和社会委员会，或者至少进入委员会的三层体系，即"社会对话"。《马斯特里赫特条约》和《阿姆斯特丹条约》增强了欧洲议会的作用。这是由委员会论证的，1999 年委员会在欧洲议会的压力下被迫解散。

近些年的发展是迈向一个更强大的议会的重要一步，但是欧盟与联邦的解决方案还有一段距离。决策权威仍然主要依赖欧洲理事会，理事会同时仍然对国家议会负责。欧盟决策体系中的含糊性弱化了在体系内部提升社团主义利益表达的愿景。然而，尤其在参与人数增加的情境下，复杂的游说完全适应由理事会领导的欧盟。

欧盟呈现一种不同民主传统的有趣的融合，但是在欧盟所面对的特殊限制之内，怎样处理不同方面的需求仍然是不明晰的。这一限制是欧洲国家的传统，即在议会链条的影响下，人民从政党到议会，到政府，到行政。法国在欧盟成员国中是这种议会民主传统中的唯一例外。在《马斯特里赫特条约》中清晰表达的建立更强大的理事会的逻辑，起源于平衡欧盟中央机构的意愿，而中央机构建立在权力共享原则之上。然而，这种在国家和超国家权威之间寻求平衡的做法，可能永远不会导致欧盟以一种纯粹联邦的模式来解决其自身的"民主赤字"问题。欧盟既不是一个邦联式的国家模式，也不是一个超国家式的联邦。在国际协作中还有一些事情是新出现的，通过绑定代表成员国的部长理事会（Council of Ministers）中的大部分成员进行协作。

就碎片化和专门化而言，和议题－专家知识导向的影响过程一样，欧盟游说活动比传统的利益群体体系更进一步。代表性的协会参与到游说中，但是原则上任何人都能被卷入对这个或那个准欧盟机构的游说之中。

很少有将分析游说活动与欧盟的民主和合法性这样更加一般性的问题联系起来的系统性研究。在这种意义上，从利益群体或者新社团主义视角来看欧盟游说活动是不足为怪的。Anderson 论证了缺少一种直接表达利益的积极性支撑。[1] 只要利益群体的表达被认为是数值型民主的一种补充，那么合法性的问题就没有那么尖锐。

欧盟游说活动的一个显著特征是，它发生在欧盟层面无效力的政党体系及议

① C. W. Anderson, "Political Design and the Representation of Interests", *Comparative Political Studies*, 1977, 10, 1 , 127 – 151; C. W. Aderson, "Public Policy and Complex Organization: The Problem of Governance and the Further Evolution of Advanced Industrial Society", in L. N. Lindberg (ed.), *Politics and the Future of Industrial Society* (New York, Mckay, 1976).

会的背景之下。① 因此，直接影响在很大程度上取代议会渠道，后者是发挥影响力的最重要的手段，并且这将以一种更为深刻的方式提出基本的民主问题。正如Mazey 和 Richardson 所阐述的：

> 因此，虽然欧盟利益群体体系对代表和义务的体系做出了重要贡献，但它仍精确地保留了相同的缺点，作家们在国家层面上确认这个问题已经很久了。首先，货币和资源将不会决定影响，这没有任何保证；其次，即使将各种群体合并进政策过程中，仍意味着公共事务的私人管理。②

另外，在许多重要的方面，欧盟不是和成员国同等意义上的国家。因此，议会影响可以在欧盟的层面上以许多不直接的方式发挥作用。欧洲理事会是欧盟的决策部门，它同样是欧盟内国家议会表达的一种可能的渠道。然而，这种可能性没有以任何方式消除由欧盟游说活动所引发的合法性的基础问题。除了合法性，越来越重要的欧盟决策强调需要更好地理解欧盟游说活动的影响。

即便欧盟游说活动在民主理论方面存在问题，但仍然被普遍认为是促成欧盟决策效率的一个关键因素。在这种实用主义的意义上，游说活动肯定有利于体系的合法性，而且它已经成为 1992 年项目执行的一个重要的前提条件。比起成员国的官僚机构，欧盟官僚机构仍然是比较小的，这种状况限制了专家的意见和能力。然而，悖论是：由于在欧盟中直接的议会影响受到削弱，但出于政治原因，利益相关者的协商对议会有着强大的需求。因此，游说活动在独立合法性方面被认为更强，而非更弱。然而，基础问题依然存在。作为一种深刻的制度改革的背景，游说活动的作用在公共和学术辩论中将会成为一个常见的主题。

---

① S. Mazey, J. Richardson（eds.）, *Lobbying in the European Community*（Oxford, Oxford University Press, 1993）; K. A Eliassen, "Legitimacy, Effectiveness and the Europeification of National Policy making", in M. Telò（ed.）, *Démocratie et Construction Européenne*（Bruxelles, Éditions de l' Université de Bruxellse, 1995）; S. S. Andersen, K. A. Eliassen, "EU lobbying – The New Research Agenda", *European Journal of Political Research*, 1995, 27, 4, 427 – 441; S. Mzaey, J. Richardson（eds.）, *Interest Intermediation in the EU: Filling the Hollow Core?*（London, Routledge, 1999）.

② S. Mzaey, J. Richardson 见本页注释①，第 20 页。

四 什么类型的民主

与合法性民主的基础价值观、规范和权利有关的具体的政治关系、结构和过程是怎样变迁的？哪一种权利和义务的框架能够链接在文化上、语言上的和社会上都不同的欧洲国家的成员？这些同欧盟的政治原则相关的重要议题尚未被讨论。

由新欧洲提出来的政治原则的许多大问题随着罗尔斯的《正义论》已经成为政治理论中最前沿的问题。[①] 在最近的几年里，政治理论改变和提升了辩论的技巧，有助于我们将社会正义和政治合法性的问题阐述清楚。然而，新欧洲提出了政治理论家需要去思考的新问题。[②] 根据 Lehning 和 Majone 的说法，近期受罗尔斯影响的正义和公民权的主导性理论预设了民族国家。但是，欧盟不是那种意义上的民族国家。换言之，正义和公民权的概念不得不在欧洲的尺度上来被重新定义。[③]

一个相关的议题是：在一个跨民族国家的层面上怎样发展出对公共政策的重要方面负责的新机构？这指涉的是民主合法性的问题。它同样意味着要改变目前的正义和公民权的概念，这些概念仍然扎根于民族国家的观念之中。它们应该扎根于共同的道德秩序的理念中。在更为深远的欧盟的背景下，这预设了一种价值和导向的改变。根据 Lehning 的说法，科学家需要想象力，这种想象力能够创造相关政治和政策的新视角。[④]

根据 Weiler 的说法，"欧盟及其下属机构没有民族国家的权威和合法性"。他指出，为欧洲议会赋权是无解的，并且在某种程度上弱化了理事会（成员国的声音），它能够在实际上激化共同体的合法性问题。[⑤] 我们不得不改变我们的

---

① J. Rawls, *A Theory of Justice* (Cambridge, Mass. Harvard University Press, 1971).

② P. B. Lehning , "Citizenship, Democracy and Justice in the New Europe", in L. van der Maesen, W. Beck (eds.), *Social Inequalities, Social Policy and Older People in the European Union*: *The Report of the Second Expert-meeting on Older People and Social Policy* , 26 – 27 Novermeber 1993 (Amsterdam, SISWO, 1993); G. Majone, "Policy Analysis and Public Deliberation", in R. B. Reich (ed.), *The Power of Public Ideas* (Cambridge, MA, Harvard University Press, 1988), pp. 157 – 178.

③ A. Føllesdal, 见 235 页注释③。

④ 见本页注释②。

⑤ J. H. H. Weiler, "Demos, Telos, Ethos and the Maastricht Decision", in P. Gowan, P. Anderson (eds.), *The Question of Europe* (London , Verso, 1997).

传统概念。全球金融的、工业的尤其是信息的革命危及同民族国家命题有关的认同，同时这些全球性的联系隐藏了形塑全球导向政策的真正权力的所在地。他总结道："国家的领导者受到这些结构性力量的限制，并且易于接受他们关于全球市场优先的解释。"

在一个矛盾的形态中，只有在马克思主义的世界观丧失赢得追随者的能力之后，重视经济和政治权力之间关系的马克思主义解释才显得很有说服力。结果是：取代国家主权主义的世界将有必要重新思考我们规制世界秩序的概念工具。① 全球化已经使我们思考的类别混合起来，这在全球视野中打击了"想象共同体"的计划，并使通过国家社会的方式来治理全球的想象黯然失色。② 只有很少或者基本没有和这种新兴世界秩序相联系的规范代理人。我们正在见证那些威胁民族国家某些成就的过程。③

任何政治体制的合法性都建立在两种认知能力结合的基础上——普通公民影响决策过程的能力和体制执行决策所采取的行动的能力。④ 欧盟的民主危机不仅仅是一般的代表性问题和效率问题的演化，同时还是国家民主与这两个问题做斗争。这源于与成员国相关的欧盟的特殊结构及其组织作用。⑤ 在许多方面仍然需要对欧洲公民权定义做进一步的探讨，这包括需要使欧洲一体化的概念可以被个人理解。换言之，普通人一定想要积极地参与。这提出了欧盟的民主和效率问题。

欧盟最为基础的民主问题如下：如果没有联邦国家的某些形式，那么欧盟就不会形成议会民主。当前，部长理事会拥有欧盟的立法权力，但在普通公民和理事会之间并没有直接联系。因此，虽然现在的机构承诺开放和透明，但是欧盟的现状使进入其一体化过程和理解其操作过程变得非常困难。

如果建构欧盟的联邦因素之一（即欧洲议会）在政治决策结构中拥有权力和地位，这个结构通常被赋予一个代表性的机构，这必将改变欧盟的特征——从政府间协作的一些超国家属性到一种联邦的品质。⑥ 今天没有任何成

---

① R. Falk, "State of Siege: Will Globalization Win Out?" *International Affairs*, 1997, 73, 123–136.

② R. Falk, 见本页注释①。

③ U. Beck, "The Reinvention of Politics: Towards a Theory of Reflexive Modernization", in U. Beck, A. Giddens, S. Lash (eds.), *Reflexive Modernization: Politics, Tradition and Aesthetics in the Modern Social Order* (Oxford, Blackwell Publishers, 1997).

④ R. A. Dahl, *Modern Political Analysis* (Englewood Cliffs, NJ, Prentice-Hall, 1963).

⑤ S. S. Andersen, K. A. Eliassen, 见 234 页注释①。

⑥ K. A. Eliassen, 见 242 页注释①。

员国会赞成这一点。尽管在成员国、欧盟机构及其他的利益党派已经提出来的《马斯特里赫特条约》和许多初步文件中，已经有关于联邦制和联合体的美化修辞，但在这个方向上的发展在一个可以预见的将来还是不太可能实现。

为了在理论上拓展欧洲议会的权力，而非在实践中真正这样做，要在欧盟决策结构内部为其留有一个职位。在20世纪90年代早期，当委员会提出一个建议的时候，只有欧盟法律领域的专家意识到欧盟法律中20个独立的程序需要请求欧洲议会的参与。这些程序在《阿姆斯特丹条约》中被简化到只有三个，因此是政府间会议主要的制度性成果之一。

然而或许有些讽刺意味的是，这种决策结构之中的民主赤字和复杂性，是使欧盟获得成功的最重要的原因。[1] 为了使欧洲一体化在面对成员国之间的差异时能够继续，或许国际要素和国内要素之间的这种创造性融合是必要的。

另外一个与欧洲议会越来越多的代表相联系的问题是缺乏欧洲政体，即一个共同的欧盟政治领域。或许除了一些围绕欧盟发展的中心议题之外，共同欧洲的政治辩论是非常少的，既没有欧洲的压力，也没有任何外在于欧洲议会的欧洲政治党派，它甚至没有可能去决定共同的选举议程和选举程序。

围绕把部长理事会的合法性视为欧盟的立法议会的争论是：成员国的政府在国家议会中有其基础，但是选举人和部长理事会之间的关系却越来越多地被批评为太不直接。[2] 问题依然存在：如果完全有可能的话，国家议会将通过哪一种方式被用于去增加欧盟决策的合法性？

今天的大问题之一是：我们能否看到一个独特的欧盟体系取得实质性的进展，就像个体、企业和政府行动者越来越认同欧洲层面的制度和过程并基于这些制度和过程而进行行动那样？[3] 其他人将欧盟视为成员国在所取和付出间持续斗争的状态，而并没有出现真正的欧盟体系。然而，大多数描述的共同特征是它们聚焦在欧盟的立法和制度方面。因此近年来，已经出现了一个显著性转变，从传统上强调国家政府作为欧盟决策中的关键行动者，到更广泛地考量欧盟决策过程

---

① A. Moravcsik，见237页注释④，第518页。

② A. M. Sbragia（ed.），*Euro-Politics*：*Institutions and Policymaking in the "New European Community"*（Washington DC，The Brookings Institution，1992）.

③ C. Rhodes，S. Mazey（eds.），*Building a European Polity*？（Boulder，Colo，Rienner，1995）

中多方行动者的相关作用。利益组织游说活动的影响已经受到一些审察，① 并且越来越多地关注欧洲层面上政策网络的作用。②

1992 年 2 月 7 日，在马斯特里赫特签署的《欧洲联盟条约》建立了一个基于欧洲共同体的新欧洲联盟，这标志着在欧洲各民族中创建一个前所未有的紧密的联盟的过程中一个新阶段的到来。③《马斯特里赫特条约》（1993）拓宽了范围以将教育、文化、公共健康、工业和其他一些政策领域包括在内。条约中的大部分内容遵循了久经考验的先例，建立在过去 40 年里由共同机构所制定的《欧洲共同体（EC）条约》和法律政策的文本基础上。它同样导致将政策领域划分为三大"支柱"。第一大支柱修正了《欧洲经济共同体条约》、《欧洲煤钢共同体条约》和《欧洲原子能共同体条约》（Euratom Treaties），并且被正式命名为欧洲共同体（European Community）（在一个超国家的层面上治理）；第二大支柱涉及外交和安全政策，建立在现存欧洲政治协作的政府间程序的基础上；第三大支柱涵盖司法和民政事务。《马斯特里赫特条约》的其他条款试图去回应共同体面临的新的外在挑战，包括东扩问题。

然而在 1991 年 12 月马斯特里赫特的胜利之后，欧盟面临一系列问题，这些问题包括适应《马斯特里赫特条约》问题、批准过程、使成员国在外交事务上协作（海湾战争、波斯尼亚）、创造自"二战"后欧洲最萧条和欧洲汇率机制近期崩溃之后的经济复苏。其中，欧洲汇率机制被建构为欧洲货币联盟的基础。所有这些事情都或多或少地表现出欧盟的无能，辜负了人们的期望。这是欧洲协作的一个失败证据，或者它仅仅是欧洲一体化进程中的一个小小的挫折？

在签署《马斯特里赫特条约》之后的八年里以及在《阿姆斯特丹条约》签署后的三年里，我们已经觉察到欧洲的协作再一次在许多领域取得了进步。伴随着一

---

① S. S. Andersen, K. A. Eliassen, 见 242 页注释①；S. S. Andersen, K. A. Eliassen , "EU lobbying – Towards Political Segmentation in the European Union", in P. H. Clayes, C. Gobin, I. Smets, P. Winands（eds）, *Lobbying*, *Pluralism and European Integration*（Brussels European Interuniversity Press, 1998）；S. Mazey, J. Richardson（1993 and 1999），见 242 页注释①。

② J. Peterson, "The European Technology Community：Policy Networks in a Supernational Setting", in D. Marsh, R. Rhodes（eds.）, *Policy Networks in British Government*（Oxford, Oxford University Press, 1992）；J. Peterson, "Decision-making in the European Union：Towards a Framework for Analysis", *Journal of European Public Policy*, 1995, 2, 1, 69 – 93.

③ A. Duff, "The Main Reforms", in A. Duff, J. Pinder, R. Pryce（eds.）, *Maastricht and Beyond*：*Building the European Union*（London, Routledge, 1994）.

些挫折，境内市场按照预期计划进行合作。《申根公约》（Schengen Agreement）被合并到《马斯特里赫特条约》之中，涉及庇护政策的那一部分被整合到第一大支柱中。相较于原来的设想，涉及边境检查的那部分在更多的国家中落实了。在1999 年成功地引入欧元，让很多人吃惊。在未来深化一体化的进程中，这或许代表最重要的投入。

五 民主和社会质量

这一章强调以下内容：欧盟以一种方式变得越来越强势，这种方式超越了想要去制造超国家权威和政治合法性的《罗马条约》的建构。致力于探索民主赤字后果的尝试，被认为是一种断章取义的传统自由话语。在过去 15 年中，解决这个问题的大部分努力增强了欧洲议会的作用和影响，同时专门化利益表达的工作也增加了权重。然而，在政治代表的两种逻辑之间存在一种张力。结果是：在一段时间以来的日常决策中，在议会民主的规范性理念与特殊政策网络作用之间存在一条不断扩大的鸿沟。然而，欧盟游说活动的一个显著特征是它发生在欧洲议会拥有有限权力以及欧洲层面政党体系不强大的背景下。对欧盟层面普遍的游说活动的接受似乎反映了这个理念，后者导致越来越高的效率和部门理性。因此，导致决策过程中出现民主赤字和复杂性的原因，也是欧盟目前获得成功的一个主要原因。

欧盟在政治和经济领域中都被认为是相当成功的。尽管在实现内部市场目标的进程中伴随着世界经济周期的变迁而波动，但是，[1] 一个欧洲共同的政治和经济领域成为现实。1986 年的《单一欧洲法案》规定，欧盟的内部市场是"一个没有内部边界的区域，货币、人员、服务和资本在其中自由流动，应确保与这个条约的条款相一致"[2]。这个法案增加了欧洲议会的重要性，构建了欧盟的社会对话机制，并且引入了政治领域中的特定多数规则——该规则在早期的时候是由全体一致同意来裁定。尽管欧盟有一些难以解决的政策领域的问题的例子，诸如就业、能源政策、第二和第三大支柱，但委员会的竞争力在教育、文化、电信、

---

[1] S. S. Andersen, *Europeisering av Politikk*: *Petrolium*, *indre Marked og Miljø*（Oslo, Fagbokforlaget, 1996）.

[2] A. Roney, EC/EU *Fact Book-a Complete Question and Answer Guide*（London Chamber of Commerce and Industry, 1995）.

银行、交通、中小规模的公司和环境方面增强了。① 《单一欧洲法案》，尤其是《马斯特里赫特条约》以及某种程度上的《阿姆斯特丹条约》，拓宽了那些将受到欧盟影响的政策议题的范围和种类。

然而在很长的一段时间里，比起更广泛的社会关注焦点和欧盟公民的广泛参与，欧盟更多地强调效率、精英的参与以及专门化的利益表达。在《阿姆斯特丹条约》中，这一平衡再一次部分地以一种制度性的方式实现，使得根本的问题依然未得到解决。在 1997 年 5 月阿姆斯特丹会议以后，委员会智囊团这样陈述："在过去 40 年里，欧洲一体化给人民带来了更广泛的利益。"这些成就是巨大的，但同时也带来了新问题和新挑战。一种这样的变迁是使决策制定过程简化和明晰化。这对欧盟的功能和确保它的合法性及可信性的目的来说是必要的。欧盟必须发展它的行动能力，与民众之间的关系更加紧密。另外一种必要的变迁是与增强构建共识的政治相联系。欧盟愿意接受在欧洲创建一种重要的共识民主和参与民主，这是势在必行的。② 这一陈述比起决策过程中的民主赤字问题要更加宽泛一些。

按照哈贝马斯的论述，现代性危机的产生是由于全球化网络和市场的自主性，这将同时导致一种碎片化的公共意识。如果这些体系的压力没有被有政治能力的机构（诸如欧盟）消除的话，古老帝国崩溃的宿命将在一个经济高速运转的现代化中期再次实现。这个结果将导致在自治性的全球网络和多数公民生活的当地社区之间的一个结构性矛盾的产生。③ 面临的挑战是现代治理需要拥有专业化的信息和影响利益集团的能力。然而，数字化渠道的聚合机制以及议会的竞争力、组织和作用还不能很快地回应这些需求。

与之直接相关的是公民认同、公民权和公民权利的问题。许多决策都将生命周期中女人和男人的人口统计学特征和其他变迁、工作联系、家庭形式与角色等孤立开来。结果是：除了在普遍需求和特殊需求之间的关系外，必须反思参照的关键点。我们根据它们不同的表现仔细思考它们与国家的互动关系以及公民和社会服务之间的关系。换言之，在当前的条件下，公民的、政治的和社会的权利与

---

① S. S. Andersen, K. A. Eliassen, 见 239 页注释②。

② G. Therborn, *On Politics and Policy of Social Quality* (Uppsala, SCASS, 1997).

③ J. Habermas, "Reply to Grimm", in P. Gowan, P. Anderson (eds.), *The Question of Europe* (London, Verson, 1997).

民主的和社会条款的质量是不能够被分开的。① 所谓的民主赤字不应该只被看作关于政治制度和程序的限制，它同样指涉体现科技变迁和市场全球化的西方社会中广泛的变迁过程。由那些过程所提出的这些挑战不能仅仅通过政治制度设计中的调适来应对。

欧盟需要增强的不仅仅是民主，同时还有福利国家和公民社会。然而，在欧盟层面实现有效连接的方式会面临很多困难。比起在国家层面，在欧盟层面上追求这样广泛和复杂的目标的难度会变得更大。一般的公民认同是微弱的。考虑到要增强它的合法性，欧盟规定了许多义务，这些义务与福利国家的条款相一致，或者形成了福利国家的条款。不幸的是，无力满足这些职责的需求同时危及欧盟的合法性和其他议程中义务的履行。这说明欧盟既没有治理结构，也没有预算手段去担当民族国家的一些关键角色。

和传统欧洲民族国家有关的欧盟政治体系的结构性限制是一个根本原因，解释了欧盟民主为什么会是一个如此复杂的议题。它不仅仅是一个关键政治领域的方向问题，或者在议会和基于表达的特殊利益之间找到一种适当的平衡。欧盟民主重建的基本原则涉及基础问题。在一个超国家的框架里，它是否有可能重新形成独立于民族国家的经验的议会民主的核心观念。在多文化、多语言和多宗教的民族国家之间的区域化协作中，什么是政体建构的替代性标准？超国家民主的新形式与其公民的关系是否暗示着不同权威结构或者统治机构的角色？或者我们是否必须接受为民众的民主，而非民众的民主，比如没有民众参与的民主？② 在这一章中，我们关注了一个主题，它能够承载所有这些主要问题，我们称之为游说活动。

欧盟的民主再造一定要在西欧体系下实施，那里的公民从来没有像今天这样拥有广泛的个人知识和能力。然而，正如现代性定义所反映出的，他们从没有这么多不同的局部利益和认同，这些反映在他们同国家和多样的公共领域之间的关系中。因此在某种意义上，现代性意味着公民权是作为局部认同的"变迁的束缚"。当我们看到利益是如何向欧盟机构表达的时候，这一事实更为真实。这与19世纪中期将公民和国家联系起来的概念有较大的不同，在那里，公民权是依

---

① A. Showstack-Sassoon, "Political Participation, Political Rights and the Politics of Daily Life", in W. Beck, L. van der Maesen, A. Walker (eds.), *The Social Quality of Europe* (The Hague/Boston, Kluwer Law International, 1997).

② F. Scharpf, 见235页注释④。

据普遍权利和独立于功能利益的职责定义的。

去年，欧盟发展的一个有趣的方面是通过在欧盟层面引入更广泛的公民权来解决上述问题。这是在条约层面上为欧盟在福利、就业、环境和消费者议题上赋予一个角色。这种类型的社会公民权补偿了无力在欧盟层面上发展国家公民权定义中包含着的普遍性功能权利的动力。我们将此理解为发展欧盟公民权的新类型，而这与社会质量的理念是一致的。这同样呼应了一个普遍性的理念，即社会质量认为民主应关注公民权利，而非机构的建构。这种理念能够增强欧盟体系的合法性和民主支撑。

对欧洲各个社会更广泛的社会质量的强调，即社会质量作为一个替代性的目标和标准，是关于经济和社会进步的持续不断的对话的框架。这可以将一种新的视角带到当前的政策议题中。到目前为止，精英决策者、专家以及专门的利益代表主导了欧洲统一的进程。这不得不通过更广泛的社会动员，并引入其他能够反映基础和共享的欧洲价值观的关注点来使之平衡。这不仅仅是一个复兴传统关注点的问题，同时也是一个在现代性背景中反思这一理念的问题。主要的挑战是寻找在合法的政治机构中刺激和整合更广泛的政治参与的路径。

（李康译，王晓楠、芦恒校）

第十六章　社会质量概念的进程挑战

沃尔夫冈·贝克　劳伦·范德蒙森　弗勒·托梅斯　艾伦·沃克

 引言

在本章，我们试图提炼本书第二部分章节中的内容，以探究欧盟的相关进程。本书第二部分的主要内容是探讨社会质量概念能否对理解和评估这些进程提供一种探索性方法。我们邀请撰稿人解决三个问题：第一，公民在日常生活中对主要的社会进程和变迁的影响持有什么观念与设想？这涉及对个体和集体的行为模式与相关基本社会问题所带来的影响。第二，哪些社会资源可以被开发以评价这些问题？第三，他们在对这些问题和评价进行思考时，社会质量概念的作用和功能是什么？

关注一下社会背景，欧盟新的优先权的提出是有趣的。在提议的呼声聚焦于对社会领域的测量的背景下，社会质量在2000年作为第一个行动研究领域出现。社会质量特别注意分析对生活条件和政策发展的贡献。因此，委员会建议明确和分析社会质量、经济与雇佣关系（也包括新的工作模式）及三者的相互影响。① 在这种呼声中最为重要的是明确依据一定的标准，来应对社会急剧变迁所带来的

---

① 2000年3月25日欧洲委员会杂志社在 No VP/2000/06 中呼吁：根据我们的观点，我们不应该分析相互作用的类型，但是，例如在社会质量方法的作用下，经济政策、社会政策和就业政策之间存在相互关系。

影响。这一标准决定着生活类型、安全、老年日常生活和社会经济环境等社会质量。换言之，委员会试图鼓励采用全面的科学方法来评价意义深远的社会变革的结果。其中一种变迁是欧洲知识社会的兴起。委员会深信不疑地认为社会质量概念可以作为一种知识工具重新界定社会问题。社会质量将为应对目前的紧张局势和准备进行充分调整的政策铺路。

为了将这一概念操作化，我们需要对知识、经济、政治、社会、人口统计和技术变迁的影响进行经验导向的研究。该努力涉及概念的语境化（第七章），也关系到需求、要求、偏好和代际、性别、少数族群和正式与非正式组织之间关系的相关变迁。换言之，我们不得不研究经济、政治、社会和文化背景，以决定社会质量的特征。通过对这些社会领域中的关键问题和现实中的难题的研究可以实现对社会质量概念的操作化。这是第二部分章节面临的挑战。

 ## 二　进程与它们的影响

变化和隐喻

Standing 对本书的贡献是构建出关于社会民主欧洲的中心问题。在全球化和生活条件剧烈变迁的背景下，什么构成了一个良好社会的重要因素？这涉及人类与公民实践之间关系的特性，该实践发展了政治机构和社会组织的网络。Standing 用这种方法处理了一系列不同进程和社会领域中的问题，这些问题影响着人们的日常生活。同样，De Leonardies 也在文章（第十一章）中涉及公共生活的社会结构的变化。

第二部分章节的撰稿人不仅明确也毫无疑问地认为我们生活在一个传统概念衰竭的时期。旧政策不再解决由经济、政治、社会和文化变迁引起的现代问题。那也是 Balbo 的观点：传统主题和分类似乎不是分析欧洲新现实条件最合适的工具。在欧洲传统范围内大多数社会思辨来自智力（和政治）的方法。该方法是自上而下的，将公民作为接受者而不是行动者。她说，在社会科学和社会政策主流方法中的典型例子缺乏启发式的适用性。典型的例子阐释并没有使社会行动者概念化为社会生活中积极、自主和自反的代理人。[①] Vobruba（第十四章）探讨

---

① L. Balbo, *A Future-looking Research and Debate Agenda*：*The Hypothesis of Europe as a Learning Organization* (Ferrare, University of Ferrare, 1998).

从权利主义向民主规则转变所引发的剧烈社会变迁，传统雇佣的结束、新的工作模式、经济全球化进程从根本上影响着人们的生活。Berting 和 Villain-Gandossi（第十章）表达了类似的观点。依据他们的观点，四个主题应该作为社会和经济变迁主要进程的结果而被强调：（ⅰ）参考工业框架逐日增加的不平等；（ⅱ）在日益增长的多样性中对新的个体和集体取向的需要；（ⅲ）日益意识到新型、连贯的社会模式存在的必要性；（ⅳ）在前工业社会中（城市）生活改变的区域基础。由于这些变化，Standing 提议将社会质量观点应用于寻找将经济重新嵌入社会的新方式。Ever（第十二章）也认为社会的市场化、私有化、原子化和个体化的过程为社会质量构建了因素框架。根据 Andersen 和 Eliassen（第十五章）关于中央机构的作用和跨国政权形式的政治系统的持续变迁挑战着当今政治的概念，通过概念勾画欧洲的未来。这些问题使 Dahrendorf 提出质疑："我们怎样才能在保障自由的制度范围内将可持续特征与社会团结联结起来？[①]

西方社会不同进程中的千变万化引起了经济、政治、社会和文化变革。根据 Berting 和 Billain - Gaddossi 的观点，不同变革的历史基础的制度嵌入、集体主义表现和相关策略与观点导致它们的结果不同。但是，我们也应注意到这些变迁中相似的结果，它对我们反思社会质量概念很重要。

Vobruba 认为社会变迁的演进主要取决于恰当的时机，不取决于个人意愿。这是正确的，但是解释却不充分。现存结构框架并非唯一决定社会变迁的要素，隐喻、意识形态和心理映射也发挥着重要作用。这在社会和个人阅历相互作用中得以实现，为从文化角度表达至关重要的综合特征奠定了基础——其综合特征强烈影响着个体的主观行为与思想及集体主义进程的结果。

Vandebroeck 在对中世纪原始人、愚人、农民和乞丐的有趣研究中，解释了怎样去构思特殊表现和预测的增长。那时候，野蛮和疯狂的构成要素、风俗的缺失和反社会态度被混杂在一种持续的行为状态下。他认为，要对特殊表现和社会影响进行解释，我们就不得不分析下列因素之间的相互依赖：思想机制、进程特征，及这些进程引起社会变革和暗示普遍隐喻的存在。[②] 当然，我们没有居住在中世纪。我们认为我们被教化，对我们的野蛮和疯狂有更多的控制。而在深远变

---

① A. Giddens, *The Third Way and its Critics* (Cambridge, Polity Press, 2000), p. 19.

② P. Vandenbroeck, *Over wilden en narren, boeren en bedelaars, Beeld van de ander, vertoo over het zelf* (Antwerpen, Catalogus Koninklijk Museum voor de Schone Kunsten, 1987).

革时期，所提及的废弃框架对新的想象和概念来说是丰富的资源。但是，他们依赖于我们的思考方式，存在的逻辑结构框架和隐喻起了作用。根据这一背景，我们怎样界定变迁和相关挑战的特征是至关重要的。语言、观念和存在的定义决定着概念框架，以及它们的逻辑结构、政策评估和选择。因此，在社会变迁背景下反思社会质量是重要的。

三 思考的三种模式

Prodi 在对欧洲计划的表述中，有一个重要的隐喻，[①] 涉及社会欧洲模式和欧洲社会模式。在关于社会模式的讨论中，我们区分了思考的三种模式。第一种模式是二元竞争经济动力模式。欧洲委员会最近提供了该模式的一个清晰的案例，认为"欧盟今天已经为自身确定了未来十年的新政策目标：拥有世界上最强的竞争力、活力，以知识为基础的经济，用来获取更多、更好的工作和更强的社会凝聚的持续经济增长"[②]。经济增长、竞争和产量的导向在该模式中占主导地位。论点的结构是二元的，通常涉及新千年美国或欧洲的社会模式。[③] 在这场讨论中，社会政策在大众的关注下被取代。该方法可以包含关于社会政策的讨论、经济绩效，还有竞争和团结。[④] 然而，对社会政策领域的阐释仍然取决于经济类型和经济利益——这种阐释从社会政策转变为服务性经济政策。[⑤]

这也是 Larsson 假设不容置疑的结论，该假设是社会政策的经济重要性为欧洲社会模式的建设性讨论铺平了道路。在该模式中，公民对集体安排和协议来说

---

① R. Prodi, *Shaping the New Europe*. Speech to the European Parliament (Strasbourg, European Commission. 15 February 2000).

② European Commission, *Presidency Conclusions*. Lisbon European Council 23 and 24 March 2000 (Brussels, Press Release, SN 100/00 EN, 2000), p. 2.

③ P. Flynn, *Visions for European Governance. A Social Model for the New Millennium：American or European*? A speech to the Harvard's European Union Center (Brussels, European Commission, 2 March 1999).

④ 这些主题在 1997 年 1 月阿姆斯特丹会议上被阐述，也是关于社会保护作为一个生产性要素讨论的开始。见 A. Hemerijck (ed.), *Social Policy and Economic Performance：Academic Report of the High-level Conference*, 23 – 25 January 1997 (The Hague, Ministry of Social Affairs and Employment, 1997).

⑤ R. M. Titmuss, *Social Policy* (London, Allen and Unwin, 1974); A. Walker, *Social Planning* (Oxford, Blackwell. 1984).

是资源。Larsson 认为我们也不得不意识到单一市场的运作导致商业活动、合并、收购和跨界商业重组日益跨国化。因此，被雇者一定被卷入对进程所导致的社会结果的反应中。对 Larsson 来说，这是确保和平与平等结果的关键。① 该观点也提到思考模式的一个重要方面。对 Vobruba 来说，作为政策策略，它是社会和解方法的一个重要例子，是适应弹性的一个传统例子（第十章）。这意味着人们被迫对变化的社会经济环境做出反应。在该模式下，社会模式的关键作用是提供工作和就业机会。这种动力将通过积极的就业政策创造更多更好的工作。但是，Standing 不同意这一观点，他强调工作的关键作用并不是就业（第十三章）是为了真正对生活质量贡献力量，他呼吁创造一个包括没有收入和不付报酬的工作概念，比如照顾他人。根据 Standing 的研究，生活质量取决于公民发展自我与意识到和界定自我能力的可能性。不是工作而是机会，不仅仅是技术保障同时还有职业保障，可以涉及社会质量的本质。这个目标应该能够使人们在教育、收入和竞争等层面发展职业自我意识。

思考的第二种模式是关于技术和现实主义指向的欧洲社会模式的讨论。财政、预算和金融问题发挥了重要作用。这关系到欧洲中央银行相关领域、金融稳定的导向和相关限制性金融政策。它涉及一个假设，即经济改革将完善国内市场。关于金融事务，主要问题涉及财政、责任和社会服务条款的有效性。De Leonardis 和 Evers 所写的相关章节，对这一观点做了评论。他们批判地指出，在该模式中公民似乎作为市场和社会服务产品的个体消费者出现。

与该方法联系的行动者在关于欧洲货币联盟的讨论中发挥了重要作用。直到现在，他们决定着正在进行的联合进程的最重要的结构方面。Ziltener 分析了国家的本质和特征的结果（国家性）。单一市场的建立是联合的第一阶段的主要目标。为和谐发展，国家标准的接受和市场规则向其他部门的延伸（金融的、财政的、社会的政策），联合的基本原则发生了变化。根据 Ziltener 的研究，新原则涉及消除国家规则阻碍——阻碍是指欧盟干涉的各类竞争模式，包括对资本流动的限制、贸易壁垒和市场原则之外的规则。干涉的结果导致国家政策的工作方法与功能发生了剧变。由于这些条件，政治变得碎片化和多样化。政治与经济间

---

① A. Larsson（Director General, Employment and Social Affairs, European Commission）, *The Social Partners and the Modernisation of Work Organization*（Brussels, European Commission, 6 April 2000）.

的力量平衡已经发生改变，并支持后者的发展。① 这一推理与 Scharpf 的早期结论保持一致，即联盟政治为市场机制铺路。市场机制主要作为对利益最大化原则的反应，运用这一手段来发展政治共同体的条件，从长远运作来看导致走下坡路。② 根据 Andersen 和 Eliassen 的观点，由于最近宏观层面的政治变迁，社会基础被精英、特殊利益代表、商业部门和大量咨询团体与委员会控制。

思考的第三种模式强调作为关键特征的社会转型。这主要聚焦于民主变迁、技术和生态技术变革，以及经济、政治、社会、文化的相关变迁。在这一背景下，焦点主要体现在地方、国家和欧洲层面以及移民模式、男女关系的变化和代际与文化间关系的变迁上。该问题不是对每个话题进行本质性讨论，且在讨论中不同观点之间缺乏相关性。大量目标群体正在从事转型分析和对相关普遍原则的研究。他们的成果形成了对激发评价欧洲基本挑战行动的隐喻：以知识为基础的经济与社会；欧洲电子化的倡议；对世界开放的欧洲研究领域；可持续增长的宏观经济政策；终身学习；社会、人类的可持续发展。但论述是碎片化的，缺乏相关性；目标群体被隔离。尽管如此，毫无疑问，我们在许多目标群体中发现了共同的整体方向。对评价日常生活日益增长的复杂性和多样性的综合方法成为需要。根据 Habermas 的观点，一个可持续世界要求以乌托邦观点和精神去评价变革的结果。③

在世界经济论坛的年度会议期间，会议主席 Schwab 试图提出一个乌托邦的观点：我们不得不发展一种持续革新的意识形态。根据他的全球化实现的主张，时间的压缩式发展和复杂的压力要求革新。根据 Schwab 的观点，我们注意到距离的消失、秩序的消逝和传统社会结构的消失。现存的制度、组织和个体主观行动不得不调整其整合的内在能力以适应持续革新。④ 在这一模式中，公民是共同生产者，有支持社团发展的社会责任。从逻辑上看，所谓的"第三部门"是承担这一责任最重要的领域。但是，根据 Evers 的研究，在关于新社会经济机构和联盟功能的讨论中，公民社会和第三部门的作用没有被强调。它的代表们提出将

---

① P. Ziltner, *Structurwandel der europaischen Integration* (Munster, Verlag Westfalisches Dampfboot, 1999).

② F. W. Scharpf, *Optionen des Fodralismus in Deutschland und Europa* (Frankfurt, Campus Vrlag, 1994)；另参见 W. Beck, L. van der Maesen. "Who is Europe For?", *European Journal of Social Quality*, 2000, 1, 1/2, 45 – 61。

③ J. Habermas, *Die postnationale Konstellation* (Frankfurt am Main, Suhrkamp Verlag, 1998).

④ K. Schwab, *Make a Difference. New Beginnings.* Speech for the Annual Meeting (Davos, World Economic Forum, January 2000).

政策声明和提议相结合，但这些政策仅仅松散地相联或甚至自相矛盾。而根据
De Leonardis 的观点（第十一章），这是有希望的引导。在市民社会和其经济道
德资源范围内，这为大量的实践和倡议的持续革新框架和相互学习创造了条件。
它们都是基于顺势疗法原则，也就是说，对社会的治疗是社会性的。

四　具有导向意义的社会质量

三种思考模式在不同的公共讨论中得以呈现。第一种模式主要存在于新政策
下关于政治的官方的、正式的讨论中；第二种模式主要存在于欧盟以及成员国国
家机构专家间的讨论中；第三种模式在公共论坛中发挥作用，有象征性影响，也
是最具有刺激性的模式，因为社会质量倡议促进联合思考，并且对其非常重要。
本书这部分并没有呈现一个全面的观点和想法，撰稿人只是给出了概念的简要说
明，他们试图表达实践框架，而没有聚焦于已建立的政策模式。但是，所有这些
努力并没有被社会质量的倡议所激发。他们用这种方式或其他方式接受社会质量
概念，并运用它来分析所面对的正在发生的社会变革。他们将社会质量的解释与
不同的理论背景相联系，试图打开视野。Standing 提供了一个有趣的例子。他提
出发展再分配公平机制和恢复社会意识的观点。这涉及对马约内时期社会规则政
策的需求。① 他提出了新的共同道德和种族标准的框架。正义的核心观点涉及以基
本工资、个人自主权和团结为形式的社会保障的革新。Andeson 和 Eliassen 的研究
也涉及公平理论。他们提出质疑：权利和义务的那种框架能够使欧盟成员国在文化
意义上、语言层面和社会多样性方面联系起来吗？经总结，他们认为这些重要原则
涉及欧盟重要的政治原则，但是仍然没有讨论。对 Standing 提议评价的需求是发展
人类的能力，创造新的机会去学习，增强代表性团体，为欧洲民主声音铺路。②

换言之，社会质量参与方面在逻辑上基于交流互动，构成了第二部分章节的
共同主线。这是社会质量最重要的结果。根据 De Leonardis 的观点，社会质量并
不是指结果，而是进程。社会质量的根源是关系、讨论和人类实践。在这一背景
下，公民社会尤其是第三部门的作用和功能是至关重要的——其作为开创性的创

---

① G. Majone, "Redisctributive and sozialregulative Politik", in M. Jachtenfuchs, B. Kohler-Koch, *Europaische Integration* (Opladen, Leske and Budrich, 1996), pp. 225 - 248.

② 关注一个新计划：欧洲社会质量基金会/民主欧洲荷兰协会，欧洲公民话语权：对欧盟教育部
主管和欧盟文化的提议（阿姆斯特丹，欧洲社会质量基金会，2000）。

新结果和服务的支持者，作为带来合作和自我依赖新模式变化的催化剂受到推崇。根据 Evers 的观点，对处在危险中的共同体而言，这是重要的。交流作为民主政策制定的基本要素，为共同利益的界定提供了重要基础。根据 De Leonardis 的观点，这涉及政治工具的特征，将个体利益和私人意见转化为公共事务，也将公共利益转化为个体和家庭的私人事务。最近，欧洲的趋势是社会政策向个体层面和私人事务层面转化。例如，根据效率和顾客满意度原则，健康权将被健康服务的供求连贯性取代。这一趋势摧毁了公共生活的日常社会结构。

社会质量概念的这一主题和功能专注于 Bauman 的主要观点，即私人或公共领域的衰竭。它应该是家庭与国民大会之间或者亲密家庭与政治场所之间相互关系的呈现或现实化。作为个体成员的整体，整合处于危险中，伴随着社会自主权萎缩的影响，它的作用被歪曲或者受到破坏。根据 Bauman 的观点，集权主义趋势的目标是私人领域的消失，个体自我建构和自我决策的消失。①

关于相互作用，Bauman 指出我们不得不考虑三个方面。第一，家庭与国民会议的相互关系嵌入在以权力为基础的结构中。例如，Berting 和 Villain-Gandossi 认为在城市变革的背景下，社会风险的分布不均衡。我们不得不分析在社会中配置不同的社会风险。不平等的分布搅乱了相互作用，有效的政策对它的评价是必要的。这一问题强调公民权的真正特征。第二，为了研究相互性，他们不得不分析经济制度、官僚制度和政治组织的定位与角色，及完全受其影响的个体和他们的团体。De Leonardis 说，其在社会质量发展和抑制方面发挥着重要作用。机构与机构文化和实践的质量构成了欧洲社会质量的动力。为了发展混合福利，社会市场把社会质量方法作为其机构建设的重要组成部分，促进其机构调解的进程。她的假设是学术制度的存在是不充分的；它也暗示存在积极的公民权和机构并要保持活力。根据 Andersen 和 Eliassen 的观点，特别是在欧洲背景下，该问题是一个严重的问题。欧盟制定政策的强化增加了机构的复杂性。行动者的异质性将会降低它的透明度，从而抑制了共同公民身份的发展。

第三，在日常生活背景下，家庭和国民会议的相互关系尤其涉及政治。换言之，对这些制度来说，政治不能降为政治系统和系统下的制度结构。根据 Balbo 的观点，基本问题仍然没有在基金会资助的第一本书中得到阐述，特别是性别关系和日常生活环境中女性经验的主题在那本书中是缺失的。如果性别视角和日常

---

① Z. Bauman, *In Search for Politics* (Cambridge, Polity Press, 1999), pp. 86 – 88.

生活问题对欧洲革新没有贡献，那么 Balbo 质疑：社会质量的概念原本不应产生吗？为了重新思考社会质量的概念，我们应该分析变迁中的问题与转型进程之间的联系。① 但是，它不仅是女性经验，也不仅是女性相关经验：女性的理想环境和现实情境存在巨大的差异。例如，Young 认为，作为劳动力市场弹性化和全球化进程的一个结果，两种职位呈现在我们眼前，即那些职业女性和她们的仆人。② 本地女性日益增长的活动和移民女性劳动力功能之间的隐藏关系构成了一种非常微妙的社会结构。同时，适应不同类型的儿童、老年人和少数族群之间巨大差异的必要性为理解日常生活政治的结果创造了条件。

换言之，为了理解私人事务与公共事务的转型进程，以及它们不断变化的相互关系，我们应该强调人们日常生活和机构调解的风险问题，我们不得不重新定义日常生活中的政治。

五　社会质量：新政策路径的资源和社会基础

为了发展一个政治层面上相关社会哲学的概念，比如社会质量：第一，根据 Honneth 的观点，我们不得不分析社会质量概念的规范基础；第二，为了明确阻止社会质量实现的结构障碍，我们不得不依据标准分析权利关系结构；第三，我们不得不阐释社会文化资源以及社会质量观念的动机与构成。③ 换言之，作为一个政治层面上相关社会哲学的概念，现实主义视角下社会质量的条件是对它进行规范的解释、权力网络的分析及社会文化基础的诊断。我们将在这部分强调这一观点。前面章节在主要的社会进程背景下，对社会质量的概念资源和社会基础的建议是什么？我们将区分资源和社会基础。根据我们的视角，资源包括工具、观念和原则，它们使行动成为可能。社会基础是指社会力量、社会团体、组织共同体，他们能够改变重要的格局。除涉及资源和社会基础外，我们将区分物质、观念和制度方面的不同。

---

① L. Balbo 把论文递交欧洲社会质量基金会主席艾伦·沃克（Ferrare, University of Ferrare, 1997）。

② B. Young, "Die Herrin und die Magd – Globalisierung und die Re-Konstruction von 'class, gender and race'", *Widerspruch*, 1999, 38, 47 – 60.

③ A. Honneth, *Desintegration – Bruchstucke einer soziologische Zeitdiagnose* (Frankfurt am main, Fischer, 1994), p. 81.

在前面章节中，关于物质方面的关键问题是保障问题。Stanidng（第十三章）阐释了它的双重特征：一方面，关于基本保障的需要，以此来评估社会风险，诸如年龄、失业、残疾、疾病和无家可归。在这一背景下，以劳动力为基础的保障在未来不足以满足需要。因此，我们不得不为每个人提供基本收入。另一方面是保障的防御特征，即对职业保障的追求，通过这一保障增加个体生活机会，如教育、培训、技能和终身学习。防御特征强调社会质量的实质。在最近的政治讨论中双重特征遭遇了挑战。Standing 进行了反驳，他认为在对社会基础的探寻中，雇主组织和其他一般团体的传统表现并不充分根植于现实不断变化的环境。他认为，公民社团继承了工人利益与当地共同体成员的利益之间令人期待的联结，间接地开启了关于非政府组织或第三部门的讨论。Eve（第十二章）认为这些组织发挥了复杂的关联性作用：一方面，他们对福利质量贡献巨大；另一方面，他们要与实践性政策和严格限制机会的困境做斗争。

关于这些政策，Andersen 和 Eliassen 指出，在欧洲层面上，即政策制定中的游说和筛选是相互关联的进程。商业公司和其他利益集团最近施加的影响是高效的。对基于不同背景的第三部门组织而言，很难在欧洲层面上影响多层级的政策制定。换言之，对于物质方面，保障对政策制定有广泛的影响，涵盖传统社团主义的设置和第三部门与其结构广泛而特殊的领域。根据 Evers（第十二章）的观点，福利多元主义概念将提供一个理论框架，该框架包括家庭、非正式网络和共同体的衍生品。

Vobruba（第十四章）总结了经济成功对人类幸福而言是必要而非充分条件。这一点是指物质方面的宏观经济假设，单纯的经济讨论缺失欧洲令人感兴趣的特征。在美国与欧洲社会模式的比较中，Vobruba 认为，欧洲模式在应对全球化的挑战方面准备得更充分。欧洲有许多完善的机制，它们可以减轻这些宏观经济进程中产生的后果。欧洲福利安排作为欧洲模式的显著要素，提供了一个开阔的视野，使创造弹性化成为可能——这关系到社会模式发展的关键问题。

资源和社会基础的观念层面关系到团结。在最近的政治讨论中，团结是指个人与共同体相互的道德义务（Gemeinschaft）。[①] 首先，在政治和道德哲学的讨论中，规范维度凸显。个体与共同体之间的联系不仅是一个客观事实，而且它的特征是被高度情绪化控制的。个人对共同体的主观认同构成了团结。其次，团结的

---

① K. Bayertz, *Solidarität – Begriff und Problem* (Frankfurt am main, Suhrkamp, 1998).

集体主义特征包括在必要的情况下给予相互帮助的期望。最后，在个体观念中，该支持是共同体或团体的一种重要并且合法的利益。

根据以上观点，Standing 对公民团结的期望相当值得质疑；相反，我们看到了社会私有化。De Leonardis（第十一章）也指出，团结概念经历了语义上的转变，它不再是社会关系的同义词，我们共同承担其责任。社会团结变成一种利他的道德选择，人们最恰当的判断可以在个人良心的内在抉择中体现。道德选择和美德属于个人良心，具有私人属性，很难被集体化。因此，在这一背景下，如何形成集体认同成为重要的难题。Berting 和 Villain-Gandossi 认为，前工业社会的参考框架逐渐被放弃，激发了对个体和集体认同的需要。但是，现实是与之相违背的。当今社会变得越来越个体化，社会差异逐渐拉大。在大量具体的生活类型、移民中的少数族群和多元文化认同的广泛领域里，提出集体主义责任的模式非常困难。换言之，个体的自我实现与集体认同的形成之间的张力对于任何团结形式都是关键的，这关系到第十七章的核心问题。Berting 和 Villain-Gandossi（第十章）认为，主要问题似乎是不同类型政策的发展，这些政策遵循具体的集体认同和个体权力赋予的原则。团结作为社会质量的资源异常脆弱，且表面上是脆弱的。然而，团结是每一种凝聚模式的规范基础。根据 Andersen 和 Eliassen 的观点，欧洲层面的共同公民认同是脆弱的。如何将欧洲民主发展为没有民众的民主？如何在多元文化、多语言、多信仰、民族国家间区域合作的超国家框架的基础上建立民主？

逻辑上，制度方面来自观念方面。Andersen 和 Eliassen 注意到欧盟体系正在经历持续的变革，这涉及它的核心制度的作用、跨国权力的模式和受欧盟政策影响的区域。政策制定环境的宽松对政策制定进程有一定影响。通过欧盟在福利、就业、环境和消费问题上施加影响，在欧盟层面上广泛意义的公民权的引入可以创建一种符合社会质量的观念——新型欧洲公民权。从这一角度看，潜在的基础不是建立在制度建构基础上，而是建立在公民权利基础上。根据他们的观点，这意味着基本的社会权利。个体公民作为团体成员被赋予权力，作为社会存在，权力可以在其他个体主观的关系中发挥作用。如果国家要保护个人的主观环境，那么赋予权力才能有效。换言之，社会权是公民权的必要构成要素，同时没有社会保障的最低标准，自由不能被拥有。① 另外，更具有结构性基础的资源在进程中

----

① European Parliament, *Fundamental Social Rights in Europe. A Working Paper* (Luxembourg, PE. 168. 629, 1999).

被吸收，创建制度协调机制，以此承认社会利益与问题和共享责任实践一样"普通"。第三部门组织在这些进程中发挥了重要作用。根据 De Leonardis 的观点，调解不仅仅是解决国家、市场、私营部门角色间新的配置的问题，也不仅仅是公共利益转化为日常生活的机制；反之亦然。它也关注根本的民生问题。她说，社会质量的目标是使公民社会与社会政策功能性制度之间的关系能够在自下而上和自下而上的压力下实现持续呼应。所谓的"三明治方法"导致影响深远的方法论结果，在第十八章得到了研究。社会质量作为双重压力的后果是指相关行动者之间不对称的权力分配。在这制度框架内的社会基础是利益组织化和共同呼吁规则成效性的问题。

六 社会质量作为一个共享和被批判的问题

第一本书的目的是开始必要的分析实践，发展更有用的、更清晰的概念和工具，来阐释欧洲最近的政治混乱。虽然撰稿人的参考点不同，但是社会质量的最初概念被作为关于目前社会问题的一个新视角被尝试运用。这一概念拓宽了讨论的范围，导致关于社会质量的不同观点。该概念应该被测量，用以反对社会政策问题和方向，却被目前的分析和理论忽视了。尽管前面章节撰稿人的结论引发了对许多问题的思考和批判。这个概念将创建一个描述实际情况的框架吗？它将创建一个描述政策的结构吗？它将创造规范体系或个体和群体的基本权力吗？它将提供一个关于核心价值、目标和任务的体系吗？它将提供一个促进前面观点整合的欧洲讨论的方法吗？根据 Berting 和 Villain-Gandossi 的观点，答案可能是：基于四个要素或者传统整合（见社会质量四个象限）的基础上，对社会质量讨论的介绍与社会经济排斥方法相比是进步的。同时，他们也非常清楚将繁重的任务摆在我们面前，如果没有将战略性的缺失的内容添加于社会质量中，任务将不可能得到进一步分解。

在千变万化的评论中，我们可以发现难题的一些重要内容。首先，关系到 De Leonardis 的假设，即社会质量不得不作为政治质量被界定。不仅重新界定政治的概念是必要的，而且我们也必须将社会质量的议题提升到政治议程中。Standing 认为社会质量计划的目标似乎与 21 世纪初国际劳工组织变得更有活力是相一致的。Vobruba 规定了欧洲社会质量的两个议程：一方面，我们不得不承认它是令人满意的，欧洲模式的社会成果将构成欧洲社会质量；另一方面，欧洲社会质量不仅是经济绩效的结果，也是它不可缺失的前提条件的结果。关于第三部门组织，Evers 强调它们作为民主学校的行动者，为社会质量铺路，与进步性公民权相联系也是目前的状况。在某种意义上，社会质量不仅是一个政治项目，也是一种理论尝试。

Andersen 和 Eliassen 认为作为新的政治体系的欧盟，游说是直接表达利益的最重要的途径。这一假设是检验社会质量与民主之间关系的重要基础。所精选的方法依据欧洲共同体强调欧洲制度和国家政治体系的整体性原则。由于背离这一观点，社会质量的多层次内容被提出。De Leonardis 的核心观点关注学术机构的建立。欧洲社会质量的驱动力是文化质量和组织机构实践的质量。基于以上观点，社会质量的结构影响变得明显。Vobruba 考察了全球化进退两难的观点。孤立主义导致集体主义的破坏，经济全球化导致产生了大量的个体受损者。在这一背景下，社会质量是一种社会政治需求。Standing 将社会质量放在一场巨大变迁的长期视角下，在寻找美好社会的背景下考虑社会质量的观点。他将社会质量作为一种道德标准。

Berting 和 Villain – gandossi 在科学的传统下界定了社会质量概念。通过对这一概念的阐述，使从贫穷到排斥概念的转移能够实现。他们呼吁对概念的理论基础加以阐述，同时发展对社会质量四要素及对其标准之间关系的系统分析。因此，他们提出了多维度的概念。Evers 使这一概念关注第三部门对福利社会质量的潜在贡献，并提出福利多元主义和福利混合经济的概念。他呼吁对研究这一概念给予奖励，这些研究重视合作和交叉的新模式，而对部门化和等级化安排有些忽视。根据以上观点，社会质量不再是占支配地位的竞争意识形态，其进入"画面"却不构成相互关系实景。上面提到的要素对社会质量概念的阐述是重要的。

社会质量难题的另一个假设是指它的进程取向。De Leonardis 也强调了这一点，其他的撰稿人也直接或间接地涉及这一问题。

在制度构建、参与、自上而下和自下而上的张力、变迁、福利动态、欧洲共同体、领土原则变化的作用的理念下，所有这些词都是指进程。这意味着社会质量概念作为关系、相互作用、社会动力和环境动荡的概念具有想象力。它和所构建的一致与冲突、对抗与合作、自我实现与集体主义相互矛盾的机制相联系。换言之，社会质量概念的核心是作为社会存在的个体的主观行动。参照的核心点是个体和集体之间、结构与进程之间、集体主义与个体主义之间、结构与变化之间的相互依赖。

Berting 和 Villain-Gandossi 对排斥概念的批判给社会质量的概念阐述敲响了警钟。排斥概念在集体层面是指结构，在个体层面即行为特征。但是，社会行动者没有在一个社会模式中呈现，这一模式由被排斥的和没有被排斥的公民构成（第十章）。换言之，行动者机会这一取向概念是指各种类型的群体在整体性方法的辅助下指向社会实现这一目标，这是可行的。这一方法不得不接受两种张力——个体发展与社会发展之间的张力、系统世界与人类实践之间的张力，这两种张力将构成欧洲社会质量。

（王晓楠、徐京波译，王晓楠、芦恒校）

第三部分
开创新的视角

第十七章　社会质量的理论化：概念的有效性

沃尔夫冈·贝克　劳伦·范德蒙森　艾伦·沃克

 引言

　　在意大利锡耶纳的公共大楼帕切厅（the Sala Della Pace），游客会对欧洲艺术史上最有名的三大壁画发出惊叹。壁画的灵感完全来自非宗教的、真正的政治题材，而这在中世纪的欧洲是独一无二的。使用该厅的是当地市政府，厅中藏有1335～1340年间出自安布罗焦·罗伦泽蒂（Ambrogio Lorenzetti）之手的三大讽喻壁画作品。作品以详细叙事的风格阐释了什么是良好的政府以及好的政府和坏的政府的影响。带着明确的道德意图，罗伦泽蒂描绘了善治的社会质量。尽管他的创作之美经久不衰，但是，今天看来，罗伦泽蒂在试图展示政府治理与社会质量的关系时也可能面临巨大的困难。好的政府的标准的一致性（"希望、信仰和爱"的美德、"和谐"、"正义"以及安全的保障）在当代似乎已然过时。如果考虑我们所处时代的社会质量，我们就必须探讨政府的好坏和社会质量之间的联系。与罗伦泽蒂在14世纪创作的天然素描壁画不同，试图评估这一问题的当代科学家的构图则不能含糊不清和陷入二律背反。为了解决此问题，我们发现了用以区分好政府与坏政府的影响的标准，而所需的标准将通过明确什么是社会质量以及运用这一标准时需要什么样的知识来确定。

　　这一章建立在第九章和第十六章的合成基础上：第九章强调对社会质量第一本书的理论导向的评论。这些评论开启了社会质量指标的前期研究，发展了社会质量概念实践上的适用性。第十六章概览欧洲的经济、社会和政治变化，也正是社会质量方法所遭遇的问题。这里我们要解决四个问题：首先探讨社会质量的三种社会哲学特性，即本体论、认识论和意识形态论——此三者将使我们能够反思社会性的基本含义；其次，以此为出发点，我们修改概念的框架模型，即社会质量象限中数轴的比率、性质和结果；再次，我们将继续进行理论探索，更新我们提出的社会质量象限中的四个构成要素；最后，本章将以一些有关社会性的"质量"状态的初步探讨性结论来结束。

二 社会哲学语境中的社会质量

一种有关人的表达主义的视角

第一个挑战是反省社会性的含义。如果把社会质量作为参照点来分析和评论欧洲社会结构的变化，我们需要明确社会性所表达的含义。在 20 世纪 60~70 年代的社会运动中，这一主题在有关环境、性别、都市情境下的社会关系以及社会健康的问题中凸显出来，被提上议事日程。尽管如此，关于社会性的含义和范围问题依然含糊不清。在 20 世纪 80~90 年代，一些对立的政治方案得以系统化。新的目标是成本效用、生产率以及效能。以英国的撒切尔主义和美国的里根主义为标志的新自由主义药方在很多方面（诸如税收、有关大多数人所需要的公共福利开支、摆脱贫困和社会边缘化等）标榜价值自由。这样，在英国"不是从对社会结构的潜在的危害性角度来看待不平等，撒切尔政府反而认为不平等的社会结构是前进的引擎，为底层和顶层提供激励"①。在这一理念中，"社会性"没有可探索的价值；相反，它是功能失调的。撒切尔夫人在英国说过一句著名的话，即"没有社会这回事"。

我们不同意这样的观点。正如 Taylor 所指出的，这些观点关乎对象化了的和中立的世界，并且激发了联想心理学、功利主义伦理学、社会工程的原子论政治学以及最终的机械论人学。② 在谈到黑格尔时，他提出了一个表达主义的观点。

---

① A. Walker, C. Walker (eds.), *Britain Divided. The Growth of Social Exclusion in the 1980s and 1990s* (London, CPAG Ltd., 1997), p. 5.

② C. Taylor, *Hegel* (London/New York, Cambridge University Press, 1984), pp. 10 – 50. 他说："表达主义人类学……拒绝意义对存在的二分法……吸收了自我定义的主体性。它的本质的实现是一种主体的自我实现；因此它并不是在一种超越理想秩序的关系中定义自己，而是从自身的呈现来定义自己，是他的自我实现，而且是在这种实现中首先定型的。这是支撑 18 世纪晚期革命的关键概念之一……也是塑造当代世界的主要的思想力。"

据 Bhaskar 说，这是呼吁表达的、在理想化的希腊世界之后就已经失去了的统一体，"给予多样性以应有的适当关注，它实际上是统一的多样性，而且给予主观性的本质角色以关注……这是稳固地建立在批判哲学所取得的成就之上的"①。这是呼吁一个表达的统一体，拒绝把人的生命仅仅当作没有内在联系的外部联合的观点。② 为了对社会进行反思，我们必须讨论至少三个社会哲学方面的问题。第一个问题关注本体论：什么是主题？ 第二个问题是认识论方面的：我们是如何分析和理解这个主题的？ 第三是意识形态方面的问题：哪些规范性的观点与社会相关联？ 必须指出的是，与有关社会质量的第一本书③相比，我们已经改变了中心问题。我们不再追问什么是社会政策的主题。④ 取而代之的是，我们会问：作为社会政策、经济和文化政策参照的基本点，社会的主题是什么？ 对这些问题的回答将为这些不同的政策以及政策间相互关联的真实性奠定基础。

本体论思考

探讨社会性

我们努力构建一个科学框架和政治方案，该方案假定社会性是一个真正的实体。这可以被看作是决定作为政治决策后果的社会质量的源泉。我们认为，社会性以这样一种方式存在，它是使个体作为相互作用的社会存在在实现自我的过程不断变化的表达。这一论断指出我们的基本命题在于：相互作用的个人主体应被视为社会存在，而非原子化或孤立的实体。换言之，它不是饱含世事秘密的个体心理，而是作为社会存在的人的主体关系的总和。⑤ 这一命题与和我们的方针背道而驰的功利主义者的主要观点大相径庭。

---

① R. Bhaskar, *Dialectic*: *The Pulse of Freedom* (London, Verso, 1993), p. 18.
② C. Taylor, 见 268 页注释②，第 539 ~ 540 页。
③ 第一本书是指由贝克、范德蒙森和沃克等编写的《欧洲社会质量》，该书于 1997 年出版。——译者注
④ W. Beck, L. van der Maesen, A. Walker (eds.), *The Social Quality of Europe* (The Hague, London, Boston, Kluwer Law International, 1997), p. 267. 第一本书最初提出的问题似乎更为正确："我们所提出的是一个新的评估经济和社会政策的标准，一个在欧盟的所有层面上都可以被运用的标准。这个标准可被用于衡量在何种程度上公民的日常生活已经达到可以接受的欧洲水平及其变化发展的方向。"
⑤ L. Sève, *Man in Marxist Theory and the Psychology of Personality* (Sussex, The Harvester Press, 1978), p. 139.

在最近的争辩中，社会性既表现为一种消弭，又表现一种资源。前者是后现代主义的立场。根据 Honneth 的观点，从这一角度看，社会性正在减少，这是其作为一种日益增长的以技术为本的关系的后果以及一种规范性指向的联系被侵蚀的后果。这里假定现代人类主体的交往能力正在弱化。但这一概念建立在这样一种思想基础之上，即人类主体并没有介入在社会环境中实现自身的过程。

这反映了作为审美概念的生活的个体试验的思想。但是按照 Honneth 的看法，这一概念并未抓住人的主体性自我实现取决于社会认知这一事实。① 因此社会性的消弭也在最近的社会学分析中体现出来。作为社会性混乱和失范的证明，它呈现中立化或分裂之态。根据 Ferge 以中欧为例所做的分析，其原因在于社会性的个体化导致人与人之间团结的弱化。② 也许这些研究均过多地关注消解社会性的现有表达，却并没有关注社会性的全新表达。例如，在全球化进程中，新的社会关系正在成长，而旧的社会关系的消弭日益加剧也仅仅是一种片面解释。在贝克看来，个体化意味着无法嵌入工业社会的生活方式；与此同时，工业社会将转型为一种自反的现代性。人类主体将寻找嵌入的新形式、行为的新模式以及安排生活的新模式。③按照我们的观点，他的结论是非常合乎逻辑的，因为作为个体的人的主体内在地就是社会存在。

社会性也表现为一种资源。例如，按照布迪厄的分析，"社会资本"分为两个层面：首先是关系层面的社会资本，它与作为其存在条件的主体人的网络相关；其次是实体层面，为了在这些网络中生存，主体人不得不通过最小限度的聚合、同质性和认同而相互关联。④ 换言之，社会资本指的是以公平和冲突最小化及相互关系为基本准则，冲突最小化涉及集体优先、道德价值、意见和正义的准

---

① A. Honneth, *The Struggle for Recognition：The Moral Grammar of Social Conflicts*（Cambridge, Polity Press, 1995）. Honneth 指出："认知理论范畴内的伦理生活的概念依赖于一个前提，就是一个政治共同体的社会整合完全能且仅能达到受部分社会成员支持的程度，并必须依据文化传统的方式。在这种文化传统的方式中，社会成员互相打交道。为此，借由此类共同体构成的道德先决条件的基本概念被描述为必须适应交往关系的规范性特征。"

② Z. A. Ferge, "Central European Perspective on the Social Quality of Europe", in W. Beck, L. van der Maesen, A. Walker, 见 269 页注释④, 第 165～179 页。

③ U. Beck, *The Reinvention of Politics：Rethinking Modernity in the Global Social Order*（Cambridge, Polity Press, 1997）, p. 95.

④ P. Bourdieu, "Okonomisches Kapital, kulturelles Kapital, soziales Kapital", in R. Kreckel（ed.）, *Soziale Ungleichheiten*（Gšttingen：Verlag Otto Schwarz and Co, 1983）, pp. 183－198.

则。在欧盟委员会最近的讨论中，社会性在社会资本的意义上也被理解为一种资源。在奥地利任欧盟轮值主席国任期结束的 1998 年，人的作用特别是社会资本在区域发展中的重要性得到强调。[①] 与此同时，欧洲委员会用一种完全不同的方式把社会性作为一种资源使用——这指的是作为一种工具性和功能性的资源，其目的是通过消除失业和刺激经济发展来推动区域发展。当然，能力、工具和资格固然重要，但是，为了创建相互作用的人的主体性得以自我实现的基础，仅仅这些足以解决当前社会变革进程中的问题吗？

我们对此表示怀疑。正因为如此，我们选择了另一种观点。我们认为，社会性是指作为社会存在而相互作用的人们的型构（configurations）。在这些相互作用在某一特定时间、特定地点发生之前，决定的条件历史性地存在着。但是，当它们再次发生时，条件变化了。正如 Bhaskar 主张的，我们必须区分结构层面和人的实践。这些型构是：" ……始终存在的条件（物质原因）和人的能动性不断再生产的结果。实际上，两者都在发挥作用，即有意识的生产和作为生产条件的（通常是无意识的）再生产。这就是社会。前者指的是结构的二元性，而后者则是实践的二元性。"[②]

这一观点强调的是社会和共同体的转换性质，这是完全不同于涂尔干主义者的观点。涂尔干主义者认为，社会事实具有内在的解释力且独立于相互作用的主体的基本立场之外的独特实体。[③] 但是，根据 Vanberg 的解释，这一特殊的转换视角指的是本体论现实跨越这一先验的命题。这意味着，由于个人间的联合和关系交织，新的型构和与之相关的现象出现了。通过对这些相互作用的个体的本质和行动的解释是无法理解现实超越的。[④] 最后的这个主题还需要进一步探索，因为相互作用的社会存在和集体之间的关系是关于社会性的推理的本质所在。

---

① European Council, *Residency Conclusions* (Vienna, European Union, 11 and 12 December 1998).

② R. Bhaskar, *The Possibility of Naturalism: A Philosophical Critique of the Contemporary Human Sciences* (Brighton, The Harvester Press, 1979), pp. 43 – 44.

③ R. Kšnig, "Einleitung", in E. Durkheim, *Regeln der soziologischen Methode* (Berlin, Luchterhand, 1965), p. 57.

④ V. Vanberg, *Die zwei Soziologien: Individualismus und Kollektivismus in der Sozialtheorie* (Tübingen, J. C. B, Mohr (Paul Siebeck), 1974), p. 159. 本体论的跨越或"发生学"的运用也在马克思主义者的分析中有所体现，Vanberg 把涂尔干主义和马克思主义思考模式与帕累托和韦伯的方法论个体主义的思考模式区别开来。在本章，本体论跨越和方法论个体主义都不被当作参照点。

三个论题

Honneth 已经分析了相互作用的主体人和社会整体之间具体的、辩证的特性，而社会整体在这里指的是以关系为基础创建制度化的中介交往。① 借鉴 Honneth 的研究，我们将在本体论意义上探讨三个有关社会性的论题。第一个论题：社会性将借助作为社会存在的个体的自我实现和集体认同形成之间的相互依赖而得以实现，这种实现以这些相互作用的结果和后果为基础。上述两者获得了形式和内容并创造出它们的（新的）共同情境，使这种实现变为现实。换言之，情境是构成性相互依赖的结果，而这种结果又能催生新的情境。尽管如此，由于已有的决定性的制度的存在，自我实现与社会整体的形成仍会发生。这样，历史的决定性情境促进了新的构成性相互依赖机制的形成，并因此使社会性作为一种新情境的表达展现出来。由于这些过程的结果具有变化的性质，社会性成为一个不断变化的实体。

这些相互依赖似乎是基于相等的或相对的关系。但事实上，这些关系无论在力量上、位置上还是视角上都存在巨大的差异。日常生活中明显存在广泛而深刻的不平等。有鉴于此，我们在第二个论题中提出了社会性的机会是由四个基本条件决定的。这些条件包括：①人们拥有互动的能力（赋权）；②制度的和基础设施情境对这些人而言是可以为人所用的（包容）；③为互动的人的生存提供必要的物质条件和其他资源（社会经济保障）；④必要的、集体的价值观及规范将促进共同体的培养（凝聚）。这四个基本条件在构成性相互依存关系方面可与第一个论题相联系（如图 17 – 1 所示）。

我们的第三个论题是社会性的本质、范围以及形态结构将被具体化，这种具体化无论是积极的还是消极的，都是经由来自横向的或纵向的两种主要的张力的相互关联的动力实现的。横轴反映了位于左端的系统、制度和组织与位于右端的共同体、型构和群体之间的张力，纵轴反映了位于上端的社会发展与位于下端的个人发展之间的张力。这些张力起着动力源泉的作用，影响个人自我实现的性质以及集体认同的形成。

这三个论题之间的联系让我们能够分析社会性的本体论轮廓。论题 1 关注的

① A. Honneth，见 270 页注释①。在此项研究中，Honneth 解释了本体论假设源于对黑格尔与霍布斯的比较。这种比较对理解近来社会民主党与自由党之间的争论是十分重要的。见 A. Honneth, *The Critique of Power*：*Reflective Stages in a Critical Social Theory*（London，The MIT Press，1997）。

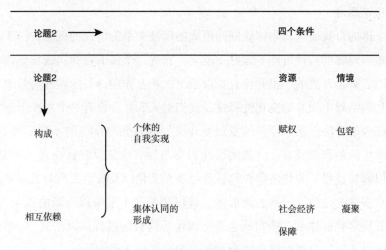

图 17 – 1　社会质量的制度性与条件性因素

是社会性的构成，也就是它的实现；论题 2 关注的是社会性的机会，这是建立在这一过程中四个必要条件基础上的；论题 3 关注的是社会性的具体化，即它的具体质量的决定因素。对社会质量概念的科学架构而言，本体论角度的知识发展是一个必要条件。这三个论题可以通过图 17 – 2 形象地表现出来。

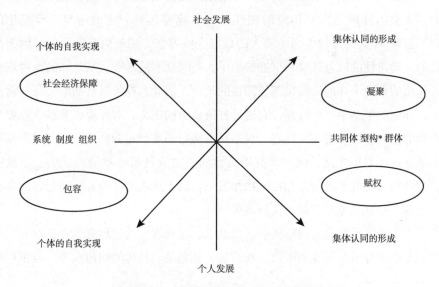

图 17 – 2　社会性的构成、机会和具体化

　　* 本章中，位于社会质量架构图横轴右端的是共同体、型构和群体，在其他章节中则为社区、群体和家庭。在本书中，将交替使用社区和共同体。——译者注

认识论思考

以个体的自我实现与集体认同的形成的辩证关系为前提的概念，由于其具有复杂而难以理解的特性可能不太好下定义。首先，个体的自我实现与集体认同的形成这两者都是开放的过程并伴有难以预见的相互作用、目的倾向与效果。由于这些过程的结果中固有的变化性特征，我们对人和社会没有一个意识形态上的确定的、综合的看法。永不停息的发展变化又导致认知与反应的不确定性。其次，指向日常生活的概念具有广泛的实用性和参与性，应该反映社会现实的复杂性。最后，以物质过程、非物质过程和社会经济、文化以及政治关系为关注重点的概念应探求多样的变化、矛盾的新形势、难以接受的不平等以及新的机会与挑战。这意味着应将磋商体系、谈判及达成一致作为沟通的过程加以研究。[①] 然而，要通过沟通过程加以分析的概念的题材的内容又是什么呢？

有两个理由让人认同哈贝马斯的观点。首先是理论根据。上述的三个本体论论题是由相当复杂而且在性质上多样化的关系构成。人的主体本身、他们的关系网络、相关过程、结构，以及资源、策略、问题和各种角度，导致多层次、多维度的情境。人们有意识或无意识地参与到这些过程之中。因此，他们敏锐地认为，分析这些过程是一个必要的条件。这是因为这些过程有高度的复杂性，与此同时，人类的理解能力及相应的理性行为早晚将达到一定的边界。理想化的"理性选择"（人类寻找作为经济人的最佳受益方案）的概念是片面的，因为情感性的、动机性的以及认知的维度影响了人类对现实的理解。从认知的角度观察相互作用的人类主体的局限也基于同样的理由。因此，在哈贝马斯的交往行动理论中，理解的概念是一个过程，它通过普遍认可的定义，对环境、关系、思想和价值观的阐释达到对现实的理解。这是高度可行的理性行为的基础。其结果是打开了通往达成共识之路，但并没有工具性的强迫或是策略政策的影响。不然的话，两者都会对共有的信念和在一致性意见基础上达成的共识有所妨碍，而共有的信念和一致性意见是理解现实的条件。[②]

其次，经验根据也支持哈贝马斯的观点。实现理解的过程意味着在权力、地位和信息中取得最低限度的平衡，换言之，达到某一具体的均衡水准。但相反的

---

① J. Habermas, *Theorie des Kommunikativen Handelns*, Band 1（Frankfurt am Main, Suhrkamp, 1981）. 而且可参见 A. Honneth in "The Critique of Power"，见 272 页注释①。

② J. Habermas，见本页注释①，第 387 页。

是，这个条件既不是制度性的，也不是社会现实性的。Castells 通过对资本主义演变的分析，对这个结论进行了阐释。他解释了导致个人层面的关系、社会层面的关系以及我们提及的环境层面的关系分裂的机制。最近，社会转型的实质加速了抽象的、普遍的工具主义与根植于历史的特殊主义的认同之间的根本分裂。在这种功能与意义在结构上严重分裂的情况下，社会沟通的模式承受越来越大的压力。① 尽管如此，鉴于这种转型所产生的后果，创建一个理解的过程十分必要，它将成为应对结构分裂的条件。

　　社会质量取向的认识论层面要求我们做出两个决定。第一个决定是对 Bhashar 提出的有关认识谬误的假说是接受还是拒斥。这一谬误意味着，如果一个假说不能在经验上被证实，那么它就是毫无意义的。换句话说，本体论取决于认识论，因为我们所知的存在仅仅是我们所知的一部分。为了探究我们的命题，应认真对待 Bhashar 的警告：我们应避免认识论的谬误，即将本体论简化为认识论。他写道：

　　　　一种观点认为，对存在的陈述可以化约为或被分析为对知识的陈述……这种认识（谬误）使我们不能说明什么在认识上是重要的……（根据这种观点）逻辑实证主义在争论中乐此不疲，Hume 的精神映射出，如果一个命题不能在经验上被证实（或者证伪）或者是赘述，那它就毫无意义。②

　　如果我们不能拒斥这个假说，那么下面的部分同样是毫无意义的。Bhashar 已经为拒斥做出了辩护。本体论的依赖"利用了哲学和科学本体论的巧妙结合……哲学本体论是通过对什么使科学成为可能的反应演化而来，并且独立于任何真实的科学知识……存在不是变量的一个数值"③。对假说的拒斥意味着接受以社会质量为主题的社会，而对假说的接受则对新自由主义宣称的根本没有社会

---

① M. Castells, *The Information Age: Economy, Society and Culture. Volume 1: The Rise of the Network Society* (Oxford, Blackwell Publishers, 1997), p. 3.

② R. Bhaskar, *A Realist Theory of Science* (Sussex, The Harvester Press, 1978), p. 36. 在 Bhashkar 近来的卓越研究中，Friedman 表明 Bhashar 也将维也纳学派的逻辑实证主义带给了他们的追随者，即经验实证主义。这看似并不正确。首先，他们没有提出一个新的经验主义的说法。他们提出了一个先验知识的新概念和它在经验知识中的角色。见 M. Friedman, *Reconsidering Logical Positivism* (Cambridge, Cambridge University Press, 1999), p. 19。

③ R. Bhaskar, 见本页注释②, 第 39 页。

这种观点敞开了大门。

第二个决定是接受还是拒斥哈贝马斯关于交往行动是作为理解社会性的本体论基础的一种认识论途径的学说。哈贝马斯在其关于法律和民主的研究中是这样阐述的：

> 假如没有不受批评影响的宗教的以及形而上学的世界观的支持，在最后的分析中，实践导向只能从理性话语中获得，也就是说，从反思的交往行动形式本身获得。生活世界的理性化是由理性潜能在何种程度上成为交往行动来衡量，由在何种程度上透过生活世界的结构的话语得以释放来衡量。个体意识形成的过程以及文化知识系统对这种丛生的问题的阻力比起制度框架来要小得多。①

社会质量的理论化要求我们对这两个主题都加以发掘，以便说明那些交往行动的理想条件并不存在。从前和当下社会的一个特征是不平等根深蒂固。从社会质量取向出发，可以创造新的参考点来应对这些不平等、排斥过程以及权力的滥用。

意识形态及伦理思考

由于社会性与自我的真实的动员性资源及集体认同的文化决定因素息息相关，社会性的具体化并不发生在客观的情境中。这一辩证过程的结果可能导致不确定的后果。自我实现能激发更多的自主性、个人独立性，也能激起自我中心主义。新的集体认同既能导致开放的、向上的社会整体，也会导致封闭的、威权的群体关系。为鼓励人们作为社会存在进行互动，假定一项有吸引力的社会事业是必不可少的。这就是我们需要一些根本的标准来区分可接受的和不可接受的结果的原因。换句话说，我们需要伦理的指导。用 Taylor 的术语，人们需要一些质性的鉴别力以区分好坏。这些质性的鉴别力指的不是理性的本体论或认识论形式。它们指的是伦理学，它们为我们日常生活的本体论解释的本质以及这些解释的真相提供基础。② 鉴于

---

① J. Habermas, *Between Facts and Norms*：*Contributions to a Discourse Theory of Law and Democracy*（Massachusetts, The MIT Press, 1996），p. 98.

② C. Taylor, *Sources of the Self*：*The Making of the Modern Identity*（New York, Cambridge University Press, 1994），p. 47. Taylor 认为，许多自然主义哲学努力消除这些区别，将道德生活置于一种无可比拟的较高的善或者更高的善的位置。这可以被称为自然主义谬误。在他看来，"功利主义是最突出的例子。一种善被认可是以对质性鉴别的争论性拒绝为特征的"。

此，我们完全同意 Bauman 对这些人的批评，"他们活在后意识形态或者后乌托邦时代，自己毫不关心任何对于美好社会的自始至终的一致看法，放弃了对大众利益的担忧，转而肆无忌惮地追逐个人的满足"①。对这些我们或许应该感到羞耻的东西，这些人却引以为豪。

这里提及的关于意识形态的辩论十分重要。在 20 世纪 70 年代 Hall 曾指出，意识形态的概念在英语里仅仅意味着系统化的思想本身。这个概念于法国大革命时产生。Hall 论证了一群博学之士发展了一个新的革命思想的中心并且使用这个概念。但后来马克思宣称"关系是历史的发动机，观念不过是人类本性与其所反映的人类实践的映射"②。Bauman 也讲到这个问题，并且提到把马克思的立场加以现代化的曼海姆（Mannheim）。他将意识形态定义为，在有限认知视角下接受的扭曲的知识。Bauman 要求给出一种积极的意识形态的概念：

> 意识形态的说法被分派给了认知的框架，使得众多的人类经验变得有条不紊，形成了可以识别的、有意义的规则。这些框架就是知识的条件，但框架本身不是知识的组成部分……它与康德哲学的知识的先验条件的观点相似，即如果认知主体并未先天具备整理感觉的能力，那么认知就不可能也不会想当然地发生。③

我们同意这一点，因此必须将有关社会质量理论的认识论观点与意识形态观点相区分。社会质量理论化的主要动机之一是建立一个新的出发点，并由此出发，借助现代交往形式来达成共识，并由此影响民主的规范及价值。在 Therborn 看来，这意味着社会质量要成为一个目的，或是一个变动的目标，为欧洲所有主要力量提供一些积极的、有关当代欧洲的现行的主要意识形态。这些民主规范的一个主要方面是对人类尊严的维护，这已在社会性的四个本体论条件中得到阐

---

① Z. Bauman, *In Search of Politics* (Cambridge, Polity Press, 1999), p. 8.

② S. Hall, "The Hinterland of Science: Ideology and the 'Sociology of Knowledge'", *On Ideology* (London, Hutchinson, 1977), pp. 9 – 13.

③ Z. Bauman, 见本页注释①，第 118 ~ 119 页。在这一背景下，Bauman 指出 Castells 和他的论题有着结构性分裂。对 Bauman 而言，全球化意味着权力（与全球网络系统相关）和政治（与基于社团的地方的政治相关）的分离过程。由于信息系统的运作，资本不再受空间和距离的限制，然而政治却与以前一样仍然是本土性的和领域性的。因此，地方性的重要性下降，而资本则成为跨地域性的。

述：①社会经济保障及创建对财富的更公平的分配指的是社会正义；②政治和经济体系的包容指的是公民权利的增强；③凝聚意味着相互依存的道德契约及团结；④社会赋权指的是生活机会的公平。社会质量关注公民作为社会一员的尊严。

在这种情境下，对无限的真理及有限的个人主义做出回应是不可能的。个人主义和多元主义都需要能够给社会质量研究提供现实基础的边界。这就解释了个体的自我实现与集体认同的形成的关系对社会性而言不仅是本质性的，而且定义了作为社会存在的个体在自主与归属的张力之间、在责任感与主导权之间所处的地位。多元主义的基本观点是关注多样性与统一、差异与融合、个人与社会两两之间的相互关系。在个人主义和多元主义相互作用的场域，人们在可接受的异议与可接受的共识之间做决定。由此可见，社会质量作为民主概念，不能局限于政治体系的正式制度。这种限制导致近来对欧盟政治缺陷的片面的、结构性的后果。①

Sassoon 曾提出类似的一点："不可或缺的是过程，在过程中差异与分化的必要性体现在其特殊性和特异性中，其中普遍性与特殊性同样具有一定的误导性是公认的。"对民主进程和民主制度加以重新思考的必要性正是源于现代性自身的发展。② 同样，根据 Offe 的观点，对民主制度的重新思考应将两个方面纳入考虑，以便得出可以决定民主制度能力与有效性的标准，这两个方面是：内部社会化的本质及其外部效力的本质：

> 或者说一方面是信仰的巩固，另一方面是目标的执行或对资源的控制……我们也可以说制度作为一个严格意义上的概念，其使命的完成确实需要经受住"价值"、"适合"的双重标准检验。从这种意义上讲，制度一方面可以位于社会规范和规范导向的行为之间；另一方面可以位于有目的的理性的或策略性的行动之间。③

① W. Beck, L. van der Maesen, "Who is Europe for?", *European Journal of Social Quality*, 2000, 1, 1/2, 45－61.

② A. Showstack Sassoon, *Equality and Difference: The Emergence of a New Concept of Citizenship* (London, Macmillan, 1991), p. 102.

③ C. Offe, "Designing Institutions in East European Transition", in R. E. Goodin (ed.), *The Theory of Institutional Design* (Cambridge, University Press, 1996), p. 201.

总而言之，我们可以说社会质量取向首先是多元主义传统的一个层面，并且为增进理解以交往的基本模式为基础。因此，社会质量取向反映了民主的规范和价值。其次，社会质量取向强调仅仅关注民主制度形式是不够的。对理解过程来说，这只是其中的一个方面。公民自己不得不接受和理解问题的定义、目标以及解决的策略。最后，针对作为问题的另一方面的内在的社会化和信仰的巩固，社会质量的引入是一种反映，是对多重认同，基于人权、人道主义团结和社会正义等宏大假定的多元公民身份以及地方性环境与视角的反映。

社会质量象限各轴的比率、性质以及结果

两轴交叉点上的社会质量

我们将社会质量的具体化看作一个过程的结果，这个过程可以被描述为两个轴——横轴和纵轴——之间的张力永不停息的对抗。横轴代表位位于左侧的制度过程及干预和位于右侧的集体与个体行动之间的张力。[①] 张力的表现与 Lockwood 关于（社会系统的各个部分和方面的）系统整合和（相互作用的主体的）社会整合之间的差别的解释相一致。[②] 从科学的意义上讲，我们的假定也同哈贝马斯关于系统世界与生活世界的区别这一观点相联系。[③] 我们不能接受一方面从属于另一方面，这一点尤为重要。尽管两方面并不相等，但它们是相互依存的。此外，这种张力位于作为社会存在的公民的自我实现和集体认同的形成这两者的辩证关系之中，从而减少了这种张力的一维性。换句话说，社会质量将在这一辩证的背景下，在系统世界和人类实践世界的动态过程中得以实现。

纵轴代表社会发展与个人发展之间的张力。社会质量的概念只有在一种变化的社会情境下对行动主体进行分析才具有可行性。其结果是个人的志向（兴趣、人际关系、偏好）、行动、目标、持续性及中断性也在不断变化之中。志向的内容和形式在不停地变动。至于对生命历程的方法论分析，Heinz 指出：

---

① 这一主题是由布莱梅大学的协作研究中心发展而来的；也见于 W. R. Heinz, *Statuspassagen und Risikolagen in Lebenslauf. Arbeits und Ergebnisbericht*（Bremen, University Bremen/SFB 186, 1991）以及系统功能派规划的其他文件。

② D. Lockwood, "Social Integration and System Integration", in G. K. Zollschan and W. Hirsch（eds.）, *Explorations in Social Change*（London, Routledge, 1964）.

③ J. Habermas, 见 274 页注释①。

20世纪90年代以来，现代社会以罕为人知的速度进行着现代化。生命历程中多了许多偶然性事件，迫使个体采取灵活的、自省的应对方式进行决策与冒险。人生不再遵循预先决定的路线，他们宁愿在应对公众、私人时间和地点的变化中进化。因此，人生变成了一项工程，也变成了在生命历程中个人表现的反思性产物。在现代社会，生命历程是一种制度、一种社会秩序的系统，它建立在现实的一系列社会参与和与社会地位相联系的权利与义务的基础上。[①]

这两种张力是不同的。水平张力代表两个极点间具有不同结果的不平等的行动者之间相互作用的领域。垂直张力代表偶然性领域，它关注个人与社会层面的符号、意义、结构、规范、传统和认知表现。换句话说，它将价值观作为目标。由此，两种张力既不相同也不互补。然而，水平张力的结果对垂直张力的结果有影响，反之亦然。但我们指的不是因果关系，这种相互关系传递的是有条件的关系。由此，它们共同构成了社会质量象限以及其四个构成要素的本质。这个象限应被理解为一种启发的方式，不应被理解为排斥性的分类，因为这两种张力指的是不同的过程。

横轴

横轴的左端指的是社会化（vergesellschaftung），右端指的是共同体化（vergeemeinschaftung）。滕尼斯（Tönnies）首次详细阐述了这一概念，对社会学有深远的影响。[②] 根据韦伯的观点，社会化是指引起社会建构的过程，这一过程建立在以理性推动的利益的交换为特点的相互作用的基础之上。共同体是指社会建构的过程，基于主观的和归属感的表达。[③] Martindale认为滕尼斯的区分分别代表霍布斯主义的社会概念以及共同体的浪漫主义概念。[④] 这与另一种区分相对——它也嵌入在横轴两端，Lepsius区分了在左端的民众（demos）以及在右端

---

① A. Weyman, W. R. Heinz（eds.）, *Society and Biography: Interrelationships Between Social Structure, Institutions and the Life Course*（Weinheim: Deutscher Studien Verlag, 1996）.

② F. Tšnnies, *Gemeinschaft und Gesellschaft: Grundbegriffe der reinen Soziologie*（Darmstadt, Wissenschaftliche Buchgesellschaft, 1963）.

③ M. Weber, *Wirtschaft und Gesellschaft*（TŸbingen, J. C. C. Mohr, 1992）, p. 21.

④ D. Martindale, *The Nature and Types of Sociological Theory*（Boston, Houghton Mifflin Company, 1960）, p. 83. 在 Martindale 看来，一个体现理性意志的社会或全部社会关系的复合体就是社会，体现自然意志的就是共同体。

的民族（ethnos）。简略表达的话，民众指的是正式的系统、制度、组织与公民之间的关系，因此是社会化的过程。民族指的是共同体世界、结构以及群体和个人主体之间的关系，因此是共同体化的过程。[①]

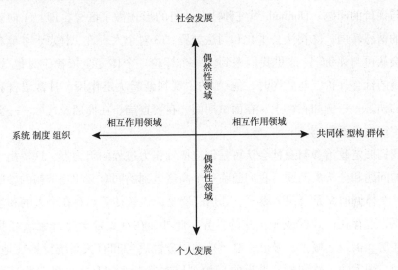

图 17 - 3　两轴的交叉

在横轴左侧，作为共同体化过程的系统整合，主要涉及个人与系统和制度世界之间的关系。[②] 这种关系的实质是在这些系统和制度中参与的性质。Sassoon 认为这种关系的性质是不断变化的，它取决于处境、空间、生命历程和性别等。这就是我们要用高度区别对待的方式来看待这种关系的原因。公民的权利与义务在需要的情境下才具有意义。[③] 因此，公民的权利与义务或成为公民的过程是一个复杂的议题。获得进入系统和制度的权利的过程会面临许多困难，对女性、移民、少数族群、残疾人和许多老年人来说尤其困难。同样，参与的条件也会导致一些问题：可能存在语言障碍、歧视现象、住房条件恶劣或工作岗位不足。但是，与此同时，社会经济动态影响了生活机会与风险的分配。社会管理机制决定了哪个群体将会面临哪一种风险，并且决定了风险的性质、时间和结构。这意味

---

① M. R. Lepsius, "Ethnos oder Demos? Zur Anwendung zweier Kategorien von Emerich Francis auf das nationale SelbstverstŠndis der Bundesrepablik und auf die Europaische Einigung", in M. R. Lepsius, *Interessen*, *Ideen und Institutionen* (Opladen, Westdeutscher Verlag, 1999), pp. 211 - 231.

② 在我们看来，系统整合有两个构成要素：一个是子系统的整合，另一个是个体间的整合。

③ A. Showstack Sassoon，见 278 页注释②。

着社会质量取决于系统整合的结果。

在横轴右侧的社会整合作为一种社会化过程，在应对日常事务时关注个体与社会整体、型构和共同体的关系。在这种情境下，得到许可或者找到归属是社会认可与评价的问题。Honneth 对三种社会认可的形式做了区分，即：①向着亲密关系的情感转向；②司法公平化和司法处置；③对个人表现、优点、才能和能力的社会认可与评价。① 这里我们遇到了一个悖论。个体完全依赖于对他/她的社会环境的社会评价，与此同时，他/她的主观判断起决定作用。日常语言和姿态带来的伤害——例如在街上、在面试期间、在警察局、在商店及代际——会对这种决定产生负面影响。

我们假定政治参与及社会认可是创造横轴张力过程的引力点，这提出了许多概念的问题和分析的问题。我们面临一个高度区别的同时又相互依赖的参照分析框架。个体同时又是公民、妻子、邻居、罗马天主教徒等。存在个人的和集体的参照系，也存在正式的或非正式的世界。此外，在有关社会整合领域（我的房间、住房、街道、城区、城市、地区）的同心性思考和有关系统世界（地方的、地区的、国家的、欧洲的、世界的）的多层次思考之间存在一种张力。主要问题是要将行动理论和系统理论、政治理论和社会理论、同心性和多层次解释框架的应用联系起来，将不同的学科视角结合起来。这些引力点为分析发生在相互作用领域的过程提供了准则。就横轴而言，这个准则表现为有关利益、权力、需求和冲突的互动交往的形式。

纵轴

纵轴的张力代表社会发展和个人发展的世界。在提到这种张力时我们不得不将自己与经久不衰的科学传统联系起来。根据 Weyman 的观点，基于商谈的现代社会缔造的思想以及社会与个人之间和谐的相互关系的主张起源于孔德。在我们为社会质量选定的社会哲学情境下，我们将把政治理论倾向与商谈理论联系起来。Weyman 准确、清晰地阐述了我们的立场："商谈理论描述了一种社会过程，它将个人与社会形式作为通过互动创造社会现实的过程联系起来。"② 可以将这段引用转化成我们的术语。互动交往（横轴）将创造社会性的现实，它与连接

---

① A. Honneth, "Die soziale Dynamik von Missachtung", *Leviathan*, 1994, 1, 90.

② A. Weyman, "Interrelating Society and Biography. Discourse, Markets and the Welfare State's Life Course Policy", in A. Weyman, W. R. Heinz (eds.), *Society and Biography* (Weinheim, Deutscher Scudien Verlag, 1999), pp. 241 – 254.

个人和社会发展的过程（纵轴）相联系。商谈理论分析了这种创造及其过程。从这一角度讲，社会现实不仅仅是我们所看到的表象世界。例如，Kosik 讲到社会的"伪具体化"，是指现实和实质过程表面的外部现象世界。现实的映像和操纵的世界同时存在，并以突发的和出乎意料的方式呈现。① 我们要探究这个隐秘的世界。

在纵轴上，价值观、规范、原则、准则、权力和惯例是基本的组成部分，它们牢牢地嵌入在社会的和个人的发展中。这是一个充满偶然性与非现实化的可能性的领域。理论上一切都可以被看作偶然的，但这个陈述毫无意义，我们应探寻非现实化的可能性的范围以及现实化的有关过程。纵轴的上半部分是规范的集体化，而下半部分则是对价值观的敏感性的增强。两者都代表引力点，我们需要一个准则来对它们进行研究。

就横轴的张力或者就相互作用的领域而言，这个准则如我们先前所说的，是互动的交往。我们可以分析引力点，即参与和社会认可。它们是从有关社会化与共同体化的假定中合乎逻辑地引申出来的。至于纵轴，我们需要另一个定位点。要使其概念化，我们首先要解决三个方法论问题，如何分析两个层次之间的差别，如何分析偶然性的本质以及如何分析它们的现实化。

对于纵轴，我们需要分析宏观层次的社会发展（上半部分）以及微观层次的个人发展或生命历程（下半部分）。要使社会质量理论化，我们首先需要了解方法论基础上有关宏观层次及微观层次的联系。例如，在有关历史研究的国际争论中，这个主题是以两种观点加以表述的：一种观点是有关宏观导向的社会历史，强调结构、全球以及普遍解释的过程的作用；另一种观点是有关微观导向的日常生活历史，强调个人主体的作用、事件的主要作用、对权力的个体性解释以及更具差别性的历史发展的思想。② 如果要同时阐述两种观点——为了进行社会质量研究必须这么做——我们就需要进行多角度定位。因此，问题就变为如何将个案（下半部分）变为规范（上半部分），如何从唯一性、特殊性到普遍性，从地方性到世界性，从差别化到标准化；反之亦然。换句话说，我们需要一种综合的方法把社会的和个人的发展联系起来。用我们的术语讲，需要这样一个联系的

---

① K. Kosik, *Dialektiek des Konkreten* (Frankfurt am Main, Suhrkamp, 1976), p. 9.

② H. Medick, "Makro-Historie", in W. Schulze, *Sozialgeschichte*, *Alltagsgeschichte*, *Mikro-Historie*: *Erne Diskussion* (Gšttingen: Vandenhoek und Rupprecht, 1994), pp. 40 – 53.

准则以便我们能够用能连接偶然性世界与相互作用世界的方式搞清楚这些过程。

第二个方法论问题指向证据，偶然性世界（即价值观和规范）对社会质量的主要过程有意义的证据。所有行动者都在系统和群体中扮演一定的角色，制度和共同体都有整合为一体的规范和价值观。这就是个体和集体对自我的概念会受这些价值观影响的原因。换句话说，不仅系统/制度和共同体/群体有整合为一体的规范和价值观，在相互渗透领域它们为对处境的知觉、对问题的定义以及行动计划提供认知的起点。困难在于个体与集体价值观的产生和发展与这些相关过程是不可分割的。偶然性领域中的过程深受互动领域中的过程的影响，即系统、制度和组织代表产生集体价值观并使之发生变异。在其他方面，共同体、结构和群体产生、调整并改变这些价值观的条件与视角。在这种情境下，价值观的模式和自我的概念将会在特定时间与地点得以阐释并决定情境的性质。

第三个方法论问题是怎样分析偶然性的现实化。这意味着这一分析要针对偶然性领域与相互作用领域之间的对立、人的现实性的隐秘与所见的层面的对立、假想的事件与经验的事件的对立。

在这三个方法论问题的基础之上，我们能够建构分析的框架来反映纵轴。偶然性领域的主题涉及价值观、规范、原则、权利以及惯例。为了剖析偶然性领域的价值观与规范并将结果操作化，我们需要一个准则。这个准则有关价值观的转变，可以帮助我们搞清楚个人发展过程中价值观的敏感性的增强以及社会发展中规范的变化。两者都与纵轴的引力点相联系。根据 Bouget 的研究，价值观嵌入在权力关系中，对它们的产生、发展和变化应在互动交往领域的情境下进行分析。

对两个轴的概括

我们讲过，在两个轴及其四个引力点之间存在复杂的互为条件的依存关系。在横轴的相互作用领域，我们面对多样的利益、需求、权力关系和相关冲突。这就暗示了讨价还价、形成联盟来应对分歧的必要性。为了能够有所行动，妥协须达到足够的水平。就纵轴而言，作为行动的条件，需要自达到足够水平的和谐"共识"或不断变化的协议这个前提。这些引力点对两者的发展都必不可少。如果价值观的敏感性和集体化规范不能达到最低限度的足够水平，在权力关系以及相关的不平等的情境下达成妥协是不可能的。两者都向不可或缺的政治参与和社会认可敞开了大门。反过来，互动交往的结果是达成共识的一个条件，这种共识达成的背景是价值观的转变，尤其是在最近的现代化进程中区分不断增加的价值观的深远变化。这假定参与和社会认可达到了最低限度的足够水平。记住这一点我们就可以展示表 17 – 1 了。

表 17 – 1　对两个轴的概括

	横　轴	纵　轴
主题	经验情境下的行动者	价值观、规范、原则、权利、惯例
领域特点	相互作用	偶然性
引力点	政治参与和社会认可	规范的集体化和价值观的敏感性
分析准则	互动交往 关于： ＊利益、权力需求、冲突	价值观转变 从： ＊个案到准则,反之亦然 ＊特殊性到普遍性 ＊地方性到世界性
行动定位	分歧的整合（＝妥协）	道德箴言的接受（＝共识）

鉴于两个不同轴的这些特点，我们可以给出使社会性具体化的两种张力的领域（见图 17 – 4）。

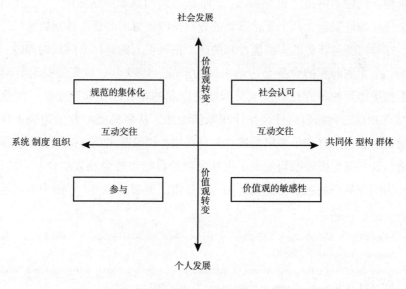

图 17 – 4　引力点

四 社会质量的四个构成要素

概念

第一本书中的一个重要评论提到社会质量四个构成要素的本质。例如 Bouget 问：为什么我们要用社会凝聚代替社会团结？为什么不把社会团结看作社会凝聚的要素之一？在进一步讨论基本概念之前，我们要提到目前欧洲关于社会政策的政治讨论。这是因为首先我们会在这些讨论中揭示社会保护、社会保障、社会包容/排斥以及社会凝聚的有趣的演化过程，这一演化过程对基本概念的阐述而言尤为重要；其次，我们必须说明概念的理论背景，欧盟的许多文献缺乏对这种理论基础的介绍。

在过去的 20 多年中，欧洲关于社会测量维度的讨论有两个议题和相应的两种政策变化。第一个主题发端于 20 世纪 80 年代早期关于贫穷的研究。那个时候，贫穷的概念占据了社会维度的核心，社会排斥的概念尚没有引起人们的重视。CERC（Centre d'Etude des Revues et des Couts）和 OSC（Observatoire Sociologique du Changement）从社会剥夺的角度研究贫穷，继而开始采用社会排斥的视角。问题不再是"谁是穷人"，而是"人们是如何变穷的"。从社会剥夺向社会排斥的转变包含两个非常重要的方面，即贫穷的非货币性指数和风险综合指数。这种转变与弱势的多维度性相关联，拓展了人们对社会问题的理解。[1]

第二个主题起源的背景是内部市场的形成。1992 年，欧盟委员会针对成员国社会保护体系的多样性以及成员国遭遇问题的相似性发起建立统一的战略部署。[2]这些相似的问题包括社会排斥现象的增加、从事另类职业的边缘人群的大规模涌现、孤立人群和单亲家庭数量的日益增长以及越来越多的需要卫生保健的流浪者。这些问题促使欧盟发展了将社会保护目标和社会政策结合起来的设想，同时也为欧洲的一场关于社会保护的讨论提供了框架。[3] 1992 年的中心议题是建

---

[1] EUROSTAT, *Non-Monetary Indicators of Poverty and Social Exclusion*：*Final Report*（Brussels, European Commission, 1998）.

[2] European Council, *Recommendations on the Convergence of Social Protection Objectives and Policies*, 92/442/EEC（Brussels, European Commission, 27 July 1992）.

[3] European Commission, *The Future of Social Protection*：*A Framework for a European Debate*（Brussels, COM（95）466 Final, 31 October 1995）.

立旨在解决诸多问题的基本合作原则；1995 年的议题涉及一系列广泛的问题，包括劳动力市场、人口统计学、性别和流动等；到了 1997 年，欧盟达成了一致意见，"社会保护体系不是一项经济负担；相反，作为一个生产性要素，它对经济和政治的稳定做出了贡献，并能使欧洲经济体变得更加高效和灵活，最终变得更加强大"①。

这其中的有趣之处，首先是从以保护居民抵御社会风险为目标的安全向广义的以经济和政治稳定以及社会进步为目标的保护转变；其次是从国家政策间的集中性策略向以增强欧盟与各成员国间的协作性为目的策略转变，这一协作性策略建立在经验交流、政策讨论和最佳实践监管的基础之上。欧盟指出，"现在到了该加深欧洲层面合作的时刻，为了……在欧盟中形成共同的社会保护的政治愿景"②。贫穷和安全的议题为这一目标提供了支柱。从理论上说，这两个议题在包容这个目标下走到了一起。③ 我们认为，它们遵循相同的发展模式，即：①不断扩展的观察视角；②运用指标构建一种综合和整合的方法以应对社会排斥所包含的所有相关的政策与行动者；③对定性数据和非货币性指标不断增强的敏感性；④越来越关注预防导向的趋势；⑤政策更趋向整合，议题更趋向全面，策略更趋向协商。④ 尽管发展的模式一致，但这些议题仍然有一些有趣的差别。从概念上讲，贫穷与社会排斥相关。抗击贫穷变成抗击社会排斥，这多少是以劳动关系为导向，以社会保障促进经济发展就是要将社会排斥与广泛的符号参照和新的指标相联系。这种联系导致将社会保护看作一个生产性要素的近期政策目标。贫穷和安全的主题都与包容的主题相关。⑤ 图 17 - 5 展示了我们的观点。

我们用相似的概念展开对社会质量的探讨。为了理解社会质量的发端，从理

---

① European Commission, *Modernising and Improving Social Protection in the European Union* (Brussels, COM (97) 102, 1997).

② European Commission, 见本页注释④, 第 6 页。

③ European Commission, 见本页注释④, 第 14 页。

④ 在葡萄牙任欧洲理事会主席国时, 欧洲理事会设立了一个社会保护高级工作小组。European Council, *Preparation for the Council Meeting: Employment and Social Policy* (Brussels, European Commission, 6 June 2000)。

⑤ 寻找任何关于这些被使用的概念的本质及其相互联系的理论基础上的争辩是非常困难的。在成员国中充斥着完全相异的概念内涵, 因此, 概念的应用也带来完全不同的政策效果。

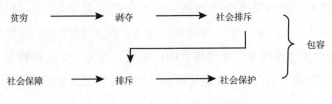

图 17 - 5　对两个政策议题的解释

论和实践上解释这些概念应用的差异非常重要。我们将聚焦社会保护这个概念，因为它在欧盟最近的讨论中处于重要位置。

社会保护：生产性要素之一

在这个部分，为了说明社会质量的四个要素外，我们将尝试解释不同概念框架之间的差异，比如在欧盟的和社会质量的背景下探讨社会保护的出发点。首先，社会保护概念的核心参照点是收入。借用这个参照点，就业－福利这一复杂的联结可以被阐明。欧洲社会保护的两个重要的新目标是：①工有其酬并提供保障性收入；和②保障养老保险金的安全和养老保险金体系的持续运行。社会保护的基本目标——社会保护"大厦"隐藏的部分——仍然是相同的。[1] 这关涉职业、财政和法令的社会保护框架，它们也是在收入导向下被定义的。将减少失业纳入社会保护的目标是社会保护的现代化的基本要素。根据欧盟的主流假设，这个目标会对失业者在社会和经济方面的重新整合产生积极影响。[2] 但是，社会质量的核心参照点是社会性。就业－福利联结只是社会质量四个构成要素中一个要素的本质部分而已。

其次，欧盟刚刚提出的社会保护是其政策三角形的一边，另外两边分别是宏观经济政策和就业政策。[3]这反映了社会保护概念的宏大理论取向，基本上它暗含了制度网络、体系、政权制度、市场关系和欧洲政策等领域，实质上是基于"关怀"原则的生产导向。社会质量概念的基本导向是介于体系和制度层面与个体和社团层面之间的互惠，它实质上也关注公民自身能够创造其可接受的日常生活环境的过程和条件。此外，社会质量的核心要素是社会经济

---

[1]　J. Berghman（ed.），*Social Protection as a Productive Factor*（Leuven：EISS，1998）.

[2]　European Council，见 287 页注释④。

[3]　European Council，见 287 页注释④。

保障、社会包容、社会凝聚和社会赋权。而社会保护的核心要素是收入、就业、居住条件、舒适感以及消费，这是人类现实生活的不同维度。本章我们的主要目的是分析社会质量各个核心要素间的相互联系。我们在哪里能够找到有关社会保护各个核心要素间相互关系的分析呢?[①] 最后，作为核心概念的社会质量要素，不仅嵌入在社会质量的概念框架中，而且按照 Kosik 的说法，在每个要素中都存在相同结构的决定因素。[②]换句话说，个人的主体自我实现与集体的认同形成之间的辩证关系决定了每个构成要素的本质。这也决定了它们的内在关系，并且是它们互惠的条件之一，这种互惠可以通过一种连贯的理论方法来理解。

　　我们会通过运用"一阶星状法"（first-order-star-method）来探究这种互惠的本质和结果（如它们的内在关联）。这种方法解释了如何从一个要素——例如社会包容——出发去探究其与另外三个要素的关系。然后我们可以问：为了促进社会包容及在这个方向上社会质量的发展，哪些必要的需求是社会经济保障、社会凝聚和社会赋权所强调的? 答案可能是对社会经济保障条件的产生负有责任的我们这个世界的体系，这一系统世界应当营造一种有响应的文化、透明度和资源的可获得性。就社会凝聚而言，我们需要发展社会包容方面最低限度的支持。就赋权而言，个人主体需要具备足够的知识和能力来回应社会包容的各种形式。换句话说，对每个案例、问题、议题和每种状况而言，我们都需要有源自宏观和微观标准的完美的研究设计。图 17 - 6 描述了这个问题。

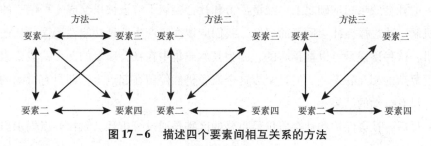

图 17 - 6　描述四个要素间相互关系的方法

---

① European Council，见 287 页注释④。在这个报告中我们读到，"这些社会保护的核心要素需要我们进行更进一步的思考、研究和在主要方面进行适当补充，并且允许对其的定性分析和可能的定量分析进行解读"。

② K. Kosik，见 283 页注释①。

第一种方法是同时分析所有的关系。这是不可能的。第二种方法是复杂的"一阶星状法"。不过，此时两端的取向使社会质量的理论化变得非常复杂。于是我们更倾向于第三种方法，即简化的"一阶星状法"。它分析了第二个要素（本例中是社会包容）的本质，或者说是其内在的固有因素的影响。它还分析了其他要素对第二个要素的影响。因为在其他要素中也可能存在同样的内在的固有因素，所以这种分析是可能的。

再次，社会保护的概念是在一个"因果环"的边界内运行的。在欧盟关于社会保护的很多文献中，我们看到了各种对假定的因果联系的陈述。例如，社会保护应该"为人们提供及时满足需要的收入，使人们能够接受和顺应经济与社会的变化。它们通过这种方式促进社会凝聚和经济腾飞"①。此外，"这种挑战，不仅在于要向被排斥（或临近被排斥的边缘）的人们提供援助，还在于要积极地应对社会包容的结构性障碍以减少社会排斥的发生"②。这个论点的脆弱之处在于——正如 Kersbergen 所说——事件被其自身的结果解释为：结果不是在最大限度上变成了原因，而根本就是原因。因此，社会保护在给人们提供收入的同时也促进了社会凝聚和经济活力是个值得怀疑的命题。一项欧盟统计局的研究清晰地指出（财富分配的）社会转移——排除养老保险金——显著地降低了贫困线以下的人口比例。③ 经济和社会委员会在报告中承认"目前的经济变化会产生不均衡的再分配结果，会产生发现自己处在风险中的新人群（例如，固定或临时的合同工、女性、老龄低水平工人、单亲家庭、单一收入家庭和残疾人）"④。委员会认为现代化进程中的政策和决定，必须建立在能够清晰地预测未来经济趋势产生的社会效果的基础之上。经济活力和社会凝聚不应该被描绘成一种单一的因果机制。通过探究社会质量的概念，我们应该谨防产生这种功能性谬误。从逻辑上讲，这种谬误是可以被预防的，因为其本质集中在社会质量的四个构成要素间高度复杂的相互联系上。但是至今这个概念仍然停留在起点上，即只有行动的领域，没有行动的结果。

最后，社会保护和社会质量最重要的区别是通过分析社会赋权要素揭示出来

① European Commission, COM 1999/347 (Brussels, DGV, 1999), p. 5.
② European Commission, COM 2000/79 (Brussels, DGV, 2000).
③ E. Marlier, *Social Benefits and Their Redistributive Effect in the EU* (Brussels, EUROSTAT, 1999).
④ Economic and Social Committee, *A Concerted Strategy for Modernising Social Protection: Opinion* (Brussels, SOC/024, 2000), p. 5.

的。这是社会质量方法最重要的要素。的确，综观欧盟的文献，近期文献聚焦在"投资人民"（investing in people）上就非常引人注目。它提出，在所谓的知识社会中提倡教育和训练与生活和工作相联。毫无疑问，它考虑到了数字经济、知识经济以及促进就业政策的逻辑结果和政策的功能性要求。照此说来，在终身学习的概念下提供学习和训练的机会似乎是正确的。对此，在社会质量概念中有一点非常重要而鲜明的差异。社会赋权的导向是人们的社会权力。相较于许多欧盟文献中的现代化的社会保护，社会质量取向的着眼点是发展积极参与公共事务能力所必需的社会技能。[1] 这是象限图横轴所示假设的一个逻辑结论。学习与制度间有非常强的关联。学习与制度间的前提是对公共事务的参与。正如 Leonardis 所说，参与者间持续的互动和对质必然发展出方案、选择、实践，一个基于目标、价值和集体责任的对话空间必然被创造出来。

　　总结社会保护和社会质量的四点不同，我们强调，与社会保护不同，互惠的原则是社会质量的基本原则，关系、互动、相互依赖和通过经验学习的机制是其本质。社会质量既是一个互动的概念，也是一个被激活的概念。[2] 尽管两个概念有很多相似之处，但是本质区别在于社会质量的主题、核心目标以及它的多层次方法。在了解这个内容以后我们将讲述我们对社会质量四个构成要素的思考。不过在此之前，我们还是要谈到社会质量的定义。第一本书中的定义是：在促进个人福祉和提高个人潜能的条件下，公民能够参与自己共同体内社会经济生活的能力。这个定义涉及两个假设：第一，个人的福祉；第二，起决定作用的人自身的潜能。正如上面第二个议题所讨论的，这个角色依赖四个条件，它们强调了概念的综合性。与综合性相关的困难涉及各要素主题的差异、各自的理论参照及各要素间开放的关系。换句话说，我们要反省：①各要素的主题是什么？②这种主题的理论影响是什么？③如何构思要素的相互关系？

[1] European Council, *Presidency Conclusions* (Lisbon, Press Release, SN 100/00 EN, 20 March 2000). 这里有几点关于社会技能的参考："一个欧洲范围的框架应该界定通过终身学习获得的新基本技能：IT、外语、科技文化、企业和社会技能；为了提高欧洲范围的人们的数字扫盲能力，应当创建一种欧洲范围内的基本 IT 技能认证，通过分散式的认证程序来进行。"

[2] European Commission，见 290 页注释①。关于社会保护的概念，也体现在本报告中的"激活措施"条目中。报告指出，"激活措施应该聚焦在个体的需要上，因此需要在利益管理部门和公共就业系统间锻造出强力的联系……它应当对管理利益的条件进行回顾，以保证个体获益的权利和他们接受训练或其他措施的实效性之间适当的平衡"。

社会质量象限图中的四个构成要素

社会经济保障的主题涉及两个方面。一方面，它提供所有的福利以保障公民的基本生存安全（收入、社会保护、健康）、基本的日常生活安全（食品安全、环境安全、工作安全）以及在国内的自由、安全和公正。^① 其中心是要应对人们面临的社会风险。另一方面是指人们的生活机会。它的任务是要扩展人们可以选择的空间。社会风险和生活机会涉及不同的理论框架。就前者而言，关于社会不平等的讨论和研究提供了最著名的导向观点。同时，这里存在大量的不稳定（个人视角的缺失和生活计划的无保障）形式，而明显的一类是排斥和歧视个体及群体的社会过程。拓宽观察视野引起作为社会问题之一的不平等话题的复兴，不仅涉及相关的货币和权力资源，有关辨识、认知和行为能力等的符号参照，而且反社会的、自我破坏性行为的重要性也日益增加。社会不平等作为一个关键参照点，与（社会）整合/瓦解的讨论密切相关。因此，Nassehi 赞成将（社会）瓦解和社会不平等间的联系理论化。^②

国家的角色至关重要。作为日益增长的犯罪和暴力行为的结果，暴力的垄断问题在保障安全的政策领域方面起着决定性作用。根据政治学理论，从霍布斯的《利维坦》开始，这种垄断被认为是国家政治权力集中化的基石。尽管无法被代表也无法被分割，但是这种垄断应当受到控制。这就涉及国家和社会、公众和私人之间合法性与正当性的分离问题。^③ 最近，暴力控制从公共领域向私人领域的转移反映了一个模糊但非常重要的趋势：为获得更大的经济效益而实现的这些国家任务的私有化可能会导致政治制度正当性的缺失。^④ 因此，国家的角色对社会经济保障主题的定义至关重要。

就第二个方面的生活机会而言，国家的角色仍然非常关键。在实际机会的创

---

① European Council, *Presidency Conclusions* (Tampere, Press Release, European Commission 10 and 11 December 1999). 这些结论表明，抗击有组织的犯罪以及促进安全和正义扮演了重要的角色。

② A. Nassehi, "Inklusion, Exklusion, Integration, Desintegration", in W. Heitmeyer, *Was hält die Gesellschaft zusammen?* (Frankfurt am Main, Suhrkamp, 1997), pp. 113 – 148.

③ G. Vobruba, "Actors in Processes of Inclusion and Exclusion: Towards a Dynamic Approach", *Social Policy and Administration*, 2000, 34, 4. 他说："规则的制度化标准和真实的生活条件之间不断扩大的鸿沟会导致非正式性的增长。因此，现实中人们的策略和官方的包容策略相抵触，合法律性和合法性越来越不同。"

④ K. Schlichte, "Editorial: Wer kontrolliert die Gewalt?", *Leviathan*, 2000, 2, 161 – 172.

造过程中，个人依赖于由机构、自己的准则、标准化的形式和政权体制组成的世界。国家扮演的角色是让人们对自身环境的理解能够切实影响政策和行为，能够启发人们并为人们提供工具和知识来达到自我支持、自我实现、自我帮助和自我组织。个人、共同体以及群体的结构是评估现存问题的必要资源，是社会经济保障的核心。在这一背景下，考虑福利多元主义、第三部门组织，① 以及能力促进型国家主张的呼吁在增加，它们为导向构建了一个有趣的框架。这样的呼吁源自对资本主义体系缺陷的抗争，对市场策略的某些消极后果必须积极地加以应对。但是在现代欧洲，补救成了单边的号召。在过去的二三十年中，北欧社会福利的供给与政府条款中日益低估的资源混杂在一起。公民不能被简化为消费者的角色。换句话说，关于"社会资本"概念的重新考虑能够激发公民对为应对自身环境而合作的新形式的思考。这是社会质量和社会保障之间非常重要的不同之一。社会经济保障比社会保障复杂和广泛得多，后者可以用自上而下的路径来说明；相反，社会经济保障是新的社会关系、生产系统和条件的反映，而这些又是在积极行动的公民、生产性的共同体、型构和群体现代化的过程中产生的结果。这意味着为了了解社会质量的真正来源，我们必须重新思考这个要素。

定义社会凝聚的主题是个细致的工作。悠久的科学和政治传统让这个概念至今仍与一系列其他概念和相关内涵有联系，比如包容（inclusion）、排斥（exclusion）、整合（integration）、瓦解（disintegration）以及社会解体（social dissolution）。根据 Lockwood 的说法，社会凝聚主题的主要定义是基本社会关系的强弱。② 根据这个定义，朋友、家庭、邻居和当地社团是社会关系最重要的表述。我们不同意 Lockwood 关于社会凝聚只涉及公共的和微观的层面的观点。通信技术的爆炸性发展让社会关系的节奏和场所发生了变化。Locke 展示了电子科技对个人福祉、社会生活、工作、文明和政治方面的影响。③ 我们也不同意

① P. Herrmann, "The Third Sector and the Process of Modernisation – Reflections on the Perspectives of NGOs in the Process of European Integration", *European Journal of Social Quality*, 2000, 1, 1/2, 128 – 147.

② D. Lockwood, "Civic Integration and Social Cohesion", in I. Gough, G. Olofsson (eds.), *Capitalism and Social Cohesion: Essays on Exclusion and Integration* (London, Macmillan Press Ltd., 1999), pp. 63 – 85.

③ J. L. Locke, *Kuala Lumpur Syndrome: Personal, Social and Political Effects of Communication Technologies* (Cambridge, University of Cambridge: manuscript, 2000).

Albrow 的观点，他认为随着社会的发展，社会行动的核心条件会消失：家庭和社团、朋友及其他面对面的联结方式正在失去其重要性。[①] 的确，空间和独立的网络扮演着越来越重要的角色。在不久的将来，社会的构成地点也许会越来越无关紧要，人们可以生活在跨国的、全球的社会领域范畴中。[②] 然而，那时人们仍将生活在城市这一"藏污纳垢"之地，并在日渐累积的不平等空间中无法自拔。在 Hirst 和 Thompson 看来，无论把全球化吹得如何天花乱坠，世界上的大多数人还是要生活在众多封闭的领域中，深陷于出身的禁锢中。[③]

凝聚在上文提到的情境中受到了挑战。社会凝聚受到损害涉及很多不同的原因，如失业、长期失业带来的障碍、家庭和人口结构的变化、不可控制的移民潮以及城市骚乱。新的社会不平等叠加在已有的社会不平等上，因此问题都汇聚在核心家庭和社会的层面。[④] 这方方面面都被研究者用瓦解理论广泛地分析过了。[⑤] 如果把整合的概念考虑进来，那么作为社会凝聚的理论框架之一的瓦解的概念也是应该考虑的。但是这个整合/瓦解的概念框架不足以说明整个社会凝聚问题。根据 Nassehi 的说法，社会的功能性差异理论是一个不可缺少的方面。[⑥] 正如我们接下来就要看到的，这一点涉及包容和排斥的理论。

Lockwood 给出了另一条不同的方法性线索。提及社会整合，他区分了公民整合以及社会凝聚/解体。公民整合在宏观层面起作用，紧扣政治权力、公民权利以及社会权力的大部分领域。相关的问题被放在社会凝聚的结果中加以讨论。例如，社会凝聚的概念是否能够被扩展为政治参与的议题？社会凝聚/解体是在

---

① M. Albrow, *Abschied von Nationalstaat* (Frankfurt am Main, Suhrkamp, 1998).

② U. Beck, "Wie wird Demokratie im Zeitalter der Globalisierung möglich? Eine Einleitung", in U. Beck (ed.), *Politik der Globalisierung* (Frankfurt am Main, Suhrkamp, 1998), p. 51.

③ P. Hirst, G. Thompson, *Globalization in Question* (Cambridge: Polity Press, 1996), p. 181.

④ J. Berting, C. Villain-Gandossi, "The Impact of Economic Restructuring on Social Life: Fate or Choice", *European Journal of Social Quality*, 2000. 1, 1/2, 61 – 74.

⑤ Heitmeyer 是此议题的主要说明者之一。参见 W. Heitmeyer, "Das Desintegrations-Theorem. Eine Erklärungsversuch zu fremdenfeindlich motivierter, rechtsextremistischer Gewalt und zur Lähmung gesellschaftlicher Institutionen", in W. Heitmeyer (ed.), *Das Gewaltdilemma* (Frankfurt am Main, Suhrkamp, 1994), pp. 29 – 72; 也可参见 W. Heitmeyer, Was treibt die Gesellschaft auseinander? (Frankfurt am Main, Suhrkamp, 1997).

⑥ A. Nassehi, 见 292 页注释②; 也可参见 I. Gough, G. Olofsson, "Introduction: New Thinking on Exclusion and Integration", in I. Gough, G. Olofsson, 见 293 页注释②, 第 1 ~ 13 页。

公共层面上起作用并且紧扣行动者间的基本关系。市民整合和社会凝聚都是社会整合的一部分。[①] Lockwood 的方法如图 17 - 7 所示。

图 17 - 7　Lockwood 的方法

　　Lockwood 在社会整合和系统整合之间做的经典区分——这是社会质量的一个重要方面——启发我们为这个模型增加两点内容。第一，我们会将他对社会凝聚/解体的辨识同社会整合议题联系起来；第二，我们要把包容/排斥同他的系统整合议题联系起来。社会凝聚和包容都是整合/瓦解讨论的重要部分。Lockwood 关注的焦点是社会整合中行动者间有序或矛盾的关系。与他不一样，我们的关注焦点在于系统整合中行动者间、系统间或者子系统间有序的或矛盾的关系，不是只观察系统间的情况。这两点变化的结果见图 17 - 8。

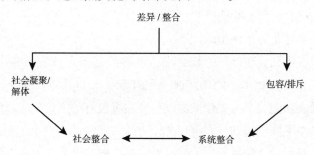

图 17 - 8　社会凝聚和包容的理论定位

　　第三个要素——包容——和排斥密切相关。我们要再次反省：这种联系的理论基础是什么？为了回答这个问题我们就要解释这个要素的主题。在社会质量情境下，社会包容的主题就是公民权，公民权曾被 Comité des Sages 专门引入欧洲的争论中。[②]公民权涉及参与经济、政治、社会和文化系统及制度的可能性。参与公共事务有三个维度：第一，明晰和捍卫具体利益（物质方面）的可能性；

---

① 　D. Lockwood，见 293 页注释②。
② 　Comité des Sages, *For a Europe of Civic and Social Right* (Brussels, European Commission, 1996).

第二，私人的和公共的公民自治权利得到保障（程序方面）；第三，自愿参与（个人方面）。现代民主社会不需要强权领导而需要公民可以获得更多的现实机会来应对环境、开阔视野以及可以在一个透明、公正的社会中贡献自己的力量。为了让市民社会（作为一个具有民主的公民权的社会）能够发挥它的全部潜力，一些特定的条件必须被满足。为了说明这些条件，我们会谈及欧盟近期正着力于通过一系列共同体政策来创建一个包容的欧洲。据欧盟所说，这是因为"一方面，更多地考虑到政策和计划带来的社会和社团方面的影响；另一方面，为了增强市民社会在政策制定和发展活动方面的参与。目标是促进参与式社会对话，而不只是参与式的计划"①。

但是，这个视角的理论出发点是什么？为了回答这个问题我们要考虑三个方面。② 第一，在社会科学中有一个假设是被普遍接受的：功能性的社会差异的过程创造了不同的子系统，这些子系统缺乏一个共同的符号参照框架。分离出的子系统——经济、政治、法律、教育、科学、艺术、宗教、医疗——按照它们各自特定的视角和逻辑运行。子系统生成了关于"世界"的自己的观察脚本。经济学家从经济的出发点来解释世界，其他系统也一样。这样一来的后果是现代社会缺乏一个有关社会契约、规范准则、普遍经验和文化一致性的共同框架。差异的基本结果就是多样化和不再团结。

这意味着，第二，在差异的社会中，包容的逻辑和社会结构（如家庭、亲属和协会）的逻辑是根本不同的。在一个有着极大差异的社会，每个子系统都会履行一项社会功能。个人主体被迫以一种多重包容的方式反应。参与公共事务的假定是要参与不同功能决定的子系统，彼此之间没有共同的媒介，也没有联系。整合时不时相对立的视角、逻辑、对抗和方向是个人主体的表现。

第三，结果是日常生活世界与系统世界的交织。根据 Luhmann 的观点，没有人只接受教育，没有人只参与货币行动，没有人只过政治的、科学的、家庭的或宗教的生活。换句话说，包容的原则建立在由局部联合而成的特定功能指向的

---

① European Commission, *Human & Social Development*（*HSD*）. *Working Paper from the Commission*, *Part III*：EU Policy Priorities for HSD, vol. 2, 06/95 – 11/97（Brussels, DGV, 1996）.

② 我们关于这三方面的论述涉及 Nassehi 的理论命题，见 292 页注释②；也可参见 A. Nassehi, "Inklusion oder Integration? Zeitdiagnostische Konsequenzen einer Theorie von Exklusions-und Desintegrationsph Šnomenen", in K. S. Rehberg（ed.）, *Kongress der Deutschen Gesellschaft für Soziologie* 1996；*Differenz und Integration. Die Zukunft moderner Gesellschaften*（Opladen, Westdeutscher Verlag, 1997）, pp. 619 – 623.

交往和行动情境的基础上。参与——公民权的核心——不仅仅是一个多元包容的问题，同时它还必须应对决定这种多元包容的复杂机制。这就涉及关于市民社会的一系列问题。

社会质量的概念本质上是一个行动者导向的概念。因此，赋权这个要素有其重要的地位。它具有大众吸引力——"投资人民"这句口号的流行足以作为证明。此外，赋权似乎容易被操作化并被应用到许多政策领域。《马斯特里赫特条约》第130条表明，在欧盟所有的目标中，赋权是一个单独的完整部分。不过，对这个要素的潜在溢出效应的关注还不明显，而根据 Pierson 和 Leibfried 的说法，功能性溢出导致政治性溢出。[①]

欧盟认为，赋权的主题可以被定义为增加人类选择的范围，[②] 并且早期的基础需要一种自上而下的方法。这样，赋权的概念暗示人类是发展进程的主体而不是被动接受来自外界的慈善干预的客体。人们的能力是注意力的汇聚，他们的社会关系是最有价值的资源。考虑到委员会的意图，这个发展的原则——通过但不是为了人民——在多样的政策领域不是那么显而易见。

探究赋权的理论灵感是非常不同的。首先，这里有关于"社会资本"的争论，由 Jacobs 在其1961年出版的《美国主要城市的死亡和生活》一书中加以介绍。她谈到城市中的很多小网络就是人们的社会资本。[③] 从20世纪70年代开始，很多其他科学家也将这一视角纳入研究中。[④] 在这些研究中，有两个要素扮演主导角色，即有关人类能力的积极态度和他们网络的特殊角色。[⑤] 赋权的这两个要素对社会质量法而言非常重要，其目的是让个人主体具备知识和技能以最大化其参与公共事务的机会。赋权的核心要素有：信任人们的知识和能力；人们的社会权利和他们对自己生活的控制；自尊、竞争和能力建设。因此，赋权的范围

---

① P. Pierson, S. Leibfried, "The Dynamics of Social Policy Integration", in S. Leibried, P. Pierson, (eds.), *European Social Policy: Between Fragmentation and Integration* (Washington D. C., The Brookings Institution, 1995), p. 442.

② European Commission, 见296页注释①, 第3章。

③ F. W. Graf, A. Plathaus, S. Schleissing, *Soziales Kapital in der Bürgergesellschaft* (Stuttgart, Verlag W. Kohlhammer, 1999), p. 10.

④ 举例来说，J. S. Coleman, M. Granovetter, R. D. Putman, F. Fukuyama, P. Bourdieu。

⑤ 在政策分析中，网络法非常重要。例如，F. Urban Pappi, "Policy-Netze. Erscheinungsform moderner Politiksteuerung oder methodischer Ansatz?", in A. Heritier (ed.), *Policy-Analyse-Kritik und Neuorientierung* (Opladen, Westdeutscher Verlag, 1993), pp. 84 – 96。

很广泛。知识、技能、经验和创造性无疑是社会最有价值的一些资源。不过这些内容是分散的，为了社会质量取向能结出硕果，我们必须说明什么应该被赋权。

根据 Friedman 的观点，我们要区分个人的、社会的和政治的三种赋权形式。[①] 个人方面指可以让人更有自尊、自我完善和自我主题化的所有的知识、技能和经验。[②] 社会方面是指个人主体的人际的、中介的和形式化的关系。政治赋权是指能够参与决策制定的过程，能够获得信息和资源。换句话说，能力的构建很具体，依赖于个人主体的自我认知。这也触及性别争论的核心。[③]

在对主要的社会、经济和政治改革——信息时代和网络范式——的跨文化分析中，Castells 认为网络构成了新的社会的新形态。网络的逻辑充分修正了生产、经验、权力和文化过程的行为与结果。他说："当社会组织的网络形式存在于其他时空的时候，新信息科技范式通过整个社会文化为它的全面扩张提供了物质基础。"[④] 这个网络逻辑归纳了一个更高层面和更高形式的社会的定义，用 Castells 的话来讲，即"超越社会行动的卓越的社会形态"[⑤]。Dijk 认为，网络的确是组织的基本样式，并且可能提供了现代社会最重要的结构。然而，它们没有决定社会的内容，社会仍然是由个体、群体、团体和组织构成的。他说："它们有机的和物质的道具以及它们的规则和资源不应该被剪裁出社会，否则社会就会被带回假想的没有基本关系的状态。"[⑥]

谈到社会赋权，Castells 的科技决定论导致一维的网络社会假定，排除了人

---

① J. Friedman, *Empowerment: The Polities of Alternative Development* (Cambridge, Blackwell, 1992), p. 33.

② F. Dittmann-Kohli, *Psychogerontology and the Meaning of Life* (Nijmegen: Universiteit van Nijmegen, 1993). 她说："当我们向自己或者向他人描述我们对自己和生活的想法与感受时，我们使用自我主题化这个说法。身份和自我主题化包括每天与各种社会交往、自我对话或者私人谈话、阅读、看电视等有关的精神活动。"

③ European Commission, *Equal Opportunities for Women and Men in the European Union* (Luxembourg: Office for Official Publications, 1997), p. 12.

④ M. Castells, *The Rise of the Network Society: The Information Age: Economy, Society and Culture. Volume 1* (Cornwall: Blackwell Publishers, 1998), p. 469.

⑤ M. Castells，见本页注释④，第 469 页。

⑥ J. A. G. M. van Dijk, *The One-dimensional Network Society of Manuel Castells: A Review Essay* (http://www.thechronicle.demon.co.uk/archive/Castells.htm. 2000).

类主体性的想法。然而，问题很明显：如果网络社会的逻辑遍及社会、经济和文化生活的所有领域，那么社会行动者该扮演什么角色？在网络中他们的位置在哪里？网络逻辑必然导致社会运动的边缘化，数字扫盲是否会成为一种反对这种边缘化的工具？因此，关于公民权和市民社会的争论必须认真评估这些新的挑战。

以上对四个要素的初步思考和相关的理论框架可以归纳在表 17 – 2 中。

表 17 – 2　社会质量的四个构成要素

	主题	理论影响
社会经济保障	社会风险 生活机会	社会不平等 福利多元主义 能力促进型国家 第三部门
社会凝聚	基本关系的强弱	社会凝聚/解体 差异/整合
社会包容	公民权	包容/排斥 差异/整合
社会赋权	日益扩展的人类选择的范围	社会资本 网络理论 市民社会

最后的问题是四个要素间的相互关系。这不是线性的或限定的因果关系。通过每个要素对其他要素的影响，标识出同时运作的、具体的运作机制是不可能的，但是这种影响的确存在。例如，在社会经济保障和赋权要素之间，要学习如何在一个福利混合的结构中将群体组织起来代表他们自己。为了确认在针对某个具体问题时哪些要素在某种具体情况下相关，我们应该使用简化的"一阶星状法"来分析这些影响的本质和后果。关于移民的传统研究总是关注保障的提供。但是根据社会质量取向，我们还要采取措施来激发移民的自我支持、新技能和能力。这场挑战需要一系列制度的投入。因此，一个要素与另一个要素之间的关系依赖于对这个问题的深思熟虑。因此，社会质量的相关指标应该是非常灵活的，并且应该紧扣讨论的情境。

通过我们对社会质量四要素的叙述，我们得到了社会质量架构图的扩展版，如图 17 – 9 所示。

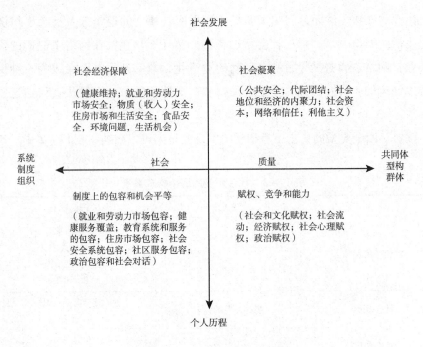

图 17-9 新的社会质量象限图

五 质量：一个概念问题

本文要对社会性进行概念化，以一种我们能够发展出关于社会的质量的结论的方式进行。但是我们所说的质量究竟是什么？它有哪些特征？我们如何定义质量？社会质量取向的相关方法和经验的效果是什么？在以前的讨论中，Calloni、Bouget、Phillips 和 Berman 证明了质量的概念可以被应用在很多不同领域：工作场所、健康、环境、家庭、性别和消费观念、电信、管理等。Evers 分析了作为社会服务之一的关怀的质量。依赖问题的不同领域，质量涉及不同的目标、角色和功能。换句话说，这种依赖导致领域、质量的情境和质量的解释之间的紧密联系，这对质量的定义有着方法上和操作上的深远影响。也就是说，我们需要一种建设性的方法来定义质量。由于社会性的复杂性以及质量的领域、目标、角色和功能的范围比较大，因而只用一个简单的标杆来测量质量是没有意义的，几个单独的指标也是不足的。为了讨论定义质量的方法和操作，至少要重新思考以下六点。

第一点是一个逻辑推论。因为社会性的核心是作为社会存在的公民的自我实现，所以我们要选择日常生活的环境作为主要参照点。这将我们带到社会质量取向的本质面前。我们同意 Balbo 的说法：关于女性和就业、家庭和工作问题的研究与辩论要紧扣日常生活的视角而不是抽象的和自上而下的方法。[1] 这是欧盟在 2000 年大会议程中强调社会维度的意图："当考虑推动基于整合原则的社会发展的时候，焦点会放在发展有助于现代化和改善社会保护、促进社会包容和抵制歧视与不平等的政策上。"[2] 除了在日常生活的环境里，在哪里还能对歧视和不平等进行抵制呢？这些环境决定了质量能怎样或不能怎样。

第二点是从第一点引申出来的。质量是处于日常生活的行动者中的永远变化的一种功能和弹性结构。它无法被简化成系统或者共同体或者社区或者群体间的过程；它也包括制度或者部分系统中的行动者间的互动；它还涉及公民和他们的社区以及群体间的互动。因此，在真实的行动寻找到它们的表达方式之前，质量也要依赖意愿、需求和价值的形式。

被历史和环境决定了的互动情境的本质与下面这一条件密切相关，这是我们要谈论的第三点。在系统、制度、共同体和群体的世界里，我们要面对透明度、竞争、合作和管理的风格、规范、价值等问题。至于对系统或共同体中的行动者，我们要反思连贯性、代表性、合法性和信息的问题，以及复杂利益网络、不同的理性和位置等相关问题。由于这些差异的存在，我们会持续地得出可将什么看作质量的结论。

这几点表明质量的本质不是一维的。没有哪种质量的标准可以独立于我们谈到的其所处的动态环境、弹性结构以及高度复杂的差异性而存在。这个结论引出了我们的第四点：那种把质量看作为个人提供的最低标准的基本服务的解释是不可取的。根据 Therborn 的观点，我们要选择一种"开阔的眼界"而不是某一"社会层面"的模式："社会质量作为长期存在于欧洲人民中间的更高的福祉，既是一套经验指标，也是庄严宣告和欢庆时刻的目标所在。"这也是从社会质量视角出发的主流的、横断层面政策之正当性的逻辑基础，是发展专门的研究设计和调查技术的理由所在。

---

① L. Balbo, *A future-looking research and debate agenda*; *the hypothesis of Europe as a "learning organisation"* (Ferrare, University of Ferrare, 1998).

② European Commission, *Work Programme for 1999*: *The Objectives of This Commission* (Brussels, COM 604, 1999), p. 6.

第五点是关于质量和能力之间的狭义关系。根据森（A. K. Sen）的说法，人类能力的重要性依赖于他们能够获取可接受的资源和生活条件。[①] 对社会质量而言这意味着，如果这些条件的创造是借助基于交流基础上的行动，那么能力是有功效的。换句话说，如果人们为了在复杂条件下生存而能够发展顺畅交流的能力，质量就成为实际的存在。从研究互动行为的角色理论中我们能够知道，人们因此不得不学习驾驭语言的技巧，凭借强势的态度、角色定位、容忍歧义以解决日常生活中的问题。此外，他们还要在高度相互矛盾的环境中捍卫自己的身份。Cleve 认为，为了保证元沟通的一致（例如，进行一次有意义的谈话），交流能力是一个基本条件，其主要目的是在一种标准化情境中就正当的主张进行谈判。[②] 这里的前提假设是对异质性意见的接纳、对初步共识的接纳、对作为生产性要素之一而不是社会缺点的冲突的欣赏以及对主要的不安全因素的应对。这是现代的神秘戏剧性和辩证法关系。质量是对这些要求的回应能力的部署。自我决断的机会应该以过去保障的终结为补偿，新的保障形式的构成与社会质量相关。

第六点，质量不仅是结果的问题，也是过程的问题。干涉的本质、行动策略的选择以及组织类型都是质量的过程的决定因素。这些因素影响对符号的公开程度、对变化的灵敏度和行动者的角色。这一点可以立刻由以下结论得出：社会质量取向的本质与自愿的、参与式的、民主的论点相关。这个过程是以发展作为结果的日常生活方面的社会质量所必需的交流性互动为条件的。

尽管社会质量取向的方法论后果与这个争论相似，质量的主题应该嵌入对质量逻辑的反思中，应该嵌入期待这种逻辑有功效的政治实体中。质量（社会质量）的逻辑依赖于与社会质量目标相关的功能需要。在刚才的例子中，逻辑与公民日常生活的过程相关联，建立在人类能力的基础上，在行动者的弹性结构中发挥作用。它们的制度情境的实质是碎片化的。开阔的眼界、过程、日常生活、能力，一直改变着情境，根据 Kersbergen 的观点，这是一些缺少一个清晰参照点的原料。为了找到这个参照点，我们不得不反思这个逻辑的政治文本。

欧洲理事会和欧洲委员会已经为这个政治文本提供了框架。长期的战略目标

---

① A. K. Sen, *Commodities and Capabilities* (Cambridge University Press, 1985).

② B. van Cleve, *Erwachsenenbildung und Europa: Der Beitrag Politischer Bildung zur Europaischen Integration* (Weinheim: Deutscher Studien Verlag, 1995), p. 230.

是让欧洲"在创新和知识的基础上，成为世界上最具活力和竞争力的地区，能够通过更多和更好的工作与更有力的社会凝聚实现经济增长水平的提升"[①]。根据欧洲委员会的说法，我们的目标必然是保持对长期增长和竞争的刺激，以应对主要的经济、政治和文化变革以及数字革命与全球化进程。[②]

这个视角的支配性逻辑（不是新鲜事物）是竞争的逻辑、敌对的逻辑和奋斗的逻辑。里斯本小组曾在一项关于正在世界范围内发生的急速变化的问题研究中分析了竞争的局限。[③] 这个小组认为，对竞争的迫切需要是一种危险的痴迷，这是关于社会问题的讨论中的主要问题。在这个新的全球化世界里，尽管它很流行，但却对出现的问题无法给出有效的答案。无限制竞争的后果是惨重的。里斯本小组认为，竞争的逻辑优先考虑科技体系和满足人类需要与关系的工具成本。这是短期考虑、增强区域和社会不平等、造成无法控制的生态问题的一种体现，它还破坏了典型的民主政治各个层面的民主结构。无限制的竞争绝不是应对欧洲挑战的答案。

的确，在很多欧洲文献中没有对竞争意识形态的过度强调。然而，这种竞争会在未来的欧洲扮演绝对主导角色的观念却是一种危险。这里存在现实被简化为竞争视角的风险，而其他资源、可能性和机会将被低估或忽视。在竞争视角下获取新型团结和责任的机会变得次要，因为这是一种以敌对和漠视边缘人群与被排斥人群以求生存的策略。

欧洲委员会认为，经济增长是成员国间在竞争和知识基础上联合的主要目标与必要条件。照此观点来看，激发经济活力的目的是提供充分就业。同时，减少失业可以减少社会排斥和贫穷，这为一个包容型社会开辟了道路。建立一个研究的欧洲区域、为创新型企业创造一个友好的环境、一个充分运作的内部市场、欧洲社会模式的现代化、教育和训练、伙伴关系、集体观念，所有这些驱动力都主要具有工具性意义。Kersbergen 的研究表达了一种含蓄的功能需要，但是对产生这种功能回应的假设的因果机制的解释是缺乏的。

[①] European Council (Portuguese Presidency), *Employment, Economic Reform and Social Cohesion: Towards a Europe Based on Innovation and Knowledge* (Lisbon. EC, 5256/00, January 2000), p. 4.

[②] European Commission, *Communication from the Commission to the European Parliament, The Council, the Economic and Social Committee and the Committee of the Regions: Strategic Objectives 2000 - 2005: Shaping the New Europe* (Brussels, COM 154, 9 February 2000).

[③] Group of Lisbon, *Limits of Competition* (Cambridge Mass: MIT press, 1995).

社会质量的质量逻辑有一个基本不同的参照点。与新视角、策略和行动具有的竞争和经济增长指导方针不同，社会质量强调互动，受合作和社会过程的原则而不是市场机制管理。这些原则反映了互相依赖基础上的合作，假定非常不同的内涵；它们涉及其他的利益、规则、机制和行为类型。欧盟也致力于合作、对话和咨询，但这个目标不是真正的参照点。作为功能性的需求，在其主导视角之下，各种特定群体的公民组织起来，对信息、各类利益的代言及其管理、监督和评估做出贡献。欧盟委员会称，"在欧盟决策制定过程中首先而且最重要的是要使被欧洲人民选举出来的代表合法化。然而，NGO 可以对在欧盟及欧盟以外的地方形成更多参与的民主做出贡献"[1]。

共同合作和联合生产是质量逻辑的参照点，它们建立在具有相同地位和相对自治的基础上。这与 Herrmann 关于第三部门的结论一致："需要的是一个新结构有组织的显露。简单合并不同的组织程序的模式无法形成这个新结构。这一主要挑战是，它的发展应该在对变化了的社会框架的了解下进行。"[2] 第一个选择假设一个合并各种程序模式的增加策略。这种策略会损害国家能力。这可能有效但却会在政治上产生相反的效果。第二个选择是通过现行的政府间会议的方式来解决制度性问题。这个实用主义策略是欧盟扩展的制度含义的结果。第三个选择可能是最具煽动性的，它谈及从国家联盟向联邦过渡，这似乎是一种乌托邦式的选择。

这些选择——或增加的或实用的或乌托邦的——表明，欧洲一体化的过程需要一场更为实质性的改革。功能需要的确有不同的原因，但是符合质量逻辑的因果机制非常重要并且能够解释这种功能需要，即日益必要的、可持续的、功能性的开放集会使创新潜力得以发挥、组织能力得以提高以及参与者的创造力量得以发挥。

这个原因是显而易见的。欧洲面临的关键挑战激发了一种竞争的状态。但是所有的过程，如世界贸易的自由化、信息和通信技术突飞猛进的发展以及金融市场的国家内部化，都在产生诸如不平等、不安全、剥夺资格、排斥等新的社会问题。这些消极作用假设存在解决问题的新方式。奥地利任欧盟轮值主席国期间，

---

① European Commission, *The Commission and Non-Governmental Organizations Building a Stronger Partnership* (Brussels, DGV. 16 March 2000).

② P. Herrmann, 见 293 页注释①，第 129 页。

维也纳欧洲论坛发表了以下评估问题解决的新形式的基本原则：①达成一致；②聚合的能力；③建立伙伴关系；④巩固共同决定的过程；⑤促进网络建构；⑥激发公共意识。①

这些高度综合的、具有互动导向的方法，其原则对社会质量取向也是适用的。鼓励为达成利益和优势间平衡的合作，必然会通过激发男人和女人的潜力而创造出双赢的局面。在此情境中，地方和区域部门的发展是民主制度的建立及进程的内在部分。这也是波罗的海国家会议的成果，"运转有效的地方和区域功能部门，对民主进程中的民众参与以及社会这个整体的社会的和政治的稳定性而言至关重要"②。

作为功能需要，通过交换知识、经验、观点、意见创建一个有关现在和未来的、本地及区域发展的学习环境需要被给予特别的关注，同时也需要能够满足当地、区域、国内和欧洲的行动者之间的跨边界合作与共同生产的工作条件。此外不同层次的能力和责任的划界也产生了问题。论及区域及它们的结构和制度的需要与能力，从竞争导向方法到问题导向方法的转变是一个功能需要的问题。鼓励这种作为社会质量的必要条件之一的转变是否会带来压力？我们将谈到一些趋势以求对此问题做出解答。

首先，欧洲统一体的经济主导进程迫使经济改革鼓励竞争和创新。这会导致欧洲层面的优先地位和欧洲委员会的主动性。这加强了能力集中化的趋势，弱化了各国的地位。换句话说，竞争越来越从成员国转向欧盟，而不是从欧盟转向成员国。欧洲管理的新形式不再由权力下放原则构成，其原则最多只是微弱的补充手段，在实际政治中是不起作用的。

其次，在能力和责任的调整过程中，国家权力仅仅被不情愿地安排为分散力量；但是同时，地方、区域协会和组织得到了加强。因此，欧洲层面与区域层面及地方层面的联系加强了。欧洲三分之一的预算（例如结构基金和社会基金）都被投入区域和地方事务中。除了这些官方形式外，我们还可以发现地方主义的其他形式，比如地方和区域政府的集合。这里有一些基于自然单位形成的特殊的地方主义、所谓的环境地方主义和生物地方主义，还有城市地方主义或者欧洲社

---

① Vienna Forum, *Urban Policy as a European Task* (Vienna, Vienna City Administration, 1998).

② *Resolution by the 7th Conference on Kaunas* (Baltic Sea States Subregional Co-operation. BSSSC, October 1999).

区。换句话说，这里存在不同的趋势，即在欧洲层面新的合作形式下，国家层面的弱化和区域与地方层面的增强。

最后，欧盟将更多的力量集中在政策领域的责任上。为了实施这些政策，欧盟变得更依赖地方和区域层面。这意味着在一个更加中央化的欧洲实体和地方及区域的诸多实体之间联合的可能。成员国有着相对微弱的中介功能。波罗的海委员会、欧洲数字城市、江河流域行动和项目以及莱茵河流域都是自下而上的新的影响力，这也是与欧洲委员会协作的新形式。

作为一个互动和合作的概念，社会质量包含自下而上应对日常生活的方法。对公民而言，能够参与影响他们日常生活方方面面的决策制定的过程非常重要。以上谈到的趋势产生了一个管理的新问题：新区域和地方层面的手段与欧洲层面的手段之间的政治差距。民众和权力之间的鸿沟为社会质量概念提供了一个理论上和方法上的问题。

（杨锃、张莉译，张海东、王晓楠校）

第十八章　社会质量概念实证的和政策的适用性

沃尔夫冈·贝克　劳伦·范德蒙森　艾伦·沃克[*]

 引言

　　在欧洲运用社会质量概念创建社会政策研究新取向的主张是非常雄心勃勃的。具有同样雄心的是利用这种代表性框架去评价政策计划，以及在目标和优先权上做出抉择。这种雄心有着悠久的传统。早在20世纪60年代，对社会变迁进行监测、对社会福利分配水平进行测量以及形成社会报告的想法就已出现在政策议程中。[1] 社会报告的三种历史性影响均与社会质量方法相关：第一，对社会福利的测量应基于对客观的生活条件和主观的幸福感这两方面的评估，对这种观点已达成共识；第二，以静态分布为取向的方法应转变为以纳入和排他过程为取向的动态方法；[2] 第三，社会福利位置分层不仅在于分析的旨趣（了解世界），而且是支持社会政策的旨趣（改变世界）。

　　考虑到这段历史，首先，我们必须构想一个多维的测量框架，它应结合定量的和定性的指标、社会事实和个体满意度，以及社会的结构变迁。换言之，虽然

＊　我们非常感谢 David Phillips 对本章的贡献。

① H. H. Noll, "Social Indicators and Social Reporting: The International Experience", in Canadian Council on Social Development (ed.), *Symposium on Measuring Well-being and Social Indicators: Final Report* (Ottawa, CCSD, 1996).

② Y. Berman, D. Phillips, "Indicators of Social Quality and Social Exclusion at National and Community Level", *Social Indicators Research*, 2000, 50, 329–350.

该测量框架不足以产生一套关于社会质量的经典指标体系，但已成为关于个体的，即以社会性目标和社会输出的测量为取向的方法。当然，我们还需要发展一种方法论，使社会质量概念的操作化得以标准化。其次，我们必须提供一个解释框架去分析涉及社会参与、社会认同、敏感度和规范的社会化等内容的社会过程。这就是我们所谓的社会质量概念的着力点。在前一章中，我们认为社会互动和偶然性领域创造了社会质量概念得以具体化的空间。最后，支持社会政策假定对社会输入过程进行监测，而不仅仅是对社会输出过程监测，后者是传统社会指标变动中的情况。

为了构建一个多维的框架，一个重要的前提是对社会质量的量度达成共识。第十七章介绍的四个构成要素是评估社会质量的重要条件，它们为建构社会质量的客观指标提供了基础。而关于主观性指标我们有两点建议。在标准矩阵的帮助下，我们将旁观者关于社会质量的评价与专家的实证结合起来。我们将以剖面图的方式解释个体经验中的重要元素，即生命剧本的角色，传记式地展现个体的经历。

指标、准则和架构图

指标

首要的问题是如何确定社会质量概念四个构成要素作为条件因素的影响。从社会质量的视角来看，所有提议的评论者都同意我们需要有效的指标以使政策影响成为主流。而问题当然是哪类指标对主流的形成是有用的？如何将不同的指标和象限的四个部分以及它们之间的互动关系联系起来？Bouget、Phillips 和 Berman 在第七章和第八章陈述了社会质量概念的方法论结果的问题。Svetlik 也为这场讨论做出了贡献。① 在第九章中我们讨论了他们的贡献，在社会质量方法的初步轮廓中他们都曾被提及，就像第一本书中展现的那样。

在建构关于社会生活的性质或质量的任何构想指标时，合理的技术与基于价值的建构主义方法之间总是存在一种张力（见第七章）。三种科学方法

---

① I. Svetlik ，"Some Conceptual and Operational Considerations on the Social Quality of Europe"，*European Journal of Social Quality*，2000，1，1/2，74 – 90.

论的传统是相关的（见第九章）。它们关注社会指标运动、社会质量的逻辑
分析和欧盟的最新研究。一套关于贫困和社会排斥的非货币性测量指标体系
作为有意思的项目范例被 CESIS 发布。这项内容广泛的创建项目展现了扩展
的指标列表所涉及的五个领域：社会、经济、体制、区域和参考框架。该报
告指出：

> 这些领域中的每一个都包含一套基本的系统……［和］五个领域的整
> 合——针对从个体到社会五种不同的链接类型。社会排斥或许在这些领域的
> 一个或几个中发生，随时都会有相应链接崩溃。那时，个体或集体将拒绝参
> 与（部分或全部）到这些领域中。①

尽管社会报告的方法与社会质量的方法存在部分根本性差异，但该报告针对
社会质量概念方法论问题的阐释给出了重要建议。比如，社会质量概念特别强调
社会系统和作为社会存在的人类个体的相互关系，以及社会政策制定的参与性特
征。因此，社会质量的指标体系无法规避技术合理性和以价值为基础的建构主义
方法之间的张力。这关乎社会质量的核心本质，而面临的挑战是通过将两种方法
结合的方式将社会质量概念操作化。

此外，还有两方面的问题要处理：一是我们必须提取社会质量象限四个构成
要素的测量指标；二是我们必须把它们结合起来以建构恰当的总体性社会质量指
标体系。每个构成部分操作化的方法论问题都互不相同。最直接的是社会经济保
障，其可以被细分为以下领域：健康保障、就业和劳动力市场安全、物质收入安
全和住房保障。② 社会包容领域的很多准备工作已经开展。以下内容可以被认
定：就业和劳动力市场包容、健康服务覆盖包容、教育系统和服务包容、住房
市场包容、社会保障系统包容、社会地位和政治包容，以及社会经济保障领域

---

① CESIS, *Non-monetary Indicators of Poverty and Social Exclusion*: *Final Report* (Brussels, EUROSTAT, 1998), p. 21; 也可参见 European Commission, *European Workshop on Monitoring of Codes of Conduct and Social Labels* (Brussels, DGV, November 1998); European Commission, *Social Labels*: *Tools for Ethical Trade*: *Final Report* (Brussels, New Economic Foundation for the European Commission, 1998)。

② EUROSTAT *Yearbook 2000* (Brussels, EUROSTAT, 2000); 也可参见 European Council, *Progress Report from the High-level Working Party on Social Protection* (Brussels, nr. 8212/00SOC 155, May 2000)。

的包容。① 在关于社会凝聚的操作化问题上仍存在分歧。② 社会凝聚和社会资本之间存在很强的概念性联系，这里，社会凝聚的出发点包括社会资本的两个部分——社会信任和协作网络。③ 社会凝聚领域的其他内容是：公共安全、代际团结、社会地位和经济融合、利他主义。较之其他社会质量要素，社会赋权的操作化进展较缓。④ 到目前为止，被确定的内容包括社会和文化赋权、社会流动、经济赋权、社会心理赋权以及政治赋权。⑤

换句话说，为了将社会质量的诸多要素操作化，我们可以开展很多基础性工作——尽管这样做我们就必须考虑到前面章节中提出的假设的影响。这里，我们首先回顾其中的两个假设。根据 Kosik 的说法，每个构成要素都存在相同的结构化过程，它们是个体自我实现和集体认同形成之间的辩证法。⑥ 在每个构成要素中，这种辩证关系将被清楚地表达，为本质性地明确各构成要素的相互关系指明了途径。如果这一说法是正确的，那么这些关系的本质应当在各构成要素的测量指标中体现出来。换句话说，在每个构成要素中，很多基本指标将与自我实现和集体认同的辩证过程相联系。考虑到这个问题，我们该如何衡量各构成要素间辩证关系的影响呢？其次，我们必须针对这些构成要素的相互关系做出两个判断。第一，不是每个构成要素的所有方面都与其他构成要素的各方面相关联，它们彼此间关联性的本质是依存关系。这意味着指标中面向构成要素的部分应该是灵活的和敏感的。因此，构成要素的指标有三个参考要点：①构成要素的辩证法；②构成要素的相互关系；③构成要素的本质。图 18－1 说明了此点。

---

① G. Room（ed.），*Beyond the Threshould：The Measurement and Analysis of Social Exclusion*（Bristol，Polity，1995）；也可参见 B. Barry，*Social Isolation and the Distribution of Income*（London，London School of Economics，1998）；B. Jordan，*A Theory of Poverty and Social Exclusion*（Cambridge，Polity，1996）；D. Byrne，*Social Exclusion*（Buckingham，Open University Press，1999）。

② P. Berger（ed.），*The Limits of Social Social Cohesion：Conflict and Mediation in Pluralist Societies：A Report of the Bertelsmann Foundation to the Club of Rome*（Westview，C. O. Boulder，1998）；也可参见 J. Jenson，*Mapping Social Cohesion；the State of Canadian Research*（Ottawa，Renouf，1998）。

③ C. Grootaert，*Social Capital：The Missing Link? Expanding the Measure of Wealth：Indicators of Environmentally Sustainable Development*（Washington DC，World Bank，1997），pp. 77 - 93。

④ I. Gough，G. Olofsson，*Capitalism and Social Cohesion：Essays on Exclusion and Integration*（London，Macmillan，1999）. 在这项研究中，社会质量象限的四个构成要素是内在地相互关联的。

⑤ M. Vanderplaat，"Beyond Technique：Issues in Evaluating for Empowerment"，*Evaluation*，1995，1，1，82 - 93.

⑥ 见 273 页图 17 - 2。

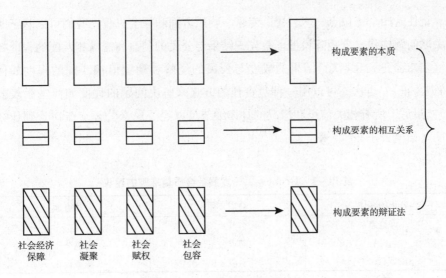

图 18-1 指标的参考要点

构成要素的本质

构成要素的相互关系

构成要素的辩证法

社会经济保障　社会凝聚　社会赋权　社会包容

准则

然而，最吸引人的问题是谁来决定社会质量应该是怎样的。会是那些使用各种仪器进行同行评审、检查、建立指数和监测系统的来自各种科研机构的专家吗？或者考虑到以公民和消费者的控制与参与为基础的新关系，我们必须寻找自下而上的方法？抑或是我们必须将制度控制和评价的方法纳入政策制定的民主进程？社会质量的本质是由人的实践决定的。关于此点，Grunow 的建议——适用于评价社会质量的"质量"——大有裨益。这些都说明对准则的探索对于了解相关推论的真意是富于价值的。[1] 这也是建构主要指标的第一步。

在这一部分，第一个问题是谁来决定什么是"质量"？涉及公民权的概念即关于公民司法立场的主题是至关重要的。然而，为公民赋权的说法可能会过于片面，也可能过于以个体或特殊需求及利益为导向了。我们需要专家给出更多公正、客观的阐释，因为专家可以依据相关信息、详尽的数据和研究结果来发展他们的阐释。第二个问题是什么将被评判？我们明确地在物质方面或者说在社会质量的结果和过程之间做出区分。首先涉及定性或定量的测量手段、干预措施、工具和成就；其次是关于沟通的途径、信息的形式、透明度和可获得。

① D. Grunow, "Bürgernähe der Verwaltung als Qualitätsmassstab und Zielbezug alltäglichen Verwaltungshandelns", in *Politische Vierteljahresschrift*, Sonderheft, 1982, 13, 237-253.

记住这四个定位点——公民、专家、物质方面和社会过程，我们可以基于四个关联问题构建一个矩阵模型。首先，结果与公民的利益和需求相匹配的程度如何（需求公正）？其次，结果的成立与公民的经验和期望值相匹配的程度如何（待遇公正）？再次，可以用一种负责任的方式来解决问题的程度如何（手段公正）？最后，所有相关信息和情况的具体细节可以经受民众公开交流讨论到什么程度（语境公正）？

表 18 -1　Grunow 关于发展社会质量准则的建议

公正的客体	物质方面	过程方面
评论者		
公民	需求公正	待遇公正
专家	手段公正	语境公正

架构图

建构主观指标的第二步关注的是架构图的发展。以着力点为取向，特别是面向四个主要着力点的架构图承担社会的具体化过程。这就意味着涉及社会参与、社会认同、规范的集体化和价值敏感度的社会过程决定了社会的本质、范围和形态结构。正是由于这种确定性，社会将成为一种具体的形式即"格式塔"。对这一系列极其复杂的过程和相互关系的评估需要其他方法论工具。在我们看来，我们需要的架构图的发展伴随着对这些着力点意义的认识。架构图的基本想法——来自最近的组织研究——如下所示。首先，我们要制作一个针对四个着力点及其测量变量的问题清单。在试点研究中必须对访谈内容进行测试。其次，我们必须依据访谈的结果产生很多标准分数，这些分数可以在社会质量的架构图中被生动地形象化。换句话说，我们可以针对着力点构建可见的形态结构。

我们必须认识到个案访谈是个体关于公共事务参与程度主观自我评估的表达。这与社会环境的开放程度、对价值观和集体规范的社会认同相关。在心理学意义上的老年学研究的社会建构主义方法中，自我描述句子的完成工具往往用于刺激自我主观地位的形成。[①] 自我概念是一种认知网络和关乎个体自我的情感关

---

① F. Dittmann-Kohli , *The Meaning of Physical Integrity in the Ageing Self. Werkgroep Sociologie-Gerontologie*：*Zingeving in de tweede levenshelft*（Amsterdam，SISWO, 1996），p. 11.

联思想。自我解释与意义和人生脚本的概念化相一致，也就是说，个人经历、目标和行动与认知的分类系统、归类和代表知识的系统相一致。而这也与表现的意向相符合。[①] 自我解释中认知、动机和情感等方面的相互作用是互动领域的重要影响因素。我们还认识到访谈为个体提供关于身份、认同和行动能力的符号性参照的指示。[②] 访谈还提供了关于复杂关系的结构及质量与着力点的知识。在这一概念框架的帮助下，我们期望加深对现存主观社会指标的理解。图 18 - 2 说明了我们的观点。

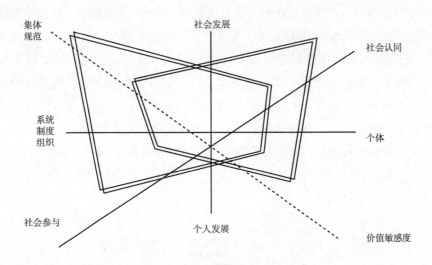

图 18 - 2　架构图发展的建议

对构想框架的可能解释或许如下：左侧代表与对公共事务的高度参与观念和集体规范的认同相关联的自我解释的认知，而社会认同和价值敏感度明显取值较低。右侧展示了价值的高敏感度和高度的社会认同，与其相伴的是较低的参与观念和对集体规范较低的认同。

社会质量的基因密码和指导方针

建构主观指标的第三步是解释社会质量概念在支持社会政策方面的作用。这

---

①　F. Dittmann-Kohli, "The Construction of Meaning in Old Age : Possibilities and Constraints", *Ageing and Society*, 1990, 10, 285.

②　CESIS，见 309 页注释①，第 59 ~ 64 页。

假定对涉及政策制定过程的研究假设的解释。这一假设是：社会质量是针对特定条件下的政策过程和政策功能的一种综合方法。政策网络中的参与者应该能够制定强调身份认同、个人与集体的协同问题、需求、欲望和偏好的社会政策，其含义（见下面六点）代表社会质量作为一种将欧洲政策操作化的理论工具的基因密码。

抽象概念理论的和实践的联系，例如，经济政策、社会政策和就业政策将依据它们之中参与者及其需求的相互关系提供（见图18-3）。参与者和人类需求构成三角形边与边内在相互联系（类似与其他三角形）。这阐明了社会质量的基因密码。图18-3涉及：①所有政策（经济、社会、法律、文化、农业及其政策）。它同样关乎②政策制定的各个阶段（确认、设计、应用、开发和评价）。这个三角形中的相互关系将③如果基本条件（公共聚集场所、公共道德的具体基准、交流和理解的系统）存在将导致成功。这些参与者应当④以循环的方法刺激政策发展社会质量理论（搜索过程）即基本条件是人类之间的沟通和对话。这些政策必须⑤被整合以产生社会质量。一个明确的条件是协调机制的存在。最后，问题的定位必须是⑥适合性（法律的、合法化的和功能性的）。条件是冠以正义观念的共识的创造。

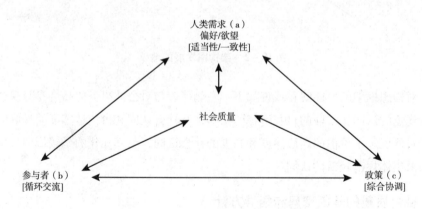

图18-3 需求、参与者和政策的联系

政策制定者面临的问题是：一个理论概念，例如社会质量，可以使政策制定更有效以及政策过程更民主吗？当然，更多关于政策的具体性质和结果的知识是必要的。但是支持政策也意味着参与到政策的结果中。因此，理论和研究必须以政策的影响力为取向。这一点涉及标杆管理应用方式的一个严重缺陷。根据

Mosley 和 Mayer 的观点，此缺点是与相互依存的问题相关联的。他们认为，由于绩效可用基准之间的相关程度较高——在选择和定义绩效指标的过程中必须将其纳入考虑——在很多情况下需要区分因果关系。政策目标的复杂性深化了这一问题。[①] 例如在不同的政策领域，关于性别差异的绩效目标的抉择取决于有效政策声明的意义，但这种声明只能是与相关参与者集中沟通的结果。这产生了一种政策困境。就社会质量而言，预期政策绩效强烈而明确地阐释目标，这必须是与关联性的参与者对话的结果。在评估性别差异的情况下，参与者没有在政策制定过程中被有效地表达。为了评估这个两难困境，社会质量概念的实践应遵循官方认可的指导方针。

灵感的来源可能是新经济基金会主持的"社会标签实践探索"项目，其核心使命是企业的责任。[②] 该项目基于这样的假设：人们作为消费者、生产者、投资者和公民所做的决定——这个决定可能影响公司、政治制度和社会组织——会受到信息适当形式的影响。根据 Zadek 等人的观点，社会标签扩展了公民选择表达的积极渠道和沟通的有效途径。[③] 社会标签的观点可能为社会质量目标引导政策制定提供有效工具。

指标、准则、架构图和社会标签是社会质量概念工具化的例子。在本章中，它们将作为探索性实验，而不是系统开发工具。尽管如此，一个多维的概念还需要一套不同的方法。然而，传统的指标方法不足以应对这种多维性。

三　社会质量概念的地位、类型和相关问题

地位

社会质量概念至少有两层含义：它既是一个科学框架，也是一个政治方案。作为一种科学范式，社会质量发展了一个用以分析社会现实的概念性方案。作为一个政策方案，社会概念依然引入和产生了面向主流、旨在促进社会质量发展的

---

① H. Mosley, A. Mayer , *Benchmarking National Labour Market Performance*：*A Radar Chart Approach*（Berlin, Wissenschaftzentrum für Sozialforschung, December 1998）, p. 4.

② 根据欧洲委员会就业与社会事务理事会的文件，新经济基金会被要求在 1997 年 12 月澄清问题，使委员会能够获得对社会标签的客观评价，以及为未来的讨论提供出发点。

③ S. Zadek, S. Lingayah, M. Forstater, *Social Labels*：*Tools for Ethical Trade*（Brussels, European Commission. 1998 ）, p. 12.

政策观点，以及制定切实可行的行动指南。

然而，社会质量概念的科学性和政治性的关系是十分复杂的。如果我们能回答这样两个问题，则这种复杂性会降低。第一，如何将现实社会中的基本问题转化为相关的科学问题？第二，如何运用科学成果来解决实际问题？如果科学家做了准备并有能力以适当的形式提供证据，如果政策制定者接受一种以知识为基础的方法，这些问题将使政治和政策具有意义。尽管这些问题都与事实相关，但科学和政治必须说明它们各自的逻辑。社会质量的使用价值不仅取决于科学因素（与研究设计一致的问题定位、方法的准确性）和政治因素（选择的合法性、对权力关系的维护、政策控制），也取决于它们彼此的联系。因此，对我们来说发展社会质量概念的科学合法性（指科学的逻辑）和政治适用性（指政治的逻辑）是必不可少的。社会质量概念在科学和政治之间具有斡旋的能力。

这给我们带来了有据的政策和实践问题，特别点明了社会科学的关键作用。根据 Newby 的观点："在快速变迁的世界，有一种对公共政策充分知情的需要，这对于创建社会科学的贡献是十分必要的。"理解科学和政策之间的关系，五个步骤是必需的：①社会科学必须逐渐开发国际研究基地；②社会科学家应认识到与政策受众交流研究的必要；③负责政策发展的人应认识到社会科学对公共政策日趋重要的贡献；④政策制定者如果要进行社会科学分析应当掌握的基本技能；⑤以及政策制定者和社会科学家必须通过对话来确认他们各自使命的共同目标。① 换句话说，社会质量概念的地位不仅取决于自身的有效性和实用性，也取决于政策制定者和社会科学家之间对话的结果。在过去十年中，欧洲地区的雇主、雇员和政策制定者间的"社会对话"以及政策制定者和民间组织的代表之间的"公民对话"已经被采纳，作为建立民主、公正和公平的欧洲的重要工具。政策制定者和社会科学家之间以及社会科学家和公民之间的对话，为这些对话本身创造了新工具。以一种有效的方式促成这些对话是社会质量概念的地位的另一个重要层面。

类型

自 Dilthey 和 Weber 以来，科学类型的形成已被用来作为联系经验观察和一

---

① H. Newby, *Social Science and the Knowledge-based Society*；在 1998 年 2 月 4 日举行的 ESC 研讨会上荷兰外交部部长一次重要的讲话（Zoetermeer, Ministry of ECS, 1998）。

般性结论建构的一种方式。类型不仅仅是主题的识别标志的集合，同时也是与对具体问题的概念理解相关联的最恰当的选择结果。[①] 论及社会质量概念将涉及其代表性类型。立足这种观点，我们可以使政治和政策在解决社会现实层面的问题方面成为主流。因此，概念的类型与其他政策（诸如生态政策领域的可持续发展政策）的作用相似——促进妇女和男人之间的平等和保护人权。例如在《阿姆斯特丹条约》中，"可持续发展"的原则是被明确执行的。它规定要将生态措施纳入所有部门和政策领域。一项代表性原则在医疗卫生领域被明确规定："所有工会政策和工会措施的制定与实现必须要保障高水平的人类健康。"换句话说，社会质量概念作为一种代表类型，在所有政策领域和欧盟政策措施中具有深层的研究意义，作为其类型化的结果，社会质量方法是多因素的和多维的，反映了多重视角。

相关问题

我们设计了旨在了解社会的多因果关系、多维和多角度的科学程序。同时，我们定义社会质量概念的具体类型作为其代表特征。社会政策的代表类型在其科学意义、政策意义以及双重意义上有重要影响。在前面的章节中我们解决的是科学问题，在这一节，我们将关注一些政治问题。首先是概念实施的问题。社会质量在不同政策领域的应用依赖于欧洲委员会的能力和那些将其有效吸收的机构。其次，概念实施也依赖于不同领域和范围的参与者接受社会质量视角的意愿。欧盟层面上社会质量愿景的实现需要这两方面的共同作用。然而，由于社会质量固有的特点，其结合过程需要一种非等级输入结构、参与机会、政策网络的可及性、决策的透明度和主题改革的能力。这意味着，为了结合社会质量，对政治的和制度的权力关系进行准确分析是必不可少的。社会质量还需要考虑为其结合奠定基础的视角。

接下来的问题是代表类型固有的，我们可以发现一些与欧洲层面关联的外部性问题，特别是必须从公民日常生活的视角来看待欧洲政治和政策自上而下的特点，这一点可由上述的 Grunow 准则实现。在欧洲政治运作层面，外部性问题是

[①] F. X. Kaufmann, F. B. Rosewitz , "Typisierung und Klassifikation politischer Massnahmen", in R. Mayntz, *Implementation Politischer Programm 11*: *Ansaetze zur Theoriebildung* （Opladen, Westdeutscher Verlag, 1983）, pp. 25 - 49.

与选择工具相关联的，这些选择工具与价值观、规范和策略相联系。这一点已被Anderson 在讨论欧洲政治的社会维度时提出来。本章认为，欧洲的政治和政策主要是在地方和区域层面上运作的，其不受负责工业发展的欧洲系统掌控，也不受负责欧洲社会政策的机构控制。在这种情况下，欧盟选择属地原则而不选择赋权为基础的社会政策。作为结果，首先：

> 他们嘲弄基本的制度特征和更广泛的欧盟目标；其次，结构型基金一旦建立，将结合已经存在的解释和行动框架来表达欧盟政策制定者的意图……最后，结构型基金在国家的和次国家的层面创建强大的支持网络，保持了对资金扩张的强烈兴趣。①

换句话说，区域性政策更有吸引力。欧洲的政治和政策可以期待忠诚的拥护者。取代关于需求和法律权利的社会政策，应对权力下放原则的政治和政策更有说服力、激励介入及参与积极性，但这也意味着欧洲社会政策区域化可能会取代社会政策的欧洲化。②

这个例子对社会质量的实施而言有两方面重要的经验和教训：一是分析社会质量概念潜在的指数是非常必要的。制度、政治、社会文化和激励因素的实践是什么呢？二是纵向转变不受有关政治和政策的策略及选择工具的影响。例如，男女平等的法律法规（监管计划）与农业基金策略（财政帮助计划）和用以鼓励公民接受欧元的公共关系策略（说服计划）有高度的异质性，要求有自身的互动沟通及应对突发事件的现实操作。③ 方案的选择受到行动策略、选择工具和价值观及规范的极大影响。

依此看来，分析代表性政治政策的社会文化和激励基础是很重要的。谁是参与者？是国民政府？是非政府组织？是区域委员会？是经济和社会委员会？是政策网络？是有组织利益与需求的欧洲议会或其他机构和组织？根据 Hey 的观点，

---

① J. J. Anderson，"Structural Funds and the Social Dimension of EU Policy：Springboard or Stumbling Block?"，in S. Leibfried，P. Pierson（eds.），*European Social Policy*：*Between Fragmentation and Integration*（Washington DC，The Brookings Institution，1995），p. 149.

② J. J. Anderson，见本页注释①，第 158 页。

③ R. Mayntz，*Implementation Politischer Programm 11*：*Ansaetze zur Theoriebildung*（ Opladen，Westdeutscher Verlag，1983）.

为了理解政策的制定过程，我们必须认识到政策制定、实施和形塑之间的特殊关系。从社会质量观点的视角分析代表性政策，我们必须发展另外的源于科学框架的分析工具。为了提高社会质量科学概念操作化的适用性，应解决以下三方面的问题：概念的工具化（方法论方面）、欧洲范围内概念的实施（政治方面），以及将概念结合进具体的制定政策的进程中（政策方面）。

＊　＊　＊

在本书的开始，我们陈述了社会质量概念具备为欧洲提供一种新的一体化愿景的潜力，为欧盟成员国和欧洲各级政府能够以一致的方式应对全球化挑战提供框架，以及为将欧洲公民纳入社会规划和决策过程建立一种机制。最后两章，就社会质量而言，表明社会质量拥有坚实的理论基础，这种理论基础是在个体的自我实现和集体认同的形成的辩证关系中形成的。换句话说，质量，只有人们为了在日益复杂的社会环境中生存而发展交际能力时才会成为现实。这就依赖于一种共识和参与式的民主政治。

就像关于社会质量的第一本书一样，我们以科学家和政策制定者面临的挑战来结束本书。科学家方面，我们寻找能对这本书提出的观点做出回应的科学家，特别是在后面两个结论章中关于社会质量理论和方法的持续对话。对政策制定者来说，挑战是要证明他们目前的目标——经济增长、充满活力和竞争的经济体系等——优先于社会质量或者至少与社会质量兼容。不同于竞争力和经济的增长，社会质量强调的是互动的作用，而不是市场机制，它受合作原则、伙伴关系和相互依存性支配。无论基于欧盟的、国家的、区域的还是地方的哪个层面，以社会质量为目的的政府（即好政府）不仅会产生有益的结果，而且会增加政府本身的合法性。

（谭奕飞译，王晓楠、芦恒校）

后记　文化是欧洲特殊的品质

Gyorgy Konrád

在欧洲一体化进程中文化究竟扮演怎样的角色？答案是永久的和决定性的。一致的欧洲文化在欧洲经济与政治联盟形成之前就已存在——尽管前者仰赖于个体之间的关系，而后者依赖国家间的关系，并且前者比后者来得更为容易。

欧洲的这一创举——多元文化——在全世界都是成功的。人权哲学以尊重人类个体这一要求为基础，欧洲此举正是和人权哲学并行的一种趋势。

欧洲的特质并无刻意安排，恰恰相反，却是某些已存之事：敏感的吸引力导致多样性，借欧洲人文主义保持一致性。这种多元主义的敏感性渗透到细节中，直达人格核心以及所有现存的国家。与此同时，基本原则遭到破坏。犹太基督教和反人类传统的产物自启蒙运动以来就被欧洲世界的思想合理化了，而多元主义的敏感性并未因此而消失。欧洲的特质在普遍与特殊、概括和具体、共享和私有之间保持着平衡。

那么，是什么使欧洲团结起来？仅仅是经济利益共同体吗？意识形态不可能使欧洲大陆团结起来。民族社会主义和共产社会主义都没有为一体化提供合适的基础。两者皆是破坏性的幻想，都意味着让欧洲人民屈服于那两次世界大战的权力中心。疯狂的 20 世纪已绝尘而去，留下的是两次世界大战的历史和爆发第三次世界大战的阴影。我们经历了两次意识乌托邦——民族主义和共产主义。两者令许多人失去了生命，其自身也最终流产。那么，我们现在拥有什么？意识形态缺位了吗？

　　欧洲将自己的成功归因于多元主义，承认人类的相互依赖并使人们能在孩提之时就学会尊重。欧洲多元主义指向在尊重个体性的基础上接受和爱护他人。

　　这种人本主义将我们的死亡考虑在内，并尊重人活一世所应有的尊严。鲜有回避，鲜有来世、再生或上升到那分享物质与精神之乐方式的境地的慰藉，欧洲的每一个个体都直面死亡。人的存在不再跳跃至集体性的下一个世界，也不再将自己凌驾于国家、帝王和公司之上，而是向我们传达一种对今时存在、现世生活与日俱增的沉重，其也并无义务将今时今地的生活视作对痛苦的告别。

　　欧洲确实是一个价值的集合体。人类现实和个性具有多样性和主体性，由此可以评判欧洲人本主义即是我们最为宝贵的财富，也是秘密武器。作为一种社会发展的趋势，欧洲多元主义已被封冻了数个世纪，并保持着势不可挡的有效性。其象征着智力与物理力量的分离、国家与宗教的分离、保护个体合法权利免受政治专权左右的协同一致以及公民的大胆独立。

　　欧洲特殊质量是个体的解放，是对那些被视为强制性的宗教思想、思维模式这一强势专权束缚的摆脱。那些意识形态的、民族主义的、共产主义的、原教旨主义的、神权政治的规则，换句话说，基于对自身理念的忠诚，这些由理念主导的规则变得轮廓鲜明，然而也并不确保公民拥有同等的权利。一个开明、现实、世界化、多元化而且愿意协商的社会是孤寂过程的结果，正如一株逐渐长大的植物。已开化公民的安全性意味着一种内在价值体系，因其对可能遭受惩罚的生存恐惧是不足的。

　　欧洲借着创意的集合体而整合在一起，古典文学是其中的一支。艺术无国界，规则却反之。艺术作品并不渴求国界划分；相反，当界限越来越不重要也愈加虚拟化时，其传播却能被大大促进。总体上，较之于联系、表达和促进理解的媒介逐渐壮大声势，人们之间物质与精神沟通的障碍却日益削弱。文化价值、词汇和象征不再被困锁于国境之内，文化交际也愈发变得全球化。

　　欧洲人在他们个体和集体曾有的过去的框架下思考问题，这一经验反映在他们独特的偏好上。思想的作品受到价值观和等级制度的影响。何为可学之典范，何为至高之价值观，何为应有之立场，均从属于其所思所想。

　　我们并非运作的机器，没有人只懂得一种语言，银行家不只是与金钱相关，工程师不只是与技术相关，音乐家不只是与乐曲相关，厨师不只是与烹调相关，母亲也不只是与婴儿啼哭相关。一人一宇宙，一花一世界：这才是以温和的方式发掘个性秘密的过程中所遇到的精神挑战。

精简的纪元已然过去，更为标新立异的智力成就是从其自身的复杂性来理解他人或他人的作品，而不是心怀恶意地认为它们可以被大卸八块或是解构而乐此不疲。

后现代的价值相对论不应该怀疑尊重人类个体的普遍要求，也不应该怀疑承认人权的普遍正确性。

基于后现代的价值相对论，似乎所有类型的犯罪都可以被裁定为特殊个性的需要。自然而然地，所有行为背后也必然存在激情与争辩。伴随着理解甚或是感同身受，我们可能重视它们直至与保护人类生活的普遍而绝对的要求相冲突，而这种重视由于独特精神盲目而受到忽视。

如果那些发达国家的人说："于我而言，民主与选举权利已然足够；于那些不发达国家的人而言，专政和灰暗也是足够好了。"此话就像是贵族的附庸——农奴们的坦承，于他们而言，剩余物已经足够了。

价值相对论使得欧洲一体化和整个国际约定这一综合体变得模糊起来。卓有成效的立场是介于普遍价值和感同身受之间的，可以灵活理解双方的对话、紧张关系和戏剧性事件的立场。我们绝不能站在对立双方的任何一方。

欧洲的本质在于注重智力胜过体力。在经历了未开化人群数量的积累之后，我们正行进在通向无牵挂、非物质的和虚拟的发现征程上，我们正行进在从数量世界通向质量世界的道路上——伴随着测量物质世界深度的哲学，后者要求更复杂的智力、更灵活的组织和更高的文明水平。

根据一篇文献的描述，在 21 世纪，质量会被更多地强调而数量则相对被弱化。以措辞精美的思想作品来反对粗鲁肤浅的大众，这一过程将伴随这一文化主权的强化而实现。

我们会经历个人思想针对被动信息消耗的反抗。由数量消耗转向质量消耗的需求的重复性倾向已成为共识。个体希望在每个客体上留下自己的痕迹。它期望如此，因为这是它的角色，同时也是它永远的特性。

在内疚的道德心的作用下，知识分子们怀疑知识作为无知的反面的价值。自由必须意味着轻松自在的庸俗，这一点并不符合事实。自由是理解自身以及他人，更为重要的是实现自我约束。这不是自私、排他和空谈。在民主体制中，知识分子具有活跃的思维和启发性作用是恰当的；知识分子甚至应该被苛求有更严格的标准。

对部分人类的限制是种族生存的终极目标。欧洲一体化的目标是欧洲人的自我约束：我们不应该相互残杀，我们不应该相互为战。如果我们不挑起争战，我们就会迫使自己去达成相互理解。

城市是欧洲多元化的象征。如此多的国家同时存在、如此多种类的人共同居住在一块儿竟然没有变成一个疯人院，这实在不能不说是一个奇迹。在城市中，极为广泛的力量在对峙中得以共存而非相互扼杀。没有党派拥有专权，而个中秘密在于对话带来的妥协和折中。我们特殊的遗产是一种世界性的优雅，以及对我们的多样性和灵魂的理论本质的认识。

我们带着矛盾心理和自己的秘密生活在一起，却并不将它们视为不幸或是犯罪，反而视之为幸运的礼物。我们的社会正越来越多元化，然而它们并未失去自身的一致性。从外部看，它们都具有一致的多元性，或者说对内在矛盾的理解可能看起来是犬儒主义的，但这是一种对歪曲的影像的反映，有悖于事实。

文化艺术活动贯穿欧洲历史，艺术总是如此，而且毫无疑问会一如既往。来自某一社会的艺术家们，我们相互间都听说过。当下的媒介已经通过跨越边境的艺术作品联结了欧洲文化并暗示其亲缘性，这已是不争的事实。

书籍流通从来没有如此活跃。"魔鬼"已经开始逃离国界之瓶，小国家的作品也抵达了欧洲国家，完全是通过市场的自动机制实现的。国界的销蚀对小国家的艺术家而言无疑是有利的，因为这使得他们有更好的机会为人熟知。基本的过程是社会文化网络的结晶过程。文化一体化在没有任何外来援助的条件下取得进展。

但是为什么我们不应该提供援助？在欧洲的利益变为一个更为广阔的大陆的过程中，文化起到了最大的作用，而且做了迄今为止最多的事。更重要的是，文化整合是最廉价的却是最为有机地发展的。

作为欧洲赖以维系之物，相互间存在关联的感受几乎是自动发展的，其中也包含着它在其他国家的所见所闻。同一性正在一分为二，在高于和低于民族国家的水平上形成了类同关系。欧洲共同体拥有自己的道德感，就连小乡村也是如此。

欧洲变异的一个标志是地方报纸和电视台如雨后春笋般地出现，从而为一些小社区创造了无数活跃的论坛。欧洲传统与小城市的传统相互巩固，而非相互冲突。

每一座小城市都拥有自己的艺术亚文化、社会、朋友圈、论坛、出版物、集会场所、工作室、吧台和习性。艺术家们蜂拥而至，艺术家的社会具有他们显而易见的私人风格。我并不认为我们需要担心特殊的个性会被欧洲大众同化。

紧随于勇士之后的标杆当属冒险者——那些带着天赋、思想和独到见解而非有着巨额物质财富特征的人。具有天赋的冒险者拥有他或她所需要的足够的金钱。冒险者一生充实。那样的一生是一笔巨大的财富，是我们被赐予的、遗留下来的资产。

如果牙膏生产者蒙昧良心，那么我们也会随之误入歧途。知识分子的目标与资本市场经济和政治民主相协调，与人权观相融合。因为我们只能够在民主中工作，也只有在民主中我们才有机会获得信息和网络资源。这一框架适用于我们。

如果需要竞争，那就让他竞争吧！让我们参与竞争，让我们通过竞争来衡量我们的价值、品位、准则、理解能力和试验，那些躲在角落里生闷气和哀号的知识分子只适合活在昨天。

财富为文化而存，而非反之。文化是蛮横的，它要求我们提高自己的生活质量，迫使我们经历考验并激励我们实现更高的目标。

我愿意大胆地做出推测，在质量的时代，工业社会会被艺术的社会取代，务实的想法也必须应用艺术化的联想模式才能更为成功地实施。

日常生活的乌托邦包含在欧洲人世界化的人本主义中。乌托邦就是生活本身，没有任何附加条件：生存，日复一日，普通的每一天。乌托邦就在这儿，我们乐在其中。它的那些成分，诸如冲突、悲伤和自然死亡，应该说来得为时尚早。

（陶诚译，王晓楠、芦恒校）

附录 《欧洲社会质量阿姆斯特丹宣言》

出于对所有市民的基本人类尊严的尊重，我们声明：我们不愿意再目睹欧洲城市中数量日益增长的乞讨者、流浪汉以及无家可归者；我们也无法继续容忍欧洲城市中数量巨大的失业群体、数量日益增长的贫困人群，以及只能获得有限医疗服务和社会服务的人群。这些以及其他消极的指标都表明当前欧洲社会为所有市民提供的社会质量存在不足的事实。

相反，我们希望欧洲社会是一个经济上获得成功的社会，同时也希望通过为所有的公民提升社会公正和社会参与水平，使欧洲成为至高无上的社会。欧洲公民可以且被要求参与他们社区的社会和经济生活，并以此来提升他们的福祉、个人的潜能以及社区福利水平。为了能够参与，公民需要达到一个可接受的经济保障以及社会包容水平，生活在一个富有凝聚力的社区，并有权充分地发展自己的潜能。换言之，社会质量取决于全体欧洲公民享有其社区的经济、社会、政治公民权的程度。在全球化的经济中，竞争应当与社会凝聚力的提升和每个欧洲公民全部潜能的实现齐头并进。

社会质量需要以下基本条件：

- 安全以及免受暴力、生态威胁。
- 使全体公民享有体面的住房、暖气设备、服装与食物。

- 为需要卫生保健和其他社会服务的人提供资源。

- 有机会去享有符合个人偏好的生活，包括建立一个共同家庭和抚养孩子，以及与家人和朋友有充分相处时间的可能性。

- 为所有人提供充足的工作，不仅包括在劳动力市场的就业，还包括社会所依赖的其他非付费活动。

- 为所有劳动者提供能够充分参与社会的工作收入。

- 为无法工作或因年龄、健康状况不佳而不被要求工作的人提供一份合适的收入。

- 为所有年轻人、老年人、残疾人、少数族群、移民提供完全融入他们生活的社会和社区的机会。

- 建立社会保障制度，使公民在应对突发风险时保持团结，并维持一定的生活水平；建立社会保障制度这一过程包括对社会风险的防御、公民的健康恢复，以及对公民的经济赔偿。

- 终身教育和培训的机会。

- 公平的税收制度。

- 消除基于国籍、年龄、性别、种族、宗教、政治或其他信仰、婚姻状况和性取向的歧视。

社会质量这些方面的实现必须得到对所有立法者、行政人员和法官均具有法律约束力的强制执行的基本权利的承认。当其他人的相关权利生效时，这些权利便看到了它们的底线。

欧洲社会质量要求欧洲公民能够依赖联盟、成员国以及地方当局之间明确而有效的分工。

- 欧洲公民有权知道谁是政治责任人，只有这样他们才能对不适宜的政策提出质疑。

- 提升所有层级政治决策制定的民主质量，这一过程要求社会组织的投入和相关运动获准开展。

- 全球化经济要求欧洲充分认识到自己在全球范围内对最弱小国家的社会责任。

欧洲联盟呼吁：

- 使所有主要的欧洲政策均服从于社会凝聚的影响的研究；

- 需设立一个方案，强调没有"社会欧洲"所要付出的代价，并以欧盟一体化的视角为欧盟的社会层面创建统一的统计指标；

● 需要为每一个社会目标拟定明确且可衡量的基准，并将其列入关于社会层面的已被启用的欧盟合法文件（包括意见）中，同时定期报告这些社会目标已经达到的程度；

● 要为提升欧洲社会质量设立新的日程，这牵涉政策制定者、科学家和公民的参与。

以我们的能力，作为负责任的欧洲公民，我们郑重声明，欧盟应立即优先考虑社会质量，否则它将不再是我们支持的联盟。社会质量可能是很多不同取向的共同结果，反映了欧洲联盟国家和民族的多样性。但无论如何，支持、保证以及维护社会质量都应该成为欧洲指标的组成部分。因此，欧盟急切地表明它要弥补的决心，在联盟层面上，对成员国的欧洲社会模式予以辅助、保护和调整，以应对 21 世纪的挑战。为所有公民创造一个具有包容性的欧洲，社会质量和对其起巩固作用的欧洲模式是不可或缺的。

阿姆斯特丹，1997 年 6 月 10 日

（陶诚译，王晓楠、芦恒、王岩校）

索 引

F

G

P

Q

R

S

（邓美玲译，王晓楠校）

译后记

近年来，西欧社会质量理论开始被引介到国内。作为社会发展研究的新范式，社会质量理论受到社会发展、社会政策、社会治理等领域研究者的高度关注。研究者们从各自的视角出发将其应用于不同的研究领域，取得了一些研究成果。

本丛书遴选西欧社会质量领域经典的著作进行翻译，以期推动社会质量研究在国内深入开展。丛书的翻译工作由上海大学社会质量研究团队合作完成。该团队致力于将社会质量中国化：在理论方面尝试丰富其内涵，将中国社会特质与西方社会质量理论相结合；在经验研究方面建构适合中国本土社会的指标体系，开展大型社会调查；在政策研究方面，基于中国经济社会发展过程中出现的重大现实问题，探索全面提升社会质量的社会政策设计，以促进社会和谐发展。丛书的出版得到上海大学张海东教授的大力支持，他对翻译工作给予全程指导，并以读书会的形式与译者讨论翻译中遇到的具体问题。本书的翻译得到张海东教授主持的国家社会科学基金重大项目"社会质量与和谐社会建设研究"（11&ZD148）的支持。

本书的翻译工作从2013年开始启动，得到原书作者的支持，他们对这部著作能够在中国出版给予了极大的关注，不仅就书中的关键性问题与译者进行沟通，还为本书撰写了中文版序言；社会科学文献出版社的杨桂凤老师作为本书的责任编辑为本书付出了辛苦的劳动，她指出很多翻译中不够准确之处，为翻译质量的提高贡献颇多；上海大学社会学院吴越同学为本书出版做了大量技术性工作，在此一并表示感谢。

由于译者水平有限，书中难免存在疏漏之处，恳请读者批评指正。

本书由王晓楠统稿，各章节的翻译、校对者如下。

中文版序　　　　　翻译：谭奕飞　校对：王晓楠、毕婧千

序一、序二、前　言　翻译：陶　诚　校对：王晓楠、芦　恒

作者简介　　　　　翻译：王晓楠

第一章　翻译：蔡伏虹　　　　校对：王晓楠、李　康、徐京波

第二章　翻译：许慧晶　　　　校对：王晓楠、李　康

第三章　翻译：冯希莹、瞿小敏　校对：王晓楠、李　康

第四章　翻译：徐京波　　　　校对：王晓楠、冯希莹

第五章　翻译：毕婧千　　　　校对：王晓楠、李　康

第六章　翻译：李　康　　　　校对：王晓楠、冯希莹

第七章　翻译：姚烨琳　　　　校对：王晓楠、李　康

第八章　翻译：陶　诚　　　　校对：王晓楠、徐京波

第九章　翻译：谭奕飞　　　　校对：王晓楠、徐京波

第十章　翻译：邓美玲、刘贞贞　校对：王晓楠、芦　恒、王　岩

第十一章　翻译：王晓楠、马艳凤　校对：王晓楠、徐京波、芦　恒、王　岩

第十二章　翻译：吴永金　　　　校对：王晓楠、芦　恒、王　岩

第十三章　翻译：蔡伏虹　　　　校对：王晓楠、芦　恒、王　岩

第十四章　翻译：任春红　　　　校对：王晓楠、芦　恒

第十五章　翻译：李　康　　　　校对：王晓楠、芦　恒

第十六章　翻译：王晓楠、徐京波　校对：王晓楠、芦　恒

第十七章　翻译：杨　铒、张　莉　校对：张海东、王晓楠

第十八章　翻译：谭奕飞　　　　校对：王晓楠、芦　恒

后记　　　翻译：陶　诚　　　　校对：王晓楠、芦　恒

附录　　　翻译：陶　诚　　　　校对：王晓楠、芦　恒、王　岩

索引　　　翻译：邓美玲　　　　校对：王晓楠

2015 年 5 月 25 日

图书在版编目（CIP）数据

社会质量：欧洲愿景／（荷）贝克（Beck, W.）等主编；王晓楠
等译.—北京：社会科学文献出版社，2015.11
（社会质量研究丛书）
ISBN 978 - 7 - 5097 - 7640 - 7

Ⅰ.①社… Ⅱ.①贝… ②王… Ⅲ.①社会发展 - 研究 - 欧洲
Ⅳ.①D750.69

中国版本图书馆 CIP 数据核字（2015）第 148581 号

· 社会质量研究丛书 ·

社会质量：欧洲愿景

主　　编／〔荷〕沃尔夫冈·贝克　　〔荷〕劳伦·范德蒙森
　　　　　　〔荷〕弗勒·托梅斯　　〔英〕艾伦·沃克
译　　者／王晓楠 等

出 版 人／谢寿光
项目统筹／童根兴
责任编辑／杨桂凤

出　　版／社会科学文献出版社·社会政法分社（010）59367156
　　　　　　地址：北京市北三环中路甲 29 号院华龙大厦　邮编：100029
　　　　　　网址：www.ssap.com.cn
发　　行／市场营销中心（010）59367081　59367090
　　　　　　读者服务中心（010）59367028
印　　装／三河市尚艺印装有限公司

规　　格／开本：787mm×1092mm　1/16
　　　　　　印张：23　字数：408 千字
版　　次／2015 年 11 月第 1 版　2015 年 11 月第 1 次印刷
书　　号／ISBN 978 - 7 - 5097 - 7640 - 7
著作权合同
登 记 号／图字 01 - 2014 - 2349 号
定　　价／89.00 元